Les Grandes Énigmes Criminelles de France

Des mêmes auteurs

Aux éditions De Borée

Les Grandes Affaires Criminelles du Gard
Les Lieux insolites de France
Les Nouveaux Mystères de France

Gisèle Vigouroux
Les Grandes Affaires Criminelles de Haute-Garonne (avec Sylvain Larue)
Les Grandes Affaires Criminelles de l'Hérault
Les Grandes Affaires Criminelles des Pyrénées
Les Grandes Affaires Criminelles du Tarn-et-Garonne (avec Sylvain Larue)

Jean-Michel Cosson
Histoire des rues de Rodez
La Fabuleuse Histoire du sport aveyronnais
L'Aveyron dans la Guerre 1939-1945 (avec Stéphane Monnet)
L'Aveyron mystérieux et insolite (avec Jean-Philippe Savignoni et Paul Astruc)
L'Aveyron secret (avec Jean-Philippe Savignoni)
L'Aveyron vu du ciel
L'Énigme de l'Auberge rouge (avec Jean-Philippe Savignoni)
Les Grandes Affaires Criminelles d'Auvergne (avec Jean-Philippe Savignoni)
Les Grandes Affaires Criminelles de l'Aveyron (avec Jean-Philippe Savignoni et Paul Astruc)
Les Mystères de France
Les Mystères de l'Aveyron (avec Jean-Philippe Savignoni et Paul Astruc)
Les Nouveaux Mystères de l'Aveyron (avec Jean-Philippe Savignoni et Paul Astruc)
Un siècle de faits divers en Aveyron
Une vie oubliée

Autres éditeurs

Jean-Michel Cosson
Accusés, levez-vous ! De Fualdès aux crimes de l'Espalionnais, les grandes affaires criminelles de l'Aveyron
Conques, cité des siècles (avec Paul Astruc)
Dictionnaire de l'Aveyron
Du Rouergue à l'Aveyron (avec Laurent Barthe)
L'Aveyron, une harmonieuse diversité
Le Vignoble de Marcillac, une oasis de pampres au cœur du pays vert (avec Catherine Bex)

Imprimé en U.E.
Dépôt légal : décembre 2012
ISBN : 978-2-8129-0602-2

Gisèle **Vigouroux** - Jean-Michel **Cosson**

Les Grandes Énigmes Criminelles de France

De Borée
ÉDITIONS

Avant-propos

LES ÉNIGMES CRIMINELLES ont de tout temps suscité la curiosité et l'imagination populaire, à l'image de Molière, qui fait dire à Cathos, dans *Les Précieuses ridicules* : « Pour moi, j'aime terriblement les énigmes. » Celles qui parsèment ce livre ne dérogent pas à la règle qui veut que l'être humain préfère les certitudes aux doutes, la vérité aux hypothèses. Car il n'existe pas pire qu'une affaire criminelle non élucidée.

Pour les familles, d'abord, qui ne peuvent mettre un nom et un visage sur l'assassin, qui se demanderont toujours le pourquoi et le comment, qui ne pourront jamais faire le deuil. En ce sens, l'énigme criminelle est une persécution qui s'ajoute à la souffrance initiale engendrée par la mort des victimes.

Pour les enquêteurs, aussi, qui savent bien qu'aucun crime n'est parfait, qu'il existe toujours un grain de sable qui leur permettra de trouver une preuve irréfutable pour confondre les criminels en dépit du temps qui passe et des mémoires qui s'effacent. Pour qui n'accepte pas son aspect irrationnel, trouver la clé de l'énigme devient alors une obsession.

La non-acceptation de l'énigme se fait plus cruelle encore quand un non-lieu vient sanctionner l'incapacité – volontaire ou non – de la justice à résoudre le crime. Le non-lieu est alors perçu par les familles comme une seconde mort, puisqu'il met fin à l'espoir légitime de trouver le coupable. Nombreuses sont les affaires traitées dans cet ouvrage qui se sont terminées dans cet outrage à la conscience.

En ce qui concerne les affaires criminelles les plus récentes et toujours en attente de vérité, qu'elles soient médiatisées ou anonymes, le combat des familles continue pour que, un jour, force reste à la loi et à la justice, pour que l'oubli n'efface pas les dernières traces de sang et de larmes.

Car si, selon Jules Renard, « la vérité vaut bien qu'on passe quelques années sans la trouver », elle est la seule façon de guérir.

Affaire Jean-Marie Leclair, Paris, 23 octobre 1764
Affaire Gérard de Nerval, Paris, 26 janvier 1855
Affaire Émile Zola, Paris, 29 septembre 1902
Affaire Armand Robin, Paris, 30 mars 1961

À qui profite le crime ?

Jean-Marie Leclair, l'ange du violon assassiné

EN PLEIN CŒUR DU SIÈCLE DES LUMIÈRES, l'assassinat de Jean-Marie Leclair reste et restera à jamais… obscur. « Mais que faisait-il dans cette galère ? » se sont interrogés ses contemporains. Lui, le violoniste que toutes les monarchies se disputent habite, alors qu'il est âgé de soixante-sept ans, rue de Carême-Prenant, à Paris, à proximité de l'actuel canal Saint-Martin, dans un quartier de la Courtille de sinistre réputation où margoulins, prostituées, saute-ruisseau et autres crapules se battent à coups de poignard. Bien loin du standing de celui qui intégra dès novembre 1733 la musique du roi. C'est dans le vestibule d'une vieille bâtisse, au petit matin du 23 octobre 1764, que son corps, exsangue, est retrouvé gisant dans une mare de sang, transpercé de trois coups de poignard bien portés pour ne lui laisser aucune chance de survie. « Mais que faisait-il dans cette galère ? » se sont questionnés les limiers de la police royale débarqués sur les lieux. Pas un indice… encore moins de témoignages. Une loi du silence qui permet d'éviter un sort funeste !

Pour les uns et les autres, Leclair s'est jeté lui-même dans la gueule du loup. Dans un quartier où on joue plus du couteau que du violon,

Le violoniste Jean-Marie Leclair a-t-il été assassiné par un rival jaloux de son succès ?

Chronologie

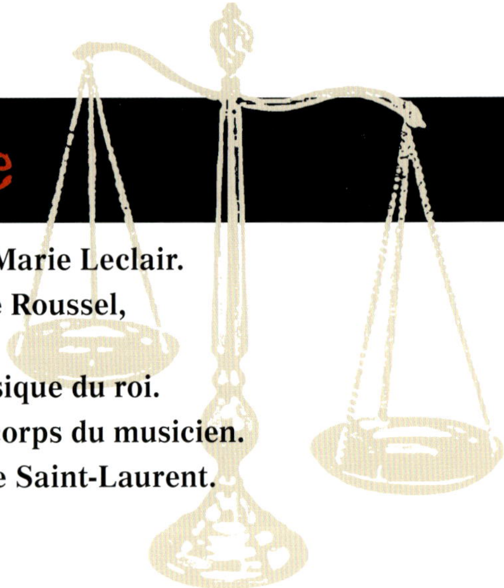

– **10 mai 1697 : naissance de Jean-Marie Leclair.**

– **1730 : il épouse Louise-Catherine Roussel, dont il se sépare en 1758.**

– **Novembre 1733 : il intègre la musique du roi.**

– **23 octobre 1764 : découverte du corps du musicien.**

– **25 octobre : funérailles en l'église Saint-Laurent.**

les beaux messieurs ne sont pas forcément en odeur de sainteté, si ce n'est pour cracher au bassinet.

Pour sa veuve, Louise-Catherine Roussel, épousée en 1730, l'explication tient moins dans sa séparation, depuis 1758, avec celui qu'elle accompagna durant vingt-huit ans que dans son caractère taciturne et à l'humeur instable relevée par ses contemporains. Un caractère bien différent des portraits officiels qui le représentent souriant et affable, non dépourvu d'une certaine beauté propre à faire se pâmer les belles dames de son temps.

Lorsqu'il s'agit d'évoquer la carrière de Leclair, né à Lyon le 10 mai 1697, les éloges deviennent dithyrambiques, tant de la part de ses contemporains que des historiens de la musique classique. À trente-sept ans, reconnu comme un excellent danseur, il entre au service du roi. Il le quitte au bout de quatre ans pour incompatibilité d'humeur avec Guignon, son rival de toujours. Il entame alors une série de voyages qui le conduisent de la cour d'Anne d'Orange à celle du prince Philippe d'Espagne. Des sonates, des concertos mais aussi un opéra, *Scylla et Glaucus*, font de lui un auteur prolixe, reconnu comme le fondateur de l'école française de violon.

Mais alors, qu'est-il venu faire dans cette galère pour mourir comme un chien ? Et qui pouvait en vouloir à son archet au point de le trucider sans autre forme de procès ? Guignon, le jaloux, surnommé le « *roy* des violonistes » ? Son neveu, le violoniste François-Guillaume Vial, avec qui il s'était pris le bec mais qui ne fut guère inquiété ? Son jardinier, Jacques Paysant, qui fut le premier à découvrir le corps ? Ou bien s'agit-il tout simplement du crime d'un rôdeur ayant repéré

cet individu, bien habillé et à la bourse certainement bien remplie, qui détonne dans ce quartier hors les murs de Paris où il vaut mieux ne pas trop traîner la nuit ? Mystère !
Inhumé le 25 octobre en l'église Saint-Laurent, Jean-Marie Leclair aura droit à un hommage posthume de la part de son épouse, qui fit graver ses deux dernières œuvres en 1765. La musique de Leclair, si elle n'avait pu adoucir les mœurs de l'assassin, lui offrait cette postérité qui est le linceul des plus grands.

Gérard de Nerval, le pendu de la Vieille-Lanterne

Gérard de Nerval s'est-il suicidé pour, comme l'a écrit Baudelaire à propos de sa mort, le 26 janvier 1855, « délier son âme dans la rue la plus noire qu'il pût trouver » ? Cette rue, la Vieille-Lanterne, où il fut retrouvé pendu aux barreaux d'une grille qui fermait un égout. Tout un symbole pour celui qui naviguait dans une détresse morale et matérielle, après de longs séjours en asile psychiatrique suite à des crises de folie.
Ou bien l'a-t-on assassiné, comme le penseront ses amis, au cours d'une promenade nocturne dans les rues mal famées de la capitale, à la rencontre de la pègre ? Le doute vient de la présence de son chapeau reposant encore sur sa tête alors que les soubresauts provoqués par la strangulation auraient dû entraîner sa chute. Quoi qu'il en soit, l'auteur de « L'homme de nuit » venait de tirer sa révérence à une œuvre romantique féconde, trop méconnue sans doute.

La tombe de Gérard de Nerval au cimetière du Père-Lachaise, dans le 20e arrondissement de Paris.

Chronologie

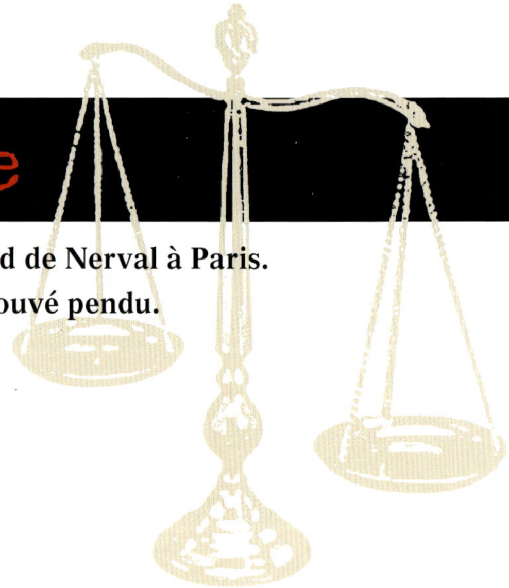

- **22 mai 1808 : naissance de Gérard de Nerval à Paris.**
- **26 janvier 1855 : le poète est retrouvé pendu. Suicide ou crime déguisé ?**

Ce grand voyageur, qui se passionna pour les religions et les cultures orientales, était aussi un grand excentrique. C'est ainsi qu'Apollinaire raconte qu'il se promenait dans Paris en traînant un homard vivant attaché à un ruban bleu. À l'étonnement des passants et des amis, il répondait :
« En quoi un homard est-il plus ridicule qu'un chien, qu'un chat, qu'une gazelle, qu'un lion ou toute autre bête dont on se fait suivre ? J'ai le goût des homards, qui sont tranquilles, sérieux, savent les secrets de la mer, n'aboient pas... »
Alors, excentricité ou douce folie ? Sa fin, qu'elle soit suicidaire ou criminelle, n'en est que le reflet... l'aboutissement.

Pourquoi ont-ils tué Zola ?

« Demain, nous serons guéris », affirme Émile à sa femme, Alexandrine, qui souhaite appeler le domestique tellement ils se sentent incommodés en cette nuit du 28 au 29 septembre 1902. Émile attribue ces nausées nocturnes à une légère intoxication alimentaire et ne juge pas utile de déranger quelqu'un pour si peu :
« Demain, nous serons guéris... »
Le lendemain matin, les secours défoncent la porte de la chambre et trouvent Zola étendu au sol, inanimé, visiblement intoxiqué par des émanations de gaz. Il mourra dans la matinée, alors que sa femme,

Une image intime du grand écrivain : on le voit ici enlaçant sa femme, Alexandrine, qui a miraculeusement échappé à l'asphyxie.

dirigée vers une clinique, survivra. Le romancier, à terre, a absorbé une plus grande dose de gaz carbonique que son épouse, ce gaz étant plus lourd que l'air.
Zola est mort ! Les passions se déchaînent. Alfred Dreyfus, très affecté, se précipite rue de Bruxelles ; *L'Aurore* arbore un liseré noir en signe de deuil ; *Le Figaro* regrette la mort de l'écrivain, alors que *La Croix* évoque honteusement la thèse du suicide. Les journaux nationalistes, eux, jubilent. Depuis fin 1897, Zola s'est fait le défenseur de ce capitaine juif accusé à tort de trahison. Le climat antisémite se cristallise autour de ses articles. Le premier donne le ton, avec la célèbre phrase : « La vérité est en marche et rien ne l'arrêtera », qui annonce le fameux « J'accuse » affiché à la une de *L'Aurore* le 13 janvier 1898. Une presse décomplexée répond violemment, le traite de « cochon de Zola », de pornographe, de fils d'immigré (son père est italien), *La Croix* signe un éditorial indigne : « Étripez-le ! » Zola n'a donc pas que des amis. De là à imaginer que sa mort n'est pas accidentelle...

Dès le lendemain du décès, une enquête est diligentée par le juge Bourrouillou. Il est urgent d'étouffer le climat passionné que soulève ce qui n'est pas et ne doit pas être « l'affaire Zola ». Il est urgent de

calmer les haines qui ont divisé la France. Il est urgent de ne plus se poser de questions et d'éviter les polémiques. Les investigations seront donc rapides et bâclées. L'enquête est dirigée par le commissaire Cornette, qui confie à un ami avant sa mort :
« Oui, Zola est mort dans des conditions très suspectes... Je crois que si on avait cherché davantage, on aurait découvert qu'il ne s'agissait peut-être pas tellement d'un accident ; mais à ce moment, la France sortait à peine de l'affaire Dreyfus. L'autorité supérieure ne tenait pas à avoir un autre sujet d'agitation... »
Mais revenons sur les circonstances de la mort. Émile Zola et sa femme, Alexandrine, ont pris l'habitude de passer l'été à Médan, dans les Yvelines, où ils profitent au calme « de délicieuses après-midi ». Ce 29 septembre 1902, les voilà de retour à Paris, rue de Bruxelles. Pour réchauffer la chambre restée inoccupée quelques mois, le valet de chambre a allumé une flambée dans la cheminée. Dans la nuit, le couple est incommodé par des maux de tête. Zola pense à une légère intoxication alimentaire. L'autopsie réalisée le lendemain dément cette hypothèse et valide l'asphyxie par le gaz oxyde de carbone. L'enquête démontre qu'un feu avait été allumé en juin et qu'alors la cheminée tirait parfaitement. Des cobayes sont laissés dans la chambre dans les mêmes conditions que le soir du 28 septembre. Ils sont retrouvés vivants ! Pour autant, malgré certaines incohérences, le juge Bourrouillou valide la thèse de l'accident le 13 janvier 1903.

Cinq ans et demi plus tard, les cendres d'Émile Zola sont transférées au Panthéon, alors que les mêmes qui s'étaient réjouis de la mort du romancier tentent de s'y opposer farouchement :
« Messieurs, on nous demande 35 000 francs pour porter Zola au Panthéon. Je crois que nous n'aurons jamais une meilleure occasion de faire des économies », s'exclame Maurice Barrès !
Jaurès prend la défense de l'auteur de « J'accuse ». Mais les haines sont tenaces et, à la fin de la cérémonie de la translation des cendres, Alfred Dreyfus est blessé par une balle tirée par un journaliste du *Gaulois*, quotidien particulièrement antidreyfusard. Le capitaine ne sera que légèrement atteint. On a souvent dit que cet attentat manqué marquait la fin de l'affaire Dreyfus. Mais pas la fin de l'affaire Zola...
En 1927, un ancien fumiste[1], Henri Buronfosse, originaire de Sarcelles, membre actif d'une ligue nationaliste et antidreyfusard de la première

[1] Ramoneur.

La chambre à coucher où est mort Émile Zola : à gauche, la cheminée qui a provoqué le drame ; derrière la grille, le lit du couple.

heure, confie avant de mourir à son ami Pierre Haquin, préparateur en pharmacie :
« À la fin du mois de septembre 1902, il y avait des travaux de réfection de la toiture d'une maison voisine de l'immeuble où habitait Zola. Quand nous avons su qu'il allait rentrer de Médan à Paris, selon son habitude, nous sommes montés sur le toit voisin et nous avons bouché la cheminée en question. Et le lendemain de son retour, le matin tôt, nous sommes remontés sur le toit et nous avons débouché la cheminée. Personne ne nous a remarqués. »
Curieusement, il faut attendre 1953 et un article signé Jean Bedel (suivi d'un livre, *Zola assassiné*) pour relancer la controverse sur la mort de l'écrivain, figure emblématique des dreyfusards. Jean Bedel dénonce la volonté politique de cacher à tout prix aux Français la vérité, qui aurait provoqué un nouveau scandale. Il recueille les confidences de Pierre Haquin, qui a bien connu Buronfosse :

Chronologie

- **2 avril 1840 : naissance d'Émile Zola à Paris.**
- **31 mai 1870 : mariage avec Éléonore-Alexandrine Meley.**
- **13 janvier 1898 : publication du célèbre « J'accuse » dans *L'Aurore*. Zola écopera d'un procès en diffamation pour sa défense du capitaine Dreyfus.**
- **18 juillet : exil à Londres.**
- **29 septembre 1902 : mort de Zola à Paris.**
- **4 juin 1908 : les cendres de l'écrivain sont transférées au Panthéon.**
- **1927 : confession tardive d'Henri Buronfosse.**

« À Sarcelles, il avait un peu le rôle d'un agent électoral pour le compte de l'Union républicaine. Il avait toujours de l'argent sur lui, au moins 10 000 francs, ce qui était une somme importante à l'époque. Il devait recevoir cet argent, mais de qui ? Et pour quoi faire ? Certains amis disaient de Buronfosse : c'est un roussin, autrement dit un indicateur au service de la police. Je savais qu'il avait à Paris des activités militantes dans les milieux d'extrême droite. Je crois qu'il avait aussi des relations étroites avec les militaires nationalistes. Il m'a toujours étonné en me racontant que dans le dépôt de la rue Mornay il gardait comme une relique le poteau d'exécution de la prétendue espionne Mata Hari… En tout cas, ma conviction est faite : la mort de Zola est bien un assassinat politique dont Buronfosse a été l'exécutant. »
Bedel regrette que le dossier d'instruction ait disparu lors des inondations de Paris en 1910. Sa conviction s'étoffe à la lecture des pièces des archives du procès Dreyfus, qui confirment « l'incroyable docilité au gouvernement des juges » lors de l'enquête sur la mort du romancier.
Deux biographes de Zola font la même analyse de cet « accident ». Le premier, Frederick Brown, écrit :
« Zola avait-il pu être victime d'un acte criminel ? Le juge d'instruction écarta cette hypothèse allant dans ce sens, de crainte que la guerre civile reprenne. »
Henri Mitterrand, spécialiste émérite de l'œuvre de Zola, résume l'affaire :
« L'attentat paraît probable mais sans la certitude de l'évidence. »

Aujourd'hui, la maison de Médan est devenue un musée. Émile Zola, « figure phare » du naturalisme, chroniqueur, pamphlétaire, homme de théâtre, figure politique, est considéré comme l'un des plus grands écrivains français, et pourtant, sa mort reste auréolée du plus grand mystère.
On peut toujours espérer retrouver des témoignages directs. Alexandrine aurait pu laisser une lettre, oubliée dans quelque malle ; le juge Bourrouillou, déposer une pièce de dossier dans quelque tiroir... Peut-être un jour saura-t-on si celui qui « fut un moment de la conscience humaine », phrase admirable prononcée par Anatole France lors de son oraison funèbre, a été ou non assassiné et pourquoi ?

Émile Zola reposant sur le divan de son cabinet de travail transformé en lit mortuaire.

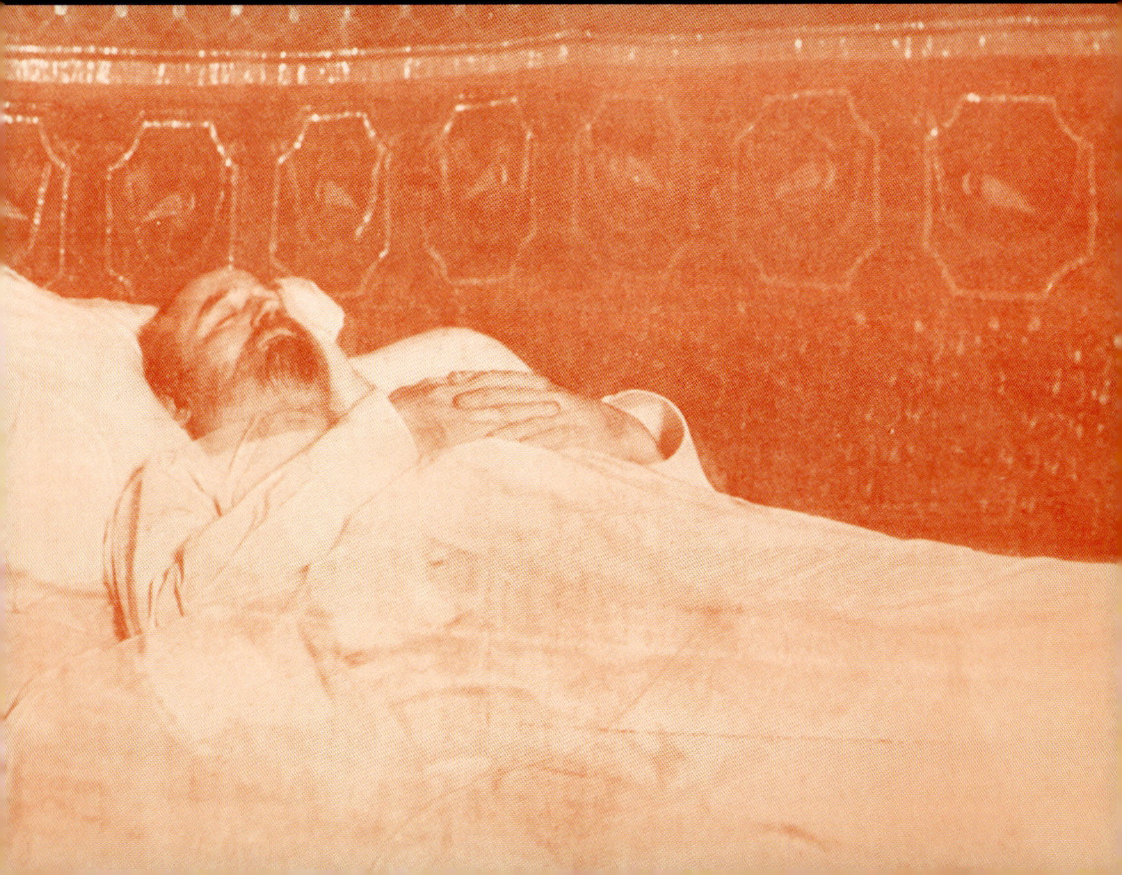

Armand Robin, l'homme ambivalent

Armand Robin est mort comme il avait vécu : enveloppé de mystères ! Journaliste, écrivain, poète et polyglotte, l'homme de lettres et de radio n'a jamais laissé personne indifférent, tant par son œuvre que par ses prises de position ambivalentes. Collaborateur à *La Nouvelle Revue française* (*NRF*) de l'écrivain Drieu La Rochelle, Robin travaille aux écoutes radiophoniques du ministère de l'Information de Vichy de 1941 à 1943, avant d'entrer en contact avec la Résistance. À la Libération, il s'affronte avec le Conseil national des écrivains, dominé par les auteurs communistes. Après la guerre, il milite à la Fédération anarchiste, publie divers ouvrages et se consacre à la traduction.

Le 30 mars 1961, il décède à l'infirmerie spéciale du dépôt de la préfecture de police de Paris. "Mort accidentelle", mentionne le registre, due à "une cirrhose du foie et à une hypertrophie cardiaque". Une explication qui ne convient pas à son entourage, lequel soupçonne une intervention trop musclée des policiers dans ce dépôt de sinistre renommée en pleine guerre d'Algérie. Surtout que le poète, qui s'est forgé au fil des années une réputation d'écrivain maudit, n'est pas avare non plus de provocations, particulièrement quand il est sous l'emprise de l'alcool, devenu dans les derniers temps son compagnon des nuits noires.
C'est d'ailleurs ce que révèle une plume anonyme dans le *Paris-Match* du 7 mai 1968 :

Chronologie

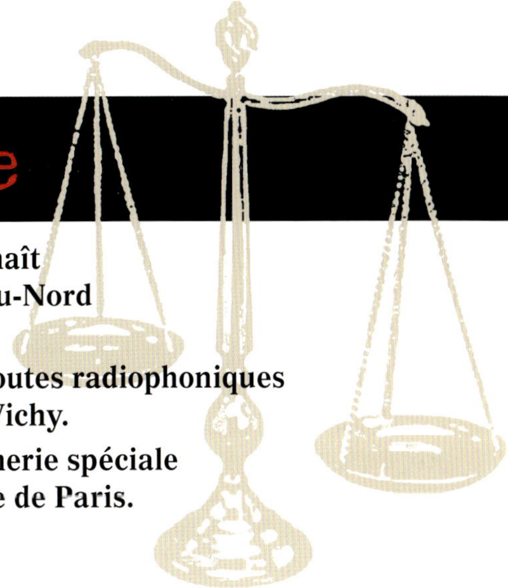

- 19 janvier 1912 : Armand Robin naît à Plouguernével, dans les Côtes-du-Nord (aujourd'hui Côtes-d'Armor).

- 1941-1943 : il est employé aux écoutes radiophoniques du ministère de l'Information de Vichy.

- 30 mars 1961 : il décède à l'infirmerie spéciale du dépôt de la préfecture de police de Paris.

« "C'est vous, le commissaire ? Il y a des métiers qu'il ne faut pas faire, monsieur !" On raccroche sec. Le commissaire de la rue Amélie est patient. Ce n'est pas la première fois que la même voix se fait entendre – et les mêmes propos. Depuis quelques jours, le commissaire a mis un nom sur la voix. Ce n'est pas difficile. Tout le quartier connaît l'hurluberlu : un petit être bizarre aux yeux d'oiseau nocturne, rasé une fois sur deux, les poches pleines de papiers, la bouche gonflée de mots étranges. Un jour, il a posé une fleur sur le bâton blanc d'un agent. *Chez Marius*, au rendez-vous des boulistes des Invalides, l'homme a ses habitudes : il y vient déjeuner – picorer plutôt, comme les oiseaux de la volière du patron. Il n'a jamais faim. Il dort debout. On dit qu'il travaille la nuit dans sa chambre de la rue Fabert. Aujourd'hui, 27 mars, le commissaire en a assez. Il part à la recherche de l'oiseau nocturne. Il le trouve dans un café de la rue Saint-Dominique. Embarqué ! le petit homme se retrouve à l'infirmerie spéciale du dépôt. Il est hagard, sans forces, plus usé à quarante-neuf ans qu'un autre à soixante-dix. Mais qui ménagerait l'insulteur des commissaires ? Trois jours plus tard, il expire entre les murs couleur de nuit de la conciergerie. Mystère. Sur le registre, on lit : "Cirrhose du foie, hypertrophie cardiaque" (30 mars 1961). Ainsi mourut Armand Robin, poète. Il y a des métiers qu'il ne faut pas faire. »

Affaire Charles de Choiseul-Praslin,
Paris, 18 août 1847

Sans aucun scrupule

UNE AFFAIRE CRIMINELLE, pour prétendre atteindre sa pleine notoriété et une éventuelle postérité, relève d'un subtil mélange entre le fait divers lui-même, la personnalité du coupable et celle de la victime. Qui plus est quand elle est entourée d'un voile de mystère !

L'affaire qui éclate le 17 août 1847, dans un contexte politique de fin de règne, détient tous ces ingrédients. Pour la monarchie de Juillet, elle est l'ultime orage qui emportera quelques mois plus tard le roi Louis-Philippe Ier… et dernier de ce nom. Empêtrée dans un scandale politico-financier qui a vu le ministre des Travaux publics Teste et le général Cubières condamnés pour corruption et escroquerie, la monarchie se serait bien passée d'une affaire qui touchait deux des plus importantes familles du pays, ouvrant une nouvelle porte à la colère populaire.

Certes, ce n'était pas la première fois qu'un crime secouait la monarchie restaurée. Déjà, le 27 août 1830, la mort mystérieuse du prince de Condé, retrouvé pendu à l'espagnolette de la fenêtre de sa chambre au château de Saint-Leu, avait suscité bien des interrogations. Le vieux prince s'était-il suicidé « de son plein gré » ? Sa maîtresse, la baronne de Feuchères, après l'avoir étranglé, avait-elle maquillé son crime en suicide ? Ou bien le priape avait-il succombé à un jeu érotique qui aurait mal tourné ?

Le mystère demeura entier et l'affaire étouffée. Mais le jeune roi venait juste de s'asseoir sur son trône, et le peuple pardonna un simple écart de conduite, le comte fût-il un parent proche du monarque.

Amour ou fortune, il faut choisir !

Charles de Choiseul-Praslin appartient à cette vieille noblesse pour laquelle l'explosion révolutionnaire de 1789, si douloureuse fût-elle,

n'obéra ni sa fortune ni son retour aux affaires politiques. Héritier du château de Vaux-le-Vicomte – l'intendant Nicolas Fouquet, sous Louis XIV, en fut l'infortuné propriétaire –, le jeune duc est d'abord élu député de 1839 à 1842, avant de recevoir le titre de pair de France le 6 avril 1845. Un homme donc proche du pouvoir dont Victor Hugo dresse un portrait à l'encre acide :
« Une vilaine bouche, et un affreux sourire contraint ; c'est un blond blafard, pâle, blême, l'air anglais. Il n'est ni gras, ni maigre. Il n'y a pas de race dans ses mains qui sont grasses et laides. Il a toujours l'air d'être prêt à dire quelque chose qu'il ne dit pas. »
Une caricature peu propice à s'attirer les regards de la gent féminine fréquentant les beaux salons parisiens. Et pourtant ! Le duc, seulement âgé de dix-neuf ans, finit par épouser autant par amour que par raison la belle Françoise (dite « Fanny ») Altarice Rosalba, fille unique, de deux ans sa cadette, d'un héros de l'Empire natif de l'île de Beauté, le maréchal Sébastiani.

Le château de Vaux-le-Vicomte, édifié pour Nicolas Fouquet, surintendant des finances de Louis XIV, que le duc de Choiseul-Praslin reçut en héritage.

Amour, fortune, gloire et beauté : il existe situation moins avantageuse pour un couple entrant dans la vie. D'autant plus que Fanny ne fait pas faute d'assurer aux deux familles une belle descendance : dix enfants, dont neuf survivront. Une telle progéniture ne pouvait que se faire aux dépens d'une beauté et d'une jeunesse trop tôt flétries. Dès lors, l'époux fidèle cède la place à l'homme adultère. Au numéro 51 de la rue du Faubourg-Saint-Honoré tout autant qu'à Vaux-le-Vicomte, Charles de Choiseul-Praslin perd toute contenance, au point que, dès 1837, il songe à divorcer. Mais on ne change pas de femme comme on déménage des meubles qui sont passés de mode. D'autant plus quand le train de vie du couple – écorné par les dépenses somptueuses engendrées au château – dépend au fil des années de l'héritage de sa belle-famille. Le constat est terrible pour le duc, mais il ne tient qu'à lui de faire contre bonne fortune… bon cœur, la duchesse n'étant pas de ces femmes à se contenter de jouer les faire-valoir. Épouse elle est, épouse elle reste, quitte à le lui rappeler dans des lettres enflammées.
Pour Charles, l'équation est vite résolue. Si divorcer serait une pure folie, rien ne l'empêche de prendre une maîtresse. D'abord en cachette, puis au grand jour avec la nouvelle gouvernante de ses enfants, Henriette Deluzy-Desportes, fille naturelle d'un baron préfet de l'Empire. La trentaine à peine entamée, la jeune femme dégage un charme et un esprit qui ne sont pas sans rappeler au duc ses premières années de vie commune avec Fanny. Au point que la cohabitation devient intenable entre le mari, qui accueille sa maîtresse à toute heure du jour et de la nuit, et sa malheureuse épouse qui, reléguée dans sa chambre, se meurt d'amour.
Averti de cette situation qui porte le déshonneur sur sa famille, le vieux maréchal Sébastiani décide enfin d'intervenir, tançant le duc de mettre un terme à cette goujaterie et de renvoyer sans délai sa gouvernante. Henriette révoquée, Fanny croit dès lors pouvoir reconquérir son époux. Que nenni ! Le duc reste entiché de sa jeune amante et ne se prive pas de franchir le Rubicon en la gratifiant de visites régulières qui ne sont pas simplement de courtoisie. Pas de quoi toutefois rassasier le duc, qui supporte de moins en moins la présence de sa femme, aigrie par une telle attitude.

« Mon Dieu ! Vous, Charles ! »

Le 17 août 1847, depuis Vaux-le-Vicomte et avant de prendre la route de la station balnéaire de Dieppe, les Choiseul-Praslin font un

détour par leur hôtel parisien, acquis en 1808 par le général Sébastiani au retour de son ambassade à Constantinople.
Les époux font depuis plusieurs années chambre à part, seulement séparés par un couloir. Quand, au beau milieu de la nuit, la duchesse, qui a le sommeil léger, perçoit des pas feutrés glissant sur le parquet, elle se dresse sur son céans. Une ombre menaçante se dirige sur elle. « Qui va là ? » interroge-t-elle d'une voix mal assurée. Aucune réponse ne couvre le silence. « Qui va là ? » répète-t-elle. Un bras se lève au-dessus de la duchesse avant de s'abattre froidement. Une formidable douleur fouille le ventre de la malheureuse. Dans un instinct de survie, elle s'extirpe du lit et tente de se précipiter, dans l'obscurité, vers la porte. En vain ! Le couteau criminel transperce une seconde fois le corps de Fanny, qui pousse des cris d'épouvante en essayant de se dégager.
« Mon Dieu ! Vous, Charles ! s'écrie l'épouse qui vient de reconnaître le visage de son agresseur.
– Lui-même, madame. Finissons-en ! » raille le duc, dont le couteau s'enfonce encore et encore dans les chairs meurtries, tandis que sa main gauche tente d'étouffer les cris de sa victime.

Une lutte à mort s'engage entre les époux. Se défendre... se protéger... de la lame qui sectionne ses mains et griffe ses pommettes. Fuir... fuir autant que faire se peut devant la folie qui s'est emparée du duc. Crier... crier pour donner l'alerte et entrevoir l'espoir d'être sauvée. Gémir encore... même au vingt-huitième coup de couteau. "Mon Dieu ! Pourquoi ? Mais pourquoi ?" murmure-t-elle avant de s'effondrer sur le rebord de la méridienne rougie de sang. L'ombre s'est évanouie.

Revenu dans sa chambre, le duc tente d'effacer les traces de son forfait. Dans la cheminée, il jette ses vêtements tachés de sang, cache le couteau à bout arrondi et des cordelettes, puis attend que les domestiques, attirés par les cris de son épouse, découvrent l'horrible drame qui vient de s'accomplir.

Charpentier, le valet de monsieur, se réveille en sursaut. Des appels au secours et des bruits de dispute proviennent de la chambre de la duchesse. Il enfile à la hâte ses habits, se précipite dans le couloir et tombe sur la camériste de Fanny, Mme Leclerc, affolée par tout ce tohu-bohu nocturne. Ensemble, ils tentent d'ouvrir la porte, qui résiste à leur poussée. Des gémissements leur parviennent de l'intérieur.
« Vite ! s'écrie Mme Leclerc. La duchesse se meurt.
– Passons par le jardin. La porte-fenêtre sera peut-être ouverte. »
Quand les deux domestiques, à la lueur d'une lampe vacillante, devinent enfin la scène du crime, un cri d'effroi commun jaillit de leur bouche :
« Madame est morte. Mon Dieu ! Quel grand malheur !
– Surveille la sortie, intime Charpentier à sa collègue, l'assassin est peut-être encore dans la place. Je vais chercher Melville et des armes. »
Cinq minutes se sont écoulées quand les deux hommes reviennent, une épée et un gourdin entre les mains. Précaution inutile. L'assassin s'est volatilisé, et Fanny de Choiseul-Praslin gît dans une mare de sang, le corps criblé de coups de couteau. Un gémissement sort à peine de sa bouche avant que la mort l'emporte.
Il est temps d'avertir le duc, lequel, malgré la proximité de sa chambre, semble n'avoir rien entendu. Pourtant, une fumée épaisse sort de la cheminée. Les deux hommes se dirigent vers la chambre quand leur maître daigne enfin paraître.
« Monsieur le duc, un grand malheur est arrivé, déclare sans ambages Charpentier.
– Dites ! Mais dites donc ! s'exclame le duc.
– Madame la duchesse ! balbutie le second valet.
– Eh bien quoi ?... s'énerve Charles de Choiseul-Praslin.
– Madame la duchesse est morte... » sanglote Charpentier.
Le duc se précipite dans la chambre de sa femme. Lorsqu'il découvre Fanny exsangue, sa chemise de nuit maculée de sang, un sanglot s'échappe de sa gorge, puis il se confond en lamentations :
« Mais qui a fait ça ? Qui ? Qui ? Et les enfants, comment les avertir ? Et mon beau-père ? »

Suicide et rumeurs

Autant de questions que les limiers de la Sûreté ne se posent pas en arrivant sur les lieux du crime. Pour un policier de la trempe

Les domestiques trouvèrent la duchesse de Choiseul-Praslin agonisante, sa chemise de nuit maculée de sang.

d'Allard, les indices qui se multiplient ne laissent aucun doute sur la culpabilité du duc qui, malgré tout, nie en bloc. Des traces de griffure et de morsure sur ses bras, un foulard mal consumé récupéré dans sa cheminée et qui porte des traces de sang, la proximité de sa chambre, des empreintes de sang encore bien visibles sur la poignée de sa porte, un couteau, un pistolet et des cheveux également souillés, voilà de quoi envoyer le présumé coupable devant le juge d'instruction Broussais pour y être interrogé avant d'être accusé d'homicide. Surtout quand le magistrat apprend que le duc s'était entiché de sa gouvernante avant de la renvoyer et que le couple ne marchait plus que sur une fesse.

Cependant, si la culpabilité est éclatante, l'affaire n'est pas simple. Un homme de la trempe du duc ne peut être traité, sous la monarchie de Juillet, comme un vulgaire criminel. Et tandis que la nouvelle

Chronologie

- **6 avril 1845 : Charles de Choiseul-Praslin reçoit le titre de pair de France.**
- **17 août 1847 : découverte du corps de Fanny de Choiseul-Praslin.**
- **24 août : suicide du duc de Choiseul-Praslin.**

court à travers les salons parisiens, le roi Louis-Philippe exige que le duc soit placé en garde à vue dans ses appartements en attendant que la Haute Cour de justice statue sur son sort. Une décision qui soulève la colère du peuple, outré de la décision royale et craignant que l'affaire soit enterrée.
Le duc, lui, a choisi une solution plus radicale pour éviter le déshonneur. Dans sa chambre, seul face à sa conscience, il avale une solution d'acide arsénieux et de laudanum. L'effet est immédiat. Quand ses gardes le découvrent sur son lit, le duc a le teint livide et vomit tout ce qu'il peut. Un médecin songe au choléra, qui fait des ravages à cette époque. Immédiatement, le malade est transporté à la maison de justice du Luxembourg, où siègent aussi les pairs. Une commission est chargée de venir l'interroger. Mais il est trop tard. Le duc n'a plus la force de répondre à ses questions. Les membres de la commission se retirent. Le 24 août 1847, vers 4 h 30 de l'après-midi, Charles de Choiseul-Praslin expire dans d'affreuses souffrances.
Pour éviter des manifestations populaires hostiles, le pouvoir ordonne que la dépouille du duc soit enterrée en catimini, la nuit, dans une tombe anonyme du cimetière Montmartre, tandis que celle de la duchesse prend la route de Vaux-le-Vicomte.

Le peuple, lui, vit au rythme des rumeurs les plus folles. Ne dit-on pas que le roi Louis-Philippe en personne a envoyé le préfet de police Delessert administrer la fiole de poison au duc afin d'éviter un nouveau scandale ? Mieux encore, l'empoisonnement ne serait qu'une supercherie : le duc, en compagnie de sa maîtresse, aurait quitté la France pour l'Angleterre avec ordre de ne jamais revenir. Une rumeur infondée ! Henriette, mise hors de cause, finira bien par quitter définitivement la France, mais pour l'Amérique, où elle épousera un pasteur.

Né sur les barricades de la Révolution, le règne de Louis-Philippe se terminera sur les barricades du peuple de Paris l'année suivante. Par la rumeur qu'elle suscita et le mystère entourant la mort du duc, l'affaire de Choiseul-Praslin contribua sans aucun doute à sa perte.

Du fait de ses relations proches du pouvoir, le duc de Choiseul-Praslin fut enterré en catimini au cimetière de Montmartre.

Affaire Marguerite Steinheil, Paris, 31 mai 1908
Cour d'assises de la Seine, 3-14 novembre 1909

Une si belle menteuse

L'OMNIPRÉSENCE DES HOMMES POLITIQUES dans les scandales à caractère sexuel n'est pas si nouvelle, n'en déplaise aux ayatollahs de la bonne conduite, qui poussent des cris d'orfraie sur la décadence de ce XXIe siècle débutant. Le diplomate américain Henry Kissinger, habitué à côtoyer les grands de ce monde, déclarait en connaissance de cause :
« Le pouvoir est l'aphrodisiaque absolu. »
Il est vrai que, de la révélation de la vie amoureuse tourmentée d'un président de la République aux frasques du patron du Fonds monétaire international (FMI), en passant par les prétendus goûts « spéciaux » d'un secrétaire d'État à la Fonction publique, les tabloïds sont bien alimentés. N'oublions pas que, déjà au début du XXe siècle, les « ballets roses » étaient le plus souvent étouffés, car ils mettaient en jeu la carrière politique de nos vieux briscards en quête de chair fraîche.
Si l'affaire criminelle qui va suivre a connu un retentissement énorme, c'est que personne n'a oublié un autre fait divers, présidentiel celui-là, survenu quelque neuf ans plus tôt…

Le salon bleu

La scène se passe à l'Élysée, le 16 février 1899. « Félix le Bel », surnom donné au président par les gens jaloux de sa belle prestance, reçoit de sa « grande amie » quelques affectueuses gâteries.
Le président, dont la vie politique n'a pas laissé un souvenir impérissable – Waldeck-Rousseau s'étonnait souvent qu'un tel homme

Très élégante dans son habit de deuil, la belle "Meg" séduit la salle d'audience, malgré ses nombreuses contradictions et ses accusations fantaisistes.

ait pu arriver à l'Élysée –, s'est fendu d'une belle mort, une de celles qui alimentent les conversations, attisent les fantasmes et suscitent bons mots et grivoiseries.

« Je dois vous voir à tout prix aujourd'hui, Meg. » Devant une telle supplique émanant du sommet de l'État, quand on s'appelle Marguerite Steinheil, épouse d'un peintre vieillissant sans grand talent et sans ardeur, obéir devient une obligation. La belle Meg, joliment corsetée et chapeautée, se rend à l'Élysée, où elle a ses habitudes. Félix a un tempérament fougueux, il aime les femmes, et cette jolie fleur qui reçoit dans son salon la bonne société parisienne le rend fou. La jeune femme a à peine trente ans et en paraît dix de moins ; lui vient de fêter ses cinquante-huit ans. La France traverse une grave crise politique, l'affaire Dreyfus atteint son paroxysme, et le président ne pense qu'à cette élégante qui tient salon et chante si bien en s'accompagnant au piano.

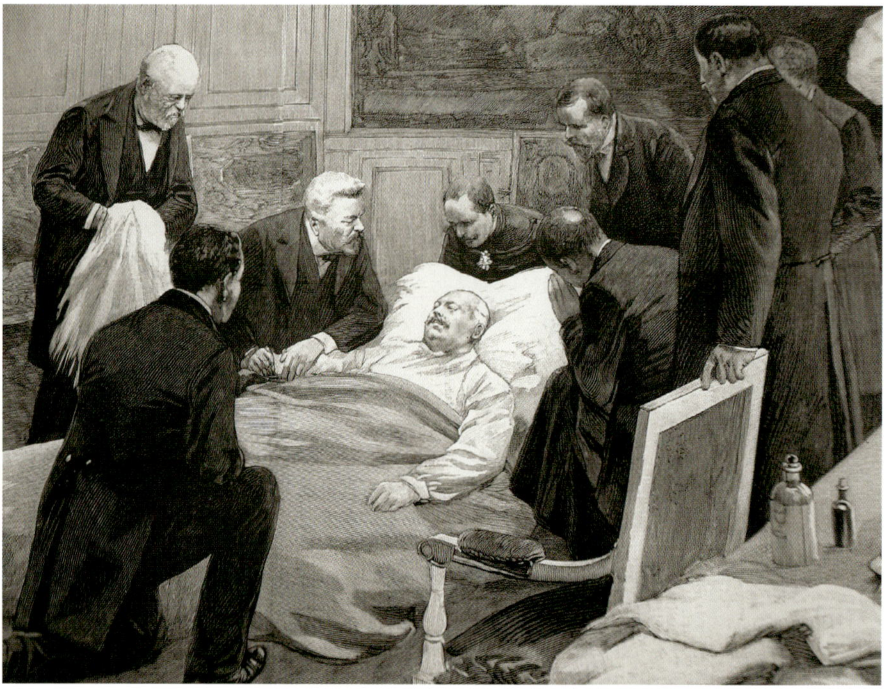

Les derniers moments de Félix Faure.
"Meg" s'est déjà enfuie par l'escalier de service.
Selon la version officielle, le président de la République a été "emporté par une hémorragie cérébrale"...

Des froufroutements et des râles feutrés s'échappent du boudoir. Le domestique qui monte la garde a l'habitude. Soudain, un coup de sonnette fébrile interrompt sa rêverie. Le râle qu'il entend semble d'une tout autre nature. Il pousse la porte :

« Madame Steinheil avait le torse nu, les cheveux épars. Elle portait son jupon. Ses bottines, sa chemise, ses bas, son pantalon étaient sur le tapis. Son corset sur le fauteuil... Le président avait quelques cheveux de femme dans la main... »

Félix Faure s'éteindra quelques heures plus tard, entouré de son épouse et de ses filles, officiellement d'une hémorragie cérébrale, le désordre de ses derniers plaisirs ayant été vite effacé. L'histoire retiendra l'anecdote suivante, qui est certainement apocryphe, mais qu'importe, puisqu'elle continue à faire sourire. Le jeune vicaire dépêché pour donner les derniers sacrements s'enquiert auprès du planton :

« Le président a-t-il toujours sa connaissance ?

– Non, monsieur l'abbé, elle a filé par l'escalier de service... »

Dans cette période troublée, certains croient voir dans la mort de Félix Faure un crime politique : Marguerite Steinheil, commanditée par le « syndicat juif », aurait empoisonné le président. Cependant, faute de preuves, l'affaire en reste là. On attribue à Clemenceau ce méchant trait en guise d'épitaphe :

« Il voulut être César, mais ne fut que Pompée. »

Quant à l'élégante Meg, elle continue à collectionner les amants, qu'elle reçoit au Vert-Logis, maison de campagne sise à Bellevue, pour ne pas indisposer son débonnaire de mari. Les esprits envieux l'ont surnommée « la Pompe funèbre » !

Le double crime de l'impasse Ronsin

Le 31 mai 1908, on retrouve Mme Steinheil au cœur d'une affaire riche en rebondissements qui ne sera jamais élucidée et qui occupera les médias pendant plusieurs années. Un double meurtre impasse Ronsin, à Paris, va passionner la France entière, avec en toile de fond le fantôme du président.

Rémy Couillard, le domestique du peintre Steinheil, n'a jamais un réveil très facile. Il lui faut du temps pour extirper un brin de lucidité enfouie dans un monde cotonneux quand, au petit matin, il faut bien reprendre le service.

Il est des journées qui commencent mal. Le cauchemar que celle-ci lui réserve va durer des mois et des mois, au cours desquels il sera tour à tour principal témoin et principal accusé, tout ça par la grâce

Dans une première vie, Marguerite Japy a épousé Adolphe Steinheil, un peintre au talent discret. Elle aura beaucoup d'amants, dont un président de la République...

de son élégante patronne, qui a un sens de la vérité un peu particulier. Pour l'heure, il entend des geignements qui s'échappent de la chambre où couche Mme Steinheil. Il y a bien longtemps que la dame ne dort plus avec son mari et qu'aucun gémissement d'aucune sorte ne hante l'intimité parisienne des deux époux. Justement, la dame a dormi dans la chambre de sa fille, Marthe, pour on ne sait quelle raison, et les plaintes se font plus précises. À peine son gilet boutonné, il quitte sa mansarde et se précipite vers madame. Les yeux encore boursouflés de sommeil, il ne voit que ce corps magnifique, offert, à moitié dénudé, et l'incongruité des cordelettes qui maintiennent sa maîtresse attachée aux barreaux du lit métallique ne lui apparaît qu'au bout de quelques longues secondes. Sortant de sa torpeur, il la détache prestement, sans grande difficulté. Il aperçoit alors un tampon d'ouate sur l'oreiller qui a dû servir de bâillon. « Au secours ! À l'aide ! » crie-t-il à la fenêtre.
Un voisin accourt qui trouve à l'étage un corps gisant sur le carrelage à l'entrée de la salle de bains. C'est M. Steinheil ! Il est mort ! De cris en cris, la maison est maintenant tout à fait réveillée. Un policier est déjà sur les lieux quand on découvre une seconde victime dans la chambre de madame : Mme Japy, la mère de Marguerite. La pauvre vieille est violette. Sûr qu'elle est morte. De sa bouche sort aussi un

tampon d'ouate. Les draps sont en désordre. Elle aussi est en chemise, mais le tableau est moins charmant.

Fait extraordinaire, en un rien de temps, journalistes et photographes ont investi les lieux. Les curieux défilent de pièce en pièce, et les policiers zélés ont bien du mal à trouver quelques indices. Bertillon, le célèbre criminologue inventeur de l'anthropométrie judiciaire, furète discrètement, sans qu'on sache vraiment qui l'a prévenu. Déjà, le juge d'instruction est à pied d'œuvre, suivi de près par le chef de la Sûreté dépêché par le préfet Poubelle. Les toutes jeunes Brigades du Tigre donnent, par leur présence tapageuse, une dimension nationale à ce fait divers pourtant presque banal dans un Paris terrorisé par les « apaches ». On devine déjà le retentissement de l'affaire, sans aucun rapport avec l'importance des deux principales victimes. Mais voilà, la « connaissance du président », encore entre les mains des médecins, est au cœur du mystère.

Aucune effraction, aucune trace d'intrusion agressive, et l'énigme de l'encrier rajoute au casse-tête : dans le bureau qui jouxte la chambre, un encrier a été renversé, tachant le parquet jusqu'au pied du lit où dormait Marguerite. L'encre a éclaboussé ses jambes, alors que ni les draps ni sa chemise de nuit ne sont maculés. Ce ne sont pas les nombreuses versions des faits de la survivante qui vont éclairer le petit juge d'instruction, M. Leydet, qui a pourtant connu la dame dans des circonstances bien plus agréables.

Une enquête d'État

L'enquête va durer plusieurs mois, avec des rebondissements et des revirements dus en grande partie aux successives déclarations de Marguerite. Son premier récit, entrecoupé de sanglots et d'évanouissements répétés, laisse perplexe les enquêteurs :

« Il pouvait être minuit. Ma lampe brûlait quand je me sentis saisie tout à coup par les poignets. Je vis autour de mon lit trois hommes barbus qui me parurent d'une taille formidable. Une femme rousse se tenait près d'eux. Celle-ci expliqua durement : “Ton père a vendu des tableaux. Où est l'argent ?” Je répondis effarée : “Là ! Cherchez les clés.” La femme qui menait la danse reprit : “Pas de chiqué ou on te fait la peau, salope !” L'un des individus : “Non, on ne tue pas les gosses.” Je compris alors que mes agresseurs me prenaient pour ma fille… Je reçus des coups de poing et des coups de pied, mes bagues me furent arrachées des doigts. Je m'évanouis. Je ne me souviens plus de rien. »

Meg est alors âgée de trente-neuf ans, mais peut en paraître bien moins tant son visage est juvénile et son corps, aux lignes sensuelles, parfait. Marthe restée au Vert-Logis, Marguerite occupait sa chambre, peut-être pour laisser la sienne, plus confortable, à sa mère. Ses minauderies d'adolescente troublaient les hommes les plus vertueux, et il semble concevable qu'on l'ait prise pour sa fille. En revanche, bien des points d'ombre inquiètent les enquêteurs. Rémy Couillard affirme avoir fermé à clé la porte par laquelle les assassins auraient pu s'introduire. Or, la clé était toujours à l'intérieur le matin de la découverte du drame, comme si on leur avait ouvert la porte, « on » ne pouvant être que la maîtresse ou le valet. Aucune trace de lutte. Aucune empreinte de pas malgré la pluie insistante. Marguerite affirme que les individus étaient armés. Alors, pourquoi avoir étranglé les victimes ? Rien ne semble avoir été volé. Quel est donc le mobile ? Et cet encrier renversé…

À chaque interrogatoire, Marguerite donne des détails nouveaux. Les trois hommes portaient des lévites, sorte de robes noires habituellement portées par les juifs. L'antisémitisme latent, depuis le procès Dreyfus, se réveille brusquement. Et puis il manquerait des documents, des perles que lui aurait offertes le président, et l'on reparle de crimes politiques. Les unes des journaux ne parlent que de l'affaire. Justement, on découvre un vol de trois costumes de lévites au Théâtre hébraïque. Madame Steinheil reconnaît formellement ces lévites d'après des photos. Elle identifie même l'homme qui aurait assisté à la location de ces robes noires. Sauf que le monsieur a un alibi en béton. Madame s'est donc encore trompée. Une autre version se fait alors jour. Si ce n'est elle la complice, c'est assurément Couillard, le domestique. En fouillant son portefeuille, les enquêteurs découvrent une perle du collier volé la nuit du crime. L'affaire est terminée ; le coupable, confondu. Cependant, le lendemain, l'accusatrice revient sur ses déclarations : c'est elle qui a déposé la perle dans le portefeuille du pauvre Rémy… L'opinion publique s'énerve.

Marguerite confie alors à des journalistes qu'elle a accusé Couillard pour couvrir Wolff, le fils de Mariette, la femme de ménage. Nouvelle arrestation, nouveau coup de théâtre, car Wolff n'est pas plus impliqué dans l'affaire que Couillard :

« Cette femme ment ou bien elle est folle », déclare-t-il.

L'opinion publique est cette fois scandalisée. Le juge d'instruction relevé de ses fonctions, le peuple vient manifester son mécontentement devant la maison de l'impasse Ronsin. Au palais du Luxembourg, les

Avant le procès, Marguerite guette l'arrivée de sa fille, qui ne viendra pas.

sénateurs demandent justice. Le garde des Sceaux, Aristide Briand, refuse d'intervenir. Du coup, la mort de Félix Faure, peut-être pas si naturelle, revient sur le tapis, faisant de Marguerite une sorte de Mata Hari.

La prison Saint-Lazare

La belle Meg se retrouve dans la prison la plus crasseuse de Paris, la prison des prostituées. Elle n'est plus qu'un matricule habillé d'une longue robe noire. Elle y séjournera onze mois. Son avocat s'échine à lui faire prendre conscience des conséquences désastreuses de ses mensonges répétés, tandis que de la rue s'élèvent des cris hostiles : « À mort l'empoisonneuse ! À mort la veuve sanglante ! »

Dans la prison, Mme Steinheil est rapidement démasquée, malgré l'uniforme. Les filles devinent vite qu'il s'agit d'une femme de la « haute ». « Empoisonneuse ! Salope ! Morue ! » Les religieuses doivent intervenir pour la protéger. Meg a perdu le protectorat de son petit juge. Le nouveau, qui n'aime pas les femmes fatales, est persuadé de sa culpabilité. L'affaire se présente mal et traîne en longueur. La

L'avocat de Marguerite a fort à faire pour assurer sa défense.

presse continue à faire ses choux gras du malheur de Marguerite en dévoilant l'existence d'un autre amant, un maître des forges ardennais, quinquagénaire chauve et bedonnant, qui achetait quelques toiles au mari et payait les factures de la dame.
Les cadavres sont exhumés. Nulle trace d'arsenic ! Voilà enfin une bonne nouvelle. Le juge s'excite, confronte tous les témoignages, s'étonne de ces liens distendus et si vite défaits qui attachaient la prisonnière, sans compter ce bâillon si facilement recraché. Le dossier qui est transmis au procureur de la République est lourd de quatre mille pièces !

Le procès

La salle d'audience est archicomble ce 3 novembre 1909, à l'ouverture du procès. Le service d'ordre, pourtant exceptionnel, est débordé par les bousculades occasionnées par les malchanceux qui n'ont pu arriver à temps.
Ce n'est pas une pensionnaire de « Saint-Lago » qui fait son entrée, mais une grande dame, élégante dans ses habits de deuil, toujours très belle, toujours ce regard gris envoûtant et cette prestance naturelle qu'on appelle la « classe ». Une erreur de casting, sans doute ! La dame qui recevait dans son salon le sculpteur Bartholdi, Ferdinand de Lesseps, Gustave Eiffel, Charles Gounod, Rodin, Lalique, Zola, Loti et tant d'autres est un *Bottin mondain* à elle toute seule. Elle n'a rien à faire derrière ce box d'infamie, affublée de la triple accusation d'« homicide », de « parricide » et de « préméditation ». Elle impressionne par son calme, la pertinence de ses réponses, et parle de son époux avec affection :

« Je l'ai trompé, mais je suis fière de lui… Mon mari était un homme loyal, il m'aimait comme une enfant, et je regrette de tout mon cœur de n'avoir pas été pour lui la femme sérieuse qu'il méritait. »
Quand on lui reproche ses mensonges, elle éclate en sanglots. Pour un peu, elle s'évanouirait !
« J'ai menti pour cacher ma vie privée. Toutes les femmes auraient agi ainsi. J'ai une fille, et c'est pour elle que j'ai été obligée de mentir. »
Quand on lui demande s'il était exact qu'elle rencontrait ses amants à l'hôtel, la réponse fuse :
« J'ai eu cette délicatesse…
– Et vous avez donc loué le Vert-Logis afin de pouvoir y amener vos amants ?
– Auriez-vous préféré que je les amène chez mon mari ? »
Elle est forte, la Steinheil, qui répond à toutes les questions et à toutes les accusations de sa belle voix qui ensorcèle. Même quand elle affirme l'invraisemblable et quand, d'une mauvaise foi évidente, elle nie ce qu'elle vient de certifier.

Dès la quatrième audience, on sent que Marguerite a réussi l'impossible. La salle, d'abord hostile, vire à des sentiments plus amènes à son égard. Certes, elle n'a pas encore gagné son procès, mais elle s'est acquis la sympathie du public.
À l'évocation de son premier amour, un lieutenant d'infanterie que ses parents ont refusé parce qu'il était trop pauvre, la forte Meg éclate en sanglots :
"Dans la tristesse épouvantable où je suis, je puis dire que j'ai eu ma vie brisée. Oui ! C'est à ce moment-là. À dix-huit ans !"

C'est à ce moment-là aussi que, inconsciemment, tout le monde lui pardonne ses mensonges et ses frasques. Une onde de sympathie s'étend sur le prétoire. On se mouche, on toussote. De l'émotion s'échappe de chaque rangée de bancs.

Chronologie

- 16 avril 1869 : naissance de Marguerite, dite « Meg », Japy à Beaucourt, Territoire de Belfort.

- 9 juillet 1890 : mariage de Meg avec Adolphe Steinheil.

- 1897 : Meg est présentée au président Félix Faure à Chamonix. Elle deviendra sa maîtresse.

- 31 mai 1908 : découverte du double crime de l'impasse Ronsin. Meg est retrouvée bâillonnée.

- 4 novembre : après enquête, Meg est accusée de complicité de meurtre et incarcérée à la prison Saint-Lazare.

- 3-14 novembre 1909 : procès de Marguerite Steinheil, à l'issue duquel elle est acquittée.

- 26 juin 1917 : elle épouse Robert Brooke Campbell Scarlett, sixième baron Abinger.

- 20 juillet 1954 : décès de Marguerite Steinheil à Hove, dans le Sussex, à l'âge de quatre-vingt-cinq ans.

Les experts expliquent que Mme Japy, sa mère, n'est certainement pas morte étranglée, mais de peur ou étouffée par son dentier. L'accusation la plus terrible de matricide est ainsi mise à mal, d'autant plus que les témoins à décharge soulignent le grand amour qui unissait la mère et la fille. Le procureur finit aussi par abandonner l'accusation de meurtre sur la personne de M. Steinheil, pour ne retenir que les « coups et blessures ayant entraîné la mort »...

Étrange affaire que ce double meurtre, avec une première victime qui ne se défend même pas, la seconde qui avale son dentier, une femme ligotée sur un lit qui ment à longueur d'interrogatoire, des accusés lavés de tout soupçon, une femme rousse, trois hommes barbus, des voleurs qui ne volent rien... Encore une fois, la réalité dépasse la fiction. Aucun scénariste n'aurait osé imaginer une telle succession d'événements aussi rocambolesques. Mais combien rêveraient d'avoir une telle comédienne au générique ! Son beau visage à l'ovale parfait, sa taille de guêpe, sa poitrine pigeonnante sous le corsage de chantilly noir et sa voix, cette voix mélodieuse qui enchantait les invités dans son salon de l'impasse Ronsin... On en oublierait presque le reste de la troupe.

Le dernier jour du procès, la journaliste Séverine apporte son soutien à Marguerite. Tout oppose ces deux femmes. Pourtant, la féministe engagée est impressionnée par le courage de la mondaine de luxe et lui conjure de « ne pas craquer ».
La délibération des jurés dure plus de deux heures. Minuit a déjà sonné. Meg est pâle. L'épreuve est terrible. Une heure passe, et toujours rien. Il se murmure que des transactions sont en cours avec le ministère de la Justice. Que, en haut lieu, on craint un verdict sévère. Si l'accusée était condamnée, elle pourrait parler… L'ombre de Félix Faure se fait pesante, on dit, on dit… Le président du jury se lève :
« En mon âme et conscience, devant Dieu et devant les hommes, la réponse du jury est non à toutes les questions. »
Les réactions qui suivent sont démesurées. La moitié de Paris fait la fête et se félicite ; l'autre crie à l'imposture, au déni de justice, et réclame la guillotine. Et Meg, au bord de l'évanouissement, cherche désespérément sa fille du regard. Marthe ne viendra pas.

Sur les conseils de ses amis, dès son acquittement, la « connaissance du président » part pour l'Angleterre, où elle épousera un aristocrate, en 1917. Lord Abinger avait suivi son procès et était tombé éperdument amoureux d'elle.

Un siècle a passé… On aurait pu imaginer que des informations se seraient échappées des dossiers poussiéreux ; on aurait pu espérer quelques confidences de témoins ou que les mémoires de Mme Steinheil divulguent des faits de nature à lever un coin du voile. Il n'en sera rien.
Meg est morte en 1954, emportant avec elle un des plus grands secrets des affaires criminelles du XXe siècle.

Marguerite Steinheil effondrée auprès de sa fille, Marthe, qui refusera d'assister à son procès.

Affaire Laetitia Toureaux, Paris, 16 mai 1937

Le crime était parfait !

UN COUP DE COUTEAU dans un wagon désert, une femme qui s'écroule sans un cri et meurt avant de pouvoir parler, pas de témoin, pas de mobile, pas d'indice : le « crime du métro » est parfait.

La dame au chapeau blanc

L'officier médecin savoure par avance la bonne soirée qu'il va passer à Paris, accompagné par sa belle-famille. En provincial qu'il est, ce sera un bon restaurant, suivi d'un spectacle. Les permissions sont rares, et il veut profiter au maximum de ce dimanche de Pentecôte. La rame ralentit au niveau du quai de la station Porte-Dorée. La silhouette fugitive d'une belle femme vêtue de noir et coiffée d'un adorable chapeau blanc capte son regard quelques secondes. La dame s'affaisse au moment où la voiture s'arrête :
« Elle a dû s'évanouir, voyons cela. »

Le fringant militaire s'approche. Tout autour du beau visage de l'inconnue, du sang afflue, dessinant déjà une auréole. Un couteau est planté dans sa gorge blanche qui, en d'autres circonstances, aurait pu le troubler. « Mince ! Voilà mon costume taché ! » déplore-t-il en pensant au temps qu'il va perdre pour aller se changer. À quoi tient un peu d'empathie ! Quelques gouttes de sang sur une veste, et l'homme tourne les talons et s'en va. « Nous étions fort pressés, et comme j'ai constaté que la jugulaire était tranchée, j'ai pensé que l'on ne pouvait plus rien faire pour la malheureuse jeune femme… » expliquera-t-il aux policiers au cours de l'enquête, en indiquant très formellement qu'elle était la seule occupante de ce wagon de première classe.

Le responsable de la rame se penche sur la dame, qui essaye de parler. Ses lèvres bougent. Seul un râle sort du tréfonds de sa poitrine. Elle mourra à son arrivée à l'hôpital Saint-Antoine sans avoir pu désigner son agresseur.

« Une énigme extraordinaire »

Le commissaire de Picpus se gratte la tête en signe d'impuissance. Ce crime ne ressemble pas aux autres. Le sac de la victime dévoile son identité : Laetitia Toureaux, d'origine italienne, veuve depuis trois ans, est inconnue de ses services. Elle ne ressemble en rien aux cocottes qu'il a l'habitude d'interpeller ou de retrouver à la morgue, le visage explosé suite à un règlement de comptes. Il a deviné de suite, malgré les circonstances, qu'il s'agissait d'une femme de classe, belle, mais surtout encore habitée par ce charme délicieux si rare quelques minutes avant sa mort. Laetitia a trente ans et vit dans un petit appartement situé tout près du Père-Lachaise. La concierge confirme cette première impression : une fille sans histoire, correcte, qui ne recevait jamais d'hommes…

Pas de vol. Pas de violence. Vengeance ? Coup de folie ? "Nous sommes devant une énigme extraordinaire", confie le commissaire aux journalistes. Un sac de femme est une source inépuisable de renseignements pour qui sait deviner la vie des objets hétéroclites qui s'y cachent. Celui-ci ne livre qu'une lettre fixant un rendez-vous le soir même, à 22 heures, et émanant d'un certain Jean. Maigre indice !

Des informations disparates arrivent les premiers jours de l'enquête : « Elle est caissière en banlieue », affirme une voisine. « Elle est entraîneuse dans un dancing », raconte une autre. « Elle a des tas d'amants », certifie une vieille dame décrépite qui passe sa vie à l'église, priant pour toutes les âmes perdues. En fait, s'il est vrai que Laetitia aime danser et se rend souvent à *L'As de cœur*, petit bar de la rue des Vertus, elle travaille régulièrement dans une fabrique de cirages à Saint-Ouen. Ouvrière modèle, très consciencieuse, « une perle », dira son patron.

Une fille sans histoire, une enquête difficile, aucun indice, pas de mobile, un crime pour rien, en quelque sorte.

Employée modèle ou sulfureuse Mata Hari ?

En quelques jours, le portrait trop lisse de la belle Italienne va se transformer de façon originale. D'employée modèle, Laetitia devient une espèce de « balance » qui surveille ses collègues pour le compte du patron. La belle est une « moucharde ». Pire, elle est inscrite à la Ligue du bien public, parrainée par un inspecteur de la police judiciaire et M. Rouffignac, directeur de l'agence de détectives Rouff. De « balance », on apprend qu'elle travaille pour Rouffignac, assurant quelques filatures et fournissant des renseignements. « Elle menait les tâches confiées avec une conscience et une intelligence remarquables. Elle a réussi toutes les affaires que je lui ai confiées », se félicite M. Rouffignac.

À *L'As de cœur*, le commissaire apprend qu'elle exerce aussi le palpitant métier de « dame vestiaire », un emploi idéal pour écouter, glaner des confidences, espionner. Car les journaux ne parlent plus que de l'espionne, captivant ainsi les lecteurs avec le « crime du métro », qui prend des tournures politiques. On pense à Mata Hari, la belle danseuse venue des Pays-Bas, appartenant aux services secrets français, qui fut accusée d'espionnage au service de l'Allemagne et fusillée en 1917. Laetitia est italienne. On sait qu'elle a gardé des liens étroits avec ses compatriotes. On sait qu'elle a deux amants attitrés, l'un sur la ligne Maginot, l'autre au port de Toulon, deux endroits stratégiques dans cette France au climat géopolitique tendu.

Plus personne ne veut croire à la petite manutentionnaire modèle et vertueuse. On la préfère aventurière, l'histoire est autrement plus palpitante. Les enquêteurs, persuadés de trouver dans son activité secrète la clé du mystère de sa mort, fouillent son passé. On apprend qu'elle est liée intimement au nationaliste Gabriel Jeantet, militant de la Cagoule, organisation d'extrême droite clandestine fondée en 1936, ouvertement terroriste, dont plusieurs dirigeants sont d'anciens membres de l'Action française.

L'enquête s'enlise dans les méandres politiciens nauséabonds. Rien de concret ne sortira de cette fange. Les articles sur le « crime du métro » se font plus rares, et l'actualité se fait brûlante : la Cagoule est démantelée en novembre 1937. En 1938, Hitler prend le commandement de l'armée et envahit l'Autriche. En 1939, la France déclare la guerre à l'Allemagne, et Laetitia Toureaux disparaît des tabloïds.

Vingt-cinq ans plus tard… : « Je suis l'assassin de Laetitia Toureaux »

En juin 1962, Richard Anthony n'en finit pas d'entendre siffler le train, Michel Jazy pulvérise le record du monde du trois mille mètres, et une lettre incroyable arrive au commissariat de police de Paris :

« Monsieur le commissaire,

« Je ne sais si cette lettre vous parviendra. Peut-être sera-t-elle jetée au panier avant, comme l'œuvre d'un fou, et peut-être cela vaudra-t-il mieux. Sans doute vous souvenez-vous de l'assassinat de Laetitia Toureaux qui eut lieu porte de Charenton, dans le métro, le 16 mai 1937. Je suis l'assassin de Laetitia Toureaux.

« Cette lettre va sans doute vous étonner. Pourquoi l'assassin d'un crime réputé parfait veut-il ainsi raconter son forfait plus de vingt ans après ? Je ne saurais vous le dire exactement. Sans doute ai-je besoin de me libérer (ayant gardé le secret pendant de si longues années que je n'en éprouve plus de remords), peut-être aussi une sorte d'orgueil me pousse-t-il à apporter les éléments nécessaires à la résolution de cette affaire.

« Je n'ai nullement l'intention de vous dévoiler mon nom et souhaite rester dans l'anonymat le plus complet, par égard pour ma famille. Je suis originaire de Perpignan, où je naquis en 1915. À la fin de mes études secondaires, je manifestai le désir de devenir médecin et pour cela, je montai à Paris en 1935. Mon père était aisé, et avec une voiture, m'alloua une substantielle pension. J'arrivai tout droit de ma province assez timide et niais, aussi je vous laisse à penser ma joie à ma soudaine liberté. Entraîné par quelques camarades plus "à la page" que moi, je connus bientôt tous les dancings et cabarets de Paris et de ses environs […].

« C'est dans un dancing que je fis la connaissance de Laetitia, en novembre 1936. Elle était très jolie et possédait le charme rare, pour moi jeune homme, d'être une femme ayant déjà vécu. Je tombai immédiatement amoureux et lui fis une cour respectueuse […]. Elle traitait mon amour avec une douce ironie, ce qui me blessait, et je commençais à m'impatienter, à faire des scènes ridicules. Bientôt, elle écourta nos rendez-vous sous des prétextes plus ou moins risibles. Prenant mon courage à deux mains, je lui demandai de devenir ma femme. Elle me rit gentiment au nez. Blessé dans mon orgueil et mon amour, j'allai jusqu'à la menacer, et elle m'éconduisit assez vertement. Je décidai alors de l'oublier (nous étions au mois de mars) et me plongeai dans le travail en vue de mes examens. Elle ne donna alors plus signe

Chronologie

- 1907 : naissance de Yolande, dite « Laetitia », Nourrissat dans le Val d'Aoste, en Italie. Immigrée en France avec sa famille, elle épouse un artisan parisien, Toureaux, qui décède quatre ans après.

- 16 mai 1937 : Laetitia Toureaux est assassinée dans le métro à Paris.

- Septembre 1939 : la déclaration de guerre enterre l'enquête du « crime du métro ».

- Juin 1962 : de mystérieux aveux arrivent au commissariat de police de Paris. On ne retrouvera jamais l'auteur de la lettre.

de vie, mais je ne pus l'oublier. Ainsi, après plus d'un mois de silence, le 2 mai, j'allai au dancing *L'Ermitage*, où je savais la retrouver… »
Le jeune potache perpignanais a bien retrouvé son amoureuse, entre la station Porte-de-Charenton et la station Porte-Dorée, le 16 mai 1937, aux environs de 6 h 30 du soir. Ce fut le premier crime du métro parisien, et il ne fut jamais élucidé…

Affaire Émile Buffon, Joué-du-Plain, 16 juin 1944
Affaire François Van Aerden, Lougé-sur-Maire, 1er septembre 1944

Le côté obscur de la Résistance

L'EUPHORIE COLLECTIVE qui se déverse dans les rues des villes et des villages au moment de la Libération, célébration d'une identité nationale retrouvée, s'acquitte en même temps d'une tâche moins honorable, conséquence d'un vide politique et judiciaire : l'épuration « sauvage », période parmi les plus troubles de notre histoire où se mêlent haine, vengeance, règlements de comptes et bassesse humaine. L'instauration de tribunaux militaires puis de cours de justice (épuration judiciaire) mettra fin à ces exécutions sommaires. Si l'on compte les « collabos » tués avant le 6 juin 1944, le chiffre de neuf mille victimes est aujourd'hui admis.

Foccart, l'homme trouble

Le département de l'Orne ne s'est pas affranchi de cette période noire où courage et loyauté côtoyaient trop souvent lâcheté et trafics en tout genre. Deux affaires y tiennent une part plus que sensible, en dépit du temps qui passe et des hommes qui s'en vont. Deux affaires, regroupées dans un seul chapitre par leur unité de lieu et de temps, dans lesquelles revient chaque fois le nom de Jacques Foccart, celui-là même que l'on surnommera plus tard « Monsieur France-Afrique » et dont la réputation sulfureuse trouve ses racines dans l'Occupation. Foccart n'est pas à proprement parler un résistant de la première heure. Plus tard, un proche affirmera même que « la seule chose qui l'intéressait, c'était les affaires »... Et des affaires, on peut en faire durant l'Occupation, pourvu que l'on accepte de commercer – de trafiquer ? – avec les Allemands. Mayennais d'origine, Foccart, encore jeune homme, revient dans son département à la démobilisation de juillet 1940 pour fonder une entreprise de bois et charbon, à une époque où ces deux matières se révèlent indispensables. Il

s'associe ensuite avec un ami de régiment, Henri Tournet, dont la future carrière politico-financière n'a rien à envier à son *alter ego*. En 1941, les deux hommes s'installent dans l'Orne, à Rânes, plus précisément au lieu dit « la Forêterie », pour exploiter une coupe de bois, avant d'acheter cent hectares de forêt dans la même commune. Intervient alors un troisième personnage, collaborateur notoire, en cheville avec l'organisation Todt chargée de construire le « mur de l'Atlantique », Georges Desprez, qui les introduit auprès des Allemands et décroche à leur profit un juteux contrat. Certes, Foccart se justifiera plus tard dans un ouvrage en déclarant :
« La collaboration économique est très difficile à définir. Tout homme d'affaires aurait pu en être accusé dès lors qu'il a livré des produits aux Allemands. Je n'ai pas eu l'impression d'en faire. »
Car, face à cette collaboration économique, Foccart et Tournet n'hésitent pas à faire valoir des arguments propres à les disculper. N'ont-ils pas été arrêtés en août 1943 par les Allemands avant d'être relâchés moyennant une caution de 1 million de francs prêtée par un tiers ? Leur entreprise n'a-t-elle pas été réquisitionnée, puis mise « sous contrainte » en janvier 1944 ? Le contrôle économique de l'Orne, à la Libération, n'a-t-il pas classé sans suite leur dossier ? Et puis, leurs états de service dans la Résistance ne suffisent-il pas à les absoudre de toute collaboration ? Une position que le commandant André Mazzeline, chef départemental des Forces françaises de l'intérieur (FFI), ne se fait pas faute de contester :
« Primitivement, M. Foccart ne semblait nullement destiné à une aussi rapide et glorieuse fortune. Il était en effet chargé de la responsabilité du sous-secteur AS [Armée secrète] de Rânes (étendue territoriale d'un canton). Il faut croire que ce commandement modeste ne correspondait pas à ses ambitions puisque, sans même en référer à ses chefs directs, il est entré en contact avec une autre organisation afin d'y jouer un rôle toujours demeuré assez mystérieux… Aussi les agissements de M. Foccart, en septembre 1944, n'ont-ils abusé personne parmi les FFI, lorsqu'il a revendiqué pour son compte personnel le bénéfice d'une action qu'il n'avait ni montée, ni réalisée, ni dirigée, et lorsqu'il a incorporé à son réseau des déportés et des morts qui étaient avant tout et seulement FFI… »

Tel est donc Jacques Foccart, petit chef d'un groupe de résistants qui se drape du costume du héros à la Libération et donc l'action durant les derniers mois de l'Occupation s'entoure d'un voile mystérieux.

Une exécution sans réponse !

Émile Buffon n'est pas de cette veine. Pour résumer le personnage, il appartient à cette infime minorité de Français qui, tout en refusant toute collaboration et sans pour autant s'engager dans la Résistance, sauve un juif au péril de sa vie. Attentiste, alors ? Pas tout à fait ! Certes, en tant que maire de Joué-du-Plain depuis 1942, il peut être reconnu comme un homme de Vichy, lui l'ancien de 1914-1918. Certes, en tant que maquignon, il a vendu du bétail aux Allemands. Mais, en contrepartie, n'a-t-il pas caché une petite fille juive ? Des réfractaires au Service du travail obligatoire (STO) ? Des actes qui, devant une cour de justice, auraient été favorablement entendus. Des actes qui auraient dû détourner les vingt-huit cartouches de la haine quand, le 16 juin 1944, sur la route qui monte de la ferme de la Motte à son domaine de la Mancellière, Émile Buffon est froidement exécuté à l'âge de cinquante-six ans.

Alors, pourquoi ? En raison d'une convocation par les Allemands à Alençon dont il ressort libre alors que cinquante otages sont menacés d'être fusillés ? Parce qu'il serait tenu pour responsable de la découverte par les Allemands sur sa propriété d'un dépôt d'armes caché par le maquis, accompagnée d'arrestations ? Plusieurs résistants témoigneront pourtant en sa faveur en 1946. Une affaire de famille

Émile Buffon exploitait la ferme isolée de la Mancellière.

La ferme de la Motte,
où la Résistance cacha un dépôt d'armes...

sous couvert de Résistance ? Émile Buffon était en conflit avec son frère, Georges. Le fils de ce dernier, René, a été vu sur la route de l'exécution, une demi-heure plus tôt, faisant un aller-retour à bicyclette. Faisait-il le guet ?

Quoi qu'il en soit, l'exécution d'Émile Buffon, en dépit d'une enquête de gendarmerie, restera à jamais impunie. À quel niveau intervient Jacques Foccart, si tant est qu'il soit impliqué ? (Son compère Tournet dira par exemple que Foccart, chef cantonal, a assisté à la réunion décidant de l'exécution de Buffon.)

Car la peur a longtemps lié les langues, jusqu'à l'enquête tridécennale de l'instituteur de Joué-du-Plain qui révèle les faits, à son départ en retraite. Le temps a ensuite fait son œuvre… Il reste aux historiens de tenter de reconstituer les faits… et une somme de questions restées sans réponse.

La froide exécution du consul belge

La libération de l'Orne est effective depuis quinze jours quand éclate l'affaire Van Aerden. Les combats ont été âpres, et la Résistance fait désormais la loi dans les villes et les villages. Dans la nuit du 31 août au 1er septembre 1944, vers 1 h 30, une voiture s'arrête devant la maison de la famille Couprit à Rânes, au hameau du Bois-Hamon. Un homme en descend et frappe à la porte. Au rez-de-chaussée dort la famille Van Aerden depuis que sa maison a subi les dommages des bombardements. Son voisin, Émilien Couprit, n'a pas hésité une seconde pour la loger. Il doit au Belge François Van Aerden de ne pas être parti travailler en Allemagne.

L'inconnu, d'une voix assurée, intime au réfugié de le suivre. L'ancien consul de Belgique au Havre s'habille et suit sans protester l'homme dans le véhicule qui stationne devant la maison. La nuit enveloppe d'inquiétude son épouse, Madeleine, et ses deux fils. Et pour cause ! Durant l'Occupation, François Van Aerden a été réquisitionné comme interprète pour l'organisation Todt. Il a aussi servi d'intermédiaire pour passer des marchés avec les entreprises françaises. L'homme n'a pourtant rien d'un « collabo ». Apprécié des villageois de par sa fonction, il a même réussi à sauver quelques hommes du départ en Allemagne. Cependant, le bruit court dans le milieu résistant qu'il

La maison d'Émilien Couprit,
où François Van Aerden fut enlevé dans la nuit
du 31 août au 1er septembre 1944.

Chronologie

- **1941 : Foccart et Tournet créent à Rânes une exploitation de bois.**
- **16 juin 1944 : exécution du maire de Joué-du-Plain Émile Buffon.**
- **1er septembre : enlèvement puis assassinat du consul belge Van Aerden.**

serait à l'origine de la déportation de Fernand Fontellaye, arrêté pour avoir caché un dépôt d'armes. Dénonciation qui sera démentie par le témoignage, en 1954, du résistant Marcel Dionot. Plus sûrement, l'interprète s'est souvent retrouvé au milieu de négociations secrètes ainsi que de trafics entre l'organisation Todt et certaines entreprises. Où l'on reparle de Foccart, chef du groupe de résistants qui tient Rânes. N'y avait-il pas intérêt à éliminer un témoin gênant si celui-ci se mettait à trop bavarder ? Et puis, certains maquisards du groupe Foccart ne se sont-ils pas vantés après coup de l'exécution de Van Aerden ?
Quoi qu'il en soit, l'ex-consul belge est retrouvé mort, le lendemain matin, dans une carrière isolée située à quelques kilomètres du Bois-Hamon. Froidement exécuté !

Une enquête est diligentée. Mais, encore une fois, ceux qui savent ne disent rien. L'affaire Van Aerden rebondit au début des années 1950 quand, suite à une lettre anonyme, la police judiciaire de Rouen relance l'enquête. Si le ou les coupables ne sont pas clairement identifiés, elle fournit une hypothèse différente de celle de la première enquête, qui avait conclu à une expédition punitive. C'est du moins ce qu'indique le rapport du commissaire Refus :
« Van Aerden avait pu être supprimé du fait qu'en sa qualité d'interprète de la Todt, il était certainement au courant de nombreux et importants trafics qui avaient lieu avec les Allemands dans la région... Simplement par le fait de leurs activités commerciales avec les Allemands, Foccart et Tournet se trouvaient fâcheusement compromis, et le témoignage de Van Aerden n'aurait pu qu'aggraver

considérablement leur situation, puisqu'il aurait permis d'évaluer tous les profits réalisés par eux, non plus sur la courte période mentionnée sur les documents retrouvés, mais de 1942 à la Libération. De plus, en dehors de ces profits illicites, il semble que Foccart et Tournet se soient livrés, comme le signalait Mme Van Aerden, à certains trafics avec la complicité de soldats et d'officiers de la Todt. »

En dépit de ce rapport, une ordonnance de non-lieu sera prononcée et l'affaire Van Aerden enterrée, Foccart et Tournet s'étant alors habillés d'une certaine « respectabilité » auprès du général de Gaulle. Fort du silence des mauvais témoins et harcelé par le créancier de la caution, Foccart récupéra après-guerre le million de francs des mains du ministère français des Finances au titre du préjudice causé aux résistants, malgré les réticences de certains authentiques maquisards, dont celle du trésorier de la Résistance. Pour un tel remboursement, il importait que personne ne connaisse la raison de l'incarcération de Foccart et Tournet : non pas un quelconque fait de résistance, mais des malversations de leur entreprise envers l'organisation Todt, leur principal client...

Pour Mme Van Aerden, le mystère plane toujours sur l'exécution de son époux.

François Van Aerden, vice-consul de Belgique au Havre, servait d'interprète occasionnel auprès des Allemands.

Aveyron, 1946-1947

Les défis du Masque rouge

LES BŒUFS QUI GRIMPENT de toute la puissance de leur musculature font craquer en mille morceaux de verre le gel recouvrant la terre du chemin. Dans la lueur blafarde d'un soleil hivernal qui se meurt, le visage cinglé par un froid vif, Jean Falvet remonte le col de sa gabardine. Près de lui, le père Maurel marche au pas lent de ses soixante-dix ans bien sonnés. Agriculteurs à Fontcayrade, un hameau d'une vingtaine d'âmes accroché aux flancs dénudés de la vallée du Lot, les deux hommes sont partis de bonne heure, ce matin du 18 janvier 1947, le béret bien vissé sur le crâne et les sabots fourrés aux pieds. Bigre ! c'est jour de foire à Estaing ! Pour rien au monde les deux compères ne manqueraient ce rendez-vous. Outre l'occasion de boire quelques « gorgeons » de vin d'Estaing en bonne compagnie, il s'agit de vendre le cochon qu'une année de soins attentifs a permis d'engraisser. À l'ombre du château Renaissance, la foire d'Estaing attire tout ce que l'agriculture compte d'éleveurs et de maquignons du Haut-Rouergue. Franc-parler, jurons et une confiance réciproque dans la parole donnée permettent de conclure une vente et de s'en retourner à la ferme, le devoir accompli.

Cette année-là, Jean Falvet et le père Maurel ont bien négocié leurs cochons. Après s'être attardés à l'auberge du Pont-d'Estaing, où jambon de pays, *garrou* et vin rosé ont réchauffé leurs membres transis de froid, les deux hommes reprennent leurs bœufs pour s'en retourner chez eux par une sente à travers bois. Dans la campagne engourdie par la fraîcheur du soir, seuls l'appel des grives et les paroles des deux hommes viennent rompre la monotonie de ce silence :

« Le ciel est clair au nord, ce soir. Le gel fera du bien à la terre. »

On peut faire confiance au vieil agriculteur, qui sait comme pas deux prévoir le temps, vendanger au bon moment ou découvrir le parcours d'une laie. À cette époque, les gens de la campagne savent vivre avec la nature.

Le beau village d'Estaing, au cœur d'une région accidentée propice aux embuscades.

L'homme à la Sten

Le clocheton du village de Saint-Geniez-des-Ers vient juste d'annoncer l'angélus quand, au détour d'un sentier creux, un homme se dresse devant eux, armé d'une mitraillette et la tête recouverte d'une cagoule rouge. « Miladiou ! songe aussitôt Jean Falvet, le Masque rouge ! » La mitraillette flambant neuve, luisante au soleil couchant, pointe sur eux sa gueule menaçante.

« Halte, veux votre argent, sinon moi vous tire, jetez votre portefeuille devant vous sur le sentier.

– *Aquela puta !* tente d'ergoter Jean Falvet. Pourquoi veux-tu nous prendre notre argent ? Nous avons sué sang et eau pour gagner ces quatre sous. Viens au village ce soir, on te donnera quelques sous et un sac de provisions. »

Mais l'homme au masque rouge n'a pas l'intention de se laisser amadouer. Enjambant le fourré, il intime l'ordre au père Maurel de continuer son chemin.

« Le portefeuille, sinon abats tes bœufs, puis toi ensuite comme un lapin de garenne. »

Devant la menace de la Sten, Jean Falvet se résigne. Il met la main à la poche de sa gabardine et tend son portefeuille, contenant les

Le brigand au fort accent étranger qui sévit dans l'Espalionnais entre 1946 et 1947 se présente masqué d'un foulard rouge, une mitraillette Sten en main.

30 000 francs du cochon. D'un geste rapide, l'*arrapiand* le saisit puis s'enfuit à toutes jambes en dévalant le talus vers le Lot. La gorge encore nouée, tremblant autant de peur que de colère pour s'être laissé dévaliser, Jean Falvet rejoint le père Maurel, inquiet de la tournure des événements.

« Ce salaud m'a bien eu ! 30 000 francs ! Le bénéfice de toute une année.

– Avertissons la police. »

La nouvelle agression fait en quelques heures le tour de la vallée. À la gendarmerie d'Estaing, on commence pourtant à trouver que le manège a assez duré. La première attaque du Masque rouge remonte au 1er octobre 1946. Ce qui n'a été au début qu'un délit mineur devient pour la région un véritable cauchemar contre lequel les gendarmes sont bien désarmés, faute d'indices.

Seuls quelques témoignages fournissent de minces renseignements sur cet *outlaw* des grands chemins. De taille moyenne, le dos voûté, âgé d'environ trente-cinq ans, le bandit porte sur lui un treillis, le vêtement le plus commun qui soit dans ces années d'après-guerre. Son visage, impénétrable, est recouvert d'un *petasson* rouge. Les détroussés ont aussi remarqué dans sa voix un accent étranger. S'agit-il d'un prisonnier allemand évadé ? D'un déserteur anglais ou américain ? Ou l'homme simule-t-il simplement cet accent pour mieux déguiser sa personnalité ?

Un fait tout de même laisse perplexe les gendarmes et la population. L'homme se déplace dans la région comme un poisson dans l'eau, disparaissant sans laisser de traces. Or, comment un étranger peut-il être aussi bien informé sur les lieux, les dates des foires et les trajets empruntés par les paysans qui en reviennent ?

Pour les habitants, il ne fait aucun doute que c'est bien un des leurs qui les gruge. À leurs yeux, le délit est donc encore plus grave. Eux qui suent leurs peines sur une terre ingrate n'aiment guère ce genre de scélérat. Aussi commence-t-on à se méfier même de son voisin tout en se posant une question : quelle sera la prochaine victime du Masque rouge qui, grâce à Dieu, n'a encore tué ni blessé personne ? La réponse n'allait pas tarder à venir !

Le 7 avril 1947, Alexandre-Georges Recoussines et son proche voisin, Léon Austruy, s'en retournent de la foire du Nayrac, dans le Nord-Aveyron, satisfaits de leur journée et le portefeuille bien rempli de la vente d'une vache qui a rapporté au premier la somme de 32 000 francs. Comme un homme averti en vaut deux, notre paysan a pris la précaution de dissimuler son pécule dans sa veste de coutil, ne conservant dans le portefeuille que la somme de 1 000 francs.
À quelques pas du hameau de la Coursière, près d'Estaing, il est environ 17 heures, Georges Recoussines veut soulager une envie pressante. Une haie, dans un virage, fera l'affaire. Soudain, tendant l'oreille, il perçoit une discussion dont le ton s'envenime. « Encore un voisin dont le bétail se sera égaré », pense-t-il. Quelle n'est pas sa surprise quand, rejoignant son ami, il le trouve nez à nez avec l'ennemi public numéro un de la vallée, selon le scénario désormais classique. Planté là au beau milieu du sentier, braquant sa mitraillette sur le père Austruy, le Masque rouge en chair et en os.
« Halte-là ou toi mort ! lance-t-il d'un ton coléreux à Georges Recoussines. Ton portefeuille ! »
Avec sa fougue des trente-cinq ans, l'agriculteur songe bien à lui sauter dessus. Mais le risque est trop grand devant cette mitraillette qui menace à tout moment de cracher le feu.
« Je suis commis de ferme et pas bien riche. Je n'ai sur moi que 1 000 francs.

– Toi lancer le portefeuille. »
Georges Recoussines s'exécute. Le Masque rouge retire l'argent, puis s'enfuit à toutes jambes par les prés. Un instant interloqué, l'agriculteur se ressaisit pour lancer à travers la campagne un appel de détresse :
« Le Masque rouge ! Le Masque rouge ! »
Aussitôt, tout ce que les collines environnantes comptent de jeunes et de moins jeunes se précipite sur le lieu où Georges Recoussines tente de soulager son pauvre voisin, choqué par l'agression.
« Le Masque rouge ! Il a glissé par les prés en direction d'Estaing.
– Macarel, cette fois, il ne nous échappera pas.
– Si les gendarmes ne peuvent pas l'arrêter, il est temps de lui donner une bonne correction. »
Alors, qui armé d'un fusil, qui brandissant un bâton, tous se jettent à la poursuite du fuyard, vociférant comme s'il coursait un sanglier. Mais la battue n'ira guère plus loin qu'un ruisseau où les poursuivants perdent sa trace. Aux gendarmes à vélo, Georges Recoussines ne fournit qu'un pauvre indice :
« Ce salaud était chaussé de galoches sous lesquelles il avait cloué deux pattes en cuir. »
Les résultats se révèlent une fois de plus bien maigres. Le Masque rouge, que rien ne semble effrayer, s'est même payé le luxe de tendre son embuscade à quelques mètres des premières habitations.

Mystère et rumeurs

L'enquête débute à peine que les gendarmes doivent se rendre le surlendemain au lieu dit « la Carrière », sur le chemin d'Estaing à Sénergues. Le Masque rouge vient de s'y manifester en délestant une brave paysanne de ses quelques sous, bénéfice de la vente de ses volailles. Mais comme le butin ne suffit pas, il a attendu le passage d'Ernest Falissard, un commis de ferme qui s'en revient de la foire d'Estaing avec les 32 000 francs de l'argent de son patron. Lui aussi ne peut que constater les dégâts et se fait détrousser en moins de deux. Les gendarmes ont beau avertir les brigades environnantes, lancer à ses trousses un chien policier, le Masque rouge déjoue toutes les recherches avec une surprenante habileté. Comment parvient-il à s'enfuir aussi rapidement sans laisser de traces ? Mystère ! Les gendarmes imaginent même que le détrousseur utilise un véhicule qui lui permet de quitter rapidement les lieux avant leur intervention. Bien maigres sont les renseignements que les militaires ont pu

recueillir. Au lendemain de la guerre, qui a provoqué son contingent de règlements de comptes et de rumeurs plus ou moins fondées, les gens du pays se méfient de lancer des noms pour éviter d'éventuelles représailles. Ici comme ailleurs, certains se sont souvent rempli les poches avec le marché noir, tandis que d'autres, à leurs risques et périls, ont rejoint les maquis. Trois ans après la Libération, les mémoires restent encore toutes chaudes. Et bien que le temps soit à la reconstruction, les rancœurs du passé ne s'oublient pas.
Désormais prévenus, les agriculteurs de la région ne se rendent plus aux foires du pays sans leurs fusils armés de chevrotine, « au cas où le bandit se présenterait à bonne portée de canon ». Les plus rusés emportent deux portefeuilles : l'un, factice, bourré de papier journal ; l'autre, en sûreté, à l'intérieur de la veste. Et advienne que pourra !

La presse, qui a observé une certaine discrétion sur les premières agressions, évoque au début de l'année 1947 les tribulations du Masque rouge :
« Nous souhaitons, écrit le chroniqueur du *Rouergue républicain*, que l'enquête aboutisse au plus vite, car de tels "exploits" devenus fréquents depuis quelques mois dans le département provoquent une légitime et vive émotion dans nos campagnes. »

Une surveillance accrue

Est-ce cette publicité qui déclenche des vocations ? Par trois fois, des émules du Masque rouge se manifestent dans le département à leur manière. Deux agressions se déroulent aux abords du village de Saint-Cyprien, sur la route de Conques. La seconde faillit mal tourner. Le maire de Noalhac et l'un de ses administrés s'en retournent chez eux vers 18 heures quand, à proximité du moulin de Sanhes, ils se trouvent face à face avec un bandit, masqué d'un foulard noir et aux « yeux rouges », qui leur ordonne de déposer sur le sol leurs portefeuilles. Ni une ni deux, les deux hommes prennent leurs jambes à leur cou, essuyant des rafales de mitraillette qui ne les atteignent pas. Tous les deux en sont pour une bonne frousse qu'ils s'en vont aussitôt raconter à la gendarmerie.

Le 29 mai 1947, les gendarmes de Millau pourraient croire que le Masque rouge a élargi son territoire quand un brave boucher, M. Chaliez, les alerte à 6 heures du matin. Le pauvre bougre, à trois kilomètres de Millau, à hauteur de la Borie-Blanque, sur la route de

Rodez, se rend à la foire de Naucelle lorsqu'il se trouve face à un individu qui, la figure cachée par un foulard rouge et mitraillette en main, lui intime l'ordre de s'arrêter. Courageux, sinon téméraire, notre boucher feint de l'ignorer et continue son chemin comme si de rien n'était. La maréchaussée ne met pas longtemps à se rendre compte que le boucher est tombé sur un pâle imitateur. N'est pas le Masque rouge qui veut ! Après enquête, elle appréhende un mari jaloux, d'origine italienne, qui, ne sachant pas où et comment passer la nuit, déclare avoir joué au Masque rouge «pour faire diversion à ses avatars conjugaux».

Une nouvelle agression, le 16 mai, sur un cultivateur revenant de la foire de Laissac incite les forces de police à effectuer une opération de grande envergure, autant pour rassurer la population que pour attraper le bandit. En effet, les enquêteurs ont acquis la certitude que l'homme au masque rouge suit attentivement les foires pour choisir sa victime avant de l'attendre au détour d'un chemin isolé. À l'occasion de la foire de Lunel, le 21 mai, trente gendarmes, plusieurs inspecteurs en civil et l'un des meilleurs chiens policiers surveillent les lieux, contrôlent les identités, écoutent les discussions et épient les moindres faits et gestes. Mais de Masque rouge, point. Le poisson n'a pas, ce jour-là, mordu à l'hameçon.

Le Masque rouge défie les gendarmes

Journalistes, gendarmes et habitants restent impuissants quand, coup sur coup, le Masque rouge démontre sa capacité à déjouer tous les plans et à attendre sa victime où bon lui semble.

Le 3 juin, encore jour de foire à Villecomtal, un vieux paysan de Campuac, M. Crantelle, s'en retourne à son domicile quand, dans un endroit solitaire et boisé, au-dessus du château de la Guizardie, le Masque rouge surgit de derrière un arbre, le braquant avec sa mitraillette :

«Donne ton portefeuille.»

Le vieillard, qui n'a pas froid aux yeux, refuse d'obtempérer et tente de s'échapper. Plus leste, le Masque rouge le rattrape, le plaque au sol après une brève bataille et s'enfuit après l'avoir délesté de 21 000 francs.

Rapidement prévenus, les gendarmes prennent la précaution d'emmener le chien Spax, un magnifique bouvier des Flandres prêté par la brigade de Gramat, dans le Lot. Arrivé sur place, le chien se lance à

Le Rouergue républicain évoque l'attaque du Masque rouge près de Villecomtal, le 3 juin 1947.

ENCORE LE « MASQUE ROUGE »

FAISANT PREUVE D'UNE AUDACE INOUIE, le malfaiteur attaque un vieillard de 78 ans à deux kilomètres à peine de VILLECOMTAL

Mardi soir, vers 17 heures, M. Crantelle de Campuac, âgé de 78 ans, revenait de la foire de Villecomtal lorsque à environ 2 kilomètres de cette localité « l'homme au masque rouge » surgit devant lui armé de sa mitraillette il lui intima l'ordre de lui remettre l'argent qu'il portait sur lui.

(Par téléphone de notre correspondant particulier à Villecomtal): M. Crantelle était à ce moment seul sur la route et, après une courageuse résistance, il fut dépouillé d'une somme que venait de lui rapporter la vente d'un cochon.

Le malfaiteur empocha l'argent et disparut rapidement, tandis que sa victime s'empressait de donner l'alarme. La gendarmerie s'est immédiatement transportée sur les lieux et, avec l'aide du chien policier qui a déjà participé aux précédentes enquêtes a commencé les recherches; celles-ci se poursuivront dans toute la région.

Nous osons espérer que cette fois enfin, la piste de « l'homme au masque rouge » pourra être découverte et que sera mis hors d'état de nuire cet individu dont les exploits sèment depuis plusieurs mois, une crainte bien légitime parmi nos paisibles populations aveyronnaises.

DE NOUVEAUX DETAILS

Nous apprenons à l'instant de nouveaux détails sur l'attaque dont vient d'être victime M. Crantelle.

Ce dernier, bien que son agresseur le menaçât de sa mitaillette refusa de donner son portefeuille et tenta de s'échapper. Mais l'autre, plus jeune et plus leste le rattrappa et une bataille acharnée s'ensuivit, lutte au cours de laquelle M. Crantelle eut sa blouse déchirée et fut délesté de son argent.

L'assaillant, en possession de son butin, réussit à se dégager et à s'enfuir.

La somme dérobée s'élève à environ 21.000 francs.

travers bois et champs, s'arrête et repart aussitôt. La piste conduit tous les poursuivants à Villecomtal, mais, dans l'agglomération, le chien perd toute trace. Le Masque rouge, qui possède plus d'un tour dans son sac, a pris le soin de revenir vers la foire, où ses pas se sont mêlés à des milliers d'autres. Aucune chance pour le bouvier de retrouver quoi que ce soit. Un instant optimiste, les gendarmes doivent convenir de ce nouvel échec, tout comme le maire de Campuac et plusieurs paysans armés, revenus eux aussi bredouilles de leur battue.
Considérant sans doute que la société lui est encore redevable de quelques monnaies sonnantes et trébuchantes, le Masque rouge renouvelle son attaque deux jours plus tard. Il est entre 16 heures et 16 h 30, ce jeudi 5 juin. Jean Donnet, un solide gaillard de dix-neuf ans, marche avec son père et sa sœur, Maria, le long d'un chemin encaissé et étroit qu'ils empruntent régulièrement pour rejoindre leur domicile du Cros. Chacun monte à son rythme, la petite Maria fermant la marche. À la foire de Campuac, les affaires ont été bonnes, et le portefeuille s'est enflé d'une coquette somme. Prudent, Victor Donnet, à qui on ne la fait pas, a caché les billets dans la couture de sa veste et bourré son portefeuille de feuilles de journaux. La maréchaussée leur a d'ailleurs vivement conseillé de se méfier. Une probable agression du bandit est à redouter.

Tel l'éclair, le Masque rouge surgit de derrière une haie, intimant au père de lui remettre le fruit de la vente. Victor Donnet, avec une placidité déconcertante, fixe le détrousseur dans les yeux, lui parle sans hausser le ton, puis lui tend le portefeuille. Le Masque rouge le saisit, mais, sentant le coup fourré, y plonge la main pour n'en retirer que quelques feuillets du bulletin paroissial. Devant ce qu'il considère comme un affront, le Masque rouge perd pour la première fois son sang-froid. Tandis que Jean Donnet et sa sœur s'enfuient à travers bois, le Masque rouge tire sur le père, qui n'a que le temps de sauter la haie et de rouler dans les taillis, les balles sifflant à ses oreilles. Quand il arrive à la maison, ses enfants s'y trouvent déjà. Il avertit les gendarmes. Leur chien prend bien la piste du fuyard, mais, une fois de plus, il s'arrête net à deux cents mètres des premières maisons de Campuac. Quelques témoins affirmeront avoir vu le malfaiteur, qui leur aurait demandé en patois s'ils revenaient de la foire.

Le mystère plane toujours autour de l'homme au masque rouge qui terrorisa toute une région dans l'immédiat après-guerre.

Sur la piste de l'« homme au masque rouge »

LA QUINZIEME VICTIME DU BANDIT FANTOME

sera-t-elle la dernière ?

Ce mercredi matin 6 heures. — La pluie tombe sur la route sinueuse qui nous conduit de Sébazac à Villecomtal. Un cycliste nous croise enveloppé d'un « ciré » dont le capuchon d'un noir luisant masque les yeux. Instinctivement, le chauffeur jette un regard soupçonneux... mais déjà l'homme s'est perdu dans la brume et la pluie au tournant presque en angle droit.

Quelles facilités ces hameaux et ces bourgs si sympathiques n'offrent-ils pas, par leurs abords immédiats, touffus et escarpés, aux entreprises d'un gaillard décidé, aguerri par l'expérience, rendu plus farouche encore par la crainte d'un châtiment dont le poids éventuel ne cesse de s'accroître...

Villecomtal... L'auberge accueillante, arrêt de l'autobus, où nous retrouvons notre actif correspondant...

L'émotion est grande ici; nous n'avons pas de peine à recueillir des opinions qui se révèleront peut-être justifiées demain, ou des faits précis qu'on nous confirmera tout à l'heure.

Villecomtal-Campuac... La pluie redouble, et cependant nous apercevons le château de la Guisardie, et nous devinons, du grand tournant surplombant la vallée le sentier reliant directement l'une et l'autre cité.

M. Crantelle voulut emprunter ce raccourci plutôt que de prendre l'autobus, et soudain, à dix mètres, apparût la silhouette redoutée...

Qui est l'« homme au masque rouge » ?

Telle est la question qui, depuis quelque temps, vient sur toutes les lèvres.

Seuls, des renseignements fort vagues ont pu être recueillis jusqu'ici sur l'audacieux individu qui brave, avec une témérité inouïe, gendarmes, inspecteurs et chiens policiers. Ces indications émanant toutes, d'ailleurs, des victimes du malfaiteur.

Les uns affirment qu'il est blond; d'autres prétendent qu'il a un accent étranger; selon un cultivateur qui fut attaqué récemment le bandit aurait déclaré en un mauvais français:

« Moi pas heureux ici; faut argent pour quitter la France ».

S'agit-il d'un prisonnier allemand évadé, d'un déserteur anglais ou américain ? Ou l'homme simule-t-il simplement cet accent défectueux pour mieux déguiser sa personnalité ?

Il est toutefois un fait certain il connaît bien la région où il opère et qui englobe, en gros le nord et l'est de notre département ; comment un étranger pourrait-il être aussi bien informé sur la topographie des lieux, les dates des foires et les trajets empruntés par les paysans qui en reviennent ?

Il y a une autre remarque qui ne manque pas d'être troublante : comment le malfaiteur qui, bien que restant dans un même secteur, opère souvent en des points éloignés et parfois seulement à quelques jours d'intervalle, est-il transporté sur les lieux de ses exploits ? Et surtout comment parvient-il à s'enfuir si rapidement ; se perd-il dans la foule son forfait accompli, dispose-t-il d'un moyen de locomotion rapide ou bien doit-on envisager l'hypothèse de la présence de complices ?

Autant de problèmes qui, jusqu'alors, sont demeurés sans solutions.

M. Crantelle nous dit

C'est pour essayer d'apporter quelques nouveaux détails à nos lecteurs que nous nous sommes rendus, avec notre correspondant à Villecomtal, M. Masbou, auprès de M. Crantelle qui, on le sait, a été attaqué, mardi soir par le « masque rouge ». Nous avons ainsi pu recueillir d'intéressantes déclarations du vieillard, quelques heures à peine après l'agression.

succintement dans notre numéro d'hier, M. Crantelle, rentrant de la foire de Villecomtal par un raccourci, se rendait à son domicile, à Campuac, lorsque, à un endroit solitaire et boisé, au-dessus du château de la Guizardie, le brigand surgit de derrière un arbre et, braquant sa mitraillette, prononça ces seuls mots, « Donne ton portefeuille », le vieillard voulut poursuivre sa route, mais l'homme le rattrappa et le bouscula. M. Crantelle ayant tenté de repartir, le malfaiteur le rejoignit à nouveau; une courte lutte s'ensuivit qui

Ainsi que nous l'avons relaté

Voir la suite en deuxième page

Le Masque rouge court toujours

Personne ne le sait encore, mais le Masque rouge vient de tirer sa révérence aux forces de police et aux habitants de la région. Une attaque aura bien encore lieu le 26 août 1947 près de Saint-Geniez, mais le bandit, armé d'une mitraillette, a agi cette fois à visage découvert.

Derrière tout ce mystère qui entoure l'affaire du Masque rouge, l'arrêt brutal de ses agressions n'est pas le moins surprenant. Débutée dans la plus totale discrétion médiatique, l'affaire disparaîtra de la même façon, laissant quelques paysans un peu plus démunis et le souvenir persistant d'un bandit qui eut sans doute l'intelligence de s'arrêter à temps, tout en laissant en suspens la question essentielle : mais qui se cachait derrière le Masque rouge ? Un proche voisin, comme l'ont répété à plusieurs reprises les gens du pays ? Le fils d'une riche famille de la région, en mal d'aventure et de sensations fortes, qui faisait de l'Espalionnais son terrain de jeu favori et d'une mitraillette son jouet préféré ? « On l'aurait, affirment les langues bien pendues, protégé pour éviter le scandale. »

S'agissait-il d'un soldat en rupture de régiment ou, plus simplement, d'un bandit méticuleux, forcément intelligent, lecteur assidu de Robin des Bois, de Mandrin ou de Cartouche qui, la guerre terminée, utilisa ses connaissances à des fins moins glorieuses mais plus rentables ? Dans cette ambiance de noir mystère et de propos chuchotés d'immédiat après-guerre, au cœur d'une région faite pour donner une idée de l'infini, la police se heurta au mur du silence et aux hypothèses les plus diverses.

N'avait-on pas vu, du temps de l'Occupation, une bande de maquisards de pacotille, pilleurs de fermes, qui opéraient sous un masque noir et qui s'étaient laissé aller jusqu'à chauffer les pieds de leurs victimes ? Ou bien ne serait-ce point quelques faux maquignons qui

Chronologie

- 18 janvier 1947 : agression sur Jean Falvet et le père Maurel.

- 7 avril : nouvelle agression sur Alexandre-Georges Recoussines et Léon Austruy.

- 9 avril : Ernest Falissard est la nouvelle victime du Masque rouge.

- 3 juin : M. Crantelle est agressé près de Villecomtal.

- 5 juin : ultime agression sur Jean et Victor Donnet.
Le Masque rouge ne réapparaîtra plus.

se seraient engraissés au marché noir et qui, la paix revenue, désespéraient même d'arriver à gagner une maigre pitance ?
« Parmi ces gens, déclarera un témoin, il y a non seulement des jaloux qui, leur prospérité d'antan perdue, crèvent d'envie et de rancœur en voyant les vrais professionnels tenir le coup, mais il y a aussi des individus dangereux qui ont été délibérément écartés de toutes tractations et qui se considèrent lésés. »

Reste le témoignage de l'inspecteur Cazalet, membre de la brigade mobile de Montpellier, chargée de s'occuper de l'affaire avec la gendarmerie d'Espalion. Chacun sait que la police utilise fréquemment des indicateurs pour amorcer une enquête. Si la méthode est contestable, elle se révèle souvent efficace. Après l'agression du 5 juin 1947 dans la région de Campuac, la brigade reçut une information selon laquelle le bandit serait un ouvrier agricole d'origine polonaise, résidant à Decazeville. Deux perquisitions ne permettront pas de fournir la preuve matérielle de sa culpabilité. Ni mitraillette ni foulard rouge à se mettre sous la dent. Pourtant, Albert Cazalet est toujours resté persuadé qu'il tenait bien là le héros qui allait devenir une légende. Cet ouvrier agricole connaissait parfaitement la région, et son accent étranger pouvait être comparé à celui entendu par ses victimes. Plus étonnant encore : à la suite des perquisitions, les agressions s'arrêtèrent nets, pour ne plus jamais reprendre. Sans doute, le coup était passé si près que le Masque rouge mit sagement fin à sa geste criminelle. Manquèrent alors des preuves matérielles formelles pour l'arrêter et l'inculper.

Une du *Rouergue républicain* qui relate l'attaque du Masque rouge du 5 juin 1947. Ce sera la dernière d'une longue série.

LE ROUERGUE RÉPUBLICAIN

QUOTIDIEN D'INFORMATIONS

RÉDACTION ADMINISTRATION 4, Bd d'Estourmel RODEZ — Téléphone 3.44

Troisième Année — N°

VENDREDI 6 JUIN 1947

DE PLUS EN PLUS AUDACIEUX

l'« homme au masque rouge »

attaque deux agriculteurs

à quelques kilomètres du lieu de son précédent exploit

Villecomtal, 5 juin. — Deux jours à peine après l'agression du château de la Guizardie et à quelques kilomètres seulement de ces parages, « l'Homme au Masque rouge » a perpétré sa seizième attaque à main armée.

…eil des ministres examine …IONALISATION DU GAZ … l'électricité en Algérie

…IT DES CHEMINOTS

JUIN 1944 ● JUIN 1947

Il y a trois ans, les bateaux de débarquement américains abordaient sur les côtes de Normandie

…s les employés de certains …épôts de matériel de la S.N.C.F. continuent la grève

Aveyron, 1946-1951

L'Espalionnais à feu et à sang

LA RÉGION QUI ENTOURE la capitale du Haut-Rouergue, à mi-chemin entre le causse Comtal et les monts d'Aubrac, est accidentée, fortement boisée, certains diront sauvage. Ici, pas de gros bourgs concentrant une majorité de ruraux. Seulement une multitude de petites fermes, peu accessibles, perdues sur des crêtes ou se berçant au creux des vallons, occupées par des paysans jaloux de leurs biens et observant avec envie l'évolution sociale de leurs voisins. Un monde à part, rude et austère, qui n'a pas l'habitude de se confier et qui garde pour lui ses rancœurs et ses secrets.

Comme si les agressions du Masque rouge n'avaient pas suffisamment provoqué de on-dit, les crimes qui s'échelonnèrent à intervalles réguliers de 1946 à 1951 suscitèrent la peur et, dans plusieurs cas, une grande interrogation, encore aujourd'hui sans réponse : à qui donc pouvaient profiter ces crimes ? À force de suspicions et de suppositions, les gens finirent par se soupçonner les uns les autres. De quoi faire perdre leur latin aux enquêteurs, qui ne réussirent jamais à pénétrer véritablement ce milieu où le silence était de règle à force de vouloir fouiller le passé.

Sept affaires, treize victimes, trois coupables arrêtés et condamnés à de lourdes peines. Six crimes jamais élucidés, le doute pour l'un d'entre eux, des familles qui se déchirent, une région entièrement sous le choc et qui panse encore ses plaies : le bilan de feu et de sang des crimes de la « vallée rouge » est terrible. Que l'on en juge !

Mystérieux incendie au Roucanel

Tout commence par un grand doute. À quelques encablures d'Espalion, sur la route qui se dirige vers Saint-Côme, collines et escarpements ne donnent pas leur part au chien pour fournir un décor sauvage. Les habitants du pays sont en osmose avec leur milieu : besogneux et sévères. Ici, la terre est difficile à travailler et ne rapporte jamais autant que la peine qu'on y laisse. Célibataire, M. B. cultive

Le journal *Détective* fera de la riante vallée du Lot une "vallée rouge"...

quelques hectares dans sa ferme du Roucanel. Comme la besogne ne manque pas et qu'il n'a aucune disposition pour les tâches ménagères, il a engagé une bonne.

La veille du 28 décembre 1946, il neige dru sur la région d'Espalion. En quelques heures, le sol se revêt d'une épaisse couverture. Pour les agriculteurs, c'est le moment d'entretenir le matériel ou de vaquer à d'autres occupations, après les longues journées d'été passées aux champs. Ce soir-là, comme la température a chuté de plusieurs degrés, le fermier B. s'est mis à décharger une charrette de bois. « C'est le moment de le rentrer, l'interpelle un voisin qui traverse la cour. Il ne fera pas chaud, cette nuit. »

En cette saison, le soleil se fait toujours un peu plus paresseux. Dès 20 heures, une enveloppe opaque cerne toute la campagne. À l'intérieur des maisons, les poêles rougeoyants ronflent à fond dans les cuisines, libérant une chaleur bienfaisante. Le fermier A. tente par la fenêtre de percer la nuit quand il aperçoit des flammes s'échapper de la toiture de la ferme voisine. « Macarel, s'écrie-t-il, ça flambe au Roucanel. » Sans attendre, il se précipite dehors. La neige gelée craque sous ses pas. L'agriculteur avertit ses voisins les plus proches.

Tous, munis d'un seau, courent vers le puits. Une chaîne se forme, mais déjà les flammes lèchent les fenêtres des étages inférieurs. Inutile d'appeler les pompiers. Le temps qu'ils arrivent, la maison ne serait plus de toute façon qu'un tas de ruines. « Monsieur B. ! Jeanne ! » crient-ils, inquiets de ne pas apercevoir le propriétaire et sa bonne. Leurs appels répétés se perdent dans les craquements des poutres qui éclatent sous l'effet de la chaleur. Impuissants devant le brasier qui interdit toute investigation intérieure, les hommes battent en retraite. « Allons nous coucher, fait l'un des sauveteurs. Nous ne pouvons plus rien faire pour ces malheureux. Il sera bien temps demain matin d'avertir les autorités. »

Le lendemain, les gendarmes procèdent aux premières observations. Des ossements à demi calcinés, c'est tout ce qui subsiste des deux victimes, dont les restes sont retrouvés à peu de distance les uns des autres. Une interrogation reste en suspens : comment les occupants de la maison ont-ils pu se laisser surprendre à quelques mètres de la porte ? Le doute s'insinue un peu plus quand un bidon d'essence vide est découvert à la cave. Y a-t-il eu double meurtre, ou bien le feu s'est-il propagé accidentellement dans la maison, asphyxiant ses occupants ? En l'absence d'indices, les enquêteurs concluront à un incendie involontaire.

Ce n'est que trois années plus tard que l'incendie de la ferme du Roucanel reviendra à l'ordre du jour, à l'occasion d'une affaire similaire dont l'aspect criminel ne fait en revanche aucun doute.

Le hameau du Roucanel, près de Saint-Côme, où se déroula l'acte I des crimes qui ensanglantèrent l'Espalionnais.

Affaire du moulin de Verrières

Avant de s'enfoncer comme un pieu entre deux rangées de coteaux escarpés, le Lot, qui vient d'arroser Espalion, traîne ses eaux calmes le long d'une vallée aérée et rieuse. La rivière, à cet endroit, est un don du ciel. Elle fournit la force motrice aux moulins et le limon aux cultures. Plusieurs fermes jalonnent son cours.

Au lieu dit « la Rivière », celle des époux P. est adossée à un fort escarpement, cernée de part et d'autre par d'immenses châtaigniers qui la soustraient aux regards. Le corps de ferme est imposant, comprenant grange et écurie, maison d'habitation spacieuse et courette intérieure.

Au petit matin du vendredi 25 mars 1949, comme chaque jour, Paul P. descend le premier à la cuisine. Sa femme dort encore. La nuit a été fraîche, mais un premier coup d'œil à la fenêtre lui indique que la journée sera belle. Le fermier prend tout de même le temps de réactiver le poêle avant de passer à l'étable attenante pour soigner ses animaux.

En ouvrant la porte, la tiédeur communicative et habituelle de l'étable l'enveloppe. Dans l'obscurité, les bêtes reconnaissent leur maître. Il se dirige vers la première quand un terrible coup de *bigos*, un instrument à deux dents dont on se sert pour piocher les vignes, s'abat sur son crâne, qui éclate sous la violence du choc. Son corps tournoie un instant, puis le malheureux s'effondre dans la paille humide et fétide. Mort.

D'un bond, l'assassin pénètre dans la pièce principale. Un lourd silence imprègne la maison. Doucement, il gravit l'escalier, le *bigos* serré entre ses mains. À pas feutrés, il entre dans la chambre. Dans son lit, la fermière est encore assoupie. Une seconde fois, le *bigos* s'abat sur la malheureuse. Connaissant parfaitement les lieux, l'inconnu fouille la maison de fond en comble. Quelques milliers de francs feront son affaire. Avant de s'enfuir par la porte de derrière, il prend la précaution de laisser couver le feu sous un tas de paille serré. Quand l'incendie fera rage, il sera déjà loin.

Vers 16 h 10, le fermier d'Hauterives B. rentre des champs sur la route d'Espalion à Estaing quand son attention est attirée par des fumées suspectes qui s'échappent du toit de la ferme de la Rivière. Il se précipite sur les bords du Lot et constate qu'un incendie s'est bel et bien déclaré chez les P.

À toutes jambes, le fermier alerte les voisins les plus proches. Le premier pont étant trop éloigné, il décide de traverser avec le bac

LE ROUERGUE républicain

LE QUOTIDIEN AVEYRONNAIS

DIMANCHE 27, LUNDI 28 Mars 1949

Ce numéro : 5 francs

Dimanche soir il y aura 785 élus de plus

Dans la plupart des cas trois candidats restent en présence :

Un communiste, un R.P.F. et un « troisième force »

La Mi-Carême à Paris

Le chômage a encore augmenté en France au cours de février

La tragédie de la Vallée du Lot

Il s'agit bien d'un CRIME CRAPULEUX

La tache des policiers sera très difficile

DE NOTRE ENVOYE SPECIAL

Le moulin de Rivière, un pâté triangulaire de maisons...

Des fumées suspectes... ..deux cadavres

DEUX PERSONNAGES TRAVESTIS QUI ONT TENU A SUIVRE UNE TRADITION QUI SE PERD DE PLUS EN PLUS

DE L'ALCOOL FRELATE CAUSE LA MORT DE SEPT PERSONNES

UN GARÇONNET MEURT ASPHYXIE DANS UNE MALLE

pour la première fois

Le Traité d'Union Douanière FRANCO-ITALIEN VA ENTRER EN VIGUEUR

Il a été signé samedi par MM. SCHUMAN et SFORZA

Un problème nouveau : Celui des « Indépendants »

DE L'OR EN BARRE

LES RELATIONS ECONOMIQUES entre la Yougoslavie et les puissances de l'Ouest

Le double crime du moulin de Verrières ne sera jamais résolu.

des époux B. Parvenu sur la berge, il court vers le corps de ferme. Les flammes ravagent déjà la maison d'habitation, provoquant une intense chaleur qui le fait reculer. À côté, l'étable ne s'est pas encore embrasée, mais une épaisse fumée commence à s'en échapper. Il n'est que temps de sauver les bêtes affolées qui meuglent et tirent sur leurs chaînes. Quelle n'est pas sa stupeur quand il découvre le cadavre de Paul P., allongé sur la paille, la tête éclatée et baignant dans une mare de sang. Comme il n'y a plus rien à faire pour le malheureux, dans l'attente des secours, le fermier détache les bêtes, qui s'éparpillent aux alentours.

Une demi-heure plus tard, les pompiers d'Estaing et d'Espalion arrivent sur les lieux, accompagnés des gendarmes. Deux heures sont nécessaires pour éteindre le sinistre. De la maison d'habitation, il ne reste plus guère que les murs. Une enquête minutieuse commence. Un instrument lourd et contondant a fracassé le crâne de Paul P.

En pénétrant dans les ruines fumantes de la maison, les sauveteurs découvrent sur le sol brûlant les barreaux encore rougeoyants du lit, sur lequel des ossements calcinés finissent de se consumer. Dans les décombres, une main crispée à un morceau de drap et des ossements restés accrochés au sommier fournissent des indices supplémentaires. Il ne fait plus aucun doute que la fermière a été surprise dans son lit par l'assassin. Le feu a ensuite accompli son œuvre, faisant s'effondrer le parquet de la chambre à l'étage inférieur.

Le lendemain, le parquet de Rodez se déplace au moulin de Verrières. Le procureur Martin et le juge d'instruction Vezins sont accompagnés du commissaire Brieussel. Le limier de la police judiciaire de Montpellier inaugure par cette affaire une longue série d'enquêtes dans la région. Les recherches promettent d'être difficiles. L'incendie a tout détruit, et les témoignages se révèlent quasi inexistants. L'autopsie indique néanmoins que Paul P. n'a avalé aucun aliment depuis la veille, ce qui permet de fixer l'heure approximative du crime au petit matin. Un autre témoin avoue avoir aperçu de la lumière vers 4 heures. Le feu s'est donc déclaré bien plus tard que l'heure du crime. L'assassin est-il revenu sur les lieux pour effacer tous les indices ? Dans ce cas, il aurait pris des risques énormes. Le commissaire songe

Le *bigos* a frappé à deux reprises
au moulin de Verrières...

Un ancien moulin flambe près d'Estaing

DEUX MORTS sous les décombres

TOUT LAISSE PRÉVOIR UN DOUBLE CRIME

Au lieu dit « la Rivière », dans un creux, se trouvait dissimulée la maison d'habitation des époux Pelligri, propriétaires relativement aisés, sur ce bon terrain où se aussi que la fermière n'est peut-être pas morte sur le coup. Elle aurait alors tenté de se lever dans l'après-midi, se serait difficilement saisie d'une lampe avant de s'effondrer à nouveau sur le lit, terrassée par la douleur. De la lampe, le feu se serait propagé au drap, puis à la maison tout entière.

Les jours suivants, l'enquête piétine. Le gendre et la fille des P. mis hors de cause, aucune piste sérieuse ne s'ouvre devant les enquêteurs. En outre, le département connaît la même semaine une vague de criminalité qui soulève l'indignation et disperse la tâche des enquêteurs. À Laval-Roquecezière, une mère de famille a tué son beau-père à coups de pierre. Deux jours plus tard, cette fois à Rodez, un homme ivre poignarde son amie, qu'il était sur le point d'épouser. Plus à l'ouest, dans le bassin houiller, un criminel jaloux s'est trompé de cible en abattant un innocent. Si, pour ces trois affaires, les coupables sont arrêtés, il n'en reste pas moins vrai que justice et gendarmerie ne chôment pas.

Dans la région d'Espalion, en attendant les résultats de l'enquête, les langues se délient. Certains parlent d'une bande organisée, triste reliquat de la Résistance. D'autres mettent en cause des romanichels aperçus dans les parages. On reparle à nouveau du Roucanel. La similitude des faits concorde, mais rien ne permet d'affirmer qu'il s'agit du même criminel, décidé à faire subir la loi du sang et du feu aux fermes isolées de la région.

Pour l'Espalionnais, l'horreur et le doute ne font cependant que débuter. Car jamais l'affaire du moulin de Verrières ne sera élucidée.

L'attentat de la côte du Cayrol

Le 25 novembre 1949, à 7 heures du matin, une bétaillère poussive, conduite par Pierre C., gravit la côte du Cayrol, à cinq kilomètres au nord d'Espalion, en direction de Laguiole. Dans la grisaille de l'aube, le paysage se perd encore dans l'encre de la nuit. Seuls les phares puissants du véhicule balayent le bitume et les bas-côtés. Dans la Delahaye chargée, à l'arrière, de bestiaux s'entassent six hommes. J. L. et P. Ca., deux fermiers, occupent la banquette avant. Sur le coffre qui contient le moteur s'est assis le père B., malgré l'inconfort de la place. Derrière, son fils R., le béret vissé sur la tête, s'appuie tant bien que mal sur son bâton pour se maintenir en équilibre. Enfin, adossé aux ridelles du plateau, M. B. surveille les bœufs que l'on monte vendre à Laguiole, pour la dernière foire de l'année.

Dans la cabine, la conversation roule en patois sur les cours de la viande et la cherté des prix. La bétaillère a maintenant atteint le sommet de la rampe, au lieu dit «*lou Fraou*» («la Frayeur»). À cet endroit, une série de tournants prononcés jalonne cette portion de nationale à pente rude et bordée de ravins. Soudain, une succession de détonations ébranle toute la cabine. «C'est ton moteur qui

Le talus où le tireur s'est posté pour atteindre la bétaillère.

Les impacts de balles montrent que le tireur avait l'intention de tuer !

bafouille », plaisante un des occupants. Surpris, Pierre C. stoppe la bétaillère sur le bas-côté et descend. À peine a-t-il touché le sol qu'une rafale éclate. « Ce n'est pas la mécanique, s'exclame Pierre C. On nous tire dessus ! » Instinctivement, le chauffeur s'est couché dans le fossé. Dans le camion, c'est la panique. P. Ca. est grièvement atteint au foie. Trois balles l'ont transpercé de part en part. Tant bien que mal, il ouvre la portière et s'affale lourdement sur le sol. À ses côtés, son beau-frère J. B. est criblé de projectiles. « Qu'est-ce que c'est, qu'est-ce que c'est ? » crie-t-il en s'adressant à son fils, dont une balle vient de transpercer le bâton qui lui sert d'appui. Le cultivateur a juste le temps d'apercevoir, au sommet du talus qui surplombe la route, une silhouette furtive qui s'éloigne, sans se presser, dans l'aube naissante. Personne, à cet instant, ne songe à poursuivre le tireur fou.

Autour du camion, la panique gagne les passagers. Pierre C. s'est précipité vers son ami qui agonise dans le fossé. Grièvement atteint, le père B. s'est évanoui à son tour dans la cabine. Intrigués et inquiets, plusieurs conducteurs s'arrêtent pour leur porter secours.
« Que s'est-il passé ? interrogent les premiers arrivants.
– On n'en sait rien ! Un type nous a tiré dessus avec une mitraillette, du haut de ce talus. Puis il s'est enfui.
– Vite ! Il y a un blessé grave, peut-être un mort. »
Le jour s'est maintenant levé. Des champs d'un côté et le talus où s'est embusqué le tueur de l'autre forment le décor du drame. On s'empresse désormais autour de la bétaillère. Avec précaution, les blessés sont transportés dans la fourgonnette d'un boucher de la Grand-Combe que ses affaires conduisent à Laguiole. P. Ca. ne supportera pas le voyage. Grièvement blessé, un poumon, le foie et les reins transpercés, il décède avant d'arriver à l'hôpital d'Espalion. L'état de J. B., touché à l'aine, à la tête et au cou, inspire aussi de l'inquiétude. D'urgence, on l'évacue vers une clinique de Rodez.

À la foire de Laguiole, la nouvelle se répand comme une traînée de poudre. Un nom jaillit immédiatement sur toutes les lèvres :
« Le Masque rouge ! »
Les enquêteurs n'en sont pas encore arrivés à cette supposition. Le Masque rouge ne s'est plus manifesté depuis deux années. En outre, sa manière de procéder ne correspond pas vraiment au crime de la côte du Cayrol. L'assassin a délibérément tiré, sans sommation, sur les occupants de la bétaillère.

Le commissaire Brieussel et son équipe se mettent aussitôt au travail. Aucune hypothèse n'est écartée. Seules une minutieuse enquête et la collaboration de la population peuvent leur permettre de récolter quelques indices précieux pour orienter les investigations. Méfiants depuis la période trouble de l'Occupation, les habitants n'ont guère l'habitude de se confier et préfèrent supputer entre eux. D'ailleurs, une opinion largement répandue dans la population désigne volontiers dans les drames successifs qui ensanglantent l'Espalionnais une séquelle des affaires douteuses vécues pendant la guerre. La région d'Estaing a alors été le théâtre des exploits d'une bande de faux maquisards qui rançonnent le pays. Le retour de l'autorité et la fin de fructueux profits auraient alors provoqué la fuite en avant de quelques « chauffeurs ». Hormis cela, on ne veut pas en dire plus. Sait-on jamais !

Sur le terrain, les enquêteurs relèvent quelques indices. Des balles et un chargeur provenant d'une mitraillette Sten sont retrouvés. Une fermière voisine déclare que, la veille, des rafales de mitraillette ont été tirées dans un ravin à proximité. Interrogés, les blessés fournissent peu d'éléments susceptibles d'être utilisés. L'obscurité, la rapidité des faits et l'émotion ne leur ont guère permis de distinguer

Le flair de Nirck, le chien policier, ne permettra pas de remonter la piste du tireur fou de la côte du Cayrol.

le tueur. Pour le reste, autant chercher une aiguille dans une botte de foin. Même le chien policier Nirck y perd son flair. Les lieux ont été trop piétinés avant son arrivée.

Un instant, les enquêteurs croient avoir découvert la bonne piste. Un jeune homme, porteur d'une arme, a été vu à plusieurs reprises dans la région. Les témoignages recueillis au fur et à mesure permettent de suivre sa trace, qui remonte en direction de l'Aubrac et de la Lozère. Le commissaire Brieussel doit pourtant vite déchanter. Arrêté, l'homme n'a rien à voir avec le crime de la côte du Cayrol.

Vengeance ? Crime crapuleux ?
Les enquêteurs ne manquent pas de relever le lien de parenté qui unit la victime aux époux P., morts dans l'incendie du moulin de Verrières. Un rapport existe-t-il entre ces deux affaires ? À diverses reprises, Pierre C. a confié sa volonté de faire la lumière sur le double assassinat de Verrières. A-t-il découvert une piste ?

L'hypothèse paraît pourtant peu vraisemblable. Si l'on voulait exécuter le fermier, on s'y prendrait différemment. Dans la semi-obscurité, il est impossible de distinguer les occupants du véhicule, à moins que le tueur n'ait cru que Pierre C. voyageait seul dans la bétaillère. Des zones d'ombre ne permettent pas non plus de penser à un vol crapuleux. Perché à quatre mètres en surplomb de la route, le tireur n'a à aucun moment intimé l'ordre à ses victimes de lui remettre la moindre somme d'argent. Mais là encore, la présence imprévue de plusieurs personnes a pu bouleverser ses plans et provoquer sa fuite. Pour tout dire, on n'y voit pas plus clair que lors des affaires précédentes. Inquiète, la population s'organise en fonction d'une éventuelle agression. Certains font placer la lumière dans les étables pour éviter d'être surpris. D'autres barricadent leur porte dès la nuit tombée. De petits groupes se forment pour rentrer des foires, le fusil à l'épaule, prêts à régler son compte au scélérat, à cet ombre sans visage qui défie la police du pays.

Cette peur, ce sentiment bizarre de devenir peut-être la prochaine victime déclenche dans toute la région une vague de paranoïa. Le comique se mêle alors à la tragédie. Quelques semaines après le crime de la côte du Cayrol, un homme bien éméché qui ne retrouve pas son chemin frappe à la ferme de la famille S., à trois kilomètres du moulin de Verrières. Comme l'inconnu ne dévoile pas, et pour cause, son identité, le fermier se précipite à la fenêtre donnant à l'arrière de sa demeure et s'écrie :
« Au secours ! Au secours ! »
Le maire de Coubisou, dont la maison est située sur la rive opposée du Lot, entend les cris et s'empresse d'avertir les gendarmes. L'inconnu est rapidement localisé, puis arrêté. Mais son état ne laisse planer aucun doute sur la méprise dont il vient d'être victime. Il en sera quitte pour une bonne semonce. Quant au(x) criminel(s), il(s) cour(en)t toujours. Il(s) n'allai(en)t pourtant pas tarder à reprendre ses (leurs) tristes exploits.

Meurtre à la Combe-d'Ardennes

Située dans une petite dépression, la modeste ferme de la Combe-d'Ardennes est isolée au milieu des bois, comme oubliée par le progrès. Pourtant, non loin de là, une voie ferrée sinueuse se fraye un passage à force de tunnels et de ponts. Deux femmes vivent seules dans ce lieu que les dures contraintes économiques de l'agriculture prémoderne vouent à une prochaine et inéluctable disparition. En attendant, la veuve P., âgée de soixante et onze ans, et sa fille, Mme M., veuve comme elle, tentent de joindre péniblement les deux bouts. Un petit cheptel et quelques hectares suffisent au quotidien. Et puis, il y a les voisins, agriculteurs comme l'étaient leurs défunts maris, qui ne rechignent jamais à venir donner un coup de main. Par amitié, sans doute. Pour un peu de tendresse, aussi. Car, ce n'est un secret pour personne, la veuve M. n'est pas sauvage.
On peut être volage, mais n'en rester pas moins à cheval sur les principes. Le dimanche 12 août 1951, au matin, la veuve quitte la Combe-d'Ardennes pour aller écouter la messe dominicale à Espalion. Dieu, dans son infinie bonté, lui pardonnera ses écarts. Vers 13 heures, elle regagne la ferme, après avoir effectué quelques emplettes. À cette heure, le soleil brûle la campagne, et les bêtes paressent, paisiblement allongées à l'ombre. Machinalement, la veuve M. tourne la poignée de la porte d'entrée qui, fermée à clé de l'intérieur, refuse de s'ouvrir.

Redoutant le pire, elle se précipite vers le hangar pour récupérer une échelle. Avec peine, elle la dresse contre le mur pour lui permettre d'atteindre la fenêtre du premier étage. À l'aide d'un bâton, elle brise un carreau, puis elle fait jouer le loquet en glissant la main à l'intérieur. La fenêtre enfin ouverte, elle se laisse glisser dans la cuisine. La fille recule d'un pas en apercevant sa pauvre mère étendue sur le dos près de l'entrée, les mains croisées sur le ventre. Une grosse corde passée autour du cou s'ajoute à la mise en scène macabre. La malheureuse ne respire plus. En s'approchant, la veuve M. remarque que la tête porte de graves blessures. La mort a dû être instantanée. Horrifiée par le spectacle qu'elle vient de découvrir, Mme M. se presse, le cœur battant, en direction de la ferme de Nayrolles, voisine d'un kilomètre.

Les enquêteurs retrouvent le canon du fusil qui a tué un homme et blessé grièvement un autre.

Quelques minutes plus tard, la gendarmerie débarque à la Combe-d'Ardennes, accompagnée d'un chien policier. Bien entendu, une relation est établie avec les crimes précédents, bien que cette fois l'incendie n'ait pas détruit la maison d'habitation. Une fouille rapide permet de conclure au vol crapuleux. Une montre, des bijoux et une boîte contenant quantité de pièces de 10 et de 20 francs ont bel et bien disparu. L'arme du crime, une pioche de vigne, est rapidement localisée. L'assassin l'a abandonnée dans un champ de maïs en quittant les lieux.

Préalablement soupçonnée, la fille de la victime est sommée de dévoiler son emploi du temps depuis la veille. Les gendarmes apprennent que son amant l'a rejointe pour passer la nuit avant de quitter la Combe-d'Ardennes de bon matin, bien avant l'heure du crime, fixée par le médecin légiste entre 10 h 30 et 12 heures.
En fouillant dans la maison, les enquêteurs découvrent que la victime n'a pas été tuée dans la cuisine, mais dans la cave, d'où l'assassin l'a ensuite hissée. Prenant la piste, le chien Zalha conduit les gendarmes vers une exploitation voisine, plus précisément devant la chambre d'un garçon de ferme. Interrogé, E. C. reconnaît s'être rendu à la Combe-d'Ardennes, mais seulement la veille du drame. Le dimanche matin, il a quitté Espalion à 10 heures pour n'arriver à son domicile que vers midi. C'est quatre fois plus que le temps normal. Comme les inspecteurs le cuisinent un peu plus, E. C. leur rétorque :
« Quoi ! J'ai musardé en route ! Ce n'est pas un crime, que je sache ! Mais je n'ai pas vu la pauvre Mme P. »
Cette réponse, on s'en doute, ne convainc personne. Mais un coup de théâtre va provisoirement sauver E. C. Le témoin C. avoue aux policiers s'être rendu à la Combe-d'Ardennes vers 10 h 30 :
« J'ai frappé et refrappé sans obtenir de réponse, dit-il. Tout était déjà "mort" là-dedans. »
Ce témoignage laisse donc supposer que le crime a été perpétré avant 10 h 30, ce qui innocenterait E. C., présent à Espalion à ce moment de la journée.

Au troisième jour de l'enquête, les inspecteurs de la brigade mobile ne sont guère plus avancés que lors des précédentes affaires. S'agit-il du même homme qui terrorise depuis plusieurs années l'Espalionnais ? Pourquoi, cette fois, n'a-t-il pas mis le feu pour effacer les traces de son passage ? A-t-il été dérangé par la visite impromptue de M. C. ?

Toutes ces questions restent en suspens quand le témoignage qui a sauvé E. C. s'effondre d'un seul coup. Monsieur C. découvre subitement que sa montre retardait d'une heure trente. Ce n'est donc pas à 10 h 30 qu'il s'est présenté chez la veuve P., mais vers midi. E. C. revient donc au premier plan de l'enquête. La police lui rend aussitôt visite pour obtenir de plus amples explications. Il faut avouer, à sa décharge, que sa réputation en fait un coupable idéal. D'un naturel violent, abusant de l'alcool plus que de raison, il a dilapidé en quelques années le fruit du travail de son père, marchand de vin à Laguiole.

Après une nuit d'interrogatoire poussé dans les locaux de la police judiciaire de Rodez, E. C., qui se plaindra ensuite d'avoir avoué sous les coups, reconnaît être l'auteur du crime de la Combe-d'Ardennes : « Eh bien ! oui, déclare-t-il, épuisé. C'est moi qui ai tué la vieille. J'étais allé chez elle vers 10 h 30, et elle m'avait confié un outil pour le faire réparer. Me sachant sans argent, elle me remit un acompte, mais si insuffisant que j'entrai dans une violente colère. Et puis j'avais aperçu le dedans de l'armoire où elle rangeait ses pièces. J'ai saisi une pioche. J'ai frappé. »

E. C. est traduit devant la cour d'assises de l'Aveyron le 25 mars 1954. Entre-temps, le 18 juin 1952, un nouvel épisode a ensanglanté l'Espalionnais. Un fermier, son épouse et leur fille ont trouvé une mort horrible non loin de la Combe-d'Ardennes, à la ferme de la Bessette. Utilisant son arme favorite, le *bigos*, l'assassin a de nouveau semé le désarroi parmi la population. Quand et comment la police mettra-t-elle fin à ce qui ressemble de plus en plus à un carnage ? Certes, deux individus ont été arrêtés. Mais est-ce bien les coupables ?
Âgé de trente-quatre ans, le visage bouffi et sanguin, E. C. apparaît dans le box des accusés en veston croisé sombre, cravate bleu pâle et foulard de soie. Les cheveux lissés en arrière, il accuse un double menton prononcé, et son regard manifeste l'inquiétude de l'homme qui a peur de ne pas pouvoir prouver son innocence. L'interrogatoire du prévenu dure trois longues heures au cours desquelles le président Guigues reprend avec minutie les principaux éléments de l'enquête.

On passe ensuite à l'audition des témoins. Le plus attendu est sans conteste la veuve M. Sa réputation l'a suivie jusque dans le prétoire. Du reste, elle ne fait rien pour l'atténuer, apparemment satisfaite de dévoiler ses relations amoureuses avec les gars du pays. Le président

de la Cour la tance d'ailleurs ouvertement en lui rappelant les raisons de sa présence dans le prétoire :
« Vous ne faites pas mentir la légende de la "veuve joyeuse". Allez vous asseoir et tâchez de ne pas attirer l'attention sur vous. »
Le procureur Martin prononce un réquisitoire modéré. Il reconnaît, en s'adressant aux jurés, que l'affaire est complexe. En réalité, une ombre plane dans la salle, celle d'A. B., accusé du triple meurtre de la Bessette, qui est venu témoigner lors du procès. Occulte-t-il inconsciemment les charges qui reposent sur E. C. ? Ce dernier a choisi Me Escaffre comme défenseur. Parfaitement imprégné du dossier, l'avocat ruthénois tire parti avec une grande précision de la fragilité des arguments portés dans l'acte d'accusation. Sa plaidoirie tourne autour de trois questions primordiales : peut-on raisonnablement condamner un homme sur le flair d'un chien policier, si efficace soit-il ? Comment se fier aux allées et venues des uns et des autres sur l'avis d'une montre qui retarde subitement d'une heure trente ? Quel crédit accorder à des aveux passés sous l'emprise des coups, ce qui semblait devenir une spécialité de la police judiciaire de Rodez, déjà impliquée pour des faits similaires dans l'affaire de la Bessette ? Brandissant devant les jurés l'imprécision des charges pesant sur E. C., Me Escaffre refuse de laisser ajouter son client « au long martyrologe de l'erreur judiciaire ».

"Peut-on raisonnablement condamner quelqu'un sur le simple flair d'un chien ?" s'est écrié Me Escaffre devant la cour d'assises chargée de juger E. C.

Chronologie

- 28 décembre 1946 : la maison de M. B. flambe au Roucanel. Deux victimes.

- 25 mars 1949 : incendie du moulin de Verrières. Les époux P. retrouvés assassinés.

- 25 novembre : attentat de la côte du Cayrol. Une victime.

- 12 août 1951 : la veuve P. retrouvée assassinée dans sa ferme de la Combe-d'Ardennes.

- 14 août : arrestation d'E. C. dans l'affaire de la Combe-d'Ardennes.

- 18 juin 1952 : triple meurtre à la ferme de la Bessette. A. B. arrêté.

- 25 mars 1954 : E. C. est traduit devant la cour d'assises de l'Aveyron, avant d'être acquitté.

À 12 h 10, les jurés entrent en délibération. Quarante-cinq minutes plus tard, ils en ressortent avec un verdict d'acquittement en faveur d'E. C. Les jurés ont répondu négativement à toutes les questions qui leur étaient posées. E. C. est libre. Le soir même, il regagne son domicile.
Dans la contrée, la peur continuera longtemps de rôder, avant que le temps efface les plaies saignantes de la « vallée rouge ».

Dans un coin isolé, la ferme de la Combe-d'Ardennes, où la veuve P. a trouvé une mort horrible.

Affaire Marie Besnard, Loudun, 25 octobre 1947
Cour d'assises de la Vienne, 20-25 février 1952
Cour d'assises de la Gironde, 15 mars-1er avril 1954
Cour d'assises de la Gironde, 20 novembre-12 décembre 1961

Au hasard de l'arsenic

« CETTE FEMME MONTRAIT des traits épais, un nez fort, des yeux de chouette derrière des bésicles à la monture étrange, des chairs flasques et blêmes, de grosses lèvres mauves sous lesquelles, quand lui échappait un rictus de rage, on voyait briller des dents de louve. Et de cette inoubliable physionomie s'évadait, à petits bruits, une voix dolente et aiguë, une petite voix de petite fille punie. Son visage était recouvert d'une mantille qu'on eût dite taillée dans la membrane d'une aile de chauve-souris. »

Les superlatifs n'ont jamais manqué pour décrire Marie Besnard, « la Marie », comme on l'appelle familièrement à Loudun avant le déferlement médiatique et judiciaire qui l'emportera de 1947 – date de son premier procès – à 1962 – année de son acquittement : la « Veuve tragique », la « Brinvilliers du XXe siècle » et, pour effacer les erreurs passées, la « bonne dame de Loudun », dans un retournement de pensée dont les foules ont le secret. Comme au temps de Dreyfus, la France se divise à son égard entre culpabilité et innocence, entre un milieu rural qui n'accepte pas la réussite de la petite paysanne et le milieu bourgeois de Loudun qui lui ferme ses portes. S'ajoute à cet ostracisme un salmigondis de rumeurs propre à faire condamner Marie Besnard sans autre forme de procès : femme lubrique ayant le démon de minuit, maîtresse d'un prisonnier allemand devenu son domestique. Remonte même dans la mémoire une « Marie enfant » pendant une brebis et assistant avec ravissement à son trépas.

Marie Besnard, diabolique pour certains, innocente pour d'autres, énigmatique derrière ses lunettes...

Le décor ainsi planté, comment ne pas faire de «la Besnard» une coupable idéale sur laquelle se concentreront toutes les rancœurs d'une société d'après-guerre qui n'en a pas encore fini avec ses tourments ? Par bonheur pour l'accusée, ses trois procès ne se focaliseront pas sur sa personne. Et ce fut le tour de force de la défense de lui voler la vedette et de retourner jurés, presse et public prêts à envelopper l'accusée du voile de l'infamie en concentrant toutes ses attaques sur les expertises, Marie Besnard devenant l'enjeu d'une bataille scientifique dans laquelle chacun estime détenir la vérité. La justice ayant horreur du vide, de l'incertitude et du «peut-être», dès lors il ne faisait plus aucun doute que Marie Besnard serait acquittée. Cependant, si sa personnalité suscitait toutes les aigreurs, un autre élément culpabilisant attirait toute l'attention : la méthode par empoisonnement.

De tout temps, les adeptes féminins du "bouillon d'onze heures" ont provoqué dans le public un intérêt particulier, soit par la personnalité des accusés d'abord, femmes de caractère en général, soit par l'incertitude scientifique qui présidera longtemps aux résultats des analyses jusqu'à l'invention de l'appareil de Marsh, en 1836, soit enfin par l'habitude que les toxicologues avaient de produire aux Assises les restes, analysés et putrescents, des victimes. L'effet d'une représentation aussi morbide ravissait le public et plongeait les jurés dans de profondes interrogations.

Rien d'étonnant alors que la justice fit preuve d'une exemplaire sévérité à l'égard de ces sorcières des temps modernes. En 1676, la Brinvilliers abandonna sa jolie frimousse au tranchant de l'épée du bourreau. Le sort fut moins cruel pour une autre Marie, Lafarge de son nom d'épouse, nièce illégitime du roi Louis-Philippe, accusée d'avoir empoisonné son mari, Henri Lafarge, un honnête maître des forges du Limousin.

L'affaire fit grand bruit en son temps et bouleversa la France entière. Lafargistes et antilafargistes s'affrontèrent au rythme des expertises et des contre-expertises pour soutenir ou humilier la belle et secrète Marie, qui ne laissait personne indifférent. Ce qui fera dire au savant chimiste Raspail :
« On a trouvé de l'arsenic dans le corps de Lafarge ? Mais on en trouverait partout, même dans le fauteuil du président ! »
La justice la condamnera toutefois aux travaux forcés à perpétuité, provoquant cette réflexion de la duchesse de Dino, présente au procès :
« Il faut que cette femme par son aspect, que l'action des débats, les gestes, les physionomies, aient produit un effet bien frappant, pour amener cette conviction, qui résulte d'autre chose que des faits et qui a provoqué sa condamnation [...] ; il y avait grand partage de sympathie et d'antipathie dans le public... »

Un siècle plus tard, le même procès reproduit la même interrogation. Quel enchaînement de faits avait pu propulser Marie Besnard sur les chemins incertains de la justice ?

Une litanie d'héritages

À l'est du département de la Vienne, au hameau des Liboureaux, commune de Saint-Pierre-de-Maillé, la petite Marie grandit auprès de ses parents, les Davaillaud, petits propriétaires terriens. Une scolarité en dents de scie et un échec au certificat d'études plus tard, Marie travaille à la ferme, avant d'épouser un cousin germain, Auguste Antigny. La jeune femme est âgée de vingt-quatre ans. Le couple quitte la propriété familiale pour s'installer comme concierge au château des Martins, à Bignoux. Sept ans de vie commune jusqu'au jour où son époux succombe à la tuberculose, le 1er juillet 1927. Premier mort dans la vie de Marie. Première victime ? Les experts se prononceront négativement à son sujet.

La maladie est contagieuse. Malade, veuve, sans enfants et sans patrimoine, Marie revient aux Liboureaux pour se soigner et envisager un nouvel avenir. Mais il n'y a guère de place pour une jeune veuve à la ferme. Décision est prise de l'envoyer à Loudun chez les cousins Vérité. Un homme partage les repas du couple : Léon Besnard, un vieux garçon fâché avec ses parents qui, dès le début, n'a d'yeux que pour la nouvelle pensionnaire. La veuve et le vieux garçon, leurs sentiments réciproques épanchés, convolent

De 1952 à 1961, trois procès seront nécessaires à la veuve Besnard pour obtenir l'acquittement.

en justes noces, le 12 août 1929. Marie et Léon Besnard s'installent à Loudun, faubourg de la Porte-de-Mirebeau, tout près des parents de Léon, en dépit de leur brouille. Rien, en apparence, ne vient troubler la belle ordonnance du couple. L'un et l'autre ne rechignent pas au travail, Léon à la corderie familiale, Marie à divers travaux des champs. Chez les Besnard, un sou est un sou, qui vaut bientôt une petite fortune. De quoi acheter des terres, quelques fonds de commerce, des maisons. Une réussite sociale qui fait bien des envieux à Loudun, en dépit de leur discrétion. Parmi les notables et la bourgeoisie loudunaise, on ne goûte guère à ces nouveaux riches, issus de la paysannerie. Alors on jase ! Des rumeurs courent notamment durant l'Occupation. Les Besnard sont soupçonnés de commercer avec les « boches » et de faire du marché noir. Et puis, que penser de tous ces héritages consécutifs qui tombent dans l'escarcelle du couple Besnard comme une interminable messe de requiem :

- Août 1938 : décès de la grand-tante de Léon Besnard à quatre-vingt-six ans. En désaccord avec son neveu, elle confie son héritage à Lucie, la sœur de Léon.
- Mai 1940 : décès de Pierre Davaillaud, le père de Marie, âgé de soixante-dix-huit ans, emporté par une congestion cérébrale. La ferme est laissée en indivision entre Marie et sa mère.
- Janvier 1941 : décès de la mère de Léon Besnard, à l'âge de soixante-huit ans. Léon et sa sœur, Lucie, se partagent la succession.
- Mars 1941 : Lucie, la sœur de Léon et belle-sœur de Marie, se suicide. L'héritage revient au couple.
- Décembre 1941 : Marie Besnard hérite de son amie, la veuve Rivet, décédée à l'âge de soixante ans.

Léon Besnard,
second époux de Marie,
dont elle fut l'unique
héritière.

- Juin 1945 : la fin de la guerre est proche. Un nouveau deuil vient frapper les Besnard en la personne de Pauline Lalleron, une vieille cousine que le couple a recueillie et dont ils héritent.
- Juillet 1945 : la sœur de Pauline, et donc cousine de Marie, décède à son tour. Qui hérite ? Les Besnard, bien sûr !
- Octobre 1947 : Léon Besnard, l'époux de Marie, meurt subitement à l'âge de cinquante-cinq ans. Marie devient l'unique héritière. Mais ce n'est pas fini !
- Janvier 1949 : la mère de Marie, à quatre-vingt-sept ans, rend son âme à Dieu. Ce sera le dernier décès, sur douze retenus par la suite, d'une litanie de noms qui poussera la justice à s'inquiéter de ce « tourbillon funéraire », de cette « vallée des larmes », et à extraire les corps de leurs tombes à des fins d'analyses.

Marie Besnard, la « diabolique de Loudun »

Résurgence des grands bûchers expiatoires contre les sorcières et les hérétiques, vengeance de tous les frustrés jaloux de la réussite des Besnard, la rumeur de Loudun – comme celle de Rodez au temps de l'affaire Fualdès en 1817 – trouve là son aboutissement. Elle ne lâchera plus Marie Besnard, du moins jusqu'à son dernier procès, où le doute viendra s'insinuer dans les esprits. Avec, dans les premiers rôles, deux connaissances de Marie. Deux amis du couple qui vont se charger de tirer la première salve et faire entrer la rumeur dans la rubrique des faits divers.

Louise Pintou, l'ancienne postière, est devenue la locataire des Besnard à la Libération. L'amie de Marie ? Sans aucun doute. La maîtresse de Léon ? Peut-être, au vu du torrent de larmes qu'elle verse à l'enterrement de ce dernier. Marie, elle, sait à quoi s'en tenir depuis qu'elle a trouvé Louise avec son mari dans une posture qui ne laisse guère de doute sur leur rapport. Elle est devenue plus méfiante encore quand elle a surpris sa rivale au chevet de son époux mourant, lui demandant :

« Un simple billet suffirait, vous savez que Mme Besnard n'irait jamais contre votre volonté. »

Léon décédé puis enterré, la dualité entre les deux femmes monte d'un cran quand Louise confie une drôle d'histoire aux frères Massip, vieux châtelains habitant le domaine de Montpensier, sur la commune de Vézières :

« Léon Besnard est mort empoisonné. À l'article de la mort, dans un dernier souffle de vie et de désespoir, il m'a chuchoté à l'oreille : "Oh ! là ! là ! Qu'est-ce qu'on m'a fait prendre ?" "Qui ? L'Allemand ?" lui ai-je rétorqué. "Non, Marie... L'autre jour, aux Liboureaux, quand elle a servi la soupe, il y avait déjà un liquide dans mon assiette." J'ai bien averti les docteurs Gallois et Chauvenet, mais ils n'ont rien voulu entendre. »

Pour un type aussi extravagant qu'Auguste Massip, l'histoire de Louise Pintou est du pain bénit. Enfin, lui, le pauvre châtelain résigné à jouer les faire-valoir, trouve-t-il un moyen de jouer le premier rôle. Il ne va pas s'en priver ! Le 4 novembre 1947, il frappe à la porte du juge d'instruction de Loudun, qui l'écoute sans grande conviction, mais avec le devoir de sa charge. « Confirmez-moi votre déclaration par écrit », finit-il par lui conseiller. Aussitôt dit, aussitôt fait ! Du juge, la lettre de dénonciation passe au procureur, qui ordonne une enquête. Interrogée, Louise Pintou conteste la teneur de ses propos. Quant au docteur Gallois, il confirme que le pauvre Léon est bien mort d'une crise d'urémie. « Affaire classée ! » estime le juge d'instruction.

Si Marie Besnard peut, dès lors, se consacrer à son patrimoine accumulé au fil des années et des morts qui s'amoncellent, deux événements vont se charger de la rappeler au bon souvenir de la justice de Loudun. Le 17 octobre 1948, le château des frères Massip part en fumée. Pour l'Auguste, une seule coupable : Marie Besnard. Elle aura mis le feu pour se venger. Les gendarmes sont plus circonspects. Ils enquêtent et ne tardent pas à trouver les coupables : deux enfants de domestiques, lesquels, par imprudence, ont craqué des allumettes. Qu'à cela ne tienne ! Auguste Massip pointe du doigt la diabolique Marie, qui leur aura jeté un sort. Une affirmation qui fait mouche au pays de l'abbé Urbain Grandier, le curé débauché de Loudun, accusé d'avoir possédé de malheureuses religieuses et condamné au bûcher, le 18 août 1634.

Cinq mois se sont écoulés quand les gendarmes sont informés que la maison habitée par Louise Pintou vient d'être cambriolée en son absence. Le sort semble s'acharner sur Marie Besnard. On perquisitionne chez elle, on l'interroge en attendant le retour de la locataire. Bizarrement, les gendarmes sont dessaisis de l'affaire au profit de la police judiciaire de Limoges, conduite par l'inspecteur Normand, celui-là même qui a enquêté sur l'incendie du château. Pour ce limier de la police, les deux événements ne font qu'un, avec comme personnage central Marie Besnard. De quoi redonner du bagout à Louise Pintou, laquelle, de retour à Loudun, réaffirme ce qu'elle a déjà confié aux gendarmes : Marie Besnard a empoisonné son époux. Incendie et cambriolage ne sont que le fruit de sa vengeance envers ses accusateurs. L'inspecteur Normand s'en contente, à défaut d'être persuadé. Il tient l'affaire de sa vie ! Sa carrière peut en dépendre. Il ne laissera pas passer sa chance.

Loudun qui s'ennuie… Loudun qui tend l'oreille aux nouvelles… Loudun qui vacille quand le juge d'instruction de Poitiers, Pierre Roger, décide d'autopsier les restes de Léon Besnard après l'ouverture d'une information contre X pour empoisonnement. Marie, chez laquelle une perquisition n'a rien donné, assiste à l'exhumation. Mais surtout, le vent de la rumeur souffle dans les salons loudunois une nouvelle scandaleuse : la Besnard aurait un amant en la personne d'Alfred Dietz, l'ouvrier agricole allemand embauché par son défunt mari. Tout devient clair : Marie aurait agi par amour et par intérêt. « Avec un Boche en plus. Quelle honte ! »

Les experts sont formels !

Du docteur Béroud, directeur du laboratoire de police technique de Marseille, on dit que c'est un ponte en la matière. Le genre de scientifique

La rumeur attribua à Marie Besnard un amant, Alfred Diezt, prisonnier allemand embauché par son défunt mari.

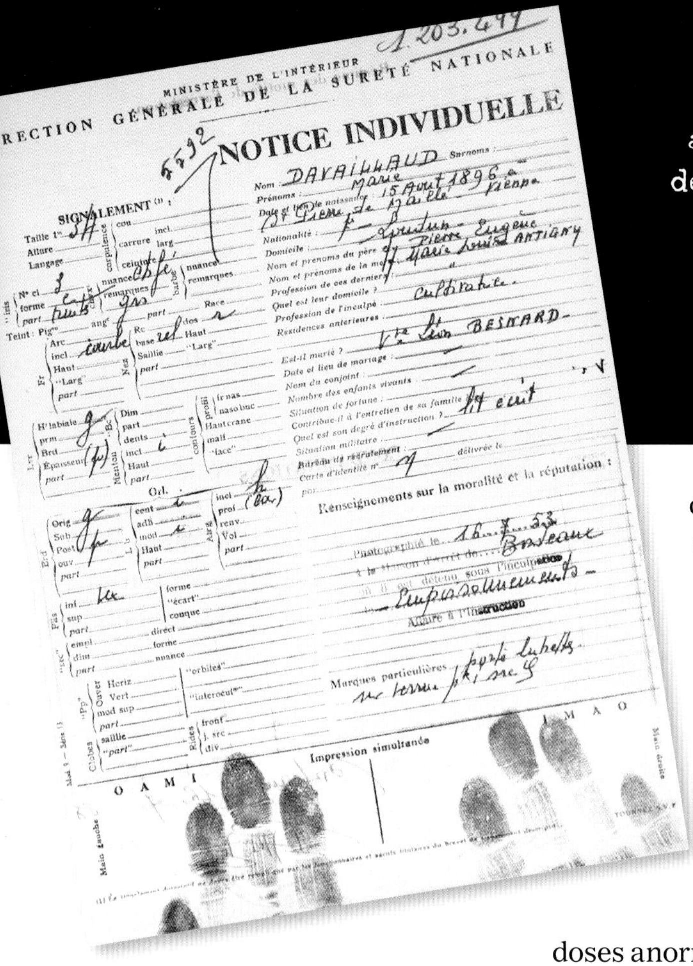
MINISTÈRE DE L'INTÉRIEUR
DIRECTION GÉNÉRALE DE LA SÛRETÉ NATIONALE
1.203.499
NOTICE INDIVIDUELLE
5592
Nom : DAVAILLAUD Surnoms :
Prénoms : Marie
Date et lieu de naissance : 15 Août 1896 à St Pierre de Maillé Vienne
Nationalité : F
Domicile : Loudun
Nom et prénoms du père : Pierre Eugène
Nom et prénoms de la mère : Marie Louise Antigny
Profession de ces derniers :
Quel est leur domicile ?
Profession de l'inculpé : Cultivatrice
Résidences antérieures :
Est-il marié ? Vve Léon BESNARD
Date et lieu de mariage :
Nom du conjoint :
Nombre des enfants vivants :
Situation de fortune :
Contribue-t-il à l'entretien de sa famille ?
Quel est son degré d'instruction ? lit écrit
Situation militaire :
Bureau de recrutement :
Carte d'identité n° délivrée le
Renseignements sur la moralité et la réputation :
Photographié le 16.7.53 à Bordeaux
Empoisonnements
Affaire à l'instruction
Marques particulières :
SIGNALEMENT :
Impression simultanée
Main gauche
Main droite

Fiche anthropométrique de Marie Besnard, née Davaillaud le 15 août 1896.

dont la parole est écoutée et jamais contestée ! Aussi, quand, dans la seconde quinzaine de juillet 1949, ses conclusions arrivent sur le bureau du juge, elles ne font pas l'ombre d'un doute. Oui, des doses anormales d'arsenic ont été découvertes dans les restes de Léon Besnard ! Oui, ce poison a été administré *ante mortem*, puisque la terre du cimetière de Loudun n'en recèle pas ! Marie Besnard est donc coupable ! L'expertise est formelle ! Indiscutable ! « Ce n'est pas possible, un savant comme le docteur Béroud ne se trompe pas », affirme le juge d'instruction, qui ajoute en guise de conclusion :
« Il n'y aura pas de contre-expertise ! »

Le 21 juillet 1949, Marie passe sa première nuit à la prison de la Pierre-Levée à Poitiers. Son présumé amant, Alfred Dietz, est à son tour arrêté, avant d'être relâché, faute de preuves.
Si Léon Besnard a été empoisonné, qu'en est-il de tout ce cortège de morts qui l'a précédé dans l'au-delà ? Du coup, le juge fait exhumer à tour de bras à Loudun, aux Trois-Moutiers, à Saint-Pierre-de-Maillé et à Angles-sur-Anglin. Direction le laboratoire du docteur Béroud, où les prélèvements sont soumis aux méthodes de Marsh et de Cribier.

Le verdict est sans appel : exceptées la grand-mère et la mère de Léon Besnard, tous les autres cadavres ont subi un empoisonnement criminel.
Marie Besnard, face au juge, clame toujours son innocence. Et ce ne sont pas les « moutons » placés dans sa cellule pour récolter quelques confidences qui vont la faire changer d'avis. Encore moins les rapports psychiatriques, dont la conclusion est édifiante :
« Marie Besnard est normale, tellement normale qu'elle est anormalement normale. »

L'instruction se termine en juin 1950. Le 20 février 1952, après deux longues années d'attente, s'ouvre enfin le procès de celle que l'on présente désormais comme la plus grande empoisonneuse de l'histoire. Sauf que le procès va tourner court. Les trois avocats de Marie Besnard, Mes Gautrat, Hayot et du Cluzeau, se relayent pour mettre à mal les conclusions du tout-puissant docteur Béroud et, par ce biais, éviter que leur cliente soit offerte en pâture aux jurés. À propos des prélèvements envoyés, Me Gautrat tente d'abord de déstabiliser le docteur :
« Il m'est infiniment désagréable, docteur, de croire que le laboratoire à la tête duquel vous êtes puisse commettre de telles erreurs. Je préfère donc imaginer une manipulation, disons le mot, criminelle, plutôt que d'admettre une négligence d'un médecin expert. Je suis obligé de faire une constatation infiniment pénible. Il semble qu'une sorte de maléfice ait joué, à la fois sur le juge d'instruction et le médecin légiste. »
Avant de l'attirer dans un piège :
« Vous avez écrit au juge d'instruction, je cite, qu'"il n'est pas nécessaire d'analyser ce qu'il y a dans les tubes. Pour un regard avisé et expérimenté, il n'est pas possible de se tromper." »
Le docteur Béroud acquiesce.
« Je me garderai bien, docteur, poursuit l'avocat, de douter de votre compétence, mais enfin, quand vous avez utilisé la méthode de Marsh, qui laisse dans les tubes un cercle de substance, savez-vous qu'avant de conclure à la présence de l'arsenic il faut d'abord identifier la substance par des réactions chimiques ?
– Je l'ai fait.
– En êtes-vous certain, puisque vous détectez cela au regard ? »
Le docteur confirme.
« L'arsenic et l'antimoine sont-elles les seules substances qui peuvent former les anneaux de Marsh ?

– Oui, tout à fait.
– À vue, vous pouvez les différencier facilement ?
– Oui. »
L'avocat vient d'attirer l'expert sur son terrain. Le temps est venu de porter l'estocade. Sortant de sous sa robe six petits tubes en verre dur, il lance à l'expert ce défi :
« Voici six tubes présentant des traces toxiques. Lesquels contiennent de l'arsenic ? »
Magistrats, jurés et public retiennent leur souffle, tandis que les photographes de presse tiennent prêts leur appareil. Chacun a bien compris que l'instant est crucial. Que la tête de Marie peut se jouer là, en fonction de la réponse du docteur Béroud.
« Ces trois-là ! » affirme-t-il.
Un large sourire éclaire le visage de l'avocat.
« Je demande à ce que ces trois tubes soient mis sous scellés pour être expertisés. »
Puis, se tournant vers le docteur Béroud dont le visage se décompose, il ironise :
« Docteur, je vous dois cette confidence, mais ne la répétez pas : pas un seul de ces tubes ne contient de l'arsenic, mais de l'antimoine ! »
Le choc est brutal ! « Cet homme de haute taille, ainsi que le décrit le journaliste de *Paris-Match*, vêtu d'un costume bleu pétrole, un cache-col jaune et les cheveux plaqués par la gomina, une sorte de joueur de rugby à lunette d'écaille », n'est plus qu'un gamin pris en flagrant délit, qui s'évade du tribunal, atteint dans son ego et dans sa réputation. Il ne reparaîtra plus à la barre. Porté malade dès le lendemain, il est remplacé par son adjoint, le docteur Médaille qui, à son tour, subira toutes les attaques.

Mais le procès est déjà joué. D'autant plus qu'un autre expert en toxicologie vient affirmer à la barre qu'il a relevé de l'arsenic dans la terre des cimetières de Loudun et de Saint-Pierre-de-Maillé. Prenant acte, le président Favard répond favorablement à la demande de la défense de nommer de nouveaux experts. Une nouvelle bataille s'engage sur le terrain scientifique, au milieu duquel Marie Besnard, enfermée au fort du Hâ depuis que son deuxième procès a été délocalisé à Bordeaux, semble bien oubliée. De nouvelles exhumations ont lieu qui entraînent de nouvelles analyses, qui débouchent sur de nouvelles conclusions : Marie Besnard n'est plus accusée de treize empoisonnements, mais de six.

Des conclusions contestées

Les débats durent quinze jours, du 15 mars au 1er avril 1954. Dans un premier temps, le président de la cour d'assises tente de recentrer le procès sur l'accusée en replaçant l'affaire dans son environnement. « Ce qu'il ne faut jamais perdre de vue, écrit le journaliste du *Monde*, c'est que l'affaire Besnard est une affaire de petite ville. Elle nous en montre toutes les mesquineries, tous les potins, tous les commérages.

Marie Besnard lors de son premier procès, qui débuta le 20 février 1952.

À chaque instant, il faut se replonger dans cette atmosphère où la rumeur publique fait loi. » Du coup, le regard porté sur les principaux témoins change en même temps que des certitudes s'effondrent. À la barre, Louise Pintou hésite, n'est plus tout à fait sûre de ce qu'elle a entendu. Quant à Auguste Massip, sa déposition atteint le grand-guignolesque, dont *Le Monde* se fait une fois de plus l'écho :
« Jamais le ridicule n'atteignit aussi loin dans une enceinte de justice... Ce qui est grave et inquiétant, c'est qu'il ait fallu attendre six ans pour qu'un magistrat découvrît enfin qui était M. Massip. Le juge d'instruction n'y avait pas pris garde. Il avait consigné précieusement tout ce que lui disait ce témoin. Il en avait fait la base de son instruction. Aujourd'hui, l'erreur est enfin réparée. »
Place désormais aux rapports scientifiques ! Et là encore, les avocats de Marie Besnard ne laissent pas un pouce de terrain aux experts Fabre, Kohn-Abrest et Griffon. À tour de rôle, les trois savants doivent justifier leurs affirmations, démontrer leurs conclusions. Un véritable jeu de massacre subtilement monté par la défense pour les déstabiliser, répandre la confusion chez les magistrats et insinuer le doute dans l'esprit des jurés. D'autant plus que certaines méthodes apparaissent contestables. Ainsi, l'un des fossoyeurs, Rousseau, provoque l'hilarité quand il déclare au sujet des époux Rivet :
« Ils avaient été si bien mariés, lors de la première autopsie, qu'on ne savait plus très bien s'il s'agissait de monsieur ou de madame. »

Et que dire du témoignage du gardien du cimetière, affirmant à la barre qu'il cultivait "dans l'enceinte même du cimetière de la luzerne, des chrysanthèmes, des pommes de terre, (qu'il traitait) pour tuer les doryphores avec des produits à base d'arsenic" ?

Car toute la question, en effet, tourne autour de la présence ou non d'arsenic dans la terre des cimetières. Et, par extension, sur la présence *ante* ou *post mortem* de l'arsenic dans les corps. L'audition de l'ingénieur Louis Truffert, démontrant que le poison peut très bien provenir de la terre du cimetière, est capitale. Rien, en revanche, émanant de l'accusation, n'est venu étayer la culpabilité certaine de Marie Besnard. Une fois de plus, le procès est renvoyé en attendant de nouvelles expertises. Changement majeur, toutefois : celle que l'on présente désormais comme la « bonne dame de Loudun » est mise en liberté provisoire après paiement d'une caution de 200 000 francs, avancée par des cousins, les biens de l'accusée étant mis sous séquestre.

Marie Besnard acquittée

Preuve de la difficulté de trouver la vérité dans les corps à nouveau exhumés, le troisième procès de Marie Besnard ne s'ouvre que le 20 novembre 1961, à Bordeaux. Sept ans ont été nécessaires pour établir de nouvelles conclusions et accuser Marie non plus de six empoisonnements, mais désormais de onze. Une valse mortuaire qui montre à quel point d'incertitude la justice se trouve alors. Sept ans durant lesquels les scientifiques désignés, MM. Delomon, Truhaut et Lemoigne, pratiquent de nouvelles expériences. Au bout, si leurs rapports concluent « à l'introduction *ante mortem* dans l'organisme des sujets considérés de doses d'arsenic susceptibles d'avoir entraîné des intoxications mortelles », leurs convictions ne sont pas aussi fortes au procès :

« On est incapable, déclare le professeur Lemoigne, de dire si, dans un sol donné, il y a eu solubilisation ou insolubilisation de l'arsenic. Nous avons indiqué des possibilités. Leur réalisation dépend de trop de facteurs qui nous échappent. »

Une formule dont Me Gautrat s'empare en appuyant sur les derniers mots :

« Trop de facteurs qui nous échappent ! »

Ce qui lui vaut une réponse cinglante du procureur général :

« Ces facteurs échappent aux experts, et la défense les prend à sens unique. Elle veut en déduire que la solubilisation est la règle. Cela peut aussi bien vouloir dire que la règle peut être l'insolubilisation, c'est-à-dire l'imprégnation après la mort par l'arsenic des sols. »

Maître Gautrat lui réplique du tac au tac :

« Oui, mais dans un sens ou dans un autre, vous n'en savez rien. Vous avez l'air d'oublier que vous êtes le ministère public, car si vous êtes incapable d'apporter des précisions sur ces phénomènes, vous venez d'avouer qu'il vous est impossible de requérir une peine contre l'accusée. »

Et son confrère, Me Henry du Cluzeau, de renchérir :

« Nous n'entendons, depuis de longues heures, parler que d'erreurs… et d'erreurs commises par de grands savants. Puisque la science se

Chronologie

- **1er juillet 1927 :** le premier mari de Marie Davaillaud succombe à la tuberculose.
- **12 août 1929 :** Marie épouse Léon Besnard. Le couple s'installe à Loudun.
- **1938-1945 :** succession de décès dans la famille des époux Besnard.
- **Octobre 1947 :** décès de Léon Besnard.
- **17 octobre 1948 :** incendie du château des frères Massip.
- **21 juillet 1949 :** arrestation de Marie Besnard.
- **20 février 1952 :** premier procès en Assises de la « bonne dame de Loudun ».
- **15 mars 1954 :** deuxième procès d'Assises à Bordeaux. Marie Besnard remise en liberté surveillée.
- **20 novembre 1961 :** troisième procès. Marie Besnard est acquittée.
- **15 février 1983 :** décès de Marie Besnard.

trompe plus souvent qu'on ne le croit, que ses maîtres veuillent se montrer modestes, au lieu de vouloir toujours affirmer catégoriquement leur savoir. Plus on est savant, moins on doit le montrer. Avec tant d'erreurs, il faudra tout de même juger ! »
Décidément, on n'en sortirait jamais. C'est bien ce qu'a compris le procureur général quand il déclare :
« Je ne présenterai pas mes réquisitions sur le problème scientifique. J'ai un doute. Je présenterai uniquement mes réquisitions sur l'aspect psychologique... Il y a dans ce dossier des faits accablants... J'attends les jours prochains pour m'en expliquer en toute clarté. »
Un réquisitoire qui fera « pschitt » quand la presse révèle que Louise Pintou, juste avant son témoignage à la barre, a été reçue par les officiers de police. Un nouveau scandale qui saborde définitivement l'accusation et que la défense ne manque pas d'utiliser lors des plaidoiries des quatre avocats, Mes Gautrat, Hayot, du Cluzeau et Favreau-Colombier. De quoi alimenter la réflexion des jurés qui, le 12 décembre 1961, en répondant négativement à toutes les questions posées, acquittent définitivement Marie Besnard, douze ans après le début de l'affaire.

La médiatisation provoquée par les trois procès continuera encore quelques mois, jusqu'à la publication des *Mémoires* de Marie Besnard, en 1962. Puis le temps effacera son nom de la rubrique des faits divers, jusqu'à l'annonce de son décès, le 15 février 1983. Le cimetière de Loudun restera orphelin de son corps. Comme un refus de cette terre qui n'avait jamais voulu établir la vérité. Et pour ne pas laisser l'ombre d'un doute fleurir sur sa tombe, elle a offert son corps à la science. Dernière ironie du sort ? Dernier pied de nez aux scientifiques ?

Définitivement acquittée le **12** décembre **1961**, la "bonne dame de Loudun" publiera ses *Mémoires* l'année suivante, avant de disparaître en **1983**.

Affaire Jean-Marie Deveaux, Lyon, 7 juillet 1961
Cour d'assises du Rhône, 4-7 février 1963
Cour d'assises de la Côte-d'Or, 14-27 septembre 1969

Qui a tué la petite Dominique ?

Ne me piquez pas !

JEAN-MARIE A TOUJOURS EU une sainte horreur des piqûres. Aussi, quand le commissaire Durin le menace de le soumettre à un sérum de vérité, il craque et « passe à table » : « Oui, c'est moi qui ai tué Dominique. Elle m'avait suivi à la cave où j'allais aiguiser les couteaux de la boucherie. Je l'ai vue et j'ai eu envie de la tuer. »
Suivront une quantité de détails, certains contradictoires, dans une frénésie de tout dire, tout expliquer et éviter la piqûre.

Jean-Marie a dix-huit ans, mais douze ans d'âge mental, d'après les expertises les plus optimistes. Ce matin du 1er septembre 1961, il est retrouvé dans l'escalier de la cave de ses patrons à moitié évanoui et recouvert d'ecchymoses :
« J'ai reçu un coup au sommet du crâne au moment où je remontais. En tombant, j'ai aperçu les jambes d'un pantalon qui s'enfuyait », confie-t-il aux enquêteurs.

Les policiers ne croient pas en cette version des faits émaillée d'invraisemblances. L'affaire se complique quand on sait qu'une rumeur se propage insidieusement dans Bron-Parilly, situé dans la banlieue est de Lyon : Jean-Marie Deveaux serait l'assassin de la petite Dominique Bessard, fille du couple de bouchers qui l'emploie comme apprenti.

Le 21 juillet 1964, *Détective* présente Jean-Marie comme le "monstre des HLM". La suite de l'affaire donnera tort à l'hebdomadaire.

SENLIS : (p. 12-13) LA BATTUE POUR CAPTURER SOTOMSKI LE TUEUR
détective
YON : LE MONSTRE DES H.L.M.
CHOISI DOMINIQUE BESSARD
POURQUOI DOMINIQUE ?
DEVEAUX LE COMMIS BOUCHER
ESENTE SES CONDOLEANCES
SON PATRON ET SA FAMILLE
No 786 — TOUS LES VENDREDIS — 21 JUILLET 1961

On ne saura jamais qui a assassiné la petite Dominique Bessard, âgée de huit ans.

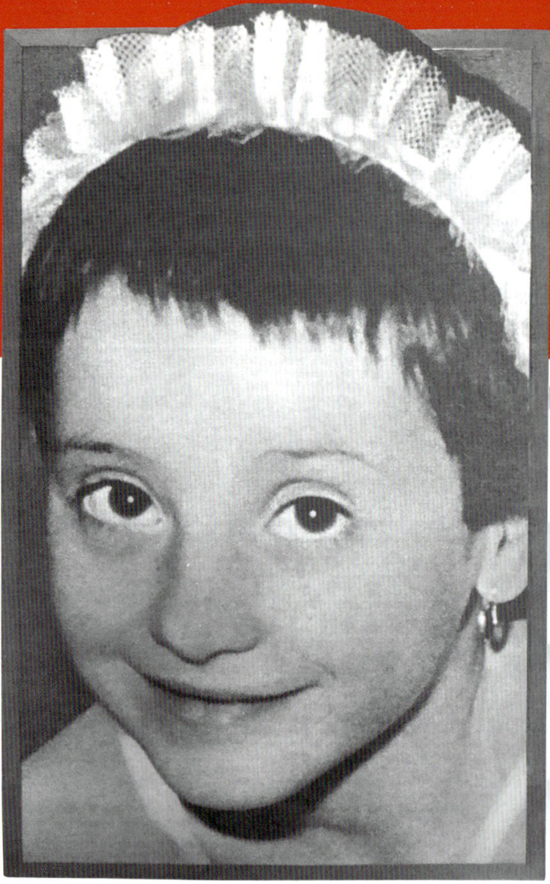

Un crime ignoble

« Janot » est un peu le grand frère de la petite Dominique. Le garçon boucher a de l'affection pour cette gamine de huit ans qui ne le traite pas en débile comme les autres. Elle est gentille et ne se moque pas de lui. Tout a basculé dans l'horreur le 7 juillet dernier, quand Mme C. a découvert dans le couloir qui mène à la cave de l'immeuble la fillette égorgée et le ventre ouvert. En hurlant, elle monte prévenir la mère. Toutes les deux se précipitent dans l'escalier pendant que Jean-Marie appelle police secours.

Un premier soupçon s'abat sur l'apprenti, qui est vite disculpé. Matériellement, il n'a pas eu le temps de tuer la petite. Pas de trace de sang ni sur son tablier, ni sous ses ongles, ni sur aucun de ses vêtements ou chaussures. Jean-Marie peut se préparer à partir en congé, on cherche ailleurs.

Retour de vacances

Le jeune homme sent bien que les regards se détournent, que les conversations cessent quand il arrive. Il n'est pas très rusé, mais il a déjà peur. Il imagine alors, dès son retour de vacances, un piètre scénario pour éloigner de lui toute suspicion. Il va se poser en victime. C'est compter sans l'emballement de la machine judiciaire qui, en le découvrant menteur, le baptisera assassin.
Après sa mise en scène ratée, il avoue tout, raconte, explique comment il a d'abord frappé au ventre puis à la gorge et passe la nuit au poste.

Le lendemain matin, il se rétracte : il est innocent. Certains doutent alors de sa culpabilité : pas de mobile, pas de trace de lutte ni de sang après la découverte du corps de l'enfant. Les conclusions du médecin légiste ajoutent au scepticisme. En effet, l'homme de l'art affirme que Dominique était déjà morte avant d'avoir reçu les coups au ventre.

Le jeune commis ne réitérera pas ses aveux. Les détails ? Il les a lus dans un journal, qui a effectivement publié ordre des coups erroné. En voilà assez pour renvoyer l'adolescent, visiblement retardé mentalement, vers son étal, jusqu'à ce que tombent les résultats d'une contre-expertise parisienne : il est possible « que l'ordre des blessures ait pu être différent ». Malgré ses cris d'innocence, malgré la fragilité du dossier que reconnaît un commissaire – « il est certain que nous avons affaire à un mythomane... » –, Jean-Marie est inculpé de meurtre et envoyé en prison dans l'attente du procès.

Le petit chat est mort...

En février 1963, les Assises de Lyon découvrent pendant quatre jours la détermination féroce du président du tribunal, M. C., qui s'acharne sur un accusé terrorisé. Le jeune homme a pris douze kilos

Une foule profondément émue et révoltée assiste aux obsèques de la petite Dominique.

en prison. Pourtant, sa fragilité est évidente, et il est difficile de voir en lui un assassin sanguinaire.

Le magistrat, à la voix forte et péremptoire, est un redoutable tribun qui ne fait qu'une bouchée du garçon, lequel n'en mène pas bien large dans son box en écoutant cet homme qui l'interpelle, le menace, l'accuse :

« Votre père lui-même dit de vous : "C'est un garçon entêté !" »

Monsieur C. s'adresse alors aux jurés :

« Il n'avoue jamais, même s'il est coupable ! »

Le ton est donné dans cette confrontation inégale. Le président rappelle alors une anecdote ancienne, selon laquelle Jean-Marie aurait tué un chat !

« Alors, Deveaux, on commence par un petit chat et on finit par une petite fille ? »

Cette histoire de chat, destinée à influencer les jurés, va durer une heure ! En fait, le petit animal avait eu les reins brisés par un escabeau tombé accidentellement. Pourtant, le magistrat insiste :

« Allons, Deveaux, dites-le que vous l'avez tué, ce chat ! Réfléchissez, la nuit vous portera conseil. »

Le même ton accusateur accompagne toutes ses interventions :

« Deveaux, je veux vous supposer innocent, je le dois… La simulation, les coups, que s'est-il passé dans la cave ?

Au cours du premier procès, le président des Assises du Rhône s'acharne sur le jeune accusé, qui apparaît terrorisé.

– Je ne sais pas, c'est pas moi, arrive à murmurer Janot d'une voix inaudible.
– Ouais ! Et ça ? »
Monsieur C. lit :
« "Je tenais mon couteau comme on désosse !" Et ça encore : "J'ai brusquement envie de la tuer."
– Je l'ai inventé... Je l'ai lu dans les journaux, je voulais faire l'intéressant...
– C'est ennuyeux de voir un garçon s'enferrer, déclare le président en s'adressant aux jurés. La mort de cette enfant... Comme on désosse... Il y a dû y avoir quelques secondes atroces ?
– Je ne sais pas, ce n'est pas moi... »
Le troisième jour du procès, M. C. joue à fond sur la sensibilité des jurés alors que Mme Bessard vient péniblement témoigner :
« Devant cette mère douloureuse, vous n'avez rien à dire ?
– Non, je n'ai rien à dire à Mme Bessard, puisque ce n'est pas moi.
– Vous êtes un monstre », éructe Me P., avocat de la partie civile.
On sent bien que la réponse du jeune commis n'a pas l'heur de plaire au jury, qui aurait préféré des pleurs et de la repentance, mais sa réaction est d'une logique implacable, puisqu'il se sait innocent. Implacable aussi le réquisitoire de l'avocat général Q. qui, considérant que les aveux et les mensonges du jeune homme sont des charges accablantes, demande vingt ans de réclusion :
« Il ne peut être question d'invention dans tout cela... Deveaux mérite la réclusion criminelle à perpétuité, mais compte tenu de son immaturité constatée par les psychiatres, je vous demande de descendre dans l'échelle des peines jusqu'à vingt ans de réclusion. »
Le célèbre chroniqueur judiciaire Frédéric Pottecher s'interroge alors :
« Pourquoi vingt ans, alors qu'un crime aussi horrible mériterait la peine de mort ? Pourquoi, sinon qu'on devine que M. Q. est un honnête homme et qu'on sent peser à travers tout son réquisitoire la hantise de l'erreur judiciaire. »
Maître S., qui défend Janot, est convaincu de son innocence. Il mettra tout son talent à l'établir. Point par point, il démontre que le jeune homme n'a pas eu le temps matériel de tuer Dominique, qu'il n'a pas pu faire disparaître en cinq minutes toute trace de sang de son tablier, il insiste sur l'absence de mobile et conclut :
« C'est un pauvre mythomane qui a avoué par peur d'une piqûre. On ne doit pas le condamner. Il est innocent. »

Maître S. n'a jamais abandonné son client. Sa détermination a permis l'annulation du premier jugement condamnant l'apprenti boucher à vingt ans de réclusion criminelle.

Le verdict

Trois heures de délibération attestent la difficulté de juger un « innocent ». Jean-Marie a répondu à la dernière question du président : « Je suis innocent, je n'ai pas tué Dominique. »

Monsieur C. revient dans la salle. L'homme est petit. Pourtant, cet ancien avocat a écrasé le prétoire par sa féroce truculence – certains journalistes qualifieront son attitude d'« ignoble » – tout au long des quatre jours du procès. La personnalité de Deveaux, jeune homme un peu « différent », a été laminée par les talents oratoires du président et sa gestuelle théâtrale.
« Deveaux, la Cour vous condamne à vingt ans de réclusion criminelle. »

La sentence attendue est tombée, l'éloquence de Me S. a été vaine face à l'acharnement du président de la Cour. Jean-Marie affiche l'expression un peu hébétée qui a été la sienne tout au long de ces quatre jours. Il se penche vers son avocat, presque souriant, il n'a pas bien compris
"Alors, c'est ce soir que je sors ?"

«Je suis un homme mort»

Commence alors une très longue période de descente aux enfers durant laquelle Deveaux ne cesse de clamer son innocence. Il se confie au père Boyer, visiteur de prison :
«Le criminel a toute liberté, et moi, innocent, je suis enfermé entre quatre murs. Ma vie est gâchée. J'en ai marre de la vie, je vais mourir. C'est presque la solution pour ne plus souffrir, je suis un homme mort.»
Car Jean-Marie est en souffrance. Lui le gosse trimballé depuis sa naissance vit très mal les transferts que lui impose l'administration pénitentiaire : Lyon, Fresnes, Melun, Dijon… Chaque fois de nouvelles brimades, chaque fois de nouvelles épreuves, même si se dessinent de temps en temps des moments d'amitié : «Toi, tu n'es pas comme les autres…» lui dira un détenu. En 1967, il tente de se suicider, puis entame une grève de la faim qui durera quarante jours.

Tout a changé pour ce second procès.
Jean-Marie a mûri. Il était naïf à Lyon,
on le sent déterminé et confiant à Dijon.

Chronologie

- **7 juillet 1961 : Dominique Bessard, huit ans, est retrouvée égorgée dans la cave de son immeuble à Bron.**
- **30 août : suspecté par le voisinage et menacé par un policier d'une injection de sérum de vérité, Jean-Marie Deveaux, dix-huit ans, avoue le crime.**
- **4-7 février 1963 : procès à Lyon. Jean-Marie est condamné à vingt ans de réclusion criminelle.**
- **30 avril 1969 : la Cour de cassation annule le jugement de Lyon.**
- **14-27 septembre : nouveau procès à Dijon, Jean-Marie Deveaux est acquitté.**

Maître S. n'a pas abandonné son client. Aidé par le père Boyer, il réunit des témoignages, enrichit le dossier, souligne les manquements et les incertitudes.

Un nouveau crime en 1963 à Bron-Parilly, qui ressemble au meurtre de la petite Dominique, et d'autres agressions commises par la suite dans la région proche finissent par convaincre l'opinion publique de l'innocence de Deveaux. Le général de Gaulle et des intellectuels commencent à s'intéresser à cette triste affaire. L'écrivain Bernard Clavel pense que « Deveaux n'a pas été jugé par une cour d'assises, mais écrasé par le président C. qui, durant les débats, s'était joué de lui ».
Après bien des retournements, la Cour de cassation annule le jugement de Lyon le 30 avril 1969. Jean-Marie est renvoyé devant la cour d'assises de Dijon en septembre. Il a déjà passé huit ans en prison…

Nouveau procès

Tout a changé. Mai 1968 est passé par là. Le président C. est décédé, les témoins à charge ne sont plus si affirmatifs, les policiers et les experts se contredisent et, surtout, l'accusé a mûri. L'adolescent un peu naïf a laissé la place à un homme déterminé à sortir de cet enfer. Il a des projets : passer un certificat d'aptitude professionnelle (CAP) de mécanicien diéséliste, fonder une famille, une vraie, avec une femme gentille. Il crie son désespoir :

« Je suis innocent ! Je souffre depuis huit ans ! Je vous en supplie… ! »
Cette fois, l'expert appelé à la barre par Me S. est catégorique : il est impossible que Jean-Marie Deveaux ait commis le crime pour lequel il a écopé de vingt ans de prison.
Le 27 septembre 1969, le cauchemar se termine. Il a suffi de trois quarts d'heure de délibération au jury pour reconnaître l'innocence de l'ancien commis boucher.

Jean-Marie Deveaux est le troisième homme à être acquitté depuis le début du XXe siècle grâce à une révision de procès, procédure qui reste extraordinaire et rare. En mars 1972, un arrêt lui accordera une indemnisation de 125 000 francs.
Reste que le mystérieux assassin de la petite Dominique n'a toujours pas été identifié…

Un arbre, une fleur…

À un journaliste qui lui demande dès sa sortie de prison : « Et la liberté ? Qu'est-ce que c'est maintenant pour vous ? », Jean-Marie répond : « Je me retrouve dans un jardin et je me dis : qu'est-ce que c'est un arbre, une fleur, l'air, une rivière qui coule ? »

Jean-Marie n'est plus un gamin timoré quand il retrouve la liberté, après huit années de cauchemar. C'est avec une grande émotion qu'il se précipite dans les bras de sa mère.

Affaire Jean-Claude Saint-Aubin,
Puget-sur-Argens, 5 juillet 1964

Seule compte la vérité !

C'EST AVANT 1945 que l'armée française a été affublée du surnom de la « grande muette », en raison des restrictions apportées par la loi aux libertés individuelles des militaires. Au printemps 2011, le ministre de la Défense Gérard Longuet affirme devant les députés à l'Assemblée nationale : « L'armée est la grande muette dans notre société. Ce n'est pas simplement une tradition, c'est un devoir, et j'ajoute un devoir républicain. » Le sujet n'est pas de disserter sur le bien-fondé de ces allégations, mais il est indispensable de connaître cette politique du silence pour bien comprendre ce qui s'est passé le 5 juillet 1964, vers 7 heures du matin, sur la nationale 7 entre Puget-sur-Argens et Fréjus, dans le Var.

L'improbable accident

Une traction se fait doubler par une belle Volvo qui roule à vive allure. Le chauffeur admire la belle ligne de la suédoise qui, remarque-t-il, est immatriculée en Suisse. Quelques kilomètres plus loin, la rutilante voiture de sport est encastrée dans un platane, et l'état de la carrosserie fait craindre le pire. Deux personnes sont à bord. Le chauffeur prévient les gendarmes. Les secours arrivent. Malheureusement, les occupants de la Volvo décèdent pendant leur transport à l'hôpital.

Non loin de là, un couple attend l'arrivée de son fils Jean-Claude et de la jeune amie de celui-ci, Dominique, partis la veille de Genève. Ces bijoutiers dijonnais se réjouissent à l'idée de réunir tous leurs enfants dans leur domaine de villégiature, au Pin-sur-Lègue, pour les vacances estivales. Ce retard les inquiète. Les enfants devraient être déjà là. Survient le gardien de la propriété qui leur annonce la terrible nouvelle :
« Il y a eu un accident aux Esclapes, les deux occupants d'une Volvo sont morts. »

Une chaussée glissante, une vitesse excessive, un accident "banal" en quelque sorte... Pas si sûr !

Dans le temps suspendu, les têtes se vident, les jambes tremblent. Des pensées contradictoires se livrent une lutte sans merci. « C'est pas eux, non c'est pas eux... » « Oui, mais si c'était eux ? »

Le père, accompagné par l'un de ses fils, se rend au commissariat pour obtenir plus de précisions. Les gendarmes confirment : il s'agit bien d'un accident. Le conducteur allait beaucoup trop vite, la chaussée était glissante... Un simple accident. Anéantis, les deux hommes se rendent sur les lieux du drame. Ils constatent que la route, à cet endroit, n'est pas dangereuse et que la vitesse ne peut pas tout expliquer, surtout que Jean-Claude, excellent conducteur, « essayeur » de voitures au garage Jaguar de Genève, est habitué à conduire vite, même après une nuit de route. Pour avoir davantage de détails, le père demande une copie du procès-verbal. Il ne la recevra que quelques jours plus tard.
L'affaire Saint-Aubin commence. Une énigme vieille d'un demi-siècle !

Falsifications en tout genre

Malgré la conclusion sans appel des gendarmes, M. et Mme Saint-Aubin ne se résignent pas à admettre l'accident. Ils connaissent la résistance de leur fils, sa conduite irréprochable, son appréciation des risques, et ce n'est pas l'étude du procès-verbal qui va les rassurer : la voiture aurait été déstabilisée par un dos d'âne alors qu'elle roulait à trop vive allure et aurait fini sa course contre le platane. Accident rendu plausible par la grosse fatigue du conducteur.
Les Saint-Aubin connaissent maintenant à fond le moindre pouce du terrain. Le dos d'âne se trouve à plus de deux cents mètres du lieu de l'accident, et il n'y a aucune trace de freinage sur la route ! La thèse de la déstabilisation ne tient pas, et quand ils s'étonnent d'une si grossière erreur, on leur rétorque qu'il s'agit d'une coquille de frappe. Soucieux du moindre détail, ils veulent voir le certificat de décès à l'hôpital de Fréjus, mais il est impossible d'en retrouver la trace. Ils demandent alors l'ouverture d'une enquête, ainsi qu'une autopsie. Le procureur refuse sous prétexte que l'accident est évident.

Mais les parents de Jean-Claude sont du genre tenace, et puisque la justice ne semble pas motivée pour les aider dans la recherche de la vérité, ils vont mener leur propre enquête.
Comme pour soulager leur douleur, ils se rendent régulièrement aux Esclapes, toujours à la recherche d'indices, d'un petit bout de vie, d'un petit bout de mort de ce fils qu'ils ne reverront plus et dont ils n'acceptent pas les conclusions administratives relatives au décès.
Leur persévérance est récompensée quelques mois plus tard. C'était un temps où, lorsqu'on prenait de l'essence, on ne se battait pas avec un tuyau graisseux, avec pour tout échange la voix impersonnelle crachée par une machine avide de notre carte bancaire. C'était un temps où pompiste était un métier et où la personne qui l'exerçait vous racontait un peu le pays, à la façon des anciens colporteurs sillonnant les campagnes. Ce jour-là, quelques mois après l'« accident », la dame du poste à essence va leur donner une information capitale. Un officier du camp militaire tout proche lui a confié avoir recueilli le témoignage d'un ouvrier de la cimenterie voisine, Mohamed Moualkia, qui était passé sur les lieux juste au moment du drame :
« Je viens de voir un accident en me rendant à mon travail. Ce n'était pas beau ! Un camion militaire a débouché d'un chemin et a projeté une voiture contre un arbre. Puis le camion a pris la fuite, suivi par une 203. »

Jean-Claude Saint-Aubin, beau jeune homme de vingt-trois ans promis à un bel avenir, menait une vie tranquille et sans histoire.

Le témoin a même eu le temps d'apercevoir sur la plaque minéralogique de la Peugeot une flamme tricolore…
L'information bouleverse la famille Saint-Aubin et la conforte dans ses certitudes. Jean-Claude n'a pas eu un accident, il ne s'est pas endormi au volant comme l'a insinué le procureur. Mais pourquoi serait-il mort ? Le jeune homme de vingt-trois ans, passionné par son travail et cet amour partagé avec la jeune Dominique, menait une vie sans histoire.

Cette fois, une enquête est diligentée. Moualkia a déménagé et reste introuvable. Le conducteur du camion militaire affirme dans un premier temps qu'il est passé aux Esclapes vers 7 h 10 et que les gendarmes étaient déjà sur les lieux. Le procès-verbal rédigé le 5 juillet indique quant à lui que ceux-ci sont arrivés à 7 h 40. La demi-heure qui sépare ces deux informations contradictoires est capitale. Qu'importe ! le chauffeur militaire modifie sa déclaration, il s'est sans doute trompé… Plus tard, le registre sur lequel sont portées les entrées et les sorties des véhicules militaires disparaîtra. Quand on remettra la main dessus, on constatera que la page concernant le 5 juillet a été arrachée…

Les Saint-Aubin sont dorénavant persuadés qu'on leur cache quelque chose de grave. Sans être paranoïaques, ils sont convaincus que Jean-Claude et Dominique ont été délibérément tués et qu'une chape de silence entoure l'affaire.

Lorsqu'on le retrouve enfin, Mohamed Moualkia confirme sa première version : la Volvo a essayé d'éviter le camion, mais, touchée de plein fouet à l'arrière, elle s'est écrasée contre l'arbre ; les deux véhicules de l'armée ont bien pris la fuite après le choc. La déclaration de l'ouvrier est enregistrée par un huissier, mais la justice refuse toujours de rouvrir l'enquête. Circulez, il n'y a rien à voir ! Mohamed a tout inventé ! La preuve en est que, sur le registre de pointage de la cimenterie, on peut lire que Moualkia a commencé ce matin-là à 5 heures. Affabulateur, qu'on vous dit !
Monsieur Saint-Aubin veut vérifier le journal de l'usine. Nouvelle surprise : en face du nom du témoin, le 7 a été grossièrement biffé et remplacé par un 5 ! Nouveau refus du procureur. Les Saint-Aubin sont déboutés de la plainte qu'ils ont déposée pour falsification de documents. Le parquet de Draguignan, celui d'Aix-en-Provence, le tribunal de grande instance de Draguignan, jusqu'à la direction des affaires criminelles au ministère de la Justice, tous refusent de prendre en compte leur plainte.

Nouveau rebondissement en 1970 : les Saint-Aubin reçoivent, interloqués, une facture émanant d'un garagiste suisse. La note est salée et représente les frais de gardiennage d'une Volvo. Il s'agit bien de la voiture de Jean-Claude, celle-là même dont ils détiennent le certificat de destruction signé par deux douaniers ! La preuve est vite faite que le garagiste a effectivement en dépôt l'épave de la voiture accidentée en juillet 1964. Pourquoi ce faux certificat, si ce n'est pour dissuader cette famille un peu trop curieuse de faire expertiser le véhicule ? Nouvelle plainte déposée, nouvelle déconvenue : les deux gabelous bénéficient outrageusement d'un non-lieu, alors que la grave accusation de faux en écriture publique est avérée. La coupe est pleine. Fous de rage, les parents, comptant sur une réaction de la justice, placardent une affiche provocatrice sur le platane du malheur :
« Ici deux tués par méprise. Crime camouflé et étouffé par les gendarmes et les magistrats du lieu, lâches et serviles. »

L'institution judiciaire est cette fois obligée de réagir. On ne badine pas avec le respect des institutions dans les années 1970 ! Les Saint-Aubin sont ravis, espérant avoir impulsé par ce stratagème une relance de l'enquête. La désillusion est brutale. Ils bénéficient d'un non-lieu justifié par « leur déséquilibre mental », alors qu'ils n'ont jamais été examinés par un psychiatre !

Loin de céder au découragement, la famille est maintenant convaincue qu'une machination a été ourdie avec la complicité des plus hautes autorités.
Ni Jean-Claude ni Dominique, fille de pâtissiers, ne représentaient un danger quelconque pour le pays, alors pourquoi l'armée les aurait-elle éliminés ? Une idée commence à germer dans l'esprit des Saint-Aubin : et si les jeunes gens avaient payé pour d'autres ?

Le général, les barbouzes et l'OAS

1964 : la guerre d'Algérie est terminée, mais les blessures sont encore fraîches, et nombre de Français n'ont pas pardonné au général de Gaulle les accords d'Évian du 18 mars 1962 qui ont mis fin à huit années de conflit. Des nostalgiques, militaires ou civils, continuent de militer dans les rangs de l'Organisation armée secrète (OAS), qui est apparue en 1961 avec pour slogan : « L'Algérie est française et le restera ! » La fracture est alors totale avec le général, à qui ils reprochent sa trahison, lui qui avait proclamé son célèbre « Vive l'Algérie française ! » à Mostaganem en 1958. Les membres soupçonnés d'attentats terroristes sont pourchassés par les forces gaullistes aidées par ceux que l'on a appelés les « exécuteurs des basses œuvres », sorte d'agents secrets sans mandat officiel : les « barbouzes ».

1964 : la sécurité militaire apprend que, depuis Genève, se prépare un attentat contre de Gaulle, qui envisage de participer à une cérémonie au mont Faron, à Toulon, pour commémorer les vingt ans du débarquement allié en Provence.

1964, 5 juillet : une Audi immatriculée en Suisse roulant entre Puget-sur-Argens et Fréjus est percutée violemment par un camion militaire qui prend la fuite… Ses deux jeunes occupants mourront pendant leur transport à l'hôpital.

À partir de tous ces éléments, les Saint-Aubin vont se forger une intime conviction : leur fils Jean-Claude et son amie Dominique sont morts pour rien, à la place d'un autre...

Une nouvelle victime

Inlassablement, les parents continuent de chercher la vérité. En 1984, les médias s'intéressent à l'affaire, subjugués par l'énergie déployée par ce couple qui vieillit mais ne se décourage pas.
Une émission est en préparation sur TF1, dans laquelle Mohamed Moualkia a accepté de témoigner. Quelques jours avant l'enregistrement, alors que le rendez-vous avec les journalistes est pris, son corps est retrouvé calciné dans son appartement. Là encore, les conclusions des gendarmes enquêteurs laissent les Saint-Aubin abasourdis par tant de mauvaise foi. Mohamed se serait endormi avec sa cigarette allumée, un détail troublant, car Mohamed ne fumait pas !

« C'est moi qu'on visait ! »

Les langues commencent à se délier. Un colonel qui affirme avoir vu le dossier de l'affaire confie qu'il y a eu méprise, que le véhicule a été confondu avec un autre... Il démentira plus tard ses révélations.

La vérité semble se trouver en Suisse. Elle porte un nom : Jean M. Cet avocat habitant Genève a un parcours politique assez atypique. À vingt ans, il est anarchiste et combat aux côtés des républicains espagnols contre Franco. On le retrouve naturellement engagé avec les Francs-tireurs et partisans (FTP) dans la Résistance, puis il adhère à la Section française de l'Internationale ouvrière (SFIO).

La guerre d'Algérie éclate, l'homme ne supporte pas les exactions du Front de libération nationale (FLN). Le voilà à la tête de l'« Algérie française » et membre actif de l'OAS.
En 1964, les barbouzes, informés d'un possible attentat au mont Faron, auraient été chargés de l'intercepter alors qu'il se dirige vers

Toulon. Jean M. a une voiture de sport Volvo immatriculée en Suisse et de la même couleur que celle du fils Saint-Aubin... En prenant connaissance de l'accident des Esclapes, il s'exclame : « Bon Dieu, c'est moi qu'on visait ! » Mais voilà, Jean-Claude roulait très vite. Ce qui ne devait être qu'une arrestation en vue d'obtenir des renseignements s'est transformé en assassinat devenu secret d'État.
La méprise paraît évidente aux parents de Jean-Claude, qui se battront jusqu'à leur mort pour faire éclater la vérité.

« La vérité a-t-elle besoin de tant mentir ? »

François Mitterrand, encore député de la Nièvre, les reçoit. Touché, il écrira dans *L'Abeille* et *l'Architecte*, publié en 1978 :
« J'ai devant moi les parents de ce garçon tué avec sa fiancée, dans un accident d'automobile le 5 juillet 1964. Ils ont le regard usé de ceux qui ont trop attendu. Depuis dix ans, ils cherchent une vérité qu'on leur refuse. Je ne sais pas s'ils ont tort, s'ils ont raison, car j'ai lu à la hâte le dossier qu'ils m'ont remis. Je les vois cependant tels qu'ils sont, acharnés à saisir le moindre fil, désespérés de n'y rien comprendre, ou de trop bien comprendre. Quoi qu'il en soit, les parents Saint-Aubin, déboutés, errent de tribunal en tribunal. La justice n'est pas curieuse. La vérité a-t-elle besoin de tant mentir pour être vraie ? »
En 1981, le garde des Sceaux, Robert Badinter, confie à l'inspection générale des services judiciaires une mission qui met enfin en cause le véhicule de l'armée dans l'accident de la nationale 7. L'accident est cependant qualifié d'« involontaire ». 500 000 francs seront versés à la famille à titre de dommages et intérêts. Cette somme, qui représente un demi-aveu, n'altérera pas d'un pouce sa détermination à faire éclater la vérité.

En septembre 1990, le journal *Libération* s'intéresse à l'affaire :
« En 1981, la donne et le gouvernement surtout changent. Auparavant déjà, les socialistes, à l'inverse d'une bonne demi-douzaine de ministres de la Justice, ont manifesté leur intérêt pour cette affaire. Bourguignons dans l'âme, les Saint-Aubin ont rendu visite au député de la Nièvre, François Mitterrand, qui leur a consacré des lignes émues dans *L'Abeille* et *l'Architecte*. À peine arrivé place Vendôme, Robert Badinter dépêche un de ses chefs de cabinet pour reprendre le dossier Saint-Aubin. Il est temps. Non seulement les faits sont prescrits, dans l'hypothèse d'un homicide volontaire, mais le dossier et son double ont disparu depuis trois ans. Après quelques judicieuses

Chronologie

- **18 mars 1962 :** accords d'Évian, qui mettent fin à plus de sept années de guerre d'Algérie.
- **5 juillet 1964 :** accident sur la nationale 7 entre Puget-sur-Argens et Fréjus. Deux jeunes gens sont tués, Jean-Claude Saint-Aubin et sa jeune amie, Dominique. Les parents de Jean-Claude réfutent la thèse officielle, l'affaire Saint-Aubin commence.
- **15 août :** le général de Gaulle inaugure le mémorial du mont Faron pour le vingtième anniversaire du débarquement de Provence. Il échappe à un attentat de l'OAS.
- **1981 :** Robert Badinter confie une mission d'enquête sur l'affaire Saint-Aubin à l'inspection générale des services judiciaires.
- **1984 :** mort suspecte de Mohamed Moualkia, principal témoin de l'accident.
- **1985 :** l'inspection générale des services judiciaires admet l'implication d'un camion militaire dans l'accident de la nationale 7.
- **1990 :** grâce à l'intervention du médiateur de la République, les Saint-Aubin perçoivent une indemnité.
- **1994 :** décès du père de Jean-Claude, Jean Saint-Aubin.
- **2003 :** décès de la mère de Jean-Claude, Andrée Saint-Aubin.

questions orales à l'Assemblée, le garde des Sceaux annonce l'ouverture d'une enquête de l'inspection générale des services judiciaires. Les trois inspecteurs pensent boucler la chose en quatre mois. Il leur faudra quatre ans. »

En 2000, le même quotidien titre :

« Trente-six ans après la mort de Jean-Claude Saint-Aubin, la longue lettre d'une mère. Elle réclame la nomination d'un sage pour obtenir justice. "J'accuse l'État français de couvrir l'assassinat de mon fils." »

Alors que son mari est mort depuis six ans, Mme Saint-Aubin continue farouchement à se battre, avec l'aide de la Ligue des droits de l'homme, pour que l'État français reconnaisse sa bavure. Sa détermination restera intacte jusqu'à sa mort, en 2003. Quand on s'étonnait de son énergie, la vieille dame répondait :

« Parce que la France, ce n'est pas cela... »

De dossiers perdus en documents falsifiés, de témoignages en déclarations contradictoires, de confidences en rétractations, d'espoirs judiciaires en non-lieux, l'affaire Saint-Aubin est d'abord celle de l'extraordinaire opiniâtreté d'un père et d'une mère qui, pendant plus de trente ans, ont affronté la « grande muette » et les institutions de la République sans jamais obtenir de réponse à leur seule question : « Pourquoi ? »
Un des frères de Jean-Claude avoue « ne plus avoir d'espoir, à moins d'un miracle ». Celui-ci pourrait venir de la levée du secret défense sur toutes les archives militaires de l'après-guerre d'Algérie.

Fous de douleur et de rage, les parents de Jean-Claude espèrent une réaction de la justice en placardant une affiche provocatrice sur l'arbre du malheur.

Affaire Brigitte Dewèvre, Bruay-en-Artois, 5 avril 1972

Le notaire et le petit juge

« Y A UN HOMME LÀ-BAS, il a du sang sur la tête. »
Là-bas, c'est un terrain vague coincé entre les jardins moroses des corons miniers et le parc d'une riche commerçante de Bruay-en-Artois, le plus grand centre houiller du Pas-de-Calais. Le décor est planté ! D'un côté, les ouvriers, les sans-grade, les gentils ; de l'autre, les notables, les riches, les méchants. Une vision manichéenne qui va s'imposer tout au long de cette triste affaire jamais élucidée.
Le gamin de douze ans qui a cru apercevoir un homme blessé découvre en s'approchant qu'il s'agit de sa grande sœur Brigitte et qu'elle est morte.

Les faits

Brigitte Dewèvre est âgée de quinze ans et demi. Depuis la mort de son grand-père, elle se rend tous les soirs chez sa « Mémère », qui habite à quelques centaines de mètres de ses parents. Une histoire banale qui commence comme un conte de Perrault. Et c'est bien le grand méchant loup que l'adolescente va rencontrer sur son chemin, le 5 avril 1972, sans qu'aucun chasseur la délivre de ses griffes.
Son corps n'est retrouvé que le lendemain après-midi, car la mémé n'a pas le téléphone et n'a pu prévenir de l'absence de la petite. Personne n'est vraiment inquiet. La cité est un gros village où tout le monde se connaît, et l'adolescente est tranquille, plutôt timide.
La découverte de son cadavre à moitié dénudé, gisant parmi des détritus et grossièrement dissimulé par un vieux pneu, est la genèse d'un triste fait divers qui devient, après quelques jours, affaire nationale. Les passions se déchaînent, ranimant les haines ancestrales

C'est la première fois qu'un fait divers est autant médiatisé. L'affaire de Bruay-en-Artois fera la une des journaux pendant de longs mois.

choc
HEBDO
No 27 du17 au 23 avril 1972
F. 1,20

t-ce la raison principale sa mise en culpation ?

ES TEMOIGNAGES SONT EXACTS

LE NOTAIRE AURAIT DÛ VOIR LE CRIME

TOUT SUR L'AFFAIRE DE BRUAY

...puisqu'il se trouvait dans sa voiture à quelques mètres de l'endroit où à ce moment-là, Brigitte Dewèvre se fit étrangler

PIERRE LEROY... monstre ou victime ?

Myriam et Brigitte, toutes deux assassinées selon le même rite criminel

Pierre Leroy a-t-il menti pour protéger sa fiancée ?

Notre enquête en pages 12 et 13

Coupable, un homme intelligent comme le notaire de Bruay, aurait-il pris le risque de porter à la teinturerie, un costume taché de boue et de sang ?

ET POURTANT IL LE FIT !

Ses amis y voient une preuve de son innocence

Brigitte Dewèvre n'avait que quinze ans quand elle a été atrocement assassinée dans un terrain vague de la cité minière de Bruay-en-Artois.

contre ces bourgeois qui sont « comme des cochons », avec en toile de fond le réveil de la lutte des classes, attisée par les maoïstes, dans cette France des années 1970 en pleine transition économique.

L'enquête

Difficile de trouver des indices sur ce terrain abandonné que les gosses du quartier ont investi pour jouer au football. Les fortes pluies de la nuit du drame rendent improbable la découverte de traces de pas ou de sang. Les témoignages sont rares. Les voisins n'ont rien vu, rien entendu. La soirée était froide, et le match opposant l'Ajax Amsterdam au Benfica Lisbonne a retenu les hommes ainsi que les enfants devant la télé.

Les premières constatations sont formelles : Brigitte a été étranglée avec un lien souple, style foulard, et a été ensuite violemment frappée avec un objet tranchant. L'assassin a traîné son corps sur le sentier qui traverse le terrain vague jusqu'au pied de ce monticule de terre où son frère l'a découverte. Le premier rapport de l'officier de police Dernoncourt, de la police judiciaire de Bruay, précise :

« [...] Le visage est cyanosé. Les traces de strangulation sont apparentes, mais aucun sillon n'est visible sur le cou. Le front est marqué par deux larges plaies. La calotte crânienne, sectionnée sur dix centimètres, n'est plus rattachée au reste du crâne que par le cuir chevelu. Sur le sol, les vêtements sont éparpillés... la mort remonte à plus de dix heures. »

Ne manque que les lunettes de Brigitte, qui ont disparu de la scène du crime. Le docteur L., médecin légiste, assure que le pneu a été déposé plusieurs heures après la mort de la victime, qui aurait été déshabillée avant d'être tirée sur plusieurs mètres. Si ses habits ont été arrachés, on saura à la publication du premier rapport d'autopsie que la petite n'a pas subi d'agressions sexuelles, ce qui rappelle d'autres meurtres de femmes, toutes sauvagement mutilées mais jamais violées, commis dans la région au cours des dix dernières années.

Premiers témoignages

L'officier Dernoncourt n'a que deux témoignages à se mettre sous la dent pour démarrer un début d'enquête. Dominique R., préparatrice en pharmacie, a vu Brigitte en discussion avec un jeune homme corpulent d'environ vingt-cinq ans peu avant 20 heures :

Brigitte a rencontré son assassin tout près de chez elle.
1) L'endroit où elle a été découverte.
2) Le chemin qui rejoint la rue Ronchicourt.
3) La 504 blanche du notaire était garée là.
4) La rue du Comté.
5) La maison de la famille Dewèvre.

« Il bruinait légèrement, et dans la nuit… à trois ou quatre mètres de moi, j'aperçus soudain Brigitte, que je ne connaissais que de vue. Elle était en conversation avec un homme que je ne vis que de dos… Tous deux semblaient se connaître. »
Chantal L., quant à elle, a remarqué une Peugeot 504 blanche dont le conducteur semblait guetter quelqu'un. Son père, qui craignait pour sa propre voiture garée tout près, a relevé le numéro minéralogique. Deux témoins dont les dépositions sont bien maigres pour désigner un assassin, et pourtant…

Le notable et le petit juge

Les policiers ont tôt fait d'identifier le propriétaire de la 504 : Me Pierre Leroy est le notaire des houillères et des grands brasseurs, un homme riche dont l'étude se situe tout près du lieu du crime. Un notable, donc, membre du Rotary, célibataire endurci qui vit chez sa mère. L'homme a trente-sept ans, il est déjà à moitié chauve, rondouillard, pas très glamour et doté d'un caractère de cochon !

La personnalité peu sympathique de ce premier suspect influe fortement sur la façon dont est menée l'instruction. Elle est confiée au doyen des juges de Béthune, Henri Pascal, cinquante-deux ans, fils d'un petit commerçant et d'une fille de paysan. L'homme a un regard critique sur l'institution judiciaire qui l'amène à militer au sein du Syndicat de la magistrature pour une « justice à ciel ouvert » qui se veut plus proche du justiciable. Maître Leroy, qui n'a pour l'heure que la mauvaise idée de posséder une 504 blanche, est interrogé le 11 avril. Dès le début, il envoie promener vertement les policiers, petits fonctionnaires besogneux qui ont l'outrecuidance de le soupçonner. Sa détermination à ne pas coopérer renforce les enquêteurs dans leur intime conviction : le notaire a fait le coup. Harcelé, ce dernier finit par avouer sa présence le soir du crime chez sa maîtresse, Monique M., une riche commerçante de Bruay qui habite la plus belle maison de la ville, en bordure du terrain vague. Plusieurs versions de son emploi du temps suivront, avec toujours un trou d'un quart d'heure au moment présumé du crime.

Le petit juge est alors convaincu de la culpabilité de Leroy. Au bout de quarante-huit heures de garde à vue, il l'inculpe d'homicide volontaire et l'envoie en prison sans la moindre preuve, mais guidé par « un faisceau de présomptions graves et concordantes ». La nouvelle fait l'effet d'une bombe dans tout le Pas-de-Calais. Les médias nationaux s'emparent de l'information, et l'affaire prend une tournure politique qui passionne les Français.

« Et maintenant, ils assassinent nos enfants ! »

Les petites phrases lapidaires du juge Pascal, reprises par la presse, confortent la colère des humbles :
« Un homme comme ça, ça n'avoue pas, voyons !... Probable qu'il n'avouera jamais ! »
Une fille de quinze ans a été atrocement assassinée. Cette enfant aurait pu être celle de n'importe quel mineur. Chaque famille est profondément touchée par ce drame, et le désir de vengeance est aisément manipulé pour ranimer la croisade contre les possédants qui exploitent les travailleurs. Car c'est ainsi qu'est perçu le notaire, qui habite toujours la maison de maître familiale à Houdain et est propriétaire d'une chasse d'une centaine d'hectares, d'appartements au Touquet, d'un bateau, de terrains à bâtir... On ne prête qu'aux riches. Ce même notaire défend les intérêts des houillères avec empressement et a la saisie facile pour les mineurs en difficulté, « même pour un tabouret et deux chaises »... Et puis, ce célibat, c'est quand même bizarre, et cet assassinat à Cauchy-à-la-Tour, il y a un mois, de la jeune Myriam qui reste inexpliqué... L'incarcération du notaire à Béthune est accompagnée par des cris de haine. Des centaines de manifestants sont prêts à le lyncher.

Les médias se sont déchaînés contre le notaire de Bruay-en-Artois. La foule est prête à lyncher ce "cochon de bourgeois".

Personne dans la famille Dewèvre ne croit à la culpabilité du jeune Jean-Pierre.

Le 15 avril, *Spécial Dernière* titre : « La double vie du notaire : le jour, il était un riche bourgeois respectable... Mais quand la nuit tombait, il devenait un autre homme, un démon s'emparait de lui. » On parle de parties galantes chez la fiancée du notable, et la rumeur s'alimente de tous les fantasmes érotiques des uns et des autres. Un Comité pour la vérité et la justice (CVJ) se crée sous l'impulsion d'un militant maoïste très charismatique, encouragé par les intellectuels Jean-Paul Sartre et Maurice Clavel, dans le but de soutenir le courageux « petit juge » qui ose affronter la classe possédante. Serge July, alors journaliste à *La Cause du peuple – Libération* ne sera créé qu'un an plus tard –, fait campagne contre les notables locaux et défend âprement la gauche prolétarienne. Le 1er mai, le journal titre : « Et maintenant, ils assassinent nos enfants ! » Le sous-titre est explicite : « Le crime de Bruay : il n'y a qu'un bourgeois pour avoir fait ça. » Sur une double page, l'article caricature à outrance ces « cochons de bourgeois » : « La ville de Bruay-en-Artois, trente mille habitants, sur l'affaire Leroy, se divise en deux clans. Une poignée, les riches, s'indignent que la vie privée de l'inculpé soit jetée en pâture. En face, ceux qui sont contre le coupable : les mutilés, les silicosés – les croix des cimetières indiquant : "Décédé à l'âge de quarante ans." Les pauvres quoi !

Eux, ont-ils le droit de s'indigner quand leur pauvreté est mise au jour ? […] L'ingénieur, le docteur, ces nouveaux bourgeois qui vivent de la sueur ou d'un morceau de poumon, pour tous ces riches, ce n'est pas possible que Leroy, le notaire, soit coupable, ne se sentant pas coupables eux-mêmes. En face, ce sont les ouvriers, la grande famille de Brigitte, qui ressent la douleur du corps mutilé. Leroy est-il l'assassin ? Pour eux, il n'y a pas de doute. Le notaire, c'est celui qui gère tous les biens des houillères, quatre-vingts pour cent de Bruay. Il fait partie de ceux qui vivent de la sueur des mineurs. »

Jean-Paul Sartre se démarque de cette utilisation populiste du fait divers, loin des orientations politiques qu'il défend visant à « l'éducation doctrinale des masses par l'immixtion des intellectuels et des étudiants au cœur du monde ouvrier ».
Le Rotary Club proteste contre ces « illuminés » et s'indigne :
« On ne met pas un notaire en prison. »
La guerre des classes est déclarée par journaux interposés ! C'est la première fois qu'un fait divers est autant médiatisé. Impossible de trouver une chambre d'hôtel dans les environs. Reporters, journalistes et photographes se sont déplacés en nombre dans le nord de la France, à l'affût du moindre frémissement de l'affaire qui sera servi en pâture le lendemain aux lecteurs.

Le notaire est libéré ; sa fiancée, emprisonnée !

Et les rebondissements ne vont pas manquer ! Le 18 juillet, cent jours après son incarcération, Pierre Leroy est libéré, faute de preuves. Monique M. le remplace pour des incertitudes dans ses déclarations. Elle sera libérée le 31. La presse se déchaîne maintenant contre cette riche commerçante, qui a contre elle toute la population de Bruay. Le jour de la première reconstitution, le 27 avril, des milliers de personnes l'ont huée, alors qu'aucun fait précis ne pouvait expliquer cette démonstration de haine. Là aussi, des rumeurs de bacchanales circulent. Sa maison serait un lieu orgiaque pour assouvir les bas instincts des « bourges ». Les femmes de Bruay ont insulté les policiers qui voulaient perquisitionner chez les parents de Brigitte aux cris d'« assassins », « pourris », « putassiers », tout en distribuant des coups sur les carrosseries des voitures avec autant de violence qu'elles ont conspué Monique M. Le peuple a définitivement choisi son camp. Une marche de protestation réunit plusieurs milliers de personnes quand le juge rouge Pascal est dessaisi du dossier au profit d'un juge parisien, Jean Sablayrolles. On crie au complot, à l'injustice. Et les passions se calment pendant quelques mois... jusqu'à ce nouveau coup de théâtre.

Jean-Pierre

Un an après le drame, le 18 avril 1973, Jean-Pierre F., un jeune de Bruay, s'accuse du meurtre de Brigitte. Il est incarcéré à Fresnes. « Je n'arrive pas à y croire, ne cesse de répéter le père de l'adolescente tuée sauvagement, je n'arrive pas à y croire. » Il n'est pas le seul à émettre des doutes sur les aveux de ce jeune homme de dix-sept ans, un peu perturbé, qu'il connaît bien. Pourtant, avec force détails, Jean-Pierre explique comment Brigitte lui avait donné rendez-vous ce soir-là ; comment, en chahutant, elle est tombée sur le ciment ; et pourquoi il l'a étranglée avec ses mains. Il a même gardé ses lunettes, qui n'ont jamais été retrouvées. Elles sont dans la doublure du canapé de sa famille d'accueil, là où il cache ses choses à lui. Le garçon est orphelin. On le sait fragile et un peu vantard, mais les policiers fouillent et trouvent les lunettes à l'endroit indiqué.
Pourtant, plusieurs de ses déclarations ne « collent pas ». La petite a été étranglée avec un foulard, et non pas à mains nues. Comment ce jeune homme de soixante kilos à peine a-t-il pu transporter le corps de Brigitte presque aussi lourd que lui ? Pourquoi des aveux aussi tardifs ? Et la maman de Brigitte ne reconnaît pas les montures des lunettes... Quelques jours après, le garçon se rétracte. Dès lors, il appartient au juge Sablayrolles de faire éclater la vérité, alors que le CVJ reprend du service. *Libération*, tout nouveau journal cofondé par Serge July, titre : « Jean-Pierre n'est pas l'assassin » et annonce des nouvelles présomptions contre Pierre Leroy et Monique M. Les parents de Brigitte, brisés par la douleur, sont encore une fois très dignes et déclarent simplement :
« Que les querelles et les passions ne fassent oublier à personne que notre malheureuse enfant a disparu pour toujours. »

Deux nouvelles reconstitutions n'apporteront aucun éclaircissement. En septembre, un non-lieu est prononcé pour Pierre Leroy et Monique M. Seul reste comme suspect Jean-Pierre, défendu par Me Pollack. Le procès devant le tribunal pour enfants se déroule le 27 juin 1975. Le couple Dewèvre, dubitatif quant à la culpabilité de l'ancien camarade de sa fille, ne se porte pas partie civile. L'adolescent est alors relâché au bénéfice du doute, mais il ne sera relaxé définitivement

que le 26 février 1976, après un appel de décision du procureur de la République de Paris.
La piste d'un tueur en série semble avoir été complètement occultée, alors que Monique, Raymonde, Éloïse et Myriam, toutes de la région, ont été retrouvées assassinées dans des conditions similaires au cours des années précédant le meurtre de Brigitte Dewèvre.

Un Comité pour la vérité et la justice se crée sous l'impulsion d'un militant maoïste charismatique, encouragé par des intellectuels.

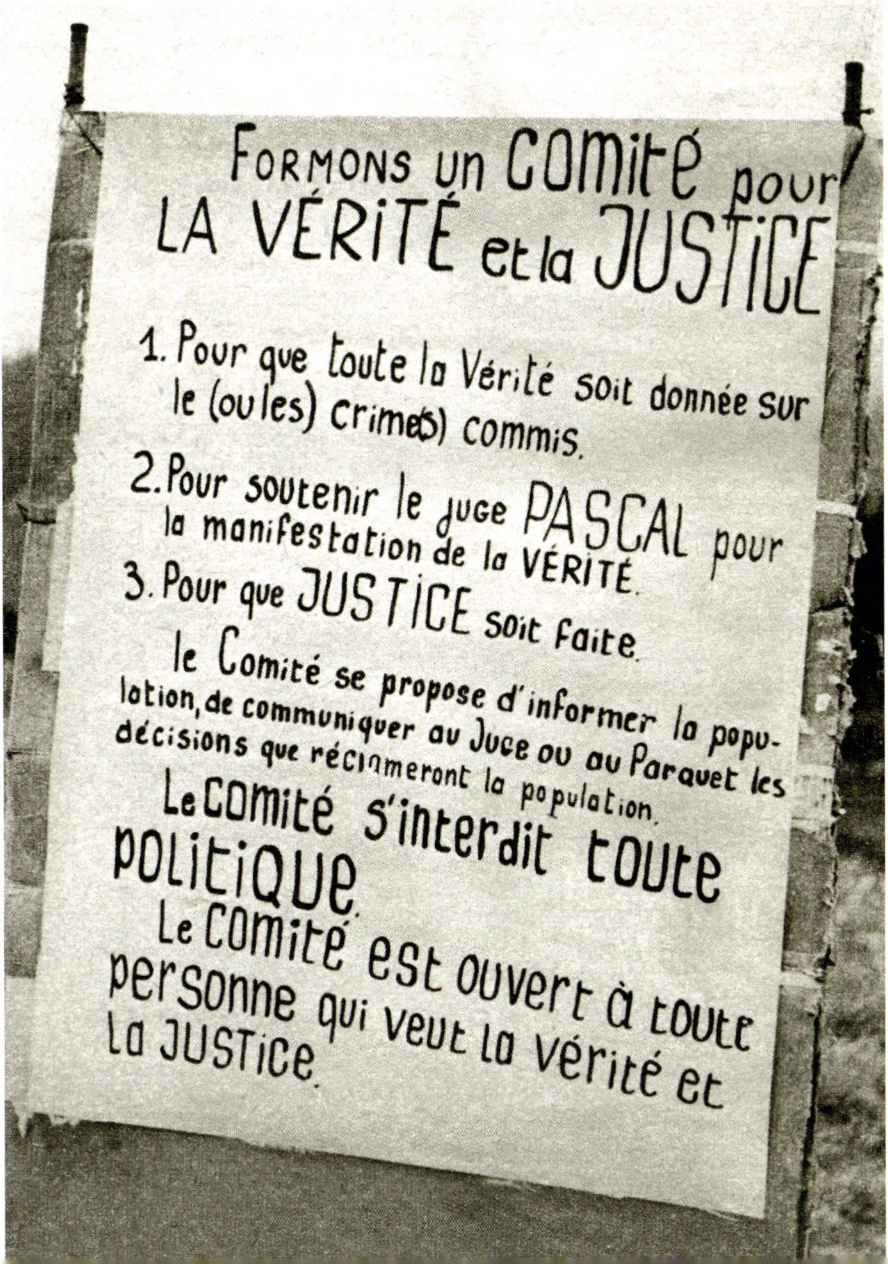

Chronologie

- **5 avril 1972 : Brigitte Dewèvre, quinze ans et demi, est assassinée à Bruay-en-Artois.**
- **15 avril : Pierre Leroy, notaire, est interrogé, puis inculpé.**
- **27 avril : première reconstitution.**
- **12 juillet : Monique M., la maîtresse du notaire, est arrêtée.**
- **18 juillet : Pierre Leroy est libéré. Il bénéficie, ainsi que sa maîtresse, d'un non-lieu.**
- **18 avril 1973 : Jean-Pierre F., un camarade de Brigitte, s'accuse du meurtre.**
- **26 février 1976 : Jean-Pierre est relaxé.**
- **1981 : l'affaire est classée.**
- **2005 : l'affaire est prescrite, le mystère demeure.**

Gare au gorille

L'affaire de Bruay-en-Artois est classée sans suite en 1981, et le crime est prescrit en 1985, sans que l'assurance d'absence de poursuites entraîne des aveux ou des témoignages permettant de savoir ce qui s'est vraiment passé ce soir de printemps 1972. Bien des choses ont changé. Les houillères ont fermé leurs portes, le terrain vague a été urbanisé, les principaux acteurs de ce drame ont disparu, et Bruay-en-Artois, pour exorciser un passé douloureux, a été rebaptisé Bruay-la-Buissière.

D'autres petits juges « en bois brut[1] » sont venus faire les choux gras de la presse dans d'autres affaires douloureuses, de Jean-Michel Lambert[2] à Fabrice Burgaud[3]. Celui de Bruay a été dépassé par la déferlante médiatique sur laquelle il avait voulu surfer en oubliant en route les secrets de l'instruction et la présomption d'innocence. La mort ignoble de la petite Brigitte l'avait consacré héros de toute la région, défenseur des mineurs contre l'élite bourgeoise, alors que s'amorçait la crise profonde qui allait bouleverser le monde industriel.

---

[1] Référence à la chanson de Brassens *Le Gorille*.

[2] Affaire Grégory (voir le chapitre intitulé « Des doutes... à perpétuité, ou les eaux silencieuses de la Vologne »).

[3] Affaire d'Outreau.

Malgré son aspect rondouillard, Pierre Leroy
n'est pas un homme sympathique.
Sur lui se cristallisent toutes les haines,
toutes les rancœurs de la classe ouvrière.

Affaire Méchinaud, Boutiers, 25 décembre 1972

Disparus à jamais ?

UNE AFFAIRE CRIMINELLE devient une énigme quand, après des mois et des années d'enquête, aucune solution n'a pu être apportée, laissant la place aux hypothèses et aux suppositions parfois les plus farfelues. Dès lors, l'acharnement des enquêteurs, l'opiniâtreté d'un procureur et les pressions de la famille des disparus permettent d'éviter l'oubli et le classement sans suite d'une affaire. Car rien n'est plus terrible que l'absence, rien n'est plus obsédant que l'incompréhension, rien n'est plus lourd à porter qu'un deuil en suspens.

La disparition de la famille Méchinaud, la nuit de Noël 1972, près de Boutiers, s'inscrit dans cette logique de l'énigme : des questions sans l'ombre d'une réponse et une enquête sans le moindre petit indice obsèdent, depuis quarante ans, les esprits des gendarmes, de la famille Méchinaud, de leurs amis et de l'ensemble des habitants de ce coin tranquille de la Charente.
La puissance des mots joue comme un révélateur de l'incertitude dont la presse s'est faite l'écho depuis le début du drame : « Une famille volatilisée », « Un brouillard épais a avalé la famille Méchinaud », « Quatre personnes et une voiture se sont envolées... », sans que jamais personne renonce à trouver la vérité. Parce que l'oubli est le second linceul des morts.

Une voiture dans la nuit

Le 25 décembre 1972, vers 1 heure du matin, une Simca 1100 grenat roule dans la nuit pleine de brouillard. Une fois Cognac dépassé, seules les silhouettes des arbres apparaissent dans la lumière des phares sur la départementale qui longe la Charente. Au volant, Jacques Méchinaud demeure silencieux, accaparé par la route. La maison de Boutiers n'est distante que de quatre kilomètres, et il connaît parfaitement le trajet, mais une erreur est si vite arrivée dans

La nuit de Noël 1972, la famille Méchinaud a disparu sans laisser aucune trace.

cette véritable purée de pois. À ses côtés, Pierrette, son épouse, ne peut s'empêcher de l'observer. Son silence n'obéit pas à une attention soutenue de la conduite. Une femme sent cela. Jacques se tait, miné par cette phrase insupportable que son épouse lui a assenée quelques jours plus tôt, comme un coup de rasoir dans leur vie tranquille : « Je te quitte après Noël. » À la violence de l'annonce a succédé la violence de quelques coups. Regardant dans le rétroviseur de sa vie, Jacques vit l'adultère de sa femme comme la trahison d'une confiance mêlée à une jalousie qui jaillit du plus profond de son être.
Dans la voiture qui glisse dans la campagne embrumée, un drame se joue en silence. Sans que les deux enfants du couple, Éric, sept ans, et Bruno, quatre ans, se doutent de rien, leurs pensées tendues vers les cadeaux qui les attendent au pied du sapin de Noël. Un drame englouti par le brouillard qui s'élève de la rivière.

Des gens sans histoire, les Méchinaud. Avec leurs joies et leurs petites fractures de vie. Mais qui n'en a pas ? Jacques et Pierrette se sont connus et se sont aimés. Le mariage est venu sceller leur union quand Pierrette s'est retrouvée enceinte. Un second enfant est né trois ans plus tard.
En 1969, la famille s'est installée dans une maison située à l'entrée de Boutiers, près du monument aux morts… comme une prémonition. Jacques travaille à l'usine verrière de Saint-Gobain à Châteaubernard. Un bosseur, cet homme, lisse comme une feuille de papier : il ne fume pas, ne boit pas, ne sort pas. Il consacre ses dimanches à sa famille et à réparer des voitures ou de vieilles bécanes. On peut juste lui reprocher d'être un peu sanguin et d'obliger sa femme à rester à la maison pour s'occuper des enfants et du ménage. Pierrette souffre-t-elle de cette situation de femme au foyer ? Sans doute. Boutiers est un petit village, les enfants vont désormais à l'école, les journées s'éternisent… La fée du logis s'ennuie. Elle étouffe. Un regard croisé, une sensation inhabituelle, des mots échangés… Pierrette a l'impression de revivre. La femme fidèle devient amante, maîtresse, s'ouvre à de nouveaux horizons, ne supporte plus cette existence monotone. Jusqu'à l'aveu… « Je veux refaire ma vie, Jacques. Sans toi. » Un affront insoutenable pour l'époux rejeté, élevé dans des valeurs de fidélité. Pierrette a détruit un jardin qui lui est désormais interdit. Un affront dont il ne cesse de ruminer l'iniquité. Quelques mois avant le drame, il confie à son frère :
« Si ça va pas mieux, je vais partir, et jamais vous nous retrouverez… »

Suicide collectif ou disparition accidentelle ?

Le silence est assassin. Il fourbit les armes intérieures, empêche les larmes de couler, ravive les souvenirs et refoule les mouvements du cœur. Le gel de l'aveu a chassé la chaleur de l'amour que Jacques portait à son épouse. Et la glace n'a cessé d'envelopper son être durant ce mois de décembre au cours duquel le couple se délite, jusqu'à l'instant final de la séparation, qui doit intervenir juste après les réjouissances de Noël, fête de la Nativité. L'homme la vit comme une mort annoncée. A-t-il voulu devancer celle-ci ? En a-t-il choisi le lieu et la date ? Là réside le mystère, tout au fond de lui, dans le vide qui s'est créé au creux de ses pensées.

Une détresse dont personne ne s'est rendu compte, dissimulée par l'unité de façade affichée par le couple. Rien à l'usine. Rien chez les proches, membres de la famille ou amis. Rien qui ne relève d'un changement radical, d'une volonté de destruction, d'une disparition orchestrée. Rien sur l'instant qui aurait permis d'intervenir, de soulager, d'expliquer.

Ce n'est qu'une fois que la tragédie est consommée que les petits détails futiles et fugaces ressurgissent. Des paroles prononcées : « Je me souviens, raconte Mme D., qu'un jour, à propos d'un fait divers où un homme avait tué sa femme infidèle et s'était suicidé, [Jacques] avait dit à sa femme : “Si tu me trompais, je ferai la même chose.” » Des attitudes relevées : « Une seule chose nous a étonnés : ils sont partis très tard, alors qu'ils savaient que je travaillais à 4 heures et que les enfants les pressaient de rentrer pour voir leurs jouets », explique M. F., le dernier homme à avoir vu la famille vivante. Des certitudes qui vacillent… comme un semblant d'explication.

Rue des Bruns, à Cognac, le réveillon s'éternise jusqu'à 1 heure du matin. L'heure est venue de se séparer après un après-midi passé entre amis à se promener en voiture. Il tarde aux enfants Méchinaud de rentrer pour découvrir leurs cadeaux. Le couple F. raccompagne la famille sur le pas de la porte. Le moteur de la voiture tourne doucement. Une douce chaleur a envahi l'habitacle et a fini par chasser le givre qui s'était déposé sur le pare-brise pendant la soirée. Une vraie nuit de Noël ! On se souhaite de joyeuses fêtes, en promettant de se revoir rapidement. Un geste de la main en guise d'au revoir. La Simca 1100 se fond ensuite dans la nuit ouatée de Cognac, des halos de lumière s'échappant des réverbères comme dans un décor de film d'horreur. Jacques Méchinaud fixe intensément la ligne blanche de la route. Sa femme l'a dépassée, cette ligne blanche, par son inconduite. Leur destin scellé par le mariage ne se brisera pas, dans la vie… comme dans la mort.

Vaines recherches

Une façade austère en bordure de route. Deux fenêtres fermées par des volets vert d'eau. Un portail d'entrée en fer blanc qui donne accès au devant de la bâtisse. C'est ainsi que se présente la maison de la famille Méchinaud à Boutiers, au numéro 14 de la rue Saint-Trojan. Une demeure figée dans l'attente d'un retour prévu que les gendarmes, prévenus dix jours après le réveillon de Noël par un proche, découvrent dans son jus. Comme si le temps s'était arrêté sans jamais perdre l'espoir de repartir. Comme si la vie avait soudain basculé en laissant le décor vierge. Nulle trace d'abandon précipité, d'effraction ou de drame familial. Une maison bien rangée où trône, dans la pièce principale, un sapin de Noël décoré avec à son pied des cadeaux. Un carnet de chèques est posé en évidence sur la table. Dans la cuisine, le réfrigérateur contient la dinde intacte du repas de Noël et une bourriche d'huîtres. Tous les vêtements sont rangés dans l'armoire. Des indices qui laissent penser aux gendarmes que les Méchinaud ne sont jamais parvenus à leur domicile après le réveillon.

Une hypothèse surgit aussitôt : celle d'une perte de contrôle, à cause du manque de visibilité, de la Simca 1100, qui aurait plongé dans les eaux glacées de la Charente. Alors on fait appel à un hélicoptère, qui survole le fleuve depuis Cognac jusqu'à Boutiers pour tenter d'apercevoir le véhicule immergé. En vain ! Les pompiers de Jarnac et de Cognac prennent le relais et fouillent à leur tour la Charente et les mares alentour. Rien ! Les investigations se poursuivent auprès de la famille et du voisinage. Une information n'échappe pas aux gendarmes, élargissant le cercle des hypothèses. Le couple était en instance de séparation, et celle-ci était très mal acceptée par l'époux.

Jacques Méchinaud n'aurait-il pas organisé un suicide collectif ? À moins que toute la famille ait choisi de disparaître pour refaire sa vie ailleurs… Avec le temps, la rumeur évoquera un départ en Australie.

Durant les premiers mois de l'enquête, *La Charente libre*, sous la plume de son journaliste Paul Boujut, fait vivre ce fait divers hors du commun avec des titres qui sont comme une interrogation au néant : « Vaines recherches dans le Cognaçais pour retrouver la famille disparue depuis plus de trois semaines » ; « Cognac : aucune trace de la famille disparue le jour de Noël » ; « Les disparus de Cognac : toujours rien » ; « La disparition de Cognac : le mystère reste entier ». Au sein de la population s'échafaudent les plus folles rumeurs, alimentées par des renseignements fantaisistes émanant de radiesthésistes sûrs de leurs informations. Même les ufologues viendront ajouter leur grain de sel.

L'hypothèse de l'accident ou celle du suicide étant les plus probables, les recherches continuent. La Charente est draguée en plusieurs points, tandis que les carrières, où il existe de véritables siphons, sont sondées. Toujours rien ! Pas un élément ne permet d'ouvrir une piste et d'arriver à une conclusion.

Puis, au fur et à mesure que le temps s'écoule, l'affaire disparaît de la une des journaux, ne revenant qu'à l'occasion des anniversaires de la disparition du couple et de ses bambins. La maison aux volets verts a été relouée. Les meubles et affaires de la famille Méchinaud ont été enlevés. La vie a continué. Pourtant, chacun, à Boutiers ou au sein de la famille des disparus, garde en tête la même interrogation : que s'est-il passé en cette nuit de Noël 1972 ?
Les gendarmes n'ont pas refermé le dossier. Ils espèrent qu'un jour un nouvel élément leur permettra de découvrir une piste.

Rien… toujours rien !

« Le mystère plane toujours autour des "disparus de Boutiers" », titre *La Charente libre* le 25 décembre 2002. Trente ans après la disparition, l'affaire Méchinaud hante encore les mémoires. Les enfants auraient respectivement trente-sept et trente-quatre ans ; leurs parents, soixante et un et cinquante-neuf ans. Les registres de décès n'ont pas enregistré leurs noms. Ils restent toujours, aux yeux de l'administration, des « absents »… que l'on attend !

Chronologie

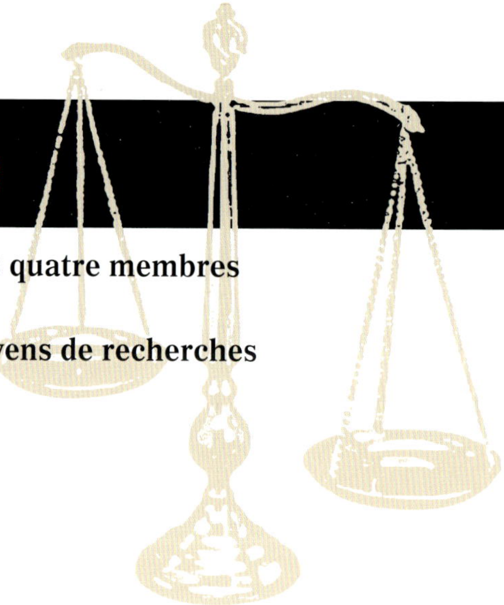

- 25 décembre 1972 : disparition des quatre membres de la famille Méchinaud.

- Novembre 2011 : de nouveaux moyens de recherches sont mis en place, en vain !

Trente années de mystère que la télévision et la radio vont relayer à travers plusieurs émissions, avec le même sentiment d'incompréhension et d'impuissance.

Novembre 2011. L'affaire des disparus de Boutiers est prescrite depuis vingt-neuf ans, mais la justice ne désarme pas. De nouveaux moyens de détection peuvent permettre de sonder des zones qui ne pouvaient l'être à l'époque. L'espoir, même infime, renaît chez les Méchinaud, qui n'ont jamais pu faire leur deuil. Ils ont été écoutés par le procureur de la République Nicolas Jacquet, lequel est convaincu d'avoir entre les mains une affaire hors norme. Durant les derniers jours du mois de novembre, plongeurs et spéléologues, équipés de radars terrestres et subaquatiques ultrasophistiqués, sondent la Charente, les carrières de Saint-Même-les-Carières ainsi qu'une maison abandonnée. Rien, absolument rien… Une fois de plus ! Et comme on jette une bouteille à la mer, la gendarmerie met en place une adresse mail (bta.cognac@gendarmerie.interieur.gouv.fr) pour recueillir des témoignages et des informations.
Au numéro 14 de la rue Saint-Trojan, la maison aux volets verts espère toujours que, un jour…

Affaire John Basil Cartland, Pélissanne, 18 mars 1973

L'énigme de Pélissanne

DES CHIENS ABOIENT DANS LA NUIT, le mistral arrache les derniers nuages accrochés à un ciel éclaboussé par le halo d'une lune pleine et généreuse. Une belle nuit de fin d'hiver en Provence…

Il est 1 h 10 du matin quand le patron du dancing *Le Gallion* appelle la gendarmerie de Salon-de-Provence. Cette fois, ce n'est pas pour une bagarre d'ivrognes ou de jeunes hippies qui auraient un peu trop fumé de cette herbe à la mode. Une amie vient de le prévenir qu'un homme est blessé et qu'une caravane brûle sur la route de La Barben, tout près de Pélissanne.

Quand vient la nuit, on assassine en Provence…

Et pour tout dire, on assassine des Anglais, de préférence ceux qui arrêtent leur Hillman tractant une caravane en bord de route pour se reposer un peu.

Vingt minutes après l'appel téléphonique, gendarmes et pompiers sont sur les lieux. Commence alors une affaire qui n'est pas sans en rappeler une autre, vieille de vingt ans, mais dans toutes les mémoires des gens d'ici, dont beaucoup voient d'un mauvais œil ce film qui vient de sortir avec un Gabin prodigieux en Gaston Dominici, mais qui ne sera jamais le patriarche de Lurs.

Drôle d'endroit pour camper, une sorte de terrain vague envahi de « bordilles ». Déjà beaucoup de monde qui piétine autour d'une caravane en proie au feu, que les pompiers éteignent rapidement. Un trio de jeunes Beaucairois explique au maréchal des logis qu'un homme est parti à l'hôpital, qu'il paraissait blessé et qu'il parlait avec un accent anglais. « Un deuxième Anglais doit être dans les parages. » Celui-ci est retrouvé dix minutes plus tard, couché dans la garrigue, le crâne fendu. Mort. La lueur crue des torches éclaire avec indécence une plaie sanglante au col qui enlève toute équivoque : l'homme a été assassiné !

On ne dort pas beaucoup dans la nuit du 18 au 19 mars 1973 chez les gendarmes. Il s'agit de ne pas reproduire les erreurs des premières investigations opérées à « la Grand-Terre » la nuit du 4 au 5 août 1952. D'autant plus que les papiers trouvés dans la voiture révèlent l'identité des voyageurs : John Basil Cartland, soixante ans, sujet de Sa Très Gracieuse Majesté Élisabeth II, directeur d'école et ancien membre de l'*Intelligence Service*[1], et son fils, Jeremy Bryan, vingt-neuf ans, professeur. Le super adjudant de Salon Yves S., le meilleur dit-on à la police judiciaire, est responsable des premières recherches, lesquelles sont difficiles dans ce terrain sale qui s'apparente plus à un dépôt d'ordures qu'à un camping trois étoiles. Tout autour de ce maigre bosquet inhospitalier, ce ne sont que vergers, collines de pins, rochers sauvages entre lesquels poussent courageusement le thym et la farigoulette. Les Anglais se sont arrêtés dans un dépotoir d'immondices situé à côté de petits bouts de paradis…

L'homme blessé

Claude D., attaché de presse chez Ricard à Marseille, revient de Montpellier et emprunte la route de Pélissanne, impatient de rentrer chez lui après sa journée de travail. Il a bien vu une lueur au loin, du côté de La Barben, et pense à quelques feux de broussailles :
« Je m'approchais, croyant à un feu de garrigue, mais j'entends des gémissements poussés par un homme gisant à terre. Il me dit que son père avait été assassiné, je grimpai alors sur le talus et je vis la caravane en flammes. À la lueur de cet incendie, j'aperçus le cadavre du père allongé dans le fourré. Comprenant que je ne pouvais plus rien pour lui, je retournai vers le fils, qui eut la force de me dire : "J'ai surpris quelqu'un en train de fouiller les bagages, je me suis approché et j'ai reçu un violent coup de matraque sur la tête. Après, je ne me souviens plus de rien… Je pense qu'ils ont attaqué mon père après moi." »
D'autres automobilistes s'arrêtent. La conductrice d'une Renault 4L, d'abord. Claude lui demande de prévenir les gendarmes. Elle s'arrêtera au *Gallion*, à Pélissanne. Trois Beaucairois en goguette arrivent ensuite à bord d'une seconde 4L. Claude D., avec sang-froid, prend la tête des opérations. Il faut éloigner la voiture du brasier. La porte avant droite n'est heureusement pas verrouillée, mais le volant est bloqué. L'homme blessé tend les clés. Soudain, les pneus éclatent. Il

[1] Service de renseignements et d'espionnage qui a pour but de protéger le Royaume-Uni de toute attaque extérieure au pays.

faut faire vite… La voiture sera déplacée *in extremis* d'une vingtaine de mètres. « J'ai très mal », insiste l'inconnu. Claude D. l'installe alors dans sa 2 CV, direction l'hôpital de Salon.

Retour sur les lieux du drame

Sur la route, la 2 CV croise les gendarmes, mais l'homme blessé supplie Claude D. de continuer jusqu'aux urgences. Les militaires sont nombreux sur les lieux du crime et s'intéressent à tous les détails. Bizarrement, ils trouvent dans la Hillman deux valises intactes. L'argent n'a pas été volé, les affaires n'ont pas été fouillées. Une bonbonne contenant un peu de carburant reste sur le tapis. On apprendra plus tard que M. D. l'avait écartée d'un coup de pied alors qu'elle se trouvait près de la caravane pour éviter une explosion. Les enquêteurs notent que les portes sont verrouillées, sauf celle du conducteur. Les barillets n'ont pas été fracturés.

D'autres gendarmes ratissent les environs. La tâche n'est pas facile, mais leur persévérance est récompensée lorsqu'ils découvrent les armes ayant vraisemblablement servi au crime : un couteau à la lame maculée de sang et une hache de marque anglaise cachée sous des pierres à quelque soixante-dix mètres du cadavre de John Cartland. Une enveloppe de coussin tachée de rouge et lestée d'un moellon est retrouvée dissimulée à une vingtaine de mètres du corps de la victime. Déjà, le sang coagulé sur son crâne forme une croûte. Son pantalon de pyjama à fleurs, en accordéon sur ses jambes, laisse apparaître ses fesses nues. Sa main gauche a laissé s'échapper un mouchoir ensanglanté.

Le juge, le commissaire et le blessé

« Cette affaire sera réglée en quarante-huit heures ou en trois jours au plus », déclare imprudemment le juge d'instruction D. Sans doute pense-t-il à son confrère de Bruay-en-Artois, dessaisi du dossier de l'affaire Dewèvre sur décision de la Cour de cassation au bout de trois mois d'instruction[1]. L'enquête sur le meurtre de Brigitte en avril 1972 occupe toujours les unes des journaux. Sans doute songe-t-il aussi à l'assassinat, en 1952, de la famille Drummond devant la ferme des Dominici et aux multiples rebondissements de cette affaire. « Monsieur Cartland a été interrogé en qualité de témoin. Un point, c'est tout ! » certifie le commissaire Grégoire K., chef de l'antenne du

[1] Voir le chapitre intitulé « Le notaire et le petit juge ».

service régional de police judiciaire à Aix-en-Provence, qui a passé cinq heures avec Jeremy la veille de sa sortie de l'hôpital.

On en sait désormais un peu plus sur le trajet qui a conduit le père et le fils, un soir de fin d'hiver, près de Pélissanne. Les deux hommes ont quitté l'Angleterre le 12 mars 1973 pour se rendre en Espagne chercher une caravane achetée deux ans plus tôt. Le 18 mars, ils sont repartis pour la France, en direction d'Arles, où ils sont arrivés dans l'après-midi. De là, ils se sont dirigés vers Jouques, près d'Aix, pour rencontrer un ami agent immobilier à qu'ils voulaient confier la vente d'un terrain leur appartenant. Lorsqu'ils sont parvenus à Pélissanne, alors qu'il était environ 17 h 30 et qu'il ne restait qu'une cinquantaine de kilomètres à parcourir, les deux hommes ont curieusement décidé de s'arrêter et de dételer la caravane sur un terrain ingrat. S'est ensuivi un repas frugal. Jeremy se rappellera avoir alimenté le réchaud à pétrole pour combattre le froid de la nuit... Les voyageurs se sont endormis. Des bruits de voix ont réveillé le fils Cartland en sursaut. Il a averti son père et est sorti. Dehors, il a aperçu un inconnu assis sur le siège avant de la Hillman, la jambe gauche à l'extérieur. Il précisera que la lumière du plafonnier était allumée. Visiblement, l'homme était en train de voler la voiture. Il n'a pas eu le temps de crier, puisqu'il a reçu un violent coup sur la tête. Quand il a repris ses esprits, la caravane était en feu. Il a cherché désespérément son père et, ne le trouvant pas, s'est approché de la route. Ce n'est qu'à ce moment-là qu'il s'est aperçu qu'il était blessé et qu'il saignait... Une 2 CV a ralenti. La suite, on la connaît par les témoignages des premières personnes arrivées sur les lieux.

Thèses, hypothèses et antithèses

L'histoire est ainsi très simple : des rôdeurs auraient été surpris alors qu'ils tentaient de voler la Hillman, ils auraient assommé le fils, assassiné le père et mis le feu à la caravane, puis se seraient enfuis dans la nature en prenant soin d'éparpiller les armes du crime dans le terrain vague.

Journalistes et policiers se posent quand même quelques questions. Des invraisemblances entachent ce scénario, et la presse ne tarde pas à en faire état. Pourquoi les Cartland se sont-ils arrêtés dans ce champ d'épandage alors que tout autour la nature est accueillante et qu'il faisait encore jour quand ils ont décidé de ne pas poursuivre leur route ? Pourquoi les rôdeurs n'ont-ils pas volé l'argent dans la voiture ? Après avoir tué le père et assommé le fils, ils avaient tout le temps nécessaire pour fouiller le véhicule. À quoi leur servait-il de mettre le feu à la caravane ? Pourquoi ont-ils disséminé les armes du crime à quelque soixante-dix mètres à la ronde ? Pourquoi Jeremy, dérangé brutalement dans son sommeil, a-t-il pris soin de prendre les clés de la voiture ? Pourquoi une hache était-elle cachée dans le coffre de la caravane ? John a été sauvagement massacré ; son fils, très légèrement blessé : pourquoi une telle différence de traitement ? Quand le commissaire K. s'étonne que son crâne n'ait pas gardé de trace du «coup violent» qui l'aurait mis *K.-O.*, Jeremy rectifie : «J'ai reçu un direct à la mâchoire qui m'a fait voir trente-six chandelles.» Pourquoi alors a-t-il dit à Claude D. : «J'ai reçu deux coups de couteau» ? En fait de blessures, l'infirmière parlera de «justes quelques égratignures». Les enquêteurs s'interrogent aussi sur le système de verrouillage des portes, incompatible avec les affirmations de Jeremy. *Idem* pour le plafonnier, qui n'aurait pas dû s'allumer, puisque le bouton était sur la position neutre, d'après les premiers témoins.

Bien des questions, bien des suppositions, et bien des rumeurs... On raconte que le père aimait s'entourer de jeunes garçons – et s'il s'agissait d'un rendez-vous qui aurait mal tourné ? –, qu'il était un tantinet radin, que Jeremy et lui se seraient disputés le soir du drame... D'autres témoignages arrivent qui affirment au contraire que père et fils s'entendaient merveilleusement bien, que leur complicité faisait plaisir à voir...

L'enquête ne fait que commencer, alors que Jeremy, trois jours après son agression, s'apprête à sortir de l'hôpital.

Le Viking !

Une trentaine de reporters photographes piétinent devant l'hôpital de Salon. L'affaire, qui devait être bouclée en quarante-huit heures, prend des proportions médiatiques inattendues du fait de la nationalité des victimes, du flou qui entoure les faits et, sans doute, de la ressemblance dans les circonstances avec le drame de Lurs.

Le voilà ! Il est 14 h 15. «On dirait un Viking», lâche un journaliste. Un crépitement de flashes couvre sa voix. L'homme est en effet grand, sportif, il a les yeux bleus et les cheveux roux et frisés. Il porte un sac contenant probablement quelques affaires personnelles et des livres. Il marche sans difficulté, encadré par deux policiers. Mais l'extrême pâleur de son visage dévoile des traces de griffures. Non sans mal, Jeremy se fraye un chemin parmi les photographes, qui veulent tous immortaliser l'instant, sans trop savoir si la pellicule révélera le portrait d'une victime ou celui d'un l'assassin. C'est en qualité de témoin numéro un qu'il s'engouffre dans une Simca 1100, direction la gendarmerie. Il y restera deux heures, avant d'être invité au service régional de police judiciaire de Marseille.

Deux valent mieux qu'un

En haut lieu, on commence à s'inquiéter de cette affaire qui risque de perturber les relations franco-britanniques. Raymond Marcellin, ministre de l'Intérieur, espère une issue rapide et le fait savoir. Un autre commissaire entre en jeu pour assister K. dans ce qui ne doit être qu'une simple audition, mais dont on attend des éclaircissements sur toutes les zones d'ombre qu'ont révélées les premiers jours d'enquête. G., chef de la « Crim' », est un homme au physique de rugbyman auréolé de la croix de guerre et de la Légion d'honneur, lesquelles sont venues récompenser son courage et sa droiture. Les deux hommes se sont mis d'accord pour « cuisiner » le jeune professeur et souhaitent des explications précises sur des points précis. La « réunion » commence à 17 heures. Dès le premier regard, Jeremy comprend que G. a pris le rôle du méchant. D'emblée, il sait qu'il devra s'en méfier, que la partie sera dure. Tel un serpent, le commissaire capte le regard de l'Anglais, le retient, l'amadoue, pour mieux viser ce dernier et l'atteindre froidement par des questions pièges. L'interprète présente n'a pas besoin d'intervenir, Jeremy parlant presque parfaitement le français.

Les heures passent, et rien d'essentiel n'est dit, comme si les deux commissaires voulaient affaiblir leur proie. Il se fait tard. Un soupçon fugitif de fatigue assombrit le regard du témoin. Le moment est venu, la joute verbale peut commencer. Les questions pleuvent, rapides, acérées. Les réponses de Jeremy sont brèves, avec de nombreux « Je ne l'explique pas » sur les incohérences de ses premiers témoignages.
« Que pensez-vous de la dissimulation volontaire de la hache ?
– Je ne me l'explique pas non plus. »
La voix se fait moins sûre. La lassitude, sans doute. C'est l'opportunité que saisit le policier pour mettre la hache sur la table, à proximité du visage de Jeremy. Un vrai travail d'orfèvre dans la mise en scène. Paul-Claude Innocenzi, chroniqueur judiciaire, raconte la scène dans son livre *L'Énigme de Pélissanne* :
« On lui tend l'arme. Il s'en saisit. Son masque de pierre ne bouge pas d'une ligne. Jeremy est maintenant blanc comme la craie. Un déclic, quelque chose s'est produit. Le chef de la Criminelle a flairé

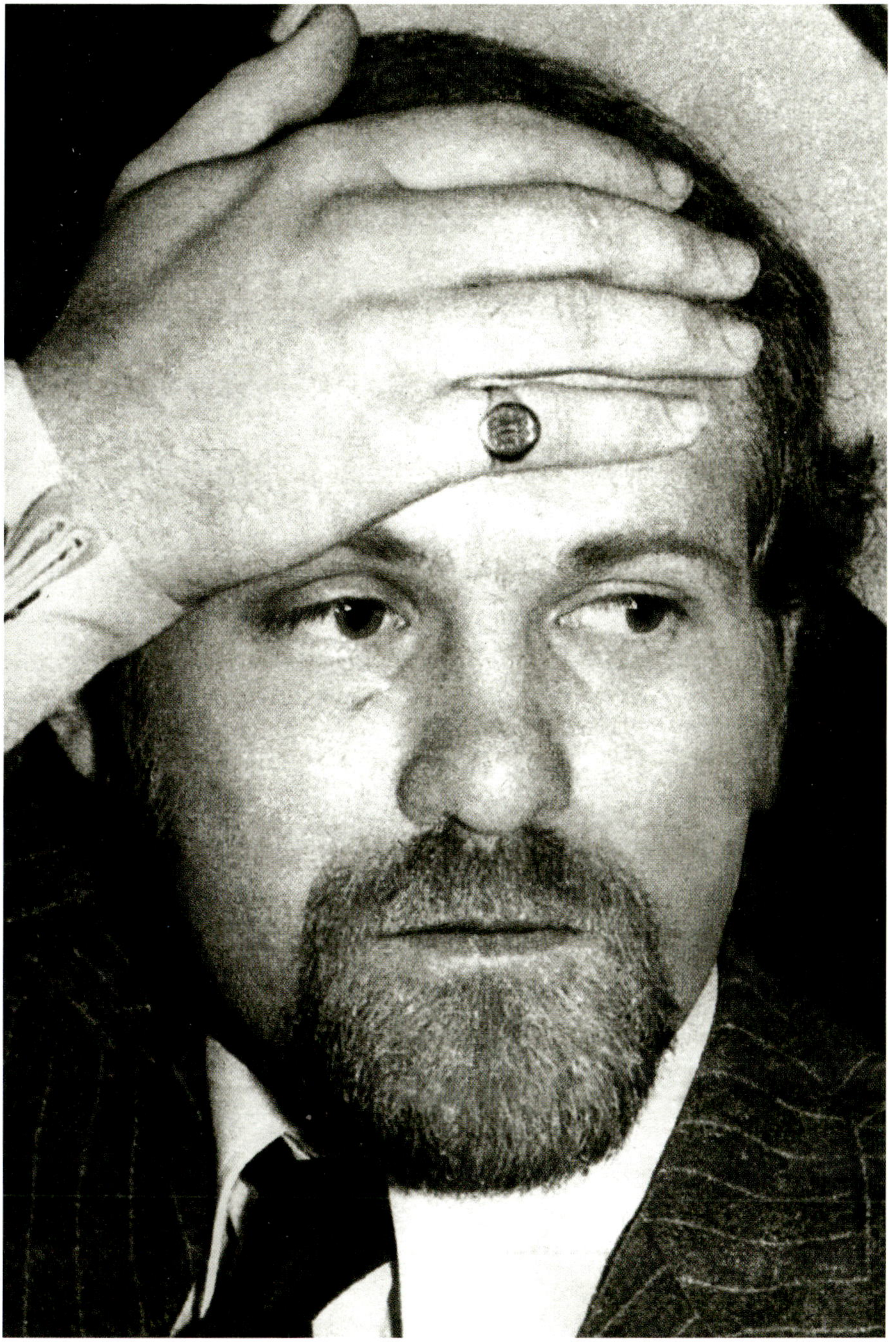

Jeremy Cartland ne cesse d'affirmer son innocence et sa détermination à retrouver les assassins de son père.

cet “événement intérieur”. Il pose sur le poignet du jeune homme une main amicale, presque fraternelle. Jeremy n’en croit pas ses yeux. Aurait-il mal jugé ce policier ? “Cent vingt”, annonce alors le commissaire d’une voix doucereuse. Un petit sifflement de surprise et d’admiration monte quelque part dans l’assistance. Le malin vient de lui prendre le pouls… “Quel salaud !” fulmine intérieurement Jeremy. »

Mais le jeune professeur perd pied, il a peur, il sent le piège qui se referme sur lui. S’il est innocent, on partage son désarroi ; s’il est coupable, on comprend son inquiétude… Tout va basculer ! Le temps s’est arrêté, comme suspendu aux lèvres de l’Anglais :

« Je ne sais pas, je ne sais plus », murmure-t-il.

C’est alors que la tension retombe d’un coup. Le temps reprend ses droits. Quand l’interprète pose une question anodine, Jeremy se ressaisit. C’est fini, il est minuit.

D’après un policier cité par Innocenzi, « il faut faire un interrogatoire comme on fait l’amour. On sent monter l’aveu comme on sent venir l’orgasme. » Cette fois-ci, pour la jouissance, il faudra attendre !

L’évasion juridique

« Je veux tout d’abord rendre hommage aux autorités françaises pour les égards avec lesquels elles m’ont traité. J’affirme que je suis innocent. Je ferai tout ce qui est en mon pouvoir pour aider la justice française, à laquelle je fais toute confiance pour découvrir l’assassin de mon père. C’est la raison pour laquelle j’ai décidé de me constituer immédiatement partie civile. »

Cette déclaration de Jeremy Cartland va changer complètement la donne. Les cartes sont redistribuées, et cette fois, l’Anglais n’a pas un mauvais jeu. Il n’a plus à répondre aux questions du juge D. sans convocation. Il ira accompagné de ses avocats, et il a choisi les meilleurs, notamment Me Lombard, l’avocat des stars. Il affiche une belle mine, le Viking. Décontracté et entouré d’une cohorte de journalistes anglais, il donne des interviews. Outre-Manche, les méthodes françaises sont largement critiquées.

« Il est libre de ses mouvements », a déclaré le service régional de police judiciaire. Aussi, c’est détendu que Jeremy repart en Angleterre le 24 mars en compagnie de sa sœur, la ravissante Élisabeth. Le 28, il a rendez-vous dans le cabinet du juge d’instruction, M. D. Celui-ci veut des détails sur l’expédition des Cartland. Le 2 avril, confrontation avec les témoins. On reparle de ce jerrican poussé du pied par

Jeremy Cartland, entouré de ses avocats - notamment Me Lombard, l'avocat des stars, assis à sa droite - et de sa sœur, Élisabeth, prépare sa défense.

le premier témoin et retrouvé dans la voiture. Le 4, nouvelle audition de Jeremy, avec toujours la même antienne :
« Je suis innocent. »
Pourtant, l'enquête avance, et deux nouveaux éléments mettent à mal cette affirmation. D'abord, on trouve sur le pantalon de pyjama du père des taches de sang du même groupe que le fils. Ensuite, on constate que le fond du bidon avec lequel Jeremy affirme avoir

alimenté le réchaud ne contient pas de pétrole, mais un mélange explosif qui ne peut en aucun cas servir de combustible et aurait pu être utilisé pour alimenter le feu qui a détruit la caravane.

Le juge D., proche de la retraite, commence à voir le bout du tunnel dans cette affaire qui sera certainement la plus médiatisée de sa carrière. Le 25 avril, c'est pendant plus de sept heures qu'il auditionne Jeremy, accompagné de ses avocats et de sa sœur. Malgré sa décontraction apparente, l'homme n'est pas content et le fait savoir aux journalistes :
« La police française insiste pour que je revienne, mais je pense que c'est une perte de temps. Je suis certain que la police française croit toujours que je suis responsable du meurtre, mais c'est stupide ! »
Encore une fois, Jeremy Cartland s'envole pour l'Angleterre, sourire aux lèvres, alors que la justice hexagonale attend la reconstitution prévue le 17 mai pour abattre ses cartes.

Une reconstitution capitale

Depuis la veille, on s'interroge : et s'il ne venait pas ? Les supputations vont bon train. N'a-t-il pas promis d'aider la justice française ? Oui, mais n'a-t-il pas confié au *Daily Mirror* à son retour de France : « Ils ont essayé de me posséder » ? On sait qu'il a retenu une chambre à l'hôtel *Le Riviera*, où il a ses habitudes. Il viendra sans doute.
Le jour J, on apprend qu'il a réservé une place dans l'avion. Il viendra, c'est sûr. À 10 heures, les avocats de Jeremy, accompagnés d'Élisabeth, entrent dans le bureau du juge D. Ils sont porteurs d'une demande de report de la reconstitution, laquelle demande est refusée par le juge. C'est le clash ! Les avocats n'iront pas à Pélissanne en l'absence de leur client.

Dès le début de l'après-midi, il est impossible à tous ceux qui ne portent pas de képis ou n'ont pas de carte de presse d'atteindre le lieu du crime. À 15 heures, tous les témoins sont là. La Hillman est en place, et une caravane louée remplace celle des Cartland. Une drôle de reconstitution commence en l'absence du témoin numéro un, qui fait figure depuis les premiers jours de suspect numéro un. Le juge D. questionne, écoute, mais le cœur n'y est pas. Les journalistes parqués quelque deux cents mètres plus loin tendent le cou et tentent de saisir quelques bribes de conversation amenées par le vent. En vain ! Soudain, le procureur M., le substitut, le juge et le

Une drôle de reconstitution, sans le témoin numéro un. Le juge D., au premier plan sur la photographie, a refusé le report demandé par Jeremy Cartland.

greffier s'isolent dans la caravane. Les journalistes ont conscience que l'heure des décisions est venue. À l'affût du moindre mouvement, ils attendent. Pas longtemps. Le procureur sort, un papier à la main. C'est la ruée ! Les fauves sont lâchés.

Le voile noir du parricide

« À l'issue de cette reconstitution, le magistrat instructeur a décidé d'inculper Jeremy Cartland de parricide et de décerner un mandat d'arrêt à son encontre. »
Monsieur M. vient de lancer une bombe ! Les journalistes anglais sont éberlués. Ils ne comprennent rien ou refusent de comprendre. Comment la justice française peut-elle accuser un sujet de Sa Très Gracieuse Majesté du pire des crimes, le parricide ? Et sans la moindre preuve ! L'agacement du juge en raison de l'absence de Jeremy aurait-il été suffisant pour motiver une telle accusation ? Personne n'y croit. André D. a une sérieuse réputation de juge compétent, travailleur et méthodique. Il est à la veille de sa retraite, et il est impensable que sa

Chronologie

- **12 mars 1973 : John Basil Cartland et son fils, Jeremy Bryan, embarquent à Southampton, destination Le Havre.**
- **14 mars : les deux hommes franchissent la frontière franco-espagnole au Perthus.**
- **15 mars : ils arrivent à Denia, où ils récupèrent une caravane.**
- **17 mars : retour en France.**
- **18 mars : John est retrouvé mort dans la garrigue près de Pélissanne.**
- **25 avril : Jeremy est auditionné pendant six heures. Aucune charge n'étant retenue contre lui, il repart en Angleterre.**
- **17 mai : reconstitution, à laquelle le fils Cartland ne participe pas. Le procureur l'inculpe de parricide et lance un mandat d'arrêt à son encontre. Jeremy n'est pas extradé, et la justice anglaise le déclare innocent.**

décision ne soit pas calculée, réfléchie et conforme à ses convictions. Surtout compte tenu de la pression diplomatique, qu'il ne peut ignorer. Jeremy réagit avec violence par journaux interposés :
« Je suis étonné de la tournure grossière qu'ont prise les événements et de la délivrance d'un mandat d'arrêt me concernant… Je dis encore une fois que je suis innocent d'une telle accusation. »

Toute sa famille se mobilise contre la justice française, ainsi qu'une partie de la presse. Personne ne peut prévoir la suite de l'affaire. La guerre judiciaire sera-t-elle déclarée ?

La guerre n'aura pas lieu

« Tout sujet de la couronne soupçonné d'avoir commis un crime à l'intérieur ou à l'extérieur du Royaume-Uni est justiciable des tribunaux britanniques », rappelle un hebdomadaire anglais en se référant à une convention signée entre la France et l'Angleterre le 14 août 1876. Cependant, en droit, les choses ne sont jamais aussi simples. La procédure se révèle extrêmement complexe. Georges Pompidou, président de la République française, et Edward Heath,

Premier Ministre anglais, s'entretiennent de cette affaire qui empoisonne les relations franco-britanniques. Et malgré les convictions du juge D., la justice française se dessaisit du dossier. La justice anglaise reprend l'enquête à zéro. En l'absence de preuves matérielles et de mobile, Jeremy Cartland est déclaré innocent. C'est un homme vieilli qui accueille le verdict. Ces derniers mois, ses cheveux et sa barbe ont blanchi…

Connaîtra-t-on un jour la vérité
sur ce meurtre barbare perpétré
à huis clos, une nuit de pleine lune,
sur la route de Pélissanne ?

Affaire Portal, Saint-Nauphary, 11 janvier 1975

Le drame de la Fumade

Fort Chabrol en Tarn-et-Garonne

UNE HEURE QUINZE, ce 11 janvier 1975. La terre tremble au domaine de la Fumade, sur la commune de Saint-Nauphary. Les gendarmes, accompagnés de douze hommes du groupe d'intervention de Mont-de-Marsan, surentraînés pour des opérations commandos et tous tireurs d'élite, s'apprêtent, mitraillettes et grenades au poing, à investir la vieille gentilhommière, qui n'en finit pas de se délabrer. Soixante-dix hommes en tout, protégés par des gilets pare-balles, s'approchent du château endormi. L'affaire est donc si grave ? S'agit-il d'un repaire de dangereux criminels ? D'autonomistes dangereux aux mains souillées de sang ? Le danger est donc si grand dans cette demeure isolée située à une dizaine de kilomètres de Montauban ?

Soudain, une explosion déchire la nuit. La porte saute sous une charge de plastic. En criant et en jetant des grenades offensives, les gendarmes investissent les lieux. Au premier étage, une femme en chemise de nuit, l'air hagard, est arrêtée, et une jeune fille sort de son lit en appelant son frère au secours. Très vite, des coups de feu, et le jeune homme tombe à terre, trois balles dans l'abdomen. Il mourra à l'hôpital quelques heures plus tard.
Pourquoi ce « fort Chabrol » digne des pires films de Far West dans ce vieux château habité par deux femmes et un jeune homme de vingt-deux ans ?

Depuis la mort de leur père,
dont le cercueil plombé trône
dans la salle à manger,
Marie-Agnès et Jean-Louis protègent
la propriété des "agresseurs".

L’affaire Portal

L’affaire Portal, c’est un nombre impressionnant de procédures, des centaines de kilos de dossiers, un fatras de décisions de justice, avec en plus des notaires véreux, des testaments perdus puis retrouvés. C’est surtout une famille : le père, Léonce ; la mère, farouchement déterminée à sauver le domaine ; et deux enfants, profondément et viscéralement attachés à la Fumade. L’un d’eux en est mort ! Après le drame, Bertrand de Jouvenel écrit :
« L’affaire Portal comporte comme chacun sait un mort. Certains disent un meurtre. Elle comporte aussi en cinquante ans un nombre incroyable d’erreurs, de fautes, de manœuvres louches, d’agissements suspects, de décisions absurdes. »

Il n’est pas possible de démêler en quelques pages l’extraordinaire imbroglio judiciaire qui a poursuivi la famille Portal depuis le testament déposé le 5 juillet 1892 par le baron William de Portal, qui lègue à François et Léonce, ses deux petits-neveux, le domaine de la Fumade et une maison sise rue Gambetta à Montauban.
Quelques dates probantes peuvent toutefois nous éclairer sur le pourquoi et le comment de l’assaut du 11 janvier 1975.
François meurt sans héritier. Restent Léonce et le baron. Le testament est modifié en 1925 et transformé en rente viagère. Le baron William de Portal s’éteint en 1931. Reste Léonce.

Pour protéger sa femme, Élisa Gauthier, Léonce lui fait une vente fictive de la propriété en 1934. La même année, Élisa désigne son mari comme son légataire universel. Tout est clair, tout est limpide, jusqu’au décès d’Élisa en 1948. Sa famille fait valoir ses droits sur le domaine en vertu de la vente réalisée en 1934. Le pauvre Léonce se trouve en fâcheuse position, car, par un concours de circonstances des plus surprenants, l’acte par lequel Mme de Portal a désigné son mari comme légataire universel a disparu de l’étude du notaire, en qui Léonce a pourtant une entière confiance. Il lui signe d’ailleurs aveuglément une procuration en blanc pour s’éviter des tracasseries successorales et des déplacements inutiles. Ce même notaire est inculpé d’abus de blanc-seing et prend la fuite en Espagne, laissant Léonce face à un nombre important de reconnaissances de dettes qu’il ne reconnaît pas, et pour cause. Le document perdu réapparaîtra miraculeusement en 1965, mais entre-temps, de procès en procès, sa fortune va fondre comme neige au soleil.

La Fumade

En juin 1950, Léonce épouse en secondes noces Anna Niepokrelwiska, de quarante ans sa cadette. Ils auront deux enfants, Marie-Agnès, née en 1951, et Jean-Louis, né en 1952. La famille vit en autarcie. « Le bonheur est dans le pré », affirme Paul Fort. Les photos de la famille Portal attestent cette tranquille félicité, une certaine

Bien que quarante ans les séparent, Léonce de Portal et sa seconde épouse, Anna, forment un couple heureux qui a choisi de vivre en autarcie.

insouciance malgré les tracasseries administratives et judiciaires. « Le bonheur est dans le pré, cours-y vite, cours-y vite, saute par-dessus la haie, cours-y vite ! il a filé ! » Il a filé, le bonheur, à mesure que l'étau se resserrait.

Depuis 1963, Léonce est atteint d'hémiplégie. Anna la courageuse se bat toute seule. Au marché de Montauban, elle vend quelques œufs et légumes pour assurer une subsistance précaire. Les Portal sont harcelés de toutes parts, c'est l'hallali. Les enfants grandissent à l'ombre de cette faillite organisée. La famille s'accroche à la propriété. Seule contre tous, elle résiste, se débat, multipliant les plaintes et les interventions, s'enfonçant chaque jour davantage dans une situation inextricable et sans issue.

Différents, les Portal le sont sûrement. Mais leur attachement ancestral à cette terre où seuls les deux enfants sont nés et au blason familial qui trône au-dessus de la cheminée – « *Armet nos ultio regnum* » – oblige au respect, alors que cette fin de XXe siècle encourage l'éphémère, le superficiel, le clinquant.

Les créanciers se pressent, des hypothèques sont prises. Dès le début des années 1960, la situation financière de la famille Portal est alarmante. Léonce dépose une plainte en 1967 pour contester huit actes de reconnaissances de dettes passés chez son nouveau notaire. L'enquête confirmera ses soupçons. Il est prouvé que le notaire jouait illégalement au banquier et avait souscrit plus d'une centaine de reconnaissances de dettes. Il sera suspendu pour sept ans et condamné à trois ans de détention. On peut reprocher à Léonce d'être trop confiant, de ne pas être un gestionnaire méticuleux, mais reconnaissons qu'il a accumulé depuis des décennies un nombre effarant de difficultés dues à la malhonnêteté ou à la simple négligence d'hommes censés représenter la loi.

Le début de la fin

La situation empire. En juin 1972, le domaine est cédé aux enchères pour 400 000 francs, bien en dessous des estimations les plus pessimistes, assurent certains. 180 000 francs pour la gentilhommière du XVIIe siècle à retaper sûrement et 220 000 francs pour cent cinquante-sept hectares de bonnes terres situées à une dizaine de kilomètres de Montauban. L'expulsion des Portal est ordonnée dans la foulée. Mais la famille résiste, des insultes pleuvent. Anna est condamnée à quatre mois de prison par le tribunal de Montauban.

Marie-Agnès et Jean-Louis ont vécu une enfance heureuse et sans contrainte.

Léonce, grabataire depuis dix ans, s'éteint le 28 mars 1973. Il ne sera pas enterré. Anna et les enfants déclarent :
« Nous ne l'inhumerons que lorsque justice nous aura été rendue. »
Le cercueil plombé restera dans la salle à manger, garant de la propriété. Protecteur de la famille, Léonce ne quitte pas la Fumade. Le nouvel acquéreur s'impatiente et commence à faire travailler les terres. Les tracteurs vrombissent. Les Portal se sentent abandonnés de tous, ils profèrent des menaces, la tension monte.
Le 10 janvier 1975, les tracteurs approchent de la maison. Anna et les enfants vivent cette situation comme une agression. Ils sont désespérés et seuls contre tous. Jean-Louis tire sur les pare-brise. Pour faire peur, diront certains ; pour tuer, diront d'autres, mais les conducteurs n'étaient pas sur les sièges... Jean-Louis, connu pour être un gentil garçon avec un cœur d'or, a-t-il voulu avertir ? A-t-il voulu prévenir ? Devenu l'homme de la maison, a-t-il voulu protéger sa mère et sa sœur contre ce qu'il considérait comme une violation ? La suite, on la connaît. Jean-Louis sera abattu la nuit suivante.

La disproportion entre la violence de l'assaut, son dramatique dénouement et l'ennemi à vaincre émeut la France, informée par la presse nationale. Le journaliste Jean Dutourd est le premier, dans *France-Soir*, à dénoncer les affres de la famille Portal. *Le Figaro*, *Le Monde* et *Le Canard enchaîné* tiendront en haleine les lecteurs horrifiés par le traitement réservé aux deux femmes. Car l'affaire ne se termine pas par l'inhumation à la sauvette, au petit matin, de Léonce et de son fils, Jean-Louis.

Après l'assaut, les deux femmes seront embarquées en chemise de nuit à la gendarmerie de Montauban, avant d'être transférées à la prison Saint-Michel de Toulouse. Traitées en criminelles, elles seront internées le 15 janvier dans deux cellules réservées aux bandits dangereux de l'hôpital de la Grave à Toulouse, « sans lumière du jour, sans aération, sans courrier, sans visites et sans aucune sortie, gardées en permanence par quatre policiers armés », témoignera Marie-Agnès à sa sortie.

« L'affaire Portal, c'est l'affaire Dreyfus de maintenant »

Coup de théâtre le 13 février ! Les Français, atterrés, découvrent au journal de 20 heures un appel de Marie-Agnès enregistré par une équipe de télévision grâce à un micro placé au bout d'une perche. La voix de la jeune fille est pathétique. Elle veut revenir à la Fumade, elle veut soigner ses chiens, sa volaille et sa vache :

« Je démens que mon frère ait tiré sur quiconque ce jour-là (le 11 janvier). Mon frère a été abattu devant mes yeux, et on nous a enfermées pour nous empêcher de parler. On veut essayer maintenant de nous faire passer pour folles afin d'éviter le scandale. Je demande à tous les gens qui peuvent nous aider de se réunir pour nous sortir de là. »

La France est scandalisée par le sort réservé aux deux femmes. Beaucoup de téléspectateurs découvrent l'affaire Portal. Comment ! En 1975, on tue en pleine nuit un jeune homme et on interne sa mère ainsi que sa sœur ! La déclaration du procureur de la république dès le lendemain, niant le fait que Marie-Agnès soit séquestrée, ne calme pas les esprits :

« Elle serait à la maison d'arrêt de Toulouse si le juge d'instruction n'avait préféré, compte tenu de son état nerveux, la faire placer sous surveillance dans un hôpital avec sa mère... »

Les conclusions de l'expertise psychiatrique publiées quelques jours plus tard mettent le feu aux poudres. Anna et sa fille sont déclarées « irresponsables et dangereuses ». La presse se déchaîne. Jean Dutourd écrit dans *France-Soir* :
« On a assassiné son fils. Donc elle est folle. On a assassiné son frère. Donc elle est folle… L'affaire Portal, c'est l'affaire Dreyfus de maintenant. »
Le garde des Sceaux, Jean Lecanuet, lui répond :
« N'est pas Zola qui veut. »
Mais, le lendemain, le chroniqueur persiste :
« On a tué Jean-Louis. Soit. Mais c'est du travail mal fait, du travail insuffisant. Pourquoi n'a-t-on pas tué aussi Anna et Marie-Agnès… »
Le Monde publie une tribune signée Bertrand Fessard de Foucault :
« […] Je m'appelle Portal parce que je le sens, en cette fin de XXe siècle, que notre civilisation n'est qu'un leurre monstrueux, que la loi du plus fort est la seule qui vaille, que les forces de l'ordre ne sont celles que de l'argent, que les signatures ne sont que celles arrachées par des banquiers ou des faiseurs de contrat prenant définitivement barre sur nous qui n'y comprenons rien sinon que le piège s'est refermé… Je m'appelle Portal parce que tout notre système politique n'est qu'art publicitaire au service des hommes en place, qu'aucune réforme n'est tentée pour enrayer un engrenage qui fait de l'homme un marginal ou un raté dès qu'il critique le système en vigueur, un chien à abattre dès qu'il se rebelle physiquement… »
De *Minute* au *Canard enchaîné*, la presse nationale est unanime pour dénoncer l'internement considéré comme abusif des deux femmes.
Le ton est différent dans *La Dépêche*, qui affirme le 13 janvier :
« La Fumade, c'est fini… Jean-Louis mort, sa mère et sa sœur ont été hospitalisées. »
Le quotidien régional se félicite de la conclusion de l'histoire :
« Si le bilan de cette affaire qui dure depuis plus de deux ans n'est pas plus lourd, on peut parler de miracle… »
Miracle, la mort de Jean-Louis ?

L'opinion publique se passionne pour le sort des deux femmes ; le tirage des journaux augmente ; la classe politique, attentive à ne pas rater le train qui est en marche, sort enfin du silence. François Mitterrand, alors chef de l'opposition, se dit très choqué par le sort réservé aux Portal, qui sont néanmoins « des gens baroques qui ont poussé au paroxysme des sentiments élémentaires »…

Chronologie

- 1925 : Léonce de Portal devient propriétaire du domaine de la Fumade, près de Montauban.

- 1948 : il perd son épouse, Élisa Gauthier.

- 29 juin 1950 : il épouse Anna Niepokrelwiska, qui a quarante ans de moins que lui.

- 2 mars 1951 : naissance de Marie-Agnès.

- 27 avril 1952 : naissance de Jean-Louis.

- 8 juin 1972 : après plusieurs procès, le domaine de la Fumade est vendu aux enchères à un agriculteur.

- 7 juillet : une ordonnance en référé prononce l'expulsion des Portal, qui se barricadent dans leur maison.

- 16 mars 1973 : Léonce de Portal meurt. Ses enfants décident de garder le cercueil au premier étage de la gentilhommière.

- 11 janvier 1975 : la force publique donne l'assaut au domaine de la Fumade. Jean-Louis, vingt-deux ans, est abattu. Anna et sa fille, Marie-Agnès, sont conduites au quartier cellulaire de l'hôpital de la Grave à Toulouse.

- 13 février : Marie-Agnès arrive à communiquer avec les journalistes. C'est le début de la médiatisation nationale.

- 21 février : grâce à la mobilisation des médias et la pression des intellectuels, le garde des Sceaux fait prononcer une ordonnance de mise en liberté sous contrôle judiciaire par le juge.

- 7 novembre 1991 : mort d'Anna. Reste Marie-Agnès, qui ne récupérera sans doute jamais la Fumade.

Le 21 février, Jean Lecanuet annonce qu'une ordonnance de mise en liberté sous contrôle judiciaire a été rendue par le juge chargé de l'affaire. Le président Valéry Giscard d'Estaing approuve l'initiative que prend le garde des Sceaux de créer une commission sur le déroulement de l'affaire. « Nos lecteurs ont gagné ! » peut-on lire à la une de *France-Soir*. Bertrand de Jouvenel, dans *Le Figaro*, se félicite de la victoire obtenue :

« Le cœur de la France s'est révolté, et il a été enfin entendu. L'inconscience de la justice avait été poussée jusqu'à la barbarie.

Quoi donc, après avoir tué le fils, on ne respectait pas le deuil de la mère et de la sœur, mais on les traitait en criminelles et de manière à les pousser à cette folie qu'on voulait leur attribuer ! »

Ils ont tué le fils, affaire classée

Une émission de télévision, deux livres et des articles qui se font de plus en plus rares. La Fumade ne fait plus recette. Qui se souvient encore de l'affaire Portal ? Les Tarn-et-Garonnais sûrement, surpris par l'ampleur médiatique de l'affaire et agacés certainement par ces intellectuels parisiens donneurs de leçons.
Et les femmes Portal ? Elles n'ont pas récupéré la Fumade. Toutes les deux se sont installées dans la petite maison de la rue Gambetta. Cette demeure est située en face de la préfecture, ultime pied de nez à l'administration. Anna s'est éteinte le 7 novembre 1991, soignée par sa fille jusqu'au bout. Marie-Agnès, employée par la mairie de Montauban, a été affectée un temps dans les écoles. « Dangereuse et irresponsable », qu'ils disaient...

Contraint par une opinion publique scandalisée, Jean Lecanuet ordonne la création d'une commission, tout en précisant qu'elle n'aura aucun caractère juridictionnel et que ses conclusions ne sauraient remettre en cause des décisions ayant acquis l'autorité de la chose jugée. La Fumade ne reviendra donc pas à la famille Portal.
Il reste des questions sans réponse : pourquoi un bataillon de soixante-dix hommes armés jusqu'aux dents a-t-il investi en pleine nuit la propriété, où ne vivaient que deux femmes et un jeune homme ? Pourquoi Jean-Louis a-t-il été abattu en pleine nuit par un tireur d'élite entraîné à viser avec la plus grande précision ? Qui était le donneur d'ordres ? Le voile sur l'affaire Portal n'a jamais été levé. Jean-Louis était la Fumade. Jean-Louis parti, l'affaire est classée.

Un journaliste s'entretient en 1973 avec Jean-Louis et Marie-Agnès, farouchement déterminés à ne pas quitter la Fumade.

Affaire François Renaud, Lyon, 3 juillet 1975

Ils ont osé ! Le juge et les assassins

« Le juge Michel a touché à un interdit : celui du milieu. Le juge Renaud a touché à un interdit : celui de la classe politique. C'est beaucoup plus grave. »

Maître Jacques Vergès

LE 3 JUILLET 1975, le juge lyonnais François Renaud est abattu froidement à proximité de chez lui. Le 21 octobre 1981, un second juge, marseillais celui-là, Pierre Michel, est tué de trois balles de 9 millimètres par deux motards alors qu'il regagne, en plein jour, son domicile de la Cité radieuse du Corbusier. Une première dans les annales de la justice française depuis la Libération. « Ils n'oseront jamais », aurait confié le juge Renaud quelques jours avant sa mort. « Ils ont osé ! » « Ils », ce sont les membres des deux gangs les plus connus de France à l'époque : celui des Lyonnais et celui de la *French Connection*, à Marseille, spécialisé dans le trafic de drogue. Deux gangs, deux villes notoirement connues pour abriter un milieu aux larges ramifications et, surtout, deux juges bien décidés à rétablir un ordre républicain et une justice implacable. Une différence, toutefois, entre les deux hommes : les assassins du juge Michel ont été arrêtés, jugés et condamnés à de lourdes peines, ce qui n'a pas été le cas de ceux du juge Renaud. Comment a-t-on pu en arriver là et, surtout, pourquoi en est-on arrivé à ce point zéro de la justice : l'impunité ?

Ils ont osé !

Lyon. 2 h 30 du matin, ce 3 juillet 1975. François Renaud stoppe sa BMW à quelques mètres de l'entrée de son domicile, au numéro 89 de la montée de l'Observance, dans le 9e arrondissement de Lyon. Le

Le 3 juillet 1975, le juge Renaud se réfugie derrière une Volkswagen, avant d'être froidement abattu à proximité par quatre tueurs.

juge revient d'une soirée chez des amis avec sa compagne, Geneviève. En quelques pas, ils atteignent l'immeuble, quand une Audi se gare à leurs côtés, comme si ses occupants désiraient leur demander un renseignement. Lentement, la vitre du passager s'abaisse, laissant apparaître deux têtes cagoulées.

François Renaud n'est pas homme à se laisser abattre comme un chien. Instinct de survie et réflexe d'ancien résistant ? Quand deux coups de feu éclatent dans la nuit, il se jette en arrière, entraînant sa compagne. Après quelques secondes de répit, le couple s'élance dans une course folle d'un côté à l'autre de la rue pour éviter les balles qui sifflent dans son dos. Jusqu'au moment où Geneviève s'entrave dans sa robe de soirée et s'écroule. François Renaud ne peut la laisser à la merci des tueurs. En quelques secondes, il la relève et l'entraîne, sous un feu nourri, derrière une Volkswagen. Son premier geste est de la protéger en la mettant à l'abri. Fin connaisseur du milieu, le juge sait que le contrat n'est mis que sur sa personne. De fait, Geneviève sera épargnée.
En attendant, plusieurs balles ont troué la carrosserie de la voiture protectrice. François Renaud a compris que la mort est proche, qu'il n'existe pas de sortie de secours. Il perçoit les pas du tueur sur le bitume. Des pas calmes et décidés. Pas de pitié ! Trois balles claquent dans la nuit. Le juge s'effondre, touché à la nuque. Des pas calmes. Sans émotion. Une portière se ferme. Le moteur de l'Audi vrombit. Geneviève, allongée, voit le sang couler de la nuque de François. Elle sait que tout est fini ! Qu'ils ont osé ! Mais qui a osé ? Qui a franchi la ligne rouge de l'assassinat d'un juge ?

Un juge atypique, mais intègre

La réponse à cette double interrogation impose en premier lieu de connaître la personnalité du juge François Renaud. Pour séparer le bon grain de l'ivraie, il s'agit d'abord d'éliminer ce qui découle de la caricature plus ou moins imposée, pour ne conserver *in fine* que les témoignages qui illustrent un caractère certes complexe, mais attachant en bien des points. À ce titre, le livre de son fils Francis Renaud, *Justice pour le juge Renaud*, paru en 2011, dévoile, en dépit des liens de filiation qui n'échappent pas à l'éloge – mais qui pourrait reprocher à un fils de défendre la mémoire de son père ? –, les coins intimes et secrets du personnage, bien loin des poncifs développés par les médias, par la justice et par les responsables politiques de l'époque, soucieux de transformer l'image d'un juge intègre pour atténuer l'acte odieux de son assassinat et les conséquences qui pourraient en découler.

Oui, François Renaud était un juge atypique, à la forte personnalité... Un type qui en imposait tant dans sa vie privée que dans sa vie professionnelle, jouant les don Juan auprès d'une gent féminine charmée par son charisme et son physique sans tomber dans la contrefaçon du « play-boy grisonnant » ou du « dragueur sur le retour » véhiculée par les médias. Un excentrique, certes, dans ses tenues vestimentaires... bon vivant ne négligeant pas la bonne chère. Un magistrat qui fréquentait les lieux de la nuit lyonnaise pour mieux comprendre le fonctionnement de la pègre, mais qui possédait une haute opinion de sa fonction et de la République. Un être donc aux facettes multiples : ferme dans ses convictions, quitte à se faire des ennemis, tant dans la classe politique qu'au sein du milieu lyonnais – ce qui lui a coûté la vie –, mais aussi sensible, au point d'exécrer l'injustice et le compromis.
Un juge intègre dans une ville bien connue pour les liens plus ou moins étroits entretenus par la pègre avec le monde politique local. Un juge qui ne jouait pas les héros, mais qui accomplissait sa fonction sans tenir compte des avertissements – des menaces ? – qui lui étaient lancés jusque dans son bureau, tant l'impunité peut parfois se croire inexpugnable !
Qui donc a osé frapper un juge dans l'exercice de ses fonctions ? Et, surtout, pourquoi ?

Version officielle et version officieuse !

Trois hypothèses ont été soulevées. La première, qui se veut la version officielle en conclusion de l'enquête, est celle du règlement de comptes entre le milieu lyonnais et un juge un peu trop curieux et répressif. François Renaud aurait dépassé la ligne rouge définie par la pègre. La deuxième aurait trait à la vie privée du juge. Une hypothèse vite écartée, tout comme celle, politique, qui met en relief les relations pour le moins ambiguës entre le milieu lyonnais et le Service d'action civique (SAC), une police parallèle – fondée notamment par Jacques Foccart[1] – assurant le service d'ordre officiel du parti gaulliste, l'Union des démocrates pour la Ve République (UDR),

[1] Voir le chapitre intitulé « Le côté obscur de la Résistance ».

mais soupçonnée aussi de remplir les caisses du parti. Des liens qui remontent, à Lyon, au temps de la Résistance. C'est ainsi que l'un des chefs du SAC lyonnais, Schnaebelé, faisait partie du réseau commandé par André Jarrot, ministre de Valéry Giscard d'Estaing. Ce même Schnaebelé qui aurait été vu à Strasbourg, dans son hélicoptère, le jour même du braquage mené par le gang des Lyonnais. C'est pourtant vers cette hypothèse qu'il faut chercher les véritables causes de l'exécution du juge Renaud. L'avant-veille de sa mort, le 1er juillet 1975, il confie à son fils cadet sa crainte d'être assassiné :
« Fiston, il faut que tu saches : je suis actuellement à un tournant de ma vie. Grosse affaire pour laquelle il est possible que je me fasse flinguer... »
Il n'en dira pas plus. Quelle est donc cette affaire qui laisse penser à un juge qu'il est en danger de mort ?

Le juge, le gang et les barbouzes

Le 30 juin 1971, la France apprend, stupéfaite, le hold-up de la poste de Strasbourg. 15 680 000 francs (14,5 millions d'euros) s'évaporent dans la nature. Le plus gros casse depuis la Libération. La police soupçonne le gang des Lyonnais, un groupe de truands – Joanny Chavel, Pierre Pourrat, Edmond Vidal et Nicholas Caclamanos, entre autres – qui se distinguera par plusieurs hold-up entre 1967 et 1977. Le procès de la bande, en juin et juillet 1977, se révélera particulièrement clément, avec des peines de cinq à quinze ans de réclusion pour les principaux membres.

Déjà le 20 juin 1974, le journaliste Robert Butheau soupçonne une collusion entre le milieu politique et celui des truands :
« L'essentiel est de mettre au jour comment une classe politique depuis quinze ans au pouvoir est compromise avec ce que les uns appellent le monde "des truands", d'autres le monde "des affairistes", et qui est, en réalité, celui "des réseaux" et du SAC. »
Le scénario du film d'Yves Boisset *Le Juge Fayard dit « le Shériff »*, sorti en 1977, ira dans le même sens que Robert Butheau. Une hypothèse qui sera reprise en 2011 par Richard Schittly dans *L'Histoire vraie du gang des Lyonnais* :
« Oui, c'est vrai. Le milliard du braquage de la Poste de Strasbourg est revenu pour moitié au "parrain" lyonnais Jean Augé, qui l'a certainement redistribué. Notamment pour financer les campagnes gaullistes de députés de la région, via le SAC. »

Le juge François Renaud reste le symbole abattu d'une justice qui ne transige pas avec les valeurs des lois de la République.

Cependant, s'appuyant sur un enregistrement posthume du truand Louis Guillaud, il conteste la participation du gang des Lyonnais à l'assassinat du juge Renaud :

« Louis Guillaud raconte qu'il a participé à l'expédition qui a perpétré l'assassinat du juge Renaud. Cela confirme ce que soupçonnait la police : il s'agissait d'un commando improvisé. Et cela n'avait rien à voir avec le gang des Lyonnais ou une machination politique. »

Chronologie

- 30 juin 1971 : hold-up de la poste de Strasbourg par le gang des Lyonnais.

- 3 juillet 1975 : le juge Renaud est assassiné en pleine rue, à quelques mètres de son domicile.

- 1977 : sortie du film d'Yves Boisset *Le Juge Fayard dit «le Shériff».*

- 1992 : non-lieu rendu dans le dossier du juge Renaud.

- 2004 : le dossier est définitivement clos.

À vrai dire, il n'est pas le premier à dissocier le gang des Lyonnais, le SAC et le milieu politique de l'assassinat du juge Renaud. Jacques Derogy, journaliste à *L'Express*, dans son ouvrage *Enquête sur un juge assassiné...* paru en 1977, s'appuyant sur le rapport du commissaire Richard en charge de l'enquête, fait lui aussi sienne la simple vengeance de truands, rejetant toute connexion avec le SAC et l'UDR. D'autres le suivront dans cette démonstration, jusqu'à transformer les qualités du juge Renaud en défauts. Une entreprise de démolition de la personnalité dont ne sont pas exempts les hommes au pouvoir. Ainsi, Alain Peyrefitte, alors garde des Sceaux, déclare le 7 novembre 1979, devant les caméras d'Antenne 2, à propos du juge Renaud :
« Efficace, capable, certainement tué par le milieu qu'il traquait en facilitant beaucoup le travail de la police... Mais ses méthodes étaient discutables, c'était un juge colonial, avec des manières plus courantes dans la brousse ou le Far West que chez nous. »
Entre les lignes, cela signifie qu'il n'a eu que ce qu'il méritait pour avoir outrepassé ses droits.

Pourtant, au vu des relations des uns et des autres, les liens entre le milieu politique, le SAC et le milieu lyonnais apparaissent hautement probables. Dernier en date des témoignages, celui d'Edmond Vidal dans son livre *Pour une poignée de cerises*, coécrit avec Edgar Marie et publié en 2011. Membre du gang des Lyonnais, Edmond Vidal parle de son fondateur, Joanny Chavel, dit « le Gros », adhérent au SAC, anticommuniste notoire et ancien d'Algérie, qui sera liquidé

en 1973, la même année que Jean Augé, dit « Petit Jean ». À propos de ce dernier, il cite un passage de la plaidoirie de Me Soulier, lors du procès du gang :
« Pourquoi le nom de “Petit Jean”, patron local du SAC, abattu en 1973, avec lequel Vidal et Rocher se sont trouvés en étroite relation, n'est-il pas mentionné ? A-t-on peur d'évoquer le rôle des truands-barbouzes ? Une intrusion de la politique dans un procès est-elle à ce point exceptionnelle ? »
Enfin, après l'énoncé du verdict, Edmond Vidal se demande si la clémence de la Cour n'est pas due en partie « au doute créé par les ramifications politiques avec la présence du SAC ».

Toute vérité est bonne à dire !

Reste le rapport secret de la police judiciaire, qui mentionne trois noms susceptibles d'être ceux des tueurs engagés pour abattre le juge Renaud : Robert Alfani, le recruteur, Jean-Pierre Marin et Michel Lamouret – lesquels Marin et Lamouret seront impliqués plus tard dans l'enlèvement du petit Christophe Mérieux. Faute de preuves ou par volonté d'enterrer une affaire au goût de soufre, aucun de ces hommes ne sera poursuivi. Plus tard, Marin sera abattu par la police dans des conditions douteuses.
Six juges d'instruction, dix-sept ans d'enquête jusqu'à l'ordonnance de non-lieu rendue par le juge Fenech en 1992. Un dossier clos définitivement en 2004. Des émissions, des ouvrages et de nombreux articles consacrés au juge Renaud. Une énigme criminelle qui porte peut-être mal son nom tant le sentiment est grand que l'affaire a été étouffée et la vérité occultée. Des méthodes que le juge Renaud n'aurait jamais approuvées. Pour lui, toute vérité était bonne à dire. Il l'a payé de sa vie.

Affaire Jean de Broglie, Paris, 24 décembre 1976
Affaire Henri Curiel, Paris, 4 mai 1978
Affaire Bernard Nut, Rigaud, 15 février 1983
Affaire Joseph Doucé, Rambouillet, 19 juillet 1990

Énigmes de la Ve République

SOUS LA VE RÉPUBLIQUE, les cadavres, telles des feuilles mortes, se ramassent à la pelle. Ceux, anonymes, qui font juste la une des journaux locaux, mais surtout ceux qui, par leurs fonctions, voient les feux de la rampe se fixer sur eux. Plus encore quand leur mort s'enveloppe d'un voile de mystère. Quatre affaires ressortent de cette liste macabre où se mêlent assassinats politiques ou crapuleux, décès suspects et suicides mystérieux. Des « cadavres sous influence », comme l'a écrit le journaliste Christophe Deloire.

Jean de Broglie, le prince des affaires

24 décembre 1976. Veille de Noël. 9 heures du matin. Jean de Broglie sort de l'immeuble sis au numéro 2 de la rue des Dardanelles, dans le 17e arrondissement de Paris, après un entretien avec son conseiller fiscal, Pierre de Varga. Trois coups de feu claquent ! Jean de Broglie s'effondre, touché à la tête.
Sitôt connu, l'assassinat provoque une onde de choc dans la classe politique et à l'Élysée. Car Jean de Broglie n'est pas n'importe qui. Député de l'Eure, il a, après avoir négocié les accords d'Évian en 1962,

Le prince Jean de Broglie, dont la famille a été anoblie sous Louis XVI, était membre fondateur des Républicains indépendants et député de l'Eure.

obtenu plusieurs postes de secrétaire d'État sous les gouvernements Pompidou. Il est, avec Valéry Giscard d'Estaing, Raymond Marcellin et Michel Poniatowski, l'un des fondateurs des Républicains indépendants, au pouvoir depuis 1974. Un homme du sérail dont la famille a été anoblie sous Louis XVI. Un homme aussi qui s'entoure de fréquentations douteuses pour traiter certaines affaires. Un parfum de rumeurs tourne autour de son nom. Il se répandra dès le début de l'enquête, étouffant une revendication annoncée quelques heures après sa mort par un groupe d'extrême droite inconnu, Charles-Martel, bras vengeur « qui a liquidé le prince de Broglie en tant que responsable de l'invasion de la France par les hordes africaines ».
Car une tout autre piste est suivie par les policiers de la police judiciaire. Ils apprennent que Jean de Broglie a consenti un prêt à son conseiller fiscal, Pierre de Varga, et à un homme d'affaire, Patrick Allenet de Ribemont. Une coquette somme de 4 millions de francs à rembourser sur sept années. Le 29 décembre 1976, soit seulement cinq jours après l'assassinat, le ministre de l'Intérieur, Michel Poniatowski, peut savourer devant les médias la réussite rapide et exemplaire de la police judiciaire et de la brigade criminelle :
« Cette affaire est née d'un accord financier qui existait entre la victime, M. de Broglie, et MM. de Ribemond et de Varga. Il s'agissait d'un prêt que M. de Broglie avait consenti à MM. de Varga et de Ribemont, d'un montant de 4 millions qui devait être restitué sur une période de sept ans... »
Le ministre poursuit en accusant MM. de Varga et de Ribemont d'être les instigateurs de l'assassinat. L'organisateur serait l'inspecteur de police Guy Simoné, ami de Pierre de Varga, qui aurait confié à Gérard Frèche le soin de descendre le député.

Une déclaration de la part d'un ministre qui laisse pantois, alors que les quatre hommes n'ont pas encore été déférés au juge d'instruction, Guy Floch. À l'évidence, dans les sphères du pouvoir, on ne souhaite pas laisser traîner une affaire qui pourrait éclabousser la classe politique. Le mobile, selon le rapport de la police judiciaire, est clair : MM. de Varga et de Ribemont, en assassinant Jean de Broglie, auraient récupéré ses actions sans rien débourser.
Sauf que, placés en détention, MM. de Varga et de Ribemont nient tout en bloc, arguant du fait que ce prêt était connu de la banque et de la famille du prince. Pourquoi se seraient-ils engagés dans une telle affaire en sachant qu'ils seraient les premiers soupçonnés ? L'inspecteur

La police judiciaire procède aux premières constatations devant l'immeuble du numéro 2 de la rue des Dardanelles où le prince Jean de Broglie a été abattu.

Simoné, pour sa part, accuse Pierre de Varga, mais reste silencieux sur le rôle de Patrick de Ribemont.

Bref, des zones d'ombre s'accumulent sur ce dossier, surtout quand on apprend que le prince défunt possédait des sociétés plus ou moins douteuses en Suisse et au Luxembourg. La fille de Pierre de Varga ajoute son grain de sel en déclarant que le prêt n'était accordé qu'à Patrick de Ribemont, excluant son père de la transaction. Mais le feuilleton Jean de Broglie prend une dimension nouvelle quand *Le Canard enchaîné* affirme, le 2 avril 1980, en s'appuyant sur un rapport de la police judiciaire, que l'assassinat, mettant en avant d'étranges trafics financiers, était connu de ce service avant sa date d'exécution. De quoi mettre le doute dans les esprits, excepté celui du juge Floch, qui ne tiendra pas compte de cette information et bouclera l'instruction quelques semaines plus tard.

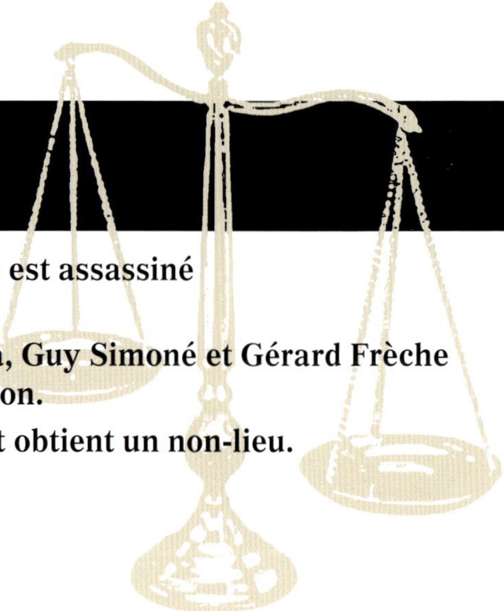

Chronologie

- 24 décembre 1976 : Jean de Broglie est assassiné de trois coups de feu.

- 26 décembre 1978 : Pierre de Varga, Guy Simoné et Gérard Frèche sont condamnés à dix ans de réclusion.

- 21 mars 1980 : Patrick de Ribemont obtient un non-lieu.

Deux ans presque jour pour jour après la date du crime, le 26 décembre 1978, la cour d'assises de Paris condamne Pierre de Varga, Guy Simoné et Gérard Frèche à dix ans de réclusion criminelle. Patrick de Ribemont, après un non-lieu le 21 mars 1980, obtiendra de la Cour européenne des droits de l'homme à Strasbourg 2 millions de francs de dommages et intérêts pour violation du principe de la présomption d'innocence.

Si la justice est passée, de multiples interrogations sur le mobile et la rapidité avec laquelle l'enquête a été menée restent en suspens.

Henri Curiel, le militant assassiné

Dans l'affaire Henri Curiel, l'acte criminel, revendiqué par le commando d'extrême droite Delta, se mélange étrangement avec des hypothèses qui impliqueraient l'État français, désireux de se séparer d'un activiste gênant.

Il est 14 h 30, ce 4 mai 1978, lorsque Henri Curiel quitte son appartement de la rue Rollin, à Paris. Il emprunte l'ascenseur. Parvenu au rez-de-chaussée, il ouvre la porte. Deux hommes lui font face. Curiel, âgé de soixante-quatre ans, n'a pas le temps d'esquisser un mouvement de repli. Trois balles, tirées à bout portant, l'abattent au pied de l'ascenseur.

Militant communiste et anticolonialiste, Henri Curiel a été abattu de trois balles tirées à bout portant au pied de l'ascenseur de son immeuble.

La victime appartient à cette catégorie d'hommes que l'on admire ou que l'on déteste en fonction de son idéologie. Militant engagé auprès des minorités combattantes qui tentent d'accéder à l'indépendance, il est de toutes les causes justes qui germent dans le tiers monde, pour l'indépendance, la démocratie et la liberté des peuples opprimés, de l'Égypte, d'où il est expulsé, à l'Afrique du Sud, où il soutient l'*African National Congress* (ANC), sans oublier les dictatures européennes et latino-américaines. Henri Curiel joue aussi un rôle éminent durant la guerre d'Algérie à l'intérieur du réseau des « porteurs de valise » (réseau Jeanson), dont il devient le principal animateur. Après avoir fondé le mouvement Solidarité, il tente de réunir, dans le conflit israélo-palestinien, ceux qui sont favorables à la paix. De quoi susciter la haine de ses ennemis et la surveillance accrue, en France, des Renseignements généraux (RG).

En 1976, Henri Curiel fait l'objet d'un dossier spécial du *Point*. Le journaliste Georges Suffert l'accuse d'être un agent du KGB et de transporter des armes pour des organisations terroristes. Assigné à résidence par la Direction de la surveillance du territoire (DST),

Chronologie

- **1976 :** ***Le Point*** **consacre un dossier spécial à Henri Curiel.**
- **4 mai 1978 : Curiel est assassiné dans son immeuble.**

Curiel est rapidement relâché. Suffert reconnaîtra plus tard avoir été manipulé par les services secrets.
Des services de la DST qui continuent de surveiller Henri Curiel. Ils tentent même de cacher des micros et des caméras dans un appartement voisin du sien. « Curiel se savait sur écoute et étroitement surveillé par les RG français, révélera sa compagne dans un article du *Monde diplomatique*, mais il n'a jamais pensé qu'il était menacé. »

Sans piste véritable, sans arrestation, l'enquête n'aboutira jamais. Les activités militantes d'Henri Curiel faisaient de lui une cible privilégiée. Commando Delta ? Nostalgiques de l'Algérie française ? Agents du Service de documentation extérieure et de contre-espionnage (SDECE) agissant pour le compte du pouvoir français ? Le mystère reste entier.

Bernard Nut, secret défense

Le dossier est clos depuis 1990. Et ce n'est pas la tentative de Bruno Nut en 2008, vingt-cinq ans après la mort de son père, Bernard, de demander la levée du secret défense qui fera changer d'avis le ministère de la Défense et les services de l'ex-Direction générale de la sécurité extérieure (DGSE). Tel est aussi l'avis du procureur de Nice, Éric de Montgolfier, qui estime bien improbable la réouverture d'une affaire qui a conservé tout son mystère, « même avec des éléments nouveaux, dans la mesure où, passés dix ans, les faits sont prescrits.

Sauf à considérer que le secret défense a interrompu le cours de la prescription. »
Une question se pose désormais : quel intérêt a l'État français d'occulter la vérité, alors que près de trente années se sont écoulées depuis la mort de l'ex-agent de la DGSE, si ce n'est le fait d'être lié de près ou de loin à son assassinat ?

En 1983, Bernard Nut, chef du poste métropolitain de recherche de la DGSE à Nice, secteur Sud-Est, âgé de quarante-sept ans, possède un long parcours dans les services secrets. Un vrai baroudeur du renseignement, ce fils de militaire, qui s'est engagé en 1953 et a intégré en 1967 le Service de documentation extérieure et de contre-espionnage (SDECE). Tant au Sénégal qu'en république de Guinée, au Kampuchéa de Pol Pot, puis en Afghanistan envahi par l'armée rouge, il a obtenu de brillants résultats, avant de rejoindre son poste niçois en juillet 1980. Pour ses supérieurs, le commandant Nut a toujours fait preuve d'efficacité, avec un sens supérieur du devoir. Il en sera ainsi jusqu'au 15 février 1983, date de sa disparition.
Il est 7 h 55. Deux employés du service de déneigement circulent sur la nationale 202 quand, parvenus à hauteur d'une aire de stationnement située sur la commune de Rigaud, ils sont intrigués par une voiture, une Peugeot 305, garée sur l'accotement. Ils le sont d'autant plus lorsqu'ils aperçoivent une large tache de sang qui a rougi la neige tombée dans la nuit. Quelle n'est pas leur surprise de découvrir le corps d'un homme allongé face contre terre perpendiculairement à la voiture. La clé est sur le contact, et l'autoradio fonctionne encore. Sur place, les gendarmes récupèrent une arme, un Smith & Wesson 357 Magnum trouvé à soixante-dix centimètres de la roue avant gauche, mais à deux mètres vingt du corps de la victime, avec trois douilles percutées à l'intérieur. Pour le médecin légiste, la mort est due à une balle d'un gros calibre, tirée à bout portant derrière l'oreille, qui a défoncé la boîte crânienne.
Vu la situation professionnelle de Bernard Nut, son décès est loin d'être un simple fait divers. Pour la DGSE, relayée par la police judiciaire de Nice, il s'agit d'étouffer une affaire qui pourrait devenir embarrassante en accréditant la thèse du suicide et en distillant dans les médias des renseignements sur la vie privée de la victime. Au grand désarroi de sa veuve, qui s'insurge devant de telles informations et affirme au contraire que Bernard a été tué en service commandé.

Chronologie

- **1967 : Bernard Nut intègre le Service de documentation extérieure et le contre-espionnage.**
- **Juillet 1980 : il est muté à Nice.**
- **15 février 1983 : il est assassiné sur la nationale 202.**
- **2008 : son fils demande la levée du secret défense.**

Suicide ou assassinat ? Bernard Nut était-il sur une mission de première importance qui pouvait mettre sa vie en danger ? Un début de réponse est fourni dans *Le Monde* par le commissaire Aufan, chargé à l'époque de l'enquête :
« Il était sur une mission importante liée au Proche-Orient. Il m'avait demandé de lui fournir des moyens techniques qui préfiguraient une rencontre potentiellement dangereuse. »
Il s'agissait, d'après le journaliste Paul Barelli, « d'un étui de revolver pouvant être placé sous la colonne de direction de sa voiture ».

D'autre part, quelle relation peut-on établir entre la disparition de Bernard Nut et l'arrestation à Rome, la veille du drame, du vice-président de la compagnie soviétique Aéroflot, surpris en flagrant délit en train d'échanger des microfilms, laquelle arrestation précède l'expulsion, quelques semaines plus tard, de quarante-sept diplomates soviétiques de France ? Simple coïncidence ? Peut-être, mais suffisante pour jeter le trouble dans les esprits.

Des doutes qui n'ont jamais été levés, ce qui a empêché le levain de gonfler pour faire éclater la vérité.

Joseph Doucé, un crime sans coupable

Le 19 juillet 1990, vers 19 h 30, le pasteur Joseph Doucé regagne son appartement, où l'attend son compagnon, Guy Bondar. Une heure s'est à peine écoulée quand la sonnette retentit. Le pasteur Doucé ouvre. Face à lui, deux policiers brandissent leur carte professionnelle. « Suivez-nous », ordonnent-ils au pasteur, peu surpris par cette demande, car il se sait surveillé depuis plusieurs mois par les Renseignements généraux (RG).

Pour Guy Bondar, il n'y a pas lieu non plus de s'inquiéter. Un interrogatoire, quelques heures de garde à vue, et Joseph le rejoindra. Sauf que, le lendemain, le pasteur n'est toujours pas revenu. Soucieux, Guy Bondar signale sa disparition à la police judiciaire et porte plainte pour enlèvement et séquestration arbitraire. L'enquête, confiée à la brigade criminelle, s'oriente aussitôt sur les RG, et plus particulièrement sur Jean-Marc Dufourg et trois de ses collègues, Gilles Azéma, Pascal Passamonti et Éric Didier. Ces quatre policiers font partie du très secret groupe des enquêtes réservées (GER), chargé des filatures et des écoutes de personnalités. Les premiers éléments de l'enquête démontrent que, quatre mois plus tôt, le directeur des RG parisiens, Claude Bardon, a ordonné la surveillance du pasteur Doucé, soupçonné d'animer un réseau pédophile à partir de sa librairie du 17e arrondissement, *Autres cultures*.

Mais qui est ce pasteur pour le moins atypique ? Né en Belgique, le 13 février 1945, d'une famille paysanne, Doucé se convertit au protestantisme, avant de fonder à Paris, en 1976, le Centre du Christ libérateur, qui se veut un espace d'accueil et de parole pour les minorités sexuelles, encore mal acceptées dans la société. En même temps, il crée sa propre maison d'édition, qui publie divers ouvrages sur ces questions sensibles. Le pasteur est alors de tous les combats pour la reconnaissance des couples homosexuels, pour lesquels il pratique des « bénédictions d'amour et d'amitié », en même temps qu'il alerte les autorités sur les dangers encore mal appréciés du sida.

Joseph Doucé, c'est un fait, dérange, même si ses prises de position l'amènent à intégrer la commission des libertés au Sénat et à faire voter par le Parlement européen une « résolution sur la discrimination dont sont victimes les transsexuels ».

Les quatre fonctionnaires des RG se sont rapidement mis au travail : filatures, infiltration, écoutes… Ils vont jusqu'à tambouriner à la porte du pasteur le 19 juin, à 1 heure du matin, en hurlant :
« Police ! Ouvrez ! »
Interrogé, Jean-Marc Dufourg nie s'être rendu cette nuit-là au domicile de Joseph Doucé, avant de revenir sur sa déclaration. Concernant leur emploi du temps le jour de l'enlèvement, les quatre policiers fournissent un alibi invérifiable : ils étaient en planque du côté de Saint-Maur pour une affaire de stupéfiants. Un alibi contesté par un indic, qui affirme qu'il s'agissait du 23 juillet et non du 19.
Un parfum de scandale et de polémiques se greffe à l'enquête, qui n'avance guère. Surtout dans une affaire sans cadavre qui pose bien des interrogations. Les méthodes des RG sont montrées du doigt. Leur patron parisien, Claude Bardon, déclare dans son procès-verbal d'interrogatoire :
« J'ai été amené à avoir des doutes sur le comportement de mes enquêteurs, notamment M. Dufourg. J'ai supposé à leur sujet que, plutôt que de faire un travail de longue haleine et classique de surveillance, ils avaient préféré prendre Doucé directement pour le faire parler. »
L'idée d'une bavure après un interrogatoire musclé est alors clairement évoquée. Les médias, quant à eux, évoquent une liste établie par Joseph Doucé de dix mille noms de « déviants sexuels » appartenant au monde du show-biz et de la politique.

L'enquête est au point mort quand, le 24 octobre 1990, un cueilleur de champignons découvre un cadavre à la décomposition avancée dans la forêt de Rambouillet. L'analyse de la denture confirme qu'il s'agit bien du corps de Joseph Doucé. L'autopsie révèle que sa mort remonte aux alentours du 19 juillet et qu'elle est certainement due à une strangulation.
Quatre suspects, un cadavre retrouvé, un alibi douteux, un crime devenu affaire d'État, et pourtant le mystère reste entier. Défendu par Me Jacques Vergès, Jean-Marc Dufourg continue de nier. Mieux encore, il accuse sa hiérarchie de lui avoir demandé de recruter des jeunes garçons prostitués pour le garde des Sceaux Pierre Arpaillange et pour le directeur de France 2 Philippe Guillaume. Une accusation démentie par le commissaire divisionnaire Adam.
L'affaire Doucé n'en reste pas là. Partie civile dans cette affaire, Guy Bondar demande, par la voix de son avocat, Me Olivier Metzner, que les écoutes téléphoniques soient versées au dossier. Un marathon

Le pasteur Joseph Doucé, enlevé le 19 juillet 1990, militait pour la cause des minorités sexuelles.

Chronologie

- **1976 : Joseph Doucé fonde le Centre du Christ libérateur.**
- **19 juillet 1990 : le pasteur est enlevé par des inconnus.**
- **24 octobre : son corps est retrouvé en forêt de Rambouillet.**
- **24 octobre 2007 : un non-lieu est prononcé dans l'affaire Doucé.**

judiciaire qui durera plus de sept ans avant que le préfet de police, Pierre Verbrugghe, et le directeur des RG parisiens, Claude Bardon, se retrouvent, le 24 février 1998, devant le tribunal correctionnel de Paris en compagnie de Jean-Marc Dufourg, révoqué de la police depuis novembre 1990 pour avoir tiré dans la porte de l'appartement d'un ami du pasteur. Les deux premiers pour des écoutes illégales entre le 12 et le 30 juillet 1990, le troisième pour la rédaction de faux rapports antidatés.
Le préfet et le directeur seront relaxés. Dufourg, de son côté, écopera de huit mois avec sursis et d'une amende de 20000 francs. Il devra également verser 20000 francs de dommages et intérêts à Guy Bondar.

En 2007, le 24 octobre, le juge Marc Trévidic prononce un non-lieu dans l'affaire Doucé. La même année, Yves Bertrand, patron des RG de 1992 à 2004, publie un livre autobiographique dans lequel il revient sur l'affaire. Il parle d'un « scandale qui [a frappé les RG] de plein fouet et entachera longtemps encore [leur] réputation [...] », avant de défendre son service :
« Doucé était un personnage controversé, qui organisait des cérémonies religieuses dans son théâtre pornographique [...]. Dans les faits, cette librairie était l'antenne et le maillon d'un réseau pédophile puissant, dont on a retrouvé la trace plus tard à la faveur des investigations liées à l'affaire Dutroux [...]. Doucé connaissait et protégeait un grand nombre de pédophiles, en France et à l'étranger, mais aussi des sadomasochistes et des pervers violents. Un carnet d'adresses

bien rempli. Dix mille noms, dit-on, issus des milieux de la politique, du show-biz, de la magistrature. Cette manie du fichage est sans doute ce qui a causé sa perte [...]. Il a tenté de faire chanter une ou plusieurs hautes personnalités liées au gouvernement de l'époque, et on a voulu le neutraliser. »

Pourtant, aucune preuve ne vient étayer la moindre activité pédophile de Joseph Doucé, dont l'assassinat permettra, en 1991, une révision de la loi sur les écoutes téléphoniques, désormais uniquement autorisées pour des affaires liées au terrorisme ou d'atteinte à la sûreté de l'État. Quant aux RG, créés en 1911, ils fusionneront avec la Direction de la surveillance du territoire (DST) en 2008 pour former la Direction centrale du renseignement intérieur (DCRI).

Le meurtre impuni d'Isabelle Fisch

PARENTS, AMIS, MILITANTS, ils sont un millier, le 21 novembre 1996, dans le cimetière de la petite ville de Soultz (Haut-Rhin), au pied des Vosges, tous unis pour rendre un dernier hommage à l'un des leurs, Rémy Fisch, décédé la veille. Cette grande figure des mineurs alsaciens, répertorié dans le *Dictionnaire du mouvement ouvrier* (« le Maitron »), a débuté à l'âge de quatorze ans au sein des mines domaniales de potasse d'Alsace. Militant communiste, Fisch a surtout accompli sa carrière dans le syndicalisme, gravissant un à un tous les échelons pour finir par devenir permanent du syndicat des mineurs du Haut-Rhin. En politique, il a été élu premier adjoint de Staffelfelden, la seule ville alsacienne dirigée par les communistes. Le mineur n'a guère eu le loisir de profiter de sa retraite, obtenue en 1992, après plus d'un demi-siècle d'engagement politique et syndical.

Pourtant, pour tous ceux qui se trouvent réunis ce jour-là à Soultz, le combat de Rémy Fisch pour plus de justice sociale s'efface devant ce qui fut le grand drame de sa vie : le meurtre jamais élucidé de sa fille Isabelle. Un mystère dont il a tenté, durant presque vingt ans, de dénouer les fils, au point parfois de déborder sur l'institution judiciaire chargée de l'enquête. Son chagrin et celui de son épouse, Christiane, décédée six ans plus tôt, ne se sont jamais apaisés. Il y eut tant d'incompréhensions, tant de zones d'ombre, tant de coups bas, tant de portes refermées, même par des camarades.

Sans nouvelles d'Isabelle

Dix-neuf ans plus tôt, presque jour pour jour, le samedi 19 novembre 1977, vers 7 heures du matin, Isabelle Fisch s'apprête à quitter le domicile familial, situé au numéro 12 de la rue Mélusine à Staffelfelden. De son passé minier, cette commune de trois mille cinq cents habitants n'a conservé que la cité ouvrière de Rossalmend. Une architecture classique, avec des maisons jumelles à deux étages, un petit jardin devant en guise d'agrément, le tout ceinturé d'une clôture.

Isabelle s'est levée tôt. Elle doit rejoindre Montbéliard, dans le Doubs, où l'attend un couple d'amis, les P. Une vraie galère pour y parvenir. De Staffelfelden, la jeune fille âgée de dix-neuf ans doit d'abord gagner à pied la ville voisine de Pulversheim, distante d'un kilomètre et demi. Là, elle récupérera le bus pour se rendre à Mulhouse, où elle prendra le train.

Après avoir avalé rapidement son petit-déjeuner et avoir embrassé sur la joue sa sœur cadette, Éliane, Isabelle s'engage dans la rue. Elle porte un grand sac en bandoulière dans lequel elle a rassemblé quelques affaires. Il est 7 h 15. Il fait froid, mais la chaleur de la nuit enveloppe encore la jeune fille, bien protégée par sa lourde veste à carreaux bruns et blancs.
La cité derrière elle, Isabelle marche d'un bon pas sur le bas-côté de la départementale qui franchit la forêt. Que se passe-t-il ensuite ? Mystère ! Personne ne reverra Isabelle vivante.

Dès le lendemain, dimanche 20 novembre, les époux Fisch s'étonnent que leur fille ne soit pas revenue de son périple. Mais après tout, Isabelle n'est plus une adolescente. Elle aura voulu passer un peu plus de temps que prévu chez ses amis avant de regagner le domicile. Le lundi, toujours sans nouvelles, les Fisch cèdent à l'inquiétude. Du coup, le père envoie un télégramme aux P. :
« Sans nouvelles Isabelle, prière téléphoner au [...] avant 16 heures ou télégraphier. »
La nouvelle parvient aux époux Fisch le lendemain matin. Elle les laisse sans voix. Au téléphone, Gérard P. leur annonce qu'Isabelle n'est jamais arrivée à Montbéliard. Aussitôt, le père se rend à la mairie pour signaler la disparition de sa fille, avant d'alerter la gendarmerie de Staffelfelden.

Les militaires chargés de l'enquête sont confrontés dès le départ à une première difficulté : on sait que les premières heures se révèlent essentielles pour orienter les recherches ; or, trois jours se sont écoulés entre le moment probable de la disparition et son annonce. Les gendarmes savent, par expérience, que la grande majorité des disparitions se termine, après une tentative de fugue, par le retour du disparu au bout de quelques jours. Mais Isabelle ne réapparaît pas. Une procédure de recherche dans l'intérêt des familles est donc engagée.

Les militaires s'intéressent d'abord à la personnalité de la jeune fille. Tous les témoignages convergent : Isabelle n'a rien de la fugueuse mal dans sa peau et en rupture avec sa famille. Chacune des personnes interrogées évoque au contraire une fille « simple, sérieuse, réservée notamment dans sa conduite et dans sa vie affective, dévouée à une cause politique et particulièrement sensible aux difficultés des plus déshérités »... Elle n'est pas du genre à monter dans une voiture avec n'importe qui ou à se lancer dans une aventure improbable sans réfléchir.
Puisqu'il ne semble pas possible qu'Isabelle ait fugué, on envisage qu'elle ait pu être enlevée, avec les conséquences dramatiques qui peuvent en résulter.

Bizarrement, le même week-end, les gendarmes de Wittelsheim ont reçu la déposition d'une mère dont le fils a disparu le samedi, avant de regagner le bercail en affirmant que, après s'être passablement saoulé, il avait erré dans la forêt de Reiningue toute proche.

Un corps affreusement mutilé

Le mois de décembre s'écoule. Les fêtes de fin d'année, chez les Fisch, se déroulent dans une angoisse latente. Aucun indice, aucune information probante n'a conduit les gendarmes sur une première piste.

Le 1er janvier 1978, René G., mécanicien ajusteur âgé de cinquante-six ans, se promène dans la forêt de Reiningue, à proximité d'une ancienne poudrière sise au lieu dit « Heyden ». Dans le ciel, des busards poussent de petits cris aigus en tournoyant. Curieux, l'homme se dirige vers le lieu supposé où doit reposer une charogne. Parvenu à l'endroit, situé entre deux remblais, il recule soudain d'un pas : un corps de femme affreusement déchiqueté et en grande partie gelé, « en état de destruction avancée par action des animaux carnassiers », gît sommairement caché par deux branches de pin disposées en croix. « Une veste style trappeur à carreaux bruns et blancs, fermée et retroussée, écrit Laurent Lallemand dans *Les Grandes Affaires Criminelles d'Alsace*, laissait à nu l'abdomen et le bas des seins. Les jambes étaient écartées, la droite tendue, nue, excepté le pied encore recouvert d'une chaussette, et la gauche repliée sur elle-même avec, couvrant en partie une chaussure montante en cuir, un jeans de velours bleu tout recroquevillé... Le visage était méconnaissable. »

Quelques jours plus tard, le rapport du médecin légiste affirmera que le cadavre a subi « un traumatisme crânien ayant provoqué une lésion hémorragique du cerveau gauche par contrecoup, une tentative de violence cervicale par étranglement, ainsi que d'un viol, le décès devant être consécutif à l'action du froid sur le corps d'une personne inanimée »...
Rapidement sur les lieux, les gendarmes ne découvrent ni objet personnel appartenant à la victime, ni trace de véhicule imprimée dans le sol, comme si le corps avait été transporté sur place.

Quand, le lendemain matin, en ouvrant les pages de *L'Alsace lundi*, Rémy Fisch tombe sur un article faisant référence à la découverte d'un cadavre près de Lutterbach, son sang ne fait qu'un tour. S'agirait-il d'Isabelle ? Un double sentiment l'envahit : d'une part, l'espoir de retrouver sa fille vivante s'effondrerait ; d'autre part, la terrible incertitude de sa disparition s'effacerait. Alors qu'il se rend en voiture à Lutterbach, une Estafette de gendarmerie lui fait signe de s'arrêter. Étonné, il voit son ami le maire de Staffelfelden descendre du véhicule. « Ce n'est pas Isabelle, elle avait de plus gros seins que celle-là ! » Tout à la joie de recevoir une telle nouvelle, Rémy Fisch sort de sa poche une photo récente d'Isabelle. Les gendarmes restent prostrés. La jeune fille porte une veste identique à celle du cadavre. L'espoir s'effondre d'un seul coup.

Sur fond de rivalités politiques

Suite à la diffusion, dans les médias, de photos d'Isabelle et d'un appel à témoins, plusieurs pistes s'ouvrent qui ne donnent rien. Interrogés, deux suspects dénoncés par des lettres anonymes nient toute participation en fournissant des alibis plus ou moins vérifiables. Il en est de même pour le jeune adolescent qui a erré dans le bois où Isabelle a été retrouvée. En dépit de certaines contradictions, il ne sera pas inquiété. Pas plus d'ailleurs que les gérants de l'auto-école où Isabelle prenait ses leçons.
Semaine après semaine, le mystère s'épaissit, en dépit du travail de fourmi mené par les gendarmes. Inévitablement, les enquêteurs portent leur attention sur la personnalité de la victime. Une question taraude notamment leur esprit : comment se fait-il que l'analyse sanguine révèle un taux d'alcoolémie important, alors que tous les témoignages concordent pour évoquer la sobriété d'Isabelle, une fille bien sous tous rapports, à la vie limpide ?

L'affaire prend un tour inadmissible quand un hebdomadaire d'extrême droite laisse entendre qu'Isabelle menait une vie débauchée et que, finalement, elle n'avait eu que ce qu'elle méritait. Il est clair que, à travers de tels propos, c'est Rémy Fisch qui est visé, et, au-delà de lui, la mairie communiste de Staffelfelden.

L'enquête prend un tour encore plus polémique quand la justice reproche au père d'Isabelle de mener ses propres investigations. Rémy Fisch, qui croit pouvoir compter sur la solidarité syndicale et celle du parti communiste, se rend pourtant vite compte que des portes se ferment à son approche et que l'on murmure dans son dos, jusqu'au maire qui écrit au parti :
« Fisch essaye de politiser l'affaire, de s'en servir pour conquérir la municipalité, de régler des comptes ! Il commence à être déséquilibré. Depuis l'assassinat de sa fille, les camarades du syndicat le trouvent bizarre. »
Une ambiance qui se traduira ensuite par la réception régulière de lettres injurieuses et la reproduction sur son véhicule de tags nazis, le paroxysme étant atteint le 3 juin 1979, quand le syndicaliste se fait agresser par trois voyous. Des pratiques honteuses qui font oublier le martyre qu'Isabelle a subi.

Des hypothèses différentes

Qu'en est-il par ailleurs du crime ?
Rémy Fisch est convaincu que le ou les criminels sont des gens proches. Isabelle a-t-elle été kidnappée, séquestrée et violée en groupe ? Des parties fines, dont la jeune fille aurait été l'innocente victime, sont-elles organisées dans la région ? A-t-elle été victime de représailles de l'extrême droite néo-nazie ?
De leur côté, les gendarmes penchent pour une rencontre malencontreuse avec un pervers agissant en solitaire. L'Alsace, et plus précisément le Bas-Rhin, avait subi en 1974 la vague criminelle d'un tueur en série qui ne fut jamais retrouvé. Vague qui devait d'ailleurs se renouveler en 1984 dans la même région, sans que l'affaire soit également élucidée.

L'arrestation, le 9 juin 1978, d'un ouvrier portugais auteur du viol le jour même d'une adolescente dans la forêt entre Cernay et Lutterbach permettra de résoudre cinq autres affaires de viol, mais son implication dans l'affaire Fisch ne sera jamais vraiment établie, la méthode employée par le violeur récidiviste ne coïncidant pas avec celle employée par celui ou ceux qui ont assassiné Isabelle. Manuel C. sera plus tard condamné à quinze ans de réclusion, avant d'être expulsé vers le Portugal.

Une affaire médiatisée qui débouche sur deux non-lieux

Le temps s'écoule. Et la douleur des Fisch ne s'atténue pas. Elle devient même encore plus vive quand ils apprennent que le nouveau juge, Dominique Adam, a rendu le 18 juin 1982 une ordonnance de non-lieu, « attendu que toutes les recherches et investigations auxquelles ont procédé avec compétence et sérieux les services de gendarmerie sont restées infructueuses ; attendu que la personnalité de Mlle Fisch a pu d'autant moins orienter l'enquête qu'elle a été décrite comme simple, sérieuse, réservée dans sa vie affective et toute dévouée à une cause politique ; attendu que toutes les hypothèses avancées par M. Fisch, père de la victime, en vue d'identifier l'auteur du crime ont été examinées ; qu'elles ont donné lieu à des vérifications tant dans le cercle de ses amis que dans celui de ses adversaires politiques ; attendu cependant que l'auteur du crime est demeuré inconnu »...

La justice refermant le dossier, il revient à tous ceux et celles qui refusent de s'asseoir sur l'impunité de continuer à rechercher, encore et encore, des éléments nouveaux qui permettront de relancer l'affaire et, surtout, de tout faire pour que le meurtre d'Isabelle Fisch ne tombe pas dans l'oubli.

Sous l'impulsion de responsables CGT des mines de potasse, un « Comité pour la vérité sur l'affaire Fisch » est créé en 1987. Son but : faire en sorte que l'affaire soit fortement médiatisée, afin d'alerter la population et les pouvoirs publics en exigeant la réouverture du dossier par la justice. De nombreuses personnalités politiques, intellectuelles ou issues du monde du spectacle rejoindront ce comité, dont les efforts permettront de relancer l'enquête. Le 19 novembre 1987, soit dix ans jour pour jour après la disparition d'Isabelle, le comité est reçu à l'Élysée. Cette entrevue sera suivie d'une audience,

Chronologie

- **19 novembre 1977 : disparition d'Isabelle Fisch, dix-neuf ans.**
- **1er janvier 1978 : découverte du corps de la jeune fille dans la forêt de Reiningue.**
- **18 juin 1982 : ordonnance de non-lieu dans l'affaire Fisch.**
- **19 novembre 1987 : le Comité pour la vérité sur l'affaire Fisch est reçu à l'Élysée.**
- **9 octobre 1996 : second non-lieu dans l'affaire Fisch.**
- **21 novembre : décès du père d'Isabelle, Rémy Fisch.**

le 15 février 1988, avec le garde des Sceaux Albin Chalandon. Enfin, la justice finit par céder à la pression médiatique et à la volonté du pouvoir de faire toute la lumière sur l'affaire Fisch. Déjà, un complément d'enquête avait été demandé par le procureur de Mulhouse le 17 juin 1987, suivi d'une reprise de l'enquête par la police judiciaire. Le 11 mars 1988, le procureur Volff déclare que « les investigations méthodiques menées par la police judiciaire » et « des examens techniques et scientifiques » ont permis « de déboucher ces dernières semaines sur la découverte et la réunion de quelques éléments significatifs ».

Confiée à la juge d'instruction Frédérique Jovet, l'information requalifiée en « viol et meurtre » reprend, au grand soulagement de la famille Fisch et du comité de soutien. Quinze personnes – dont la plupart ont été soupçonnées dès le départ – sont entendues par la police judiciaire de Mulhouse les mois suivants, auxquelles s'ajoutent d'autres individus. En réalité, les efforts de la police judiciaire se concentrent autour d'un café-restaurant situé à Wittelsheim, cité Graffenwald, *L'Orée du bois*. Selon le témoignage d'une serveuse, des parties fines bien arrosées s'y déroulaient, ainsi que des réunions d'extrême droite. Plusieurs des personnes interrogées faisaient partie de la clientèle. Mais toutes nieront ces assertions devant les policiers. Et les serveuses reviendront sur leurs déclarations.
De nouvelles expertises suivies de contre-expertises ne révéleront rien. Les travaux de la police, de la juge et de l'avocat de la famille

Fisch, Me Moser, n'aboutiront à rien de concret. L'affaire Isabelle Fisch s'enlise, et rien ne semble pouvoir la relancer. Beaucoup ont parlé dans cette histoire... Beaucoup trop, certainement. Mais il restait en définitive dans ce dossier trop peu d'éléments tangibles pour avancer une hypothèse qui déboucherait sur la vérité.

Finalement, la justice décide d'un second non-lieu le 9 octobre 1996, dix-neuf ans après la disparition d'Isabelle Fisch. Un mois et demi plus tard, Rémy Fisch s'éteint dans la solitude de son chagrin, laissant à ses deux autres enfants le soin de faire éclater un jour, peut-être, la vérité.

Affaire Françoise G. et Arnaud B.,
Pouzilhac, 14 juillet 1979

L'énigme du double meurtre de la nationale 86

« Au nom de qui, au nom de quoi
Verser le sang d'un innocent.
Au nom de qui, au nom de quoi
Vouloir du mal à un enfant. »

Jean-Louis Aubert

S'IL FALLAIT RETENIR UNE IMAGE, et une seule, de ce drame qui allait bouleverser une région entière, et même au-delà, ce serait celle de cette gamine de treize ans terrifiée par ce qu'elle vient de vivre et de subir, la nuit, au bord de la route du soleil, des vacances et de la mer. Seule et hagarde, dans l'indifférence des automobilistes circulant sans se rendre compte qu'une tragédie s'est jouée à deux pas.

En quittant leur village de Badonviller (Meurthe-et-Moselle) en ce petit matin du 14 juillet 1979, Françoise G. et ses deux enfants, Laurence et Arnaud, onze ans, ne songent qu'à cette station de La Grande-Motte où ils vont pouvoir se reposer et se détendre. Prête depuis la veille, la Peugeot 104 verte a démarré vers 8 heures du matin pour une arrivée prévue vers 23 heures, le temps de couvrir les quelque sept cents kilomètres qui séparent la Lorraine de la « Grande Bleue ».

En cette soirée de fête nationale, la descente touche à sa fin. Après s'être restaurée avec ses enfants à Valence, Françoise G. achète des sandwiches en prévision de l'arrivée. Mais la route est longue du nord vers le sud, la chaleur éreintante et la conduite pénible sur cette voie à grande circulation. Soixante-dix kilomètres restent à couvrir quand, vers 22 heures, Françoise G. décide de s'arrêter pour

se reposer à proximité du village de Pouzilhac. Les yeux lui piquent, et son attention diminue avec la nuit tombante. Derrière, allongé sur la banquette, le petit Arnaud dort profondément. Sur le siège de devant, Laurence sent elle aussi ses yeux se fermer. Une petite aire de stationnement, entre Pouzilhac et Valliguières, se présente. Un brin de sommeil, et Françoise sera fraîche et « dispo » pour parachever le trajet. Inutile de prendre des risques.
Dehors, la nuit finit par chasser le jour. Sur la droite de la route, un bois sombre se découpe. De l'autre côté, la circulation a largement diminué d'intensité. Par prudence, la conductrice ferme les quatre portières de la voiture. On ne sait jamais ! Tranquillisée, elle enfouit sa tête dans ses bras posés sur le volant et ferme les yeux. Quelques instants plus tard, elle sommeille, fatiguée mais heureuse de toucher au but.

La Bête rôde !

Dans cette belle nuit étoilée, dans l'apaisement des sons et dans le secret de la nature désormais livrée à l'obscurité, la mort rôde. Sournoise et imprévisible. Françoise G. s'est arrêtée là où il ne fallait pas… Le destin… La Bête immonde tapie dans l'ombre s'approche à pas de loup, flaire ses victimes endormies, jette à travers la vitre un œil sournois… La Bête a faim… Une mère et ses deux enfants… des proies faciles pour elle.
Un coup de feu claque dans la nuit, brisant la vitre arrière. Laurence se réveille en sursaut. Les yeux embués de sommeil, elle distingue à la fois le corps ensanglanté de sa mère et celui d'un homme qui, à l'arrière de la 104, poignarde son petit frère. Laurence crie, terrifiée par cette vision de cauchemar. La Bête immonde saisit sa proie, prête à la sacrifier à son appétit sexuel, à son dérèglement interne, à ses pulsions. « Si tu cries, lui ordonne-t-elle en la tirant par le cou hors de la voiture, je continue à poignarder ta mère et ton frère. » Laurence se tait. Une enveloppe d'effroi la tétanise. La Bête aux mains sanglantes l'entraîne vers le bois. Sur la route passent des automobilistes, inconscients du drame. La Bête est maintenant repue. Sa fureur criminelle s'est estompée. Elle abandonne la fillette dans les taillis, puis s'éloigne sans laisser le moindre indice derrière elle.

« Venez vite ! crie une voix dans le combiné du téléphone de la gendarmerie de Remoulins. Il y a quelque chose d'anormal dans les Combes, près de la carrière de Pouzilhac. »

Il est 3 h 30 du matin, ce 15 juillet 1979. Les gendarmes se précipitent vers le lieu indiqué. Une 104, le plafonnier encore allumé, est garée là, sur le bas-côté. La vitre arrière est fracassée.
Dans la voiture, toute l'horreur du drame. Il n'y a plus rien à faire pour les deux victimes. Soudain, des premiers fourrés s'envolent comme des cris. Les gendarmes accourent. Une jeune fille, transie de peur, les regarde, hébétée.

La route de tous les dangers

Les premières constatations et les bribes de paroles confuses prononcées par la fillette permettent d'établir un premier constat. Françoise G. a d'abord été grièvement blessée par une balle de fusil de chasse de calibre 12, avant d'être achevée de quatre coups de couteau portés au cœur par une lame effilée. Entre-temps, l'assassin a poignardé au cœur son fils, Arnaud.
Dès le début, les gendarmes de la brigade de recherches de Nîmes rattachent ce drame à deux affaires dont la nationale 86 a été le théâtre ces quinze derniers jours, laissant penser que cette portion de route est devenue « le terrain de chasse pour les mauvais garçons », comme le titre *Midi Libre* dans son édition du 17 juillet 1979. En effet, outre le suicide d'un jeune étudiant lyonnais saturé d'examens, un sexagénaire a violé une fillette de six ans, plus au nord, vers Connaux. D'autre part, des vols ont été commis sur des automobilistes imprudents qui s'étaient assoupis au volant de leurs véhicules, à l'exemple de Françoise. Les plus anciens se rappellent même les forfaitures, dans les années 1950, de celui que la presse et la population avaient surnommé le « gangster de 20 heures ». Bref, il ne fait pas bon s'arrêter sur cette route à la nuit tombée.

Deux pistes sont suivies par les enquêteurs. La première est celle d'un exhibitionniste aperçu le jour même à Pouzilhac qui a importuné deux fillettes, avant d'être chassé par leur tante. Cette dernière a eu le réflexe de relever le numéro de la plaque minéralogique de la voiture.

Arrêté au Puy, l'individu est confronté par les gendarmes à Laurence, qui ne le reconnaît pas. « Le monsieur ne portait pas de barbe », déclare-t-elle. Néanmoins, l'homme fera l'objet d'une information judiciaire pour outrage à la pudeur. Plus étonnante est la découverte le lendemain matin, 15 juillet, près de L'Ardoise, d'une 404 blanche accidentée. Des traces de sang sont relevées sur les sièges. Plusieurs témoins affirment avoir vu quatre Maghrébins occuper le véhicule. Plus étrange encore est la déposition d'un jeune ouvrier pâtissier de Remoulins qui, vers 3 heures du matin le 15 juillet, est intercepté par des Nord-Africains sur la route de Jonquières :

« Je me rendais à mon travail par la nationale 63 quand j'ai vu la 404 blanche arrêtée sur le côté. Le conducteur est descendu. Il avait un fusil à la main. Il donnait l'impression d'être ivre, ses compagnons aussi. Il a dirigé l'arme contre moi et m'a dit : "Fais demi-tour si tu ne veux pas recevoir une balle dans la tête." Je n'ai pas compris très bien pourquoi il agissait ainsi, mais j'ai eu peur et je suis rentré chez moi. »

Malgré le rapprochement entre les deux affaires, les analyses du sang prélevé sur la 404 démontreront qu'il n'appartient pas au même groupe que celui des victimes.

Une enquête sans fil conducteur

Une semaine s'écoule. Un travail de fourmi est accompli par les gendarmes, rejoints dès le 18 juillet par les hommes du service régional de police judiciaire de Montpellier. À partir des déclarations de Laurence sont dressés trois portraits-robots, que le juge Gadel hésite à diffuser pour éviter de partir sur de fausses pistes et sur des témoignages toujours très longs à vérifier. La jeune fille a décrit un homme aux cheveux courts, d'une trentaine d'années, grand et mince, portant une veste ou un blouson de cuir ou de similicuir noir sur une chemise bleue et un jean. Des vérifications sont entreprises dans les casernes. Les photos de délinquants défilent devant les yeux de Laurence. En vain ! Quand le « monsieur » – comme elle appelle la Bête – lui a parlé, elle n'a décelé aucun accent prononcé, de type méditerranéen ou étranger.

À ce point de l'enquête, alors que Laurence a rejoint sa famille après son séjour à l'hôpital, de nombreuses interrogations restent en suspens et, pour la plupart, aboutissent à une constatation : rien, pour l'instant, n'est logique dans cette histoire. D'où l'hypothèse formulée par le chroniqueur de *Midi Libre* Francis Attard dans l'édition du 20 juillet 1979 :

« Chaque affaire criminelle a sa logique. C'est une sorte de bobine de fil. Le plus difficile pour les enquêteurs est de suivre le fil, le bon. Ensuite, en dévidant la bobine, ils sont à peu près sûrs qu'il les conduira tôt ou tard vers le meurtrier. La particularité du double crime de la nationale 86, outre son aspect de violence sauvage et froide, est de n'offrir aucun fil conducteur. Aucune logique. C'est comme si la bobine de fil était constituée de petits morceaux. On en tire un. Il ne mène nulle part. Il en est ainsi depuis le début de l'enquête pour chacune des hypothèses envisagées et fondées sur les constatations matérielles et médico-légales. Du moins ce qu'on connaît d'elles. Non seulement le fil est trop court, mais il serpente au milieu des contradictions, s'enroule autour d'anomalies déroutantes. »
Le vol, en premier lieu, suscite des interrogations. Pourquoi un tel massacre face à trois personnes vulnérables ? Pourquoi avoir oublié chéquier, bijoux ainsi que le porte-monnaie des enfants et n'avoir même pas pris le temps de fouiller les bagages ? La thèse du détraqué sexuel habitant la région est plus probable. Dans ce cas, pourquoi n'a-t-il pas violé la fillette ? Pourquoi lui a-t-il laissé la vie sauve, au risque d'être plus tard confronté et reconnu ? Du coup, une troisième hypothèse s'ouvre : celle d'un homme étranger à la région, connu peut-être de la victime, qui l'aurait suivie sur la route des vacances pour assouvir on ne sait quelle terrible vengeance, comme ce sera le cas bien plus tard lors de la tuerie de Flavin (Aveyron), où le meurtrier viendra de Miami pour se venger d'une ancienne connaissance, tuant en même temps sa fille et son bébé. Mais là encore, tout reste flou ! Un temps, la piste d'un braconnier est évoquée. La balle, qui sert d'ordinaire pour la chasse au sanglier, le couteau à la lame effilée, qui est habituellement utilisé pour découper le gibier, et une ficelle laissent à penser que l'homme peut être chasseur. Mais le rapport d'autopsie démontre que le tir, de haut en bas, est l'œuvre d'une arme à canon scié. Or, les chasseurs ou les braconniers n'ont guère l'habitude d'utiliser ce type d'armes.

Le double crime reste impuni !

Si les recherches sont menées tous azimuts – six cents personnes interrogées, dont trois cents chasseurs ; de multiples fusils examinés ; des pistes de tueurs comme Hubert Kalk, le tueur des bois de Valbonne, explorées –, il faut bien convenir que l'enquête piétine.
Comme pour chaque fait divers qui s'éternise, le mystère de la nationale 86 disparaîtra de l'actualité sans que les gendarmes laissent

tomber l'affaire, profitant de chaque arrestation de détraqués sexuels pour établir des recoupements avec le double meurtre impuni.
Les années suivantes n'apporteront guère d'éléments susceptibles de faire rebondir l'enquête. Toutefois, entre 1979 et 1983, deux autres affaires laissent penser qu'une bête assoiffée de sexe et de sang rôde dans un triangle formé par les communes de Valliguières, Rochefort-du-Gard et Saint-Hilaire-d'Ozilhan. En 1980, tout d'abord, une jeune prostituée d'Avignon est découverte violée et assassinée sur un chemin de montagne, à deux pas des bois de Valliguières. Le crime restera impuni. Trois ans plus tard, dans la nuit du 2 au 3 juillet 1983, deux jeunes sœurs avignonnaises sont agressées par un homme qui tente de violer l'une d'elles et frappe l'autre de plusieurs coups de couteau. Par bonheur, le passage fortuit d'un automobiliste sur cette route peu fréquentée leur permet de prendre la fuite. La description qu'elles donnent de leur agresseur comporte de nombreuses similitudes avec les portraits, jamais dévoilés, dressés en 1979.

Dix années sont passées quand, dans son édition du 25 avril 1989, *Midi Libre* dévoile les aveux d'un homme affirmant avoir tué Françoise G. et son fils, Arnaud. Mais le quotidien, méfiant, observe une certaine retenue devant cette surprenante confession.
En arrêtant Jean-Jacques M., quarante-neuf ans, pour attentats à la pudeur, les gendarmes ont eu la stupéfaction de l'entendre déclarer : « C'est moi l'auteur du double meurtre de la 86. Je me suis livré à des sévices sur la petite. »
Les détails qu'il a fournis sur le double meurtre, sa présence à proximité du lieu du drame et son visage qui ressemblait à l'un des portraits-robots ont incité les gendarmes à vérifier ses dires. La chance aurait-elle enfin tourné en leur faveur ?

Bien vite, cependant, ils s'aperçoivent que l'individu en question, psychiquement et mentalement faible, habitant à Trèves, aux confins du Gard et de l'Aveyron – où, dès le début, personne ne croit à sa version, tant l'homme est reconnu comme inoffensif et incapable de tenir une arme –, s'est attribué cette histoire.

Chronologie

- 15 juillet 1979 : Françoise G. et son fils sont retrouvés morts au bord de la nationale 86.

- 25 avril 1989 : aveux dans *Midi Libre* d'un homme affirmant être l'auteur du double meurtre.

- 23 mai : l'auteur des aveux est remis en liberté.

Un affabulateur qui, lorsqu'il est auditionné par le juge d'instruction, se rétracte. Du reste, les gendarmes ont relevé de multiples incohérences dans sa déposition. Aussi Jean-Jacques M. est-il remis en liberté le 23 mai 1989, un mois après sa stupéfiante déclaration. Un nouveau coup d'épée dans l'eau pour les enquêteurs après les appels téléphoniques anonymes, reçus dans un café de Pouzilhac l'année précédente, d'un individu affirmant connaître le meurtrier. Canular ou œuvre d'un maniaque ?
Depuis cette date, l'énigme de la nationale 86 reste entière. Mais l'espoir demeure que, un jour… Avant « que la Bête meure » !

Affaire Robert Boulin, Rambouillet, 30 octobre 1979

Le grand silence

« La vérité saute rarement aux yeux, il faut aller la chercher. Elle ne se donne pas, elle se conquiert. »

Fabienne Boulin-Burgeat

DEUX GRANDES AFFAIRES POLITICO-JUDICIAIRES ont secoué la présidence de Valéry Giscard d'Estaing, entre 1974 et 1981. Deux affaires qui ont pour lien commun l'impunité et la loi du silence qui, depuis plus de trente ans, s'imposent à celles et à ceux qui veulent concourir à l'éclatement de la vérité. Deux affaires qui révèlent au grand jour les maux d'une vie politique où l'intérêt général s'efface devant la raison d'État, le carriérisme, les ambitions personnelles et la corruption. Deux affaires qui demeurent officiellement des énigmes, puisque aucun procès n'a eu lieu et qu'aucun coupable n'a été désigné, mais qui laissent l'étrange sentiment que l'on sait et que l'on ne veut rien dire. Le grand silence du pouvoir ouvre la porte aux doutes sans jamais lever le voile de la vérité ! Pourtant, plus de trente ans après, celle-ci reste une exigence. Un devoir de mémoire. À ce titre, le combat de Francis Renaud[1] et de Fabienne Boulin-Burgeat pour leurs pères respectifs est exemplaire de ténacité pour ce qui tient lieu d'évidence dans l'opinion publique, en dépit des fausses informations, des manœuvres frauduleuses et de la calomnie qui tentent de faire accréditer une thèse détournée de sa logique vérité.

Si l'histoire de France est parcourue de nombreuses affaires au plus haut niveau du pouvoir, les années 1970 détiennent sans doute un record. Qu'on en juge !
Le 3 juillet 1975, le juge Renaud tombe à Lyon sous les balles de tueurs professionnels. Un non-lieu sera prononcé en 1992 sans qu'éclate la vérité. Le magistrat enquêtait sur les liens étroits existant entre le milieu lyonnais et le Service d'action civique (SAC) pour alimenter les caisses du parti gaulliste.

[1] Voir le chapitre intitulé « Ils ont osé ! Le juge et les assassins ».

Le 24 décembre 1976, le prince Jean de Broglie, descendant du fils de Charles X et secrétaire d'État à plusieurs reprises sous Giscard d'Estaing, est assassiné en pleine rue à Paris. Son conseiller fiscal, Pierre de Varga, sera condamné à dix années de réclusion pour complicité d'assassinat, mais ni le ou les coupables ni les commanditaires ne seront jamais clairement identifiés.

Le 2 février 1980, un ancien ministre de l'Éducation nationale de Pompidou, Joseph Fontanet, s'effondre sur un trottoir parisien, abattu d'une balle de 11,43 en plein thorax. L'homme était connu pour son intégrité, son esprit d'indépendance – bien qu'il soit proche des chrétiens sociaux – et, surtout, ses positions contre le SAC, dont il combattait les méthodes. Acte gratuit d'une bande de malfrats en goguette ? Geste inconsidéré d'un automobiliste irascible ? Assassinat politique ? Là encore, l'enquête accouchera d'un non-lieu.

Trois mois plus tôt, le 30 octobre 1979, Robert Boulin, ministre du Travail et Premier ministrable, est retrouvé mort en forêt de Rambouillet. Lui aussi ancien résistant, chrétien social et homme politique connu pour son intégrité. Gênant à plus d'un titre. Seule différence avec les faits précédents : la thèse criminelle est écartée dès le début de l'enquête au profit de celle du suicide par noyade… dans cinquante centimètres d'eau, dont quarante de vase ! Une thèse fabriquée d'avance par ceux qui avaient intérêt à maquiller le crime en suicide. Une thèse à tel point bourrée d'incohérences qu'elle suscitera d'emblée bon nombre d'interrogations et de suspicions dans un contexte politiquement troublé. Car c'est dans la vie politique de Robert Boulin et non dans un prétendu différend familial que se situe le nœud de l'affaire, la cause de sa mort et de son élimination.

Robert Boulin, l'homme intègre

En octobre 1979, Robert Boulin est un homme politique de premier plan, ministre du Travail et de la Participation après avoir occupé diverses fonctions ministérielles dans de précédents gouvernements, où sa clairvoyance et son esprit de dialogue ont été unanimement appréciés. Comme bien d'autres hommes politiques qui ont grandi dans le sérail gaulliste, Robert Boulin est issu de la Résistance, dont il a conservé les valeurs, tandis que d'autres les remisaient au placard pour des ambitions personnelles plus lucratives.

Dans les couloirs des ministères et au sein des médias, la rumeur, de plus en plus insistante, évoque sa future nomination au poste de Premier ministre, en remplacement de Raymond Barre. Giscard

d'Estaing ne s'en est d'ailleurs pas caché en se déplaçant dans son fief de Libourne pour y prononcer un discours en forme d'adoubement. Une probabilité qui ne fait ni le bonheur de ses adversaires potentiels, ni celui du Rassemblement pour la République (RPR).
En effet, alors que les élections présidentielles approchent, une lutte sans merci s'est engagée entre l'Union pour la démocratie française (UDF) de Giscard d'Estaing, qui compte bien se représenter, et le RPR de Jacques Chirac, désireux de reprendre la main après l'intermède centriste. Nommer Robert Boulin, gaulliste historique, au poste de Premier ministre à moins de deux ans des présidentielles, ce serait couper l'herbe sous le pied des chiraquiens, qui ne pourraient critiquer l'action d'un gouvernement dirigé par l'un des leurs.
Le ministre du Travail, en cette fin de mois d'octobre 1979, est conscient de cette rivalité et du danger qui le guette. Depuis plusieurs semaines, une sombre machination consiste à le discréditer dans l'affaire des terrains de Ramatuelle où est impliqué Henri Tournet, ami de Foccart, l'un des fondateurs du SAC. Tournet avait vendu certaines parcelles plusieurs fois, avec la complicité de son notaire. L'une d'elles avait été acquise en bonne et due forme par Robert Boulin en 1974. Pas de quoi cependant effrayer le ministre, qui détient des informations susceptibles de faire taire ses ennemis. Il a d'ailleurs l'intention de s'expliquer sur cette affaire à la mi-novembre.

Suicidé dans cinquante centimètres d'eau ?

Que sait-on des dernières heures de Robert Boulin ? Qu'il n'a rien d'un homme dépressif et qu'il est tout à son activité ministérielle. De 9 h 30 à 11 h 30, réunion de cabinet. Vers midi, il rédige deux lettres, l'une adressée à son conseiller de presse, Patrick Blank, et l'autre à son avocat, Me Alain Maillot. Des courriers qui ne seront jamais remis à la justice. Ensuite, il déjeune avec son fils, Bertrand, et son gendre. Après s'être entretenu avec le député Gaston Flosse, il rentre chez lui, porteur d'une pile de dossiers que l'inspecteur Autié, chargé de sa sécurité, dépose sur son bureau. Bertrand dira par la suite que ces dossiers, aperçus sur le bureau de son père, portaient les mentions « Elf », « Dassault », « Sécurité sociale » et « Arabie Saoudite ». De la dynamite, où il aurait pu être question de financements occultes du RPR. Des dossiers qui ne seront jamais retrouvés, certainement volés le soir même du « suicide » du ministre. Ce dernier ne s'attarde pas dans son appartement, annonçant à son épouse, Colette, qu'il a rendez-vous avec ses avocats. Sa famille ne le reverra pas vivant.

La suite appartient à l'attente, à l'angoisse, à la peur… à la douleur, enfin, quand l'époux ne rentre pas le soir, avant 20 heures, comme il en a l'habitude. Quand l'alerte est donnée de sa disparition, restée sans réponse ou, du moins, sans pistes. Quand l'annonce tombe, au petit matin, après que l'absence de sommeil a éprouvé les corps et les esprits. Il est 9 heures du matin lorsque le téléphone sonne. L'annonce de la mort de Robert Boulin par suicide pétrifie les corps et les cœurs.

Officiellement, le cadavre du ministre a été retrouvé par la brigade motocycliste des Yvelines dans l'étang Rompu, en forêt de Rambouillet, à sept mètres de la berge, vers 8 h 40. Sa 305 bleue se trouve non loin du bord. Coïncidence : ce lieu sert de rendez-vous à Foccart et à Tournet dans le cadre de leurs activités. Pourtant, mais la famille ne le saura que bien plus tard, la nouvelle du décès de Boulin a été annoncée au ministère de l'Intérieur et à Matignon dès 2 heures du matin. Précision incroyable : le suicide est indiqué comme la cause certaine de la mort, alors même qu'aucune autopsie n'a encore été effectuée. Plus étonnant, encore : la présence sur le lieu, dès 1 h 30, selon un témoignage, du procureur général Louis-Bruno Chalret, celui-là même qui était en poste à Lyon en 1975 au moment de l'assassinat du juge Renaud et est soupçonné d'être très lié au réseau Foccart. Celui-là même qui, dès le mardi 30 octobre au matin, dessaisira la gendarmerie de l'enquête au profit du service régional de police judiciaire de Versailles. Celui-là même qui trouvera la mort dans un accident de voiture le 14 juin 1983.

Parmi les premiers à parvenir sur place, le colonel Jean Pépin déclarera, sans que sa déposition soit retranscrite sur l'enquête préliminaire :

"J'ai constaté que la voiture a été souillée par de l'eau qui manifestement venait de l'étang (...) ; j'ai trouvé des traces de pas qui allaient à l'étang et des traces de pas qui en revenaient. À mon avis, le corps n'est pas venu tout seul."

Le ministre du Travail et de la Participation Robert Boulin était pressenti pour devenir Premier ministre, en dépit de la campagne de presse menée contre lui dans l'affaire des terrains de Ramatuelle.

Menaces et intimidations

La suite n'est qu'un amoncellement d'erreurs, de faits étranges, de disparitions inexpliquées et d'annonces formatées, délibérément offertes aux médias pour accréditer la thèse du suicide aux barbituriques : les blessures au visage et au poignet droit ne sont pas analysées ; le corps est embaumé sans l'autorisation de la famille ; l'heure du décès n'est pas clairement établie ; des témoignages sont contradictoires ; des menaces à peine voilées sont adressées à la famille, telle celle d'Achille Peretti à Colette, rapportée par le kinésithérapeute des Boulin, présent ce jour-là : « Vous n'aimeriez pas que Bertrand finisse comme Robert » – un Achille Peretti proche de Foccart et du SAC, président de l'Assemblée nationale de 1969 à 1973, qui proposera plus tard une grosse somme d'argent à la veuve du ministre pour qu'elle garde le silence. La liste serait trop longue à évoquer devant un dossier qui, aujourd'hui, mesure plus d'un mètre cinquante de hauteur.

Chronologie

- 30 octobre 1979 : le cadavre de Robert Boulin, ministre du Travail et de la Participation, est découvert dans la forêt de Rambouillet.

- 7 juin 1983 : une plainte contre X est déposée, au nom de la famille Boulin, pour homicide volontaire.

- 16 novembre : une seconde autopsie du corps de Robert Boulin est pratiquée.

- 4 juillet 1992 : la justice prononce une ordonnance de non-lieu dans l'affaire Boulin.

- 16 octobre 2007 : la demande de réouverture du dossier est rejetée.

Une fois le poids de la souffrance évacué, consciente que la thèse du suicide ne tient plus et qu'on lui cache la vérité, et en dépit des menaces et des intimidations, la famille Boulin entame, à partir de 1983, un long combat pour que la justice enquête sur la thèse criminelle. Le 7 juin, au nom des Boulin, Me Jacques Vergès, qui succède à Me Robert Badinter, dépose plainte contre X pour homicide volontaire. Une seconde autopsie de la victime est pratiquée le 16 novembre 1983 qui révèle plusieurs fractures au visage, dues à un tabassage en règle. D'autres éléments s'amoncelleront au fil des années, faisant peu à peu basculer l'opinion publique, plusieurs médias remettant en cause la version du suicide.

Malgré cela, la justice reste sourde. Pire même, elle décide de prononcer une ordonnance de non-lieu, le 4 juillet 1992. Une première demande de réouverture de l'instruction est déposée le 29 avril 2002. Cette même année, l'épouse de Robert Boulin et son fils, Bertrand, décèdent sans avoir vu l'affaire relancée. Sa fille, Fabienne Boulin-Burgeat, avec l'aide de ses avocats, René Boyer puis Olivier Morice, continue seule le combat. Le 16 octobre 2007, la demande de réouverture du dossier est rejetée. Enfin, dernier mais non ultime acte : le 8 juin 2010, le procureur général Falletti rejette une nouvelle requête de réouverture. Encore une fois, le pouvoir s'est immiscé dans cette demande par la voix de Michèle Alliot-Marie, ministre de la Justice, qui déclare une semaine avant la décision :

« Le dossier est clos, et en l'absence d'éléments nouveaux, je m'en tiens aux décisions qui ont été prises. »

La justice doit passer !

Aujourd'hui, il est intéressant de constater les similitudes existant entre l'affaire Robert Boulin, celle du juge Renaud et celle du juge Borrel – assassiné à Djibouti en 1995 –, toutes trois emblématiques de ces quarante dernières années.

Première similitude : les signes avant-coureurs du drame. L'avant-veille de sa mort, le juge Renaud confie à son fils cadet sa crainte de se voir éliminer : « Fiston, il faut que tu saches : je suis actuellement à un tournant de ma vie. Grosse affaire pour laquelle il est possible que je me fasse flinguer… » Robert Boulin, le mois précédant sa mort, remet à sa fille une lettre signée d'une étrange prémonition : « Instructions à Fabienne s'il m'arrivait un accident. » Quant au juge Borrel, il semble lui aussi avoir prévu le pire, par l'inquiétude témoignée à son épouse ainsi que par une lettre dans laquelle il énonce ses dernières volontés, au cas où.

Seconde similitude : l'autopsie. Elle est bâclée et orientée dans les affaires Boulin et Borrel afin de valider la thèse du suicide et d'écarter celle de l'assassinat. Alors qu'il est évident que le ministre du Travail porte des traces de coups au visage et au poignet droit. Alors qu'une seconde autopsie du juge Borrel accréditera la thèse de l'assassinat, sept ans après sa mort. Alors qu'une contre-autopsie démontrera que Robert Boulin a le visage tuméfié par les coups.

Que dire de la disparition inexpliquée de nombreux documents dans les trois affaires ? Que dire encore de la volonté délibérée de décrédibiliser les hommes et leurs actes par une campagne de désinformation et de calomnies dirigée ? Une vieille méthode pour se mettre l'opinion publique dans sa poche et inverser les rôles, la victime devenant coupable de sa propre mort. Tel est le cas du juge Renaud, dont la vie privée – dite « dissolue » – est mise en avant pour expliquer son assassinat. Tel est le cas de Robert Boulin, acculé au « suicide » par un différend familial. Tel est encore le cas du juge Borrel, accusé de bien des choses dans sa vie personnelle (adultère, pédophilie…). Même si « la justice n'est pas qu'une notion abstraite, mais un besoin qui ne peut pas attendre demain », pour toutes ces familles qui se battent pour faire éclater la vérité, le temps qui s'écoule n'est pas le plus mauvais allié. Il permet de diluer les contrevérités apparues au lendemain du drame, d'éclairer les zones d'ombre, de délier les langues, de retourner l'opinion publique, d'éviter la seconde mort : l'oubli. Pour que la justice passe, enfin…

Est de la France, 1980-2002

Les crimes impunis du tueur fantôme

DES MEURTRES BARBARES qui s'étalent dans les rubriques de faits divers endeuillent l'est de la France entre 1980 et 2002. La même scène s'offre cruellement aux yeux des policiers : une victime tuée à l'aide d'un objet contondant ou à l'arme blanche, nue ou presque, la tête fracassée recouverte pudiquement d'un linge.
Dix-sept crimes sans mobile apparent touchent des homosexuels. Un seul sera perpétré sur une femme.

La liste rouge

Claude exploite un garage à Mulhouse. Il ne cache pas son homosexualité. Dans la nuit du 18 au 19 février 1980, il est assassiné dans son appartement. Son crâne a explosé sous les coups violents assenés avec un crucifix en fer. Son corps a été lardé de onze coups de couteau. Sa tête est couverte d'un drap blanc. Son argent n'a pas été volé…
Quelques rues plus loin, le 19 octobre 1983, Daniel est retrouvé nu, le visage détruit à coups de fer à repasser et recouvert de sa chemise. Il a été étranglé avec le fil de l'appareil. Aucun mobile…
Toujours à Mulhouse, le 28 janvier 1987, Jean-Pierre, aide-boucher, est poignardé dans l'enceinte d'une usine de produits chimiques. Son crâne est défoncé.
Pierre rencontre le tueur le 2 août 1988 à Velleminfroy, en Haute-Saône. Il reçoit trente et un coups de couteau, dont plusieurs à la gorge.
De nouveau à Mulhouse, le 18 avril 1990, un postier, Amor, est retrouvé mort, frappé de huit coups de couteau.
Un an plus tard, l'horreur frappe un jeune homme de vingt et un ans. Le 15 avril 1991, Christophe, serveur dans une brasserie à Colmar, reçoit vingt-sept coups de couteau, dont quinze à la gorge. Sa tête est fracassée. C'est sa mère qui arrive la première sur le lieu du drame…
Six semaines plus tard, le 28 mai, on découvre à Sochaux, dans sa chambre d'un foyer de l'Association montbéliardaise d'aide au logement

des travailleurs (AMAT), le corps de Didier. Handicapé léger, ce jeune homme de vingt-cinq ans occupait un emploi protégé dans les jardins de l'hôpital de Montbéliard. Même scène d'horreur que pour Christophe : le corps est lacéré de cinquante-trois coups de couteau, principalement portés à la gorge. La boîte crânienne est enfoncée. Les taches de sang ont été essuyées avec un morceau d'essuie-tout professionnel abandonné sur place.

Le funeste inventaire continue, en février 1992, avec l'assassinat sauvage d'Eugène, un retraité de soixante-huit ans frappé à la tête à coups de chandelier. Eugène habitait Brunstatt, dans la banlieue de Mulhouse.

À Rixheim, autre banlieue de Mulhouse, un crime est commis le 27 septembre 1992 sur Ahmed, cinquante-sept ans. Son visage a été fracassé par des pierres.

Joëlle est la première et seule femme à avoir rencontré l'assassin : elle est tuée à coups de marteau sur la tête le 30 janvier 1993 à Mulhouse, dans le studio qu'elle louait pour exercer le plus vieux métier du monde.

Suivront les meurtres de Robert, le 10 juin, à Strasbourg, et de Stéphane, brillant étudiant de vingt-quatre ans retrouvé à moitié nu le 5 juillet 1994 à Bois-Joli, Territoire de Belfort, le corps lardé de onze coups de couteau.

Le 13 juin 1995, Henri est retrouvé mort dans son studio de Riedisheim, tout près de Mulhouse, la tête éclatée à coups de statuette et la bouche condamnée par un gant. Un homme est arrêté pour ce crime, Slim Fezzani. Il est condamné à vingt ans de réclusion, malgré ses cris d'innocence. On prélève sur les lieux du crime une seconde trace d'ADN.

Fezzani en prison, la série macabre continue : le 16 janvier 2000, Michel, soixante-six ans, succombe à de graves blessures reçues au visage. Un bâillon condamnait sa bouche. Ce représentant en vins de Champagne habitait Mulhouse.

Deux mois plus tard, le 23 mars, un crime similaire est commis à Besançon. Frédéric avait quarante-six ans.

Suivront trois meurtres dans la région parisienne présentant un mode opératoire comparable.

L'implacable logique informatique

Depuis le meurtre de Didier, ce jeune homme de vingt-cinq ans assassiné à Sochaux en 1991, les enquêteurs de Montbéliard fouillent les dossiers et vérifient toutes les pistes. Dès le milieu des années 2000, ils peuvent s'appuyer particulièrement sur un nouveau

logiciel implanté à la direction centrale de la police judiciaire en 2002 et légalisé par la loi du 12 décembre 2005 sur la récidive des infractions pénales. Le Système d'analyse des liens de la violence associée aux crimes (SALVAC) permet de détecter les similitudes entre les crimes perpétrés présentant des ressemblances, afin d'établir le profil du ou des criminels.
Un nom revient alors inlassablement dans les dossiers consultés, et plus particulièrement dans six des dix-huit affaires, celui de Nicolas Panard. Pendant un an, l'homme est mis sur écoute, sans que rien vienne étayer les soupçons. Les policiers, sûrs de tenir leur homme, décident alors de jouer le tout pour le tout.

Le 27 novembre 2007, ils débarquent dans son deux-pièces mulhousien pour l'interpeller. Ils se trouvent alors en présence d'un "pépère" tranquille qui ne comprend pas, ou fait semblant de ne pas comprendre, ce qui lui arrive. Autant éberlué que sa chatte, Mimine, il confiera plus tard au cours d'une interview : "Ils sont fous ! Je rêve, ils m'ont mis les menottes et m'ont dit vous êtes en garde à vue, vous êtes accusé de dix-huit meurtres !"

Panard, l'homme qui passe ses après-midi assis à l'entrée de l'immeuble, près du bac à fleurs, pour regarder les passants, peut-il être ce monstre assoiffé de sang ? Il est « un peu concierge », diront des voisins, mais « gentil, jamais méchant ». Pourtant, l'ordinateur l'a inexorablement désigné comme coupable idéal. Plusieurs faisceaux d'indices l'accusent : il est homosexuel et ne l'a jamais caché. Il connaissait les victimes et gravitait dans leur entourage. Il avoue sa liaison, au moment de l'assassinat d'Henri, avec Slim Fezzani, qu'il a quitté parce qu'il « ne faisait rien », mais clame quand même son innocence. Sept heures de perquisition. Tout est soigneusement fouillé dans son petit appartement, mais aucun indice ne vient consolider l'accusation. Dans sa voiture est retrouvé un rouleau d'essuie-tout comparable au morceau découvert dans la chambre d'Henri en juin 1995. « Je n'arrive toujours pas à comprendre comment un morceau de ce papier a été retrouvé sur la scène du crime à Riedisheim. Mais c'est du papier à usage industriel comme on en trouve partout. » Un peu mince, en effet, comme preuve.

Pourtant, le lendemain, le quotidien *L'Alsace* affiche en une la photographie de Panard, avec le gros titre suivant : « Arrêté hier, un Mulhousien suspecté de dix-huit meurtres. » Son identité et son adresse sont données en pâture aux lecteurs alors que l'enquête n'en est qu'au stade de l'interpellation. « Pire que Fourniret », « Le pire serial killer potentiel de l'histoire en France », peut-on lire dans les tabloïds.

L'homme aux pythons

Parcours atypique pour cet homme abandonné à la naissance et jamais adopté. Des bêtises à l'adolescence, « de nombreuses conneries, quelques vols, mais toujours sans violence... J'ai payé, j'ai fait quelques années de prison, mais à ma sortie, à l'âge de trente ans, j'ai décidé de rentrer dans le droit chemin », expliquera-t-il.

Chacun sa route... chacun son chemin. Celui de Nicolas Panard est un peu particulier. L'homme se découvre des talents d'artiste de music-hall. Aussi, c'est dans les cabarets qu'il gagnera sa vie. Nicolas le jour devient « Domino » la nuit : des pythons lascivement entortillés autour de son cou, il se déhanche langoureusement, grimé en Dalida, Mireille Mathieu ou Marilyn Monroe.

« Pendant toute ma vie, j'ai fait rire les gens. Je leur ai apporté un peu de bonheur, et aujourd'hui, c'est un véritable coup de massue qui me tombe dessus. Je vais avoir soixante-dix ans, je n'ai jamais fait de mal à une mouche, et je pensais finir ma vie tranquille... Si j'ai fait ce métier, c'était pour ne pas crever de faim. J'ai bien gagné ma vie dans les galas. Mais je ne me suis jamais baladé en femme dans la rue. »

Qui est vraiment cet homme peu commun ? Un retraité ordinaire ou un dangereux criminel assouvissant on ne sait quel fantasme ou quelle vengeance en trucidant des homosexuels ?

En attendant la décision de la justice, Nicolas Panard se calfeutre dans son appartement, répétant à l'envi :

« Ma vie est foutue. »

Chronologie

- 19 février 1980 : Claude est assassiné à Mulhouse.
- 19 octobre 1983 : Daniel, quarante-trois ans, est retrouvé étranglé à Mulhouse.
- 28 janvier 1987 : Jean-Pierre, trente-neuf ans, est poignardé à Mulhouse.
- 2 août 1988 : Pierre, cinquante-quatre ans, décède à Velleminfroy après avoir reçu trente et un coups de couteau.
- 18 avril 1990 : Amor, cinquante-huit ans, est retrouvé mort à Mulhouse. Il a reçu huit coups de couteau.
- 15 avril 1991 : Christophe, vingt et un ans, est assassiné à Colmar.
- 28 mai : Didier, vingt-cinq ans, est retrouvé mort à Sochaux. Il a été tué à coups de couteau.
- 9 février 1992 : Eugène, soixante-huit ans, est assassiné avec un chandelier à Brunstatt, dans la banlieue de Mulhouse.
- 27 septembre : Ahmed, cinquante-sept ans, meurt à Rixheim, dans la banlieue de Mulhouse, après avoir reçu des coups de pierre à la tête.
- 30 janvier 1993 : Joëlle, quarante-six ans, seule femme de la série, est tuée à coups de marteau sur la tête à Mulhouse.
- 10 juin : Robert, soixante-deux ans, est assassiné à Strasbourg.
- 5 juillet 1994 : Stéphane, vingt-quatre ans, est retrouvé mort dans le Territoire de Belfort.
- 13 juin 1995 : Henri est retrouvé mort à Riedisheim, dans la banlieue de Mulhouse. Il a eu la tête éclatée à coups de statuette.
- 16 janvier 2000 : Michel, soixante-six ans, succombe, à Mulhouse, à de graves blessures reçues au visage.
- 23 mars : Frédéric, quarante-six ans, est assassiné à Besançon.
- 27 novembre 2007 : Nicolas Panard est interpellé à Mulhouse. Il sera ensuite placé en garde à vue et mis en examen.
- Juillet 2008 : la juge des libertés et de la détention lève la mise en examen de Panard.

Pour ajouter à la confusion, Nicolas, alias « Domino », a choisi le prénom « Moussa » après sa conversion à l'islam.

Une première en France

Suspecté de dix-huit meurtres, Nicolas Panard est placé en garde à vue et mis en examen. Bien qu'il ait sa conscience pour lui, son avenir judiciaire paraît très sombre.
Pourtant, les accusations fondent les unes après les autres, faute de preuves, et les résultats du fameux SALVAC ne convainquent pas la juge des libertés et de la détention, qui veut éviter de reproduire les catastrophiques dysfonctionnements de l'institution judiciaire ayant émaillé l'affaire d'Outreau. L'ADN retrouvé dans la chambre d'Henri, assassiné à Sochaux, ne correspond pas à celui de Nicolas Panard. Ni les longs mois de mise sur écoute, ni la perquisition n'ont apporté le moindre élément susceptible de renforcer les convictions des policiers et, surtout, de convaincre la justice.

Nicolas Panard sera-t-il le premier tueur en série français identifié grâce à un ordinateur ? Sera-t-il la première victime d'une erreur judiciaire numérique ?
« Le dossier ne repose que sur des supputations, des suppositions, une construction intellectuelle qu'aucun élément matériel ne vient corroborer. Il n'y a pas d'analyses concordantes, pas de preuve de la présence du suspect sur les lieux des crimes », déclare la juge des libertés et de la détention, qui décide de remettre le suspect en liberté sous contrôle judiciaire avec bracelet électronique, alors que le procureur requérait son placement en détention. « Le dossier est vide », reprennent les avocats de Nicolas. La nouvelle fait l'effet d'une bombe ! Les médias se déchaînent sur ce qui apparaît comme une première en France. En effet, c'est la première fois que le bracelet électronique est placé avant le jugement !

Les familles des victimes ne comprennent pas la divergence d'appréciation entre le juge d'instruction et la juge des libertés et de la détention, d'autant plus que, après appel du parquet, le placement sous contrôle judiciaire est confirmé par la cour d'appel de Besançon. « Notre douleur a été ravivée, et notre espoir a été déçu. Je suis en colère, mais cela amène de l'énergie… On m'a dit que mon père avait une vie dissolue et que sa mort était de sa faute… » déclare avec douleur Stéphane, le fils de Michel, tué en 2000 à Mulhouse.

Quelques mois plus tard, le tribunal de Montbéliard supprime le contrôle judiciaire. En juillet 2008, la juge des libertés et de la détention lève la mise en examen, « faute d'indices graves et concordants ». Le suspect devient un simple « témoin assisté ». L'affaire Panard s'achemine alors vers un non-lieu. Nicolas porte plainte contre *L'Alsace* pour non-respect de la présomption d'innocence. Il gagne 20 000 euros en première instance et perd en appel à Besançon, la Cour estimant que « les articles litigieux ne comportent aucun élément fallacieux ou erroné relatif à [sa] culpabilité [...] ».

L'assassin court toujours...

Restent toujours les divergences entre la police de terrain, qui reconnaît dans la plupart des crimes une même signature, et les enquêteurs de l'Office central pour la répression des violences aux personnes (OCRVP), qui penchent pour une pluralité de tueurs : « Pour nous, il n'y a pas un tueur, mais plusieurs », déclare Frédéric Malon, chef de l'OCRVP.

Maître Moser, avocat des enfants de Michel, regrette qu'un pôle d'enquête n'ait pas été créé pour donner à la police des moyens suffisants : « Il me paraît étonnant qu'un dossier aussi lourd repose sur un seul homme. À ce titre, les familles victimes sont insatisfaites. »

À moins d'un invraisemblable rebondissement, les familles des assassinés de l'Est ne connaîtront jamais le nom du ou des meurtriers. Le deuil est impossible pour les parents, enfants, frères et sœurs de ces dix-huit victimes, qui espèrent toujours la mise en place d'une cellule d'investigation commune à tous les dossiers.

Isère, 1980-1996

Le tueur d'enfants rôde toujours

LES STATISTIQUES FROIDES ET IMPERSONNELLES du ministère de l'Intérieur affichent huit cent cinquante-cinq disparitions inquiétantes de mineurs pour la seule année 2008 sur plus de quarante mille disparitions.
Ils s'appelaient Philippe, Ludovic, Grégory, Fabrice, Rachid, Léo ; elles s'appelaient Anissa, Charazed, Nathalie, Sarah, Saïda.

Sinistre chronologie

Philippe P. habitait Martigues. Il disparaît à La Morte, près de Grenoble, en mai 1980. Il était âgé de treize ans.

« Tu m'aides à retrouver mon chien ? » Ludovic suit cet homme gentil qui lui promet des bonbons. Le 17 mars 1983, les trois fils J. sont allés chercher un paquet de cigarettes pour leur père au bureau de tabac, à deux cents mètres de leur immeuble. Ludovic, petit bout de chou de six ans et demi, ne reviendra jamais. L'appel déchirant adressé par la maman aux ravisseurs – « Rendez-moi mon fils ! » – restera vain. À Saint-Martin-d'Hères, depuis presque trente ans, la famille J. nourrit toujours l'improbable espoir de revoir Ludovic vivant…

Le 9 juillet, un homme s'approche de Grégory D. Encore un prédateur ? Est-ce le même qui cherchait son chien quatre mois plus tôt ? Celui-là baisse la vitre de sa voiture pour demander son chemin à l'enfant de huit ans. « Monte et assieds-toi par terre. On va faire un petit tour. » Il est 19 h 30. Deux heures plus tard, toute la cité Ricard, située à Grenoble, cherche le jeune garçon. La police étend le périmètre des investigations. On craint le pire.
Le lendemain, l'enfant est retrouvé vivant au col de la Placette, à une vingtaine de kilomètres de Grenoble. Visiblement, il a été laissé pour mort dans une décharge sauvage. Le crâne est fracassé. Le cou porte des traces de strangulation. L'état de Grégory est jugé grave. Pourtant, quelques jours plus tard, le jeune garçon peut répondre

aux questions des policiers et donner des indications précieuses. L'inconnu roule dans une Mercedes de couleur orangé marron. Son bras droit est tatoué d'un cœur transpercé d'une flèche. Deux mille cinq cents propriétaires de Mercedes sont contrôlés. Les alibis sont vérifiés sans qu'aucune piste sérieuse ne conduise au kidnappeur. Véritable miraculé, Grégory s'indigne encore trente ans plus tard face à l'impunité de ces détraqués :
« Notre société doit les traquer comme ils traquent les enfants… »

Toujours dans une cité HLM de Grenoble, le 26 juin 1985, en fin d'après-midi… L'orage menace. Le ciel s'assombrit d'un seul coup. Soudain, les nuages noirs éclatent, et de violentes bourrasques de pluie et de grêle s'abattent sur la ville. Au bas des immeubles de la rue Paul-Cocat, des enfants rieurs s'éparpillent et regagnent leurs appartements dans une heureuse bousculade. Une petite fille manque à l'appel chez les O. Pourtant, elle était en bas il y a à peine cinq minutes, sous la surveillance de sa grande sœur et de son frère aîné. Elle ne va pas tarder. Anissa est en short et ne va pas prendre le risque de se retrouver trempée jusqu'aux os. Malgré ses cinq ans et demi, la petite fille est très dégourdie et a l'habitude de revenir seule chez elle. Elle sait prendre l'ascenseur. Les minutes passent, la famille s'inquiète, d'autant plus qu'Anissa est malentendante. Les O. partent à sa recherche. L'alerte est donnée, et le quartier est fouillé de fond en comble. La peur au ventre, on cherche l'enfant. Il s'agit de la troisième disparition en deux ans. Toujours dans des cités populaires, toujours des gosses issus de milieux modestes.
Mais la peur n'exclut pas le danger. Anissa est retrouvée noyée un mois plus tard à quelques dizaines de kilomètres de Grenoble, au barrage de Beauvoir. Elle n'a pas subi de violences sexuelles.

Autre ville, Bourgoin-Jallieu, cité des Tilleuls, toujours dans l'Isère. Le 8 juillet 1987, Charazed, dix ans, disparaît. Elle ne sera jamais retrouvée. Pour respecter le souhait de la famille, cette disparition ne sera pas développée.

Nouveau crime un peu plus d'un an plus tard. Cette fois, la victime est une adolescente, mais tout le monde s'accorde à dire que Nathalie fait moins que ses quinze ans. Une silhouette à peine nubile que les habitants de Villefontaine, près de Bourgoin-Jallieu, cherchent désespérément, ce 2 août 1988. Les fouilles seront brèves.

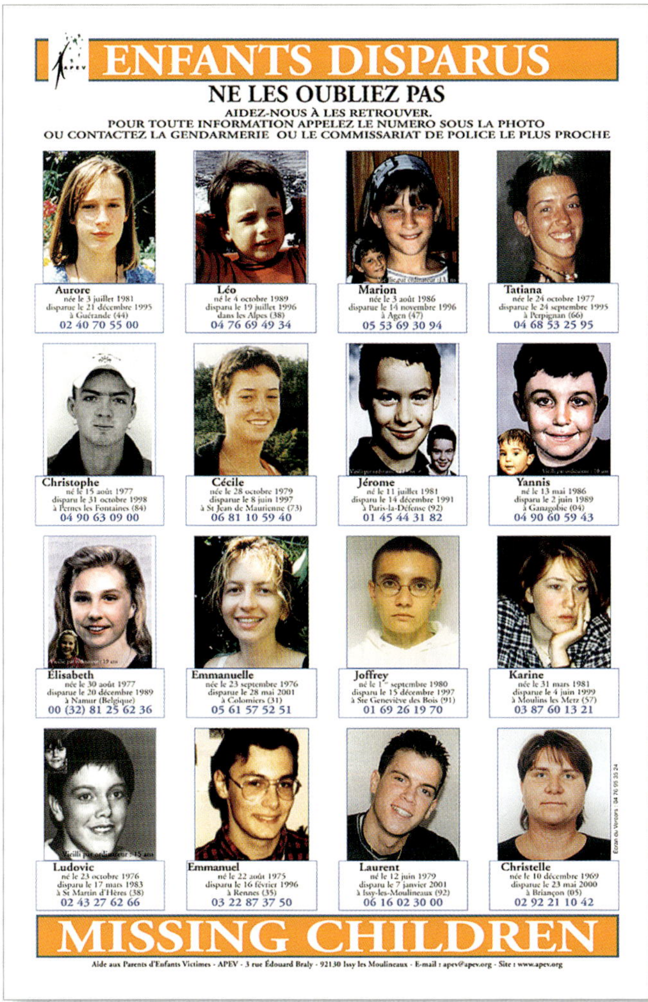

Sur l'affiche éditée par l'association Aide aux parents d'enfants victimes (APEV), on reconnaît les visages de Ludovic et Léo, tous les deux disparus dans l'Isère.

Le lendemain, l'adolescente est retrouvée par un cheminot sur un petit chemin situé près de la voie de chemin de fer à Saint-Quentin-Fallavier. Nathalie B. a été égorgée.

Un nouvel assassinat dans le massif de la Chartreuse, tout prêt de l'endroit où Grégory D. a miraculeusement échappé à la mort. Fabrice L. est âgé de douze ans quand il rencontre l'homme qui va le violer, l'étrangler et le rouer de coups, le 13 janvier 1989. Celui-ci possède les mêmes méthodes que l'homme qui cherchait son chemin cinq ans et demi plus tôt. Mais aucun indice ne permet d'imaginer qu'il s'agit du même individu. Fabrice est enlevé à la sortie de l'école à Grenoble, scénario préféré des pédophiles. Encore une fois, tous les fichiers sont épluchés, tous les emplois du temps sont vérifiés. Encore une fois, les pistes pressenties mènent toutes à des impasses.

L'affaire suivante pourrait être rapprochée, quant aux méthodes, de la tentative de crime sur Grégory. Elle concerne Rachid B., huit ans, retrouvé le 3 août 1990, quarante-huit heures après sa disparition, dans un garage collectif à Échirolles, à deux cents mètres à peine de son domicile. Encore un enfant qui habitait une cité HLM, encore un enfant qui s'amusait en fin d'après-midi devant chez lui. Vers 19 h 30, « il jouait dans la cour en bas, en chaussons. À 20 heures, nous avons commencé à manger sans lui avec les autres enfants, mais ma femme est partie le chercher. Nous l'avons rejointe peu après. La police intervient à 22 h 30 », expliquera son père. Rachid était le quatrième d'une famille de cinq enfants.
La porte du garage collectif où le petit Rachid a été retrouvé était en panne depuis deux jours. Le tueur connaissait-il ce dysfonctionnement ? Savait-il qu'il n'aurait pas besoin de la carte magnétique que possède chaque utilisateur, puisque la porte était restée bloquée en position ouverte ? La police boucle le secteur, interdisant toutes allées et venues. Une trentaine d'appartements sont perquisitionnés, et de fortes présomptions s'accumulent sur un jeune homme de vingt-six ans, Karim K. Les enquêteurs trouvent chez lui des draps identiques à celui qui a servi à envelopper le petit Rachid, et sa compagne avoue qu'un des draps a disparu de l'armoire début août. Karim concède qu'il a effectivement transporté le corps de l'enfant, mais déclare que ce serait son frère, Kamel, reparti en Algérie, qui l'aurait tué. Inculpé puis jugé, Karim est condamné à perpétuité en décembre 1993. Il mourra en prison sans avoir été interrogé sur les autres disparitions ou meurtres...

Un homme est arrêté... mais les drames continuent

Deux fillettes habitant Voreppe, à une vingtaine de kilomètres au nord de Grenoble, se retrouvent elles aussi face à un détraqué, sans doute le même, sans aucune chance de survivre à la terrifiante rencontre. Ont-elles crié ? Ont-elles appelé leur maman ? Ont-elles supplié ?

Sarah S. a été violée, étranglée et abandonné dans un bois à deux cents mètres de son domicile. Elle aussi jouait devant chez elle avant le repas du soir. Ce 15 avril 1991, les enfants étaient en vacances. Un homme s'est approché de cette petite fille de six ans, a assouvi ses pires instincts sur elle et a disparu en laissant un paquet de mouchoirs jetables pour toute signature. Une empreinte a été relevée...

Le dimanche 24 novembre 1996, Saïda B. quitte son domicile vers 16 h 30 pour se rendre au gymnase de l'Arcane, distant d'une centaine de mètres. Peut-être sautille-t-elle. Peut-être chante-t-elle. Peut-être rêve-t-elle comme rêvent les petites filles de dix ans. Saïda n'arrivera jamais au gymnase, ce jour-là. Le mardi suivant, un gendarme la retrouvera morte, étranglée, près d'un canal à Voreppe. Saïda n'a pas été violée, mais la découverte d'un magazine pornographique non loin de son corps ajoute au sordide, au malheur.

Entre ces deux crimes barbares, Léo a disparu...

Le 19 juillet 1996, Léo B., tout heureux, accompagne son père et trois des amis de celui-ci dans le massif du Taillefer, près du lac Fourchu. C'est une belle aventure. Il va dormir avec son papa sous la tente, dans ce décor de rêve. Tandis que M. B. prépare le campement, le garçonnet part avec les amis chercher de l'eau à la cascade distante d'un kilomètre environ. Mais on a beau être un grand de six ans, on fatigue vite, et Léo décide de rebrousser chemin. Plus personne ne le reverra. Il s'est littéralement volatilisé sur le chemin du retour.

Des moyens considérables sont déployés pour le retrouver. On pense à un accident. Les cascades et les lacs sont sondés. Le moindre fourré, le plus petit taillis également. En vain ! Pendant des semaines, on explore, sans négliger aucun détail, le versant qui plonge vers Livet-et-Gavet, à une trentaine de kilomètres de Grenoble. Les recherches physiques restant vaines, les policiers explorent en même temps la thèse de l'enlèvement par un sadique. Une BX immatriculée dans les Bouches-du-Rhône a été aperçue, mais cette piste n'aboutit à rien.

Les années passent, et « rien », toujours « rien » concernant Léo. Comme « rien » pour Ludovic. Tant d'espérances déçues pour les familles, tant de pistes sérieuses devenues impasses, tant de larmes, sans jamais oublier cet enfant dont l'absence hante chaque seconde de vie.

De vrais soupçons en fausses pistes...

Certaines des affaires présentent tellement de similitudes que la piste du serial killer est évoquée : les victimes sont le plus souvent des gosses issus de familles maghrébines vivant dans des cités HLM, à Grenoble ou dans la banlieue proche, et les enlèvements sont fréquemment opérés autour de 19 heures. Cette éventualité n'a jamais convaincu les enquêteurs, même s'ils admettent que certains crimes ont pu être commis par la même personne.

En 1985, un squelette d'enfant est découvert par des spéléologues dans le Vercors, à une dizaine de kilomètres de Grenoble. La police pense dans un premier temps à Ludovic, disparu deux ans auparavant. La mère du petit garçon refuse cette éventualité : « Ludovic est vivant, il a été pris par une famille en mal d'enfants... » Les analyses des ossements découverts prouveront que la mort remonte aux années 1950.
Survient une autre piste : un détenu affirme qu'un certain « Guy », entraîneur sportif d'enfants, serait le criminel. Toujours le refus de la maman : « Il y a trop de choses qui ne vont pas, il me faut des preuves, des preuves et c'est tout. » Guy est arrêté. Il a le profil idéal du ravisseur : c'est un pervers sexuel fantasque, agité et violent. Pourtant, l'enquête judiciaire l'innocente. Il est libéré au bout de deux mois, et un non-lieu est prononcé un an plus tard.

Terrible est l'usurpation d'identité de Frédéric B. : un espoir qui naît, qui envahit le cœur des parents de Léo. L'homme est un habitué des impostures. Celle-là est d'une cruauté insoutenable. Le 21 février 2004, les gendarmes de la brigade de recherches de l'Isère reçoivent l'appel d'un adolescent visiblement traumatisé : « C'est Léo... » Il explique qu'il a été enlevé huit ans plus tôt par un réseau pédophile et qu'il a réussi à s'échapper. Le jeune homme de quatorze ans est alors recueilli, dorloté, choyé par les gendarmes et les médecins pendant trois jours.

Mais un test ADN révèle la supercherie. L'auteur de cette ignoble mystification est un homme de trente ans, surnommé "le Caméléon", passé maître dans l'art de se rajeunir grâce à des crèmes dépilatoires et un "look" d'adolescent. Récidiviste, il est mis en examen pour "dénonciation mensongère de crime". Il écopera de vingt-quatre mois de prison, dont quatre fermes.

Les pistes les plus sérieuses n'aboutissent pas. Les dossiers se ferment ou se perdent...

« Mineurs 38 »

Sous la pression des familles, une cellule chargée de regrouper dix des affaires criminelles, baptisée « Mineurs 38 », est créée en mars 2008. La procédure est extrêmement rare. Douze enquêteurs spécialisés sont affectés à cette cellule. « C'est une course contre la montre qu'il faut engager, déclare, confiant, le lieutenant-colonel Dominique Ragot, patron de la section de recherches. Nous allons reprendre chaque dossier pièce par pièce et jeter un œil neuf sur ces enquêtes. Il s'agit de voir si un élément n'a pas échappé à l'époque. Les techniques d'enquête ont aussi évolué. Notre rôle premier sera d'analyser les investigations entreprises, puis de faire l'inventaire dossier par dossier. Mais surtout, nous n'avons pas le droit de ne rien tenter. » Le travail n'est pas simple : des pièces ont été perdues suite au déménagement du tribunal, plusieurs juges d'instruction ont travaillé sur les différentes affaires sans qu'il y ait eu concertation, et, plus grave, des scellés ont été détruits.
Les familles s'accrochent à l'espoir de connaître enfin la vérité.
La cellule a été dissoute, et les familles attendent toujours avec la même détermination.

Paroles amères...

Grégory, le seul « survivant », espère le faux pas, l'erreur qui permettrait l'arrestation de son tortionnaire :
« Je suis pas mort, il s'est loupé, il a fait une erreur... Ça fait trente ans qu'il court, peut-être qu'il ne va pas courir longtemps... »
Un espoir que partage sa mère, qui ne comprend pas que les policiers n'aient pas fait parler les scellés apposés lors de la disparition du garçonnet :

Chronologie

- Mai 1980 : Philippe disparaît à La Morte, près de Grenoble.

- 17 mars 1983 : Ludovic, six ans et demi, suit un inconnu à Saint-Martin-d'Hères, à l'est de Grenoble. Il ne sera jamais retrouvé.

- 9 juillet : Grégory, huit ans, est enlevé par un homme. Il survivra par miracle à de graves blessures.

- Juin 1985 : Anissa, cinq ans, disparaît alors qu'elle jouait devant son HLM à Grenoble. Elle sera retrouvée noyée un mois plus tard.

- 8 juillet 1987 : Charazed disparaît.

- 2 août 1988 : Nathalie, quinze ans, ne revient pas de promenade. Elle sera retrouvée égorgée le lendemain.

- 13 janvier 1989 : Fabrice, douze ans, disparaît. Il sera retrouvé mort trois jours plus tard dans le massif de la Chartreuse.

- 3 août 1990 : Rachid, huit ans, est retrouvé mort quarante-huit heures après sa disparition.

- 15 avril 1991 : Sarah, six ans, est violée et étranglée à Voreppe.

- Décembre 1993 : Karim K. est condamné à perpétuité pour le meurtre de Rachid.

- 19 juillet 1996 : Léo, six ans, disparaît lors d'une randonnée en montagne. Il ne sera jamais retrouvé.

- 24 novembre : Saïda, dix ans, disparaît à Voreppe. Elle sera retrouvée morte, étranglée, deux jours plus tard.

« Vous n'allez pas me dire que sur tous ces trucs-là, il n'y a que les empreintes de mon fils ! »
Impatience et déceptions bien légitimes après une trentaine d'années à attendre, une trentaine d'années à imaginer l'assassin de son enfant menant une vie paisible, une trentaine d'années à chercher à quoi pourrait ressembler son enfant devenu adulte quand on se persuade qu'il est toujours vivant.

Affaire René Lucet, Marseille, 4 mars 1982

Suicide ou meurtre ? Une étrange affaire d'État

LE 4 MARS 1982, la nouvelle du suicide de René Lucet provoque un tsunami dans la classe politique et dans les sphères syndicales françaises. Il ne s'agit pas d'un simple fait divers. Depuis plusieurs années, Lucet, directeur aux méthodes musclées de la caisse primaire d'assurance maladie (CPAM) de Marseille, s'employait à assainir la gestion un peu trop approximative de la caisse, jusqu'à ce 2 mars où la ministre de la Solidarité, Nicole Questiaux, lui a retiré l'agrément.

Historique

René Lucet arrive à la CPAM de Marseille en 1979. C'est alors une des plus importantes de France, avec ses trois mille salariés et 25 millions de francs de prestations remboursés chaque jour. Cet ancien élève de l'Institut d'études politiques découvre une pratique de délégation qui permet à une mutuelle proche de la Confédération générale du travail (CGT), qu'il déteste, d'empocher de substantiels bénéfices, dont une partie alimenterait la « caisse noire » du syndicat. Soutenu par Force ouvrière (FO), il supprime la délégation et assainit les finances de la caisse en enlevant au passage quelques tiers payant. La Confédération française démocratique du travail (CFDT) et la CGT partent en guerre contre ce jeune directeur de trente-six ans en dénonçant eux aussi des pratiques illégales. En 1981, l'arrivée de la gauche au pouvoir change un peu la donne. Les deux syndicats attaqués demandent dès le 10 mai le départ de Lucet qui, voyant le vent tourner, s'accroche avec l'appui d'André Bergeron, le secrétaire de FO depuis 1963. La guerre des syndicats fait rage au pays de « la Bonne Mère ».

FO, qui préside l'Unédic depuis 1958, se fait plus discret quand les choses s'enveniment et lâche peu à peu l'impétueux directeur.

D'autant plus que ce dernier est épinglé pour des dépenses somptueuses aux frais de la caisse, le compte «frais de missions» ayant explosé depuis sa nomination, et que la mise à pied de six militants cégétistes passe mal auprès des syndiqués et de la gauche en général. Le 2 mars 1982, le couperet tombe : Lucet est «débarqué» par la ministre de la Solidarité, Nicole Questiaux. Le 4 mars, à 6 h 30 du matin, sa femme le retrouve «suicidé» de deux balles dans la tête.

La boîte de Pandore

Les réactions sont d'une très grande violence. Le président du conseil d'administration de la caisse est formel :
«Je suis persuadée que la décision de suspension du ministre de la Solidarité a déterminé le drame.»
Pour Charles Pasqua, c'est la guerre :
«Nous nous acheminons vers une guerre civile larvée. Dans cette affaire, nous nous trouvons face à une entreprise de délation et de dénonciation orchestrée par le parti communiste et la CGT.»
Jean-Claude Gaudin parlera de «chasse aux sorcières». Les partis politiques de gauche ont droit à de virulentes critiques, le parti communiste en première ligne. Le parquet de Marseille ouvre alors une information judiciaire pour déterminer les causes de la mort, et l'enquête est confiée à la police judiciaire de Paris. La boîte de Pandore est ouverte.
L'Inspection générale des affaires sociales (IGAS) découvre de curieuses habitudes : René Lucet favorisait les marchés de gré à gré au lieu de recourir aux appels d'offre, et la Coopérative d'entreprise générale du Midi (CEGM) apparaît comme sa grande favorite. Un savant système de corruption est décelé par les enquêteurs, alimentant les partis politiques avec la complicité de plusieurs hauts fonctionnaires dans toute la France. Apparaît le nom de Venturi, bien connu du milieu marseillais, mouillé jusqu'au cou dans l'affaire du *Combinatie*, gigantesque arnaque à l'assurance des années 1950. Dans cette affaire, un bateau – *Le Combinatie* – transportant deux mille sept cents caisses de cigarettes est arraisonné par de faux pirates simulant un vol. Il ne reste plus aux escrocs qu'à récupérer la cargaison, toucher la prime d'assurance et, en bonus, revendre les caisses de cigarettes déclarées volées. Mais l'affaire se passe mal, la bande éclate, et la guerre des gangs fera dans les mois et les années qui suivent une trentaine de victimes. Seul rescapé, Nick Venturi, dont le fils Jacques préside la CEGM. Venturi père est aussi un ami

de l'indéboulonnable maire de Marseille Gaston Deferre, membre du parti socialiste et administrateur de la CGEM. Des liens étroits sont ainsi révélés entre la CGEM et la mairie phocéenne. En juillet 1982, Gaston Deferre lance aux journalistes, alors que les preuves de corruption s'accumulent :
« Je serai sauvage ; j'irai jusqu'au bout pour que la lumière soit faite. Personne ne sera protégé, qu'il s'agisse de mes collaborateurs ou de mes propres amis. »
Apparaît aussi dans cette affaire tentaculaire de corruption un inspecteur des impôts niçois, Julien Zemour, expert en société de taxis qui travaillent presque tous pour les hôpitaux. L'homme est à la tête d'un impressionnant réseau d'entreprise de fausses factures qui s'étend sur toute la France, tant sur les établissements publics comme les hôpitaux que sur les entreprises privées.
L'imbroglio politico-financier n'en finit pas de surprendre les enquêteurs, tandis qu'une polémique enfle sur les conditions de la mort de Lucet.

Un suicide à deux balles !

Suite à l'annonce de sa suspension par la ministre de la Solidarité, René Lucet organise un baroud d'honneur en occupant la caisse avec les syndiqués FO et les employés qui le soutiennent. Le 2 mars, Bergeron lui téléphone, et Lucet demande à son personnel de reprendre le travail. C'est un homme blessé qui quitte les lieux en faisant le « V » de la victoire avec ses doigts. Geste arrogant, mais visiblement il n'y croit plus.

Le 4 mars, à 6 h 30, Mme Lucet, alors qu'elle est allée chercher un verre d'eau à la cuisine pour son mari, entend deux coups de feu, le premier plutôt sourd, le second plus sonore. Un oreiller sur la tête, René Lucet vient de se suicider deux fois...
Quand, une demi-heure plus tard, les pompiers et la police arrivent, les quatre gardes du corps de Lucet sont déjà là. Aucune lettre du « suicidé » n'est trouvée. Rien de suspect. Certains n'hésitent pas à penser que le « ménage » a été fait avant l'arrivée des inspecteurs.

Le rapport d'autopsie démontre que les deux balles étaient mortelles et tirées dans le même orifice. Le 16 mars, le corps est exhumé. Les experts affirment au contraire que Lucet était vivant quand la seconde a été tirée. La version de cet homme au cerveau déjà éclaté

Chronologie

- **1979 : René Lucet est nommé directeur de la caisse primaire d'assurance maladie des Bouches-du-Rhône.**
- **2 mars 1982 : Nicole Questiaux, ministre de la Solidarité, démet Lucet de ses fonctions.**
- **4 mars : annonce du « suicide » de René Lucet.**
- **24 mars : *Le Canard enchaîné* révèle les doutes du commissaire Marza quant à la thèse du suicide.**
- **Fin mars : une enquête pour meurtre débute.**
- **Janvier 1988 : l'affaire est classée par la juge d'instruction Bernadette Augé.**

appuyant une seconde fois sur la gâchette pour finir le travail laisse perplexe. Comme nous paraît étrange ce policier qui lave les mains du mort après avoir relevé ses empreintes, empêchant ainsi tous les tests habituels permettant de savoir si c'est lui qui a vraiment tiré.
Le 24 mars, *Le Canard enchaîné* révèle le rapport du commissaire Marza, qui s'étonne que « ni la présence de sang au plafond, ni la position de René Lucet, ni le tir de deux balles successives ne [puissent] être expliqués ».
Dès la fin du mois de mars 1982, une enquête pour meurtre débute officiellement.

Enquête pour meurtre

De Robert Badinter qui s'indigne des manquements du procureur Vilatte à la mutation d'office de celui-ci vers d'autres cieux et aux innombrables ramifications de l'affaire Lucet, on assiste à des règlements de comptes aux relents de guerre du grand banditisme au sein même de la République. Pourquoi cet homme de trente-huit ans se serait-il suicidé ? Defferre déclare sur RTL que l'homme était un battant ; des proches le décriront comme arrogant, cassant et, peut-être, fragile. « Il a eu le sentiment d'être trahi par Bergeron, par ses amis socialistes de la mairie, confie un de ses amis. Il n'a pas compris que Bergeron, leader syndical, ne pouvait le soutenir dans un mouvement de rébellion ouverte sans espoir. » Suicide d'un homme acculé ? Peut-être, mais scientifiquement on a du mal à y croire.

L'enquête va durer six années, pendant lesquelles les têtes tombent. Une cinquantaine de personnes sont inculpées pour corruption, mais aucune piste ne conduit à l'assassin ou aux commanditaires du meurtre de René Lucet, si meurtre il y a eu. En janvier 1988, la juge d'instruction, Bernadette Augé, classe l'affaire.

Le temps des « Pourquoi ? »

On peut imaginer que René Lucet, licencié en droit, aura voulu éviter l'humiliation d'une inculpation pour fausses factures et que, vexé et affaibli psychologiquement par la décision de la ministre de la Solidarité, il aura décidé d'attenter à ses jours.
On peut aussi imaginer que la disgrâce de ce jeune directeur allait nécessairement entraîner la découverte de pratiques douteuses et qu'on l'a un peu aidé à se suicider…
Le mystère reste entier trente ans après les faits, mais la vie politique française restera profondément imprégnée par l'affaire Lucet, qui marquera le début de la médiatisation des affaires de corruption, avec une nouvelle réglementation portant sur la moralisation du financement, jusque-là occulte, des partis politiques.

Le "suicide" de René Lucet, directeur de la caisse primaire d'assurance maladie des Bouches-du-Rhône, va entraîner un imbroglio politico-financier largement relayé par les médias.

Affaire Grégory Villemin,
Lépanges-sur-Vologne, 16 octobre 1984

Des doutes... à perpétuité, ou les eaux silencieuses de la Vologne

DES FAITS, UN LIEU, DES NOMS et des prénoms qui se posent sur des visages, des médias qui s'emparent de l'affaire : le théâtre du crime obéit à une juxtaposition d'éléments qui se fixent de manière indélébile dans notre conscience. La fascination criminelle collective joue pleinement dans l'affaire du petit Grégory. D'autant plus que la culture de la vérité s'efface ici devant la culture des suppositions, tremplin des doutes.

Le « corbeau » est passé à l'acte

Les faits sont connus, irréfutables... banals, presque, à l'échelle du crime. Le 16 octobre 1984, vers 17 heures, Grégory Villemin, bambin innocent âgé de quatre ans, s'amuse dans le bac à sable situé devant le chalet de ses parents à Lépanges-sur-Vologne. À l'intérieur, Christine Villemin repasse. Quelques minutes d'inattention. Quand la mère jette un regard dehors, Grégory a disparu.

Une demi-heure plus tard, l'oncle de Grégory, Michel Villemin, reçoit un coup de téléphone. Au bout du fil, une voix déformée qui résonne comme une vengeance accomplie :

« J'ai pris le fils du chef, je l'ai mis dans la Vologne... »

Le « chef », c'est Jean-Marie Villemin.

Christine et Jean-Marie Villemin sauront-ils un jour qui a assassiné leur petit Grégory, âgé de quatre ans ?

Quatre heures s'égrènent dans l'angoisse. Car les Villemin savent déjà qu'un malheur est arrivé. Depuis trois ans, un « corbeau » harcèle la famille avec des lettres et des coups de téléphone anonymes qui laissent peu de doutes sur ses intentions.

Vers 21 h 15, les gendarmes, qui inspectent les eaux glacées de la Vologne, découvrent un petit corps qui flotte en aval du pont Bailey, à Docelles, à sept kilomètres de Lépanges. Vêtu d'un anorak bleu et d'un bonnet de laine rabattu sur le visage, le cadavre du petit Grégory est transporté dans le local des pompiers de la commune. Les premières constatations montrent que les mains, les pieds et le cou sont entourés d'une cordelette.

Le lendemain matin, le facteur dépose chez les Villemin, effondrés, une lettre. L'ultime. Postée la veille à Lépanges, vers 17 h 15, le cachet de la Poste faisant foi. Le texte est on ne peut plus explicite :
« J'espère que tu mourras de chagrin, le chef. Ce n'est pas l'argent qui pourra te redonner ton fils. Voilà ma vengeance, pauvre con. »

L'horreur du drame, un corbeau qui se répand en lettres et coups de téléphone anonymes, une région où les habitants n'ont pas pour habitude de s'épancher : voilà de quoi alimenter une guerre médiatique qui ne cessera de nourrir le drame d'images et d'informations trop souvent distillées par les autorités judiciaires aux dépens de l'enquête. Des images qui fixent le poids de la tragédie et la renforcent. Des visages, hier inconnus, sont projetés sur le devant de la scène. En couverture des revues. Au cœur de l'actualité télévisée. Des visages sortis des albums photos de famille ; volés ou achetés par des photographes chargés de faire entrer le public dans l'intimité des Villemin.

Le roman noir de Lépanges-sur-Vologne

Le visage de Grégory, d'abord. Sa candeur nous projette dans l'incompréhension de la mort du garçonnet. Tout en nous laissant l'étrange impression qu'il est toujours vivant… dans nos mémoires. Christine Villemin, la mère de Grégory, est omniprésente. Sa force de caractère, opposée à une fragilité juvénile, lui permet de franchir tous les actes de la tragédie. Qui ne serait pas tombé dans le désespoir ! Mère éplorée, épouse d'un criminel après l'assassinat de Bernard Laroche par son mari, inculpée le 5 juillet 1985 pour l'assassinat de son fils, emprisonnée alors qu'elle est enceinte, libérée après une grève de la faim, innocentée le 4 février 1993.

Défendue par les uns, vouée au bûcher expiatoire par les autres, Christine Villemin ne laisse personne indifférent. Pas même Marguerite Duras, qui se fendra d'un voyage éclair à Lépanges avant de signer un article dans *Libération* : « Sublime, forcément sublime… elle n'a que le souci d'exhiber à la une les frissons de son Moi en perpétuelle expansion… » La mère de Grégory comblera les manques et les absences, reconstruira son couple et sa vie dans la discrétion de la région parisienne, après avoir succombé aux sirènes médiatiques en vendant des photographies et en publiant deux ouvrages sur l'affaire.

Jean-Marie Villemin est, en apparence, plus insignifiant. Sur ses frêles épaules, le double rôle de père de la victime et d'assassin de son cousin Bernard Laroche, dont il refusait la remise en liberté et qu'il a tué d'un coup de fusil le 29 mars 1985. Contremaître dans une usine de pièces de voiture, à la fois envié et jalousé parce qu'il est sorti de son rang social. À l'épreuve de la douleur succédera celle de l'enfermement : il effectuera trente-sept mois de détention préventive, avant de bénéficier d'une libération conditionnelle puis d'un jugement en 1993 qui le condamnera à cinq ans de prison, dont un avec sursis.

Bernard Laroche est la victime collatérale de l'affaire. Le coupable idéal. Que lui reproche la justice ? D'être le cousin germain du père de Grégory, d'avoir un enfant handicapé du même âge que la victime et de n'avoir pas eu un avancement professionnel aussi rapide que Jean-Marie. Elle le soupçonne également d'être le corbeau après des examens graphologiques sur lesquels les experts se contrediront. Et que dire du témoignage à charge de sa belle-sœur, Murielle Bolle, avant que celle-ci se rétracte ? Des éléments qui ne font pas des preuves. L'homme est arrêté, jeté en pâture à la vindicte médiatique, puis libéré sans protection. Livré à la vengeance d'un père aveuglé de chagrin. Abattu d'un coup de fusil sans avoir pu se défendre. Emportant avec lui un nouveau mystère. D'innocence ou de culpabilité ?

Marie-Ange Laroche, l'épouse de Bernard, a tout vécu. Son mari accusé, écroué, puis tué devant ses yeux et ceux de son gamin. Le chagrin, les larmes et la révolte. L'incompréhension d'une affaire qui bouleversera sa vie, au point qu'elle quittera Lépanges pour aller vivre à Épinal. Avec ce défilement d'images irréversibles qui cognent en permanence aux tempes de sa mémoire. Un immense gâchis qui n'occulte pas la confiance toujours manifestée envers son époux. Femme effacée qui s'est résolue à exorciser sa douleur en écrivant un livre, *Les Larmes oubliées de la Vologne*.

Maître Henri-René Garaud, un ténor du barreau. Plus qu'un défenseur, un mentor des Villemin, qui se charge de négocier les interviews et les photos de ses clients, vendues en exclusivité à *Paris-Match* pour 250 000 francs. Jamais avare de déclarations, d'une voix qui ne laisse personne indifférent. Il a rejoint Grégory en 1998, là-haut, au pays de l'envers du décor. D'autres avocats prendront sa succession, dont Arnaud Montebourg.

Trois juges pour une affaire hors norme. Jean-Michel Lambert, affublé du surnom de « petit juge » – pas seulement à cause de sa taille –, s'immerge, à trente et un ans, dans une affaire criminelle qui va le dépasser. Par manque d'expérience, sans doute ; de retenue, aussi, tant il prend plaisir à distiller des informations aux médias, aux dépens de l'enquête. Il est remplacé en 1986 par le juge Simon, beaucoup plus discret, qui tentera de reprendre l'affaire à zéro, deux ans après son début. Mais il est trop tard. Bernard Laroche est mort. Des procédures d'enquête ont été mal menées ou oubliées. Victime d'un accident cardiaque, le juge Simon laisse sa place au juge Jean-Paul Martin en 1990. Sans plus d'effets. Un constat d'échec traduit en 2004 quand la cour d'appel de Paris reconnaît « le dysfonctionnement du service public de la justice » et accorde des réparations au couple Villemin, après les indemnités accordées à Marie-Ange Laroche en 2001.
Le corbeau... Le grand absent de l'affaire, bien que présent dans tous les esprits. La clé de l'enquête. Le nœud de l'énigme. Oiseau

de malheur porteur des mauvaises nouvelles. Une expression née en 1922, à Tulle, lors du procès d'Angèle Laval, coupable d'avoir envoyé plus de cent dix lettres et qui assiste à son procès tout de noir vêtue. Le corbeau jamais identifié malgré la recherche, en 2003, de traces d'ADN sur un demi-timbre apposé sur une lettre datant de 1983 et malgré la réouverture de l'enquête, en 2008, pour expertiser de l'ADN sur les cordelettes ayant servi à ligoter Grégory, sur une seringue retrouvée à proximité du lieu où le corps a été découvert, ainsi que sur trois enveloppes anonymes. Rien, encore rien, si ce n'est que les traces examinées ne sont pas celles des époux Villemin. Le corbeau, lui, s'est tu. Sans doute définitivement. Prisonnier de son acte. Bagnard de sa conscience.

Les journalistes, enfin, sans lesquels le crime de Lépanges n'aurait jamais suscité autant d'intérêt dans la population. Ils ont fait de l'affaire un véritable feuilleton, avec ses acteurs, son décor et ses rebondissements. Durant des années, ils tiennent en haleine un public toujours avide de sensationnel. Assidus à ne jamais laisser retomber la mayonnaise, ils la pimentent d'informations douteuses, de rumeurs insidieuses, de portraits au vitriol. Filmer, photographier, décrire le désespoir, les jalousies, les rancœurs… S'immiscer avant d'envahir le quotidien d'un village de la France dite « profonde » pour en montrer tous les retards, pour en faire surgir tous les tourments. Lépanges, durant des mois, vit au rythme des interviews, des nouvelles, vraies ou fausses, des on-dit et du qu'en-dira-t-on, des « je sais » ou « je crois savoir » collectés par des journaleux pisseurs d'encre. Lépanges meurtri, qui mettra du temps à se relever de cette invasion médiatique. Lépanges-sur-Vologne, un nom si doux pour un village plongé subitement dans le malheur. Un village où il ne se passe rien. De là à dire que l'on s'épie, que l'on se jalouse plus qu'ailleurs ? Un village ébranlé où rien ne sera plus comme avant, du temps où Grégory soufflait sa quatrième bougie. Un village sous les feux de la rampe à son corps défendant, avant de retomber dans l'anonymat de l'actualité. Un village hors des circuits touristiques devenu lieu de pèlerinage pour excursion insolite. Avant de retrouver la paix. Scellé au mystère d'un crime non élucidé.

De rebondissement en rebondissement

Les rebondissements. Fil rouge d'un demi-siècle d'enquête, entre espoir et abattement. De l'arrestation de Bernard Laroche en novembre 1984 à sa remise en liberté en février 1985, avant son meurtre le

Chronologie

- **16 octobre 1984 : le corps de Grégory Villemin est retrouvé dans les eaux de la Vologne.**
- **Novembre : arrestation de Bernard Laroche. Il sera remis en liberté en février 1985.**
- **29 mars 1985 : Jean-Marie Villemin tue son cousin Bernard Laroche d'un coup de fusil.**
- **5 juillet : Christine Villemin est inculpée pour l'assassinat de Grégory.**
- **22 juillet 1986 : Jean-Marie Villemin est condamné à cinq ans de prison, dont un avec sursis, pour l'assassinat de Bernard Laroche.**
- **1986 : le juge Simon remplace le juge Jean-Michel Lambert.**
- **4 février 1993 : Christine Villemin est déclarée innocente du meurtre de Grégory.**
- **Septembre 2012 : des recherches d'ADN sur les vêtements et les chaussures de Grégory sont demandées.**

29 mars de la même année, cinq jours après que Christine Villemin est accusée d'être le corbeau. Une mère renvoyée devant les Assises de Meurthe-et-Moselle en décembre 1986 et qui obtient un non-lieu le 3 février 1993. Jean-Marie Villemin, arrêté, libéré, puis renvoyé devant la cour d'assises des Vosges le 22 juillet 1986. Il écopera de cinq ans de prison, dont un avec sursis, le 16 décembre 1993. Viendront ensuite la clôture de la procédure en 2001, la réouverture de l'enquête et les différentes expertises ADN, qui relancent chaque fois l'espoir et la crainte de voir se rouvrir les plaies insuffisamment cicatrisées. Une chronologie judiciaire qui n'aura jamais réussi à rien prouver. Il reste à la science à découvrir de nouveaux procédés d'investigation. Si les recherches d'ADN de 2011 sur la cordelette n'ont rien donné, celles portant sur les chaussures et les vêtements de Grégory, demandées en septembre 2012, ouvriront peut-être de nouvelles pistes. À moins que l'humain se décide enfin à apaiser sa conscience pour que l'une des plus grandes énigmes criminelles du XXe siècle puisse un jour être résolue.

Assis autour de la table de leur salle à manger sur laquelle est posée une assiette à l'effigie de leur enfant, Christine et Jean-Marie Villemin semblent désemparés.

Île-de-France, 1986-1994

La chasse au "Grêlé"

L'HOMME EST TRAQUÉ DEPUIS 1986. La police possède un signalement précis, elle dispose même d'une empreinte ADN, et pourtant l'élite des enquêteurs de France a toujours échoué dans cette chasse infernale. « C'est l'affaire la plus énigmatique de l'histoire de la police judiciaire », avoue un policier.

Cécile, petite fille modèle

Comme chaque midi, le 5 mai 1986, Suzanne B. appelle sa fille, qui déjeune seule dans l'appartement familial situé dans le 19e arrondissement de Paris. Le téléphone sonne dans le vide, les secondes s'égrènent inexorablement, et toujours rien. Inquiète, la maman appelle le collège. Cécile n'est pas allée à l'école ce matin. Le cauchemar commence.

Les recherches débutent fébrilement. Jean-Pierre B., le papa de Cécile, est là. Personne ne comprend. Cécile est une petite fille de onze ans très mature et très sérieuse, partagée entre sa passion du violon et sa vie de collégienne. Personne ne peut envisager une fugue… Mais alors ?

En début d'après-midi, le gardien de l'immeuble aperçoit une tache claire dans un local du troisième sous-sol. Il s'approche. Un bras d'enfant dépasse d'un bout de moquette jeté sur un corps. La police identifie Cécile, allongée sur le ventre, violée, étranglée, poignardée près du cœur.

Les enquêteurs examinent les lieux. L'appartement ne présente aucune trace de lutte. Cécile est bien sortie de chez elle. Comme chaque matin, elle a été la dernière à quitter le domicile familial, après ses parents et son grand frère, Luc. Comme chaque matin, elle a dû appeler l'ascenseur. Et après ?

L'ascenseur ? Des flashes reviennent aux voisins, aux parents, au grand frère. Ce matin, ils y ont tous croisé un homme inconnu dans l'immeuble. Le signalement est le même : grand, jeune et la peau très

abîmée par des cicatrices d'acné virulente ou d'une autre maladie du derme. Très vite, la piste du « Grêlé », comme il est surnommé, intéresse la police judiciaire. Luc ajoute que l'homme doit avoir environ vingt-trois ans, qu'il est très obséquieux et qu'il lui a adressé la parole de façon très polie… trop polie.
Sur les deux ascenseurs qui desservent l'étage, un était en panne ce matin. Cécile n'avait donc pas le choix. L'interphone ne fonctionne pas, et la lumière du palier est également hors service. Tout semble laisser croire que l'assassin a repéré les lieux et préparé minutieusement son agression.

Le scénario est facile à imaginer : le Grêlé attend Cécile, il l'entraîne au troisième sous-sol, la porte est ouverte, bloquée avec un paquet de cigarettes, et s'ensuit la pire des ignominies.

Les divers témoignages permettent de dresser un portrait-robot que tout le monde s'accorde à trouver ressemblant. Celui-ci est largement diffusé dans la presse, sans aucun résultat.
En 1986, la police judiciaire ne dispose pas de fichiers informatiques, mais les fiches de la brigade criminelle en charge de l'enquête sont soigneusement épluchées.

Un mec normal…

Un mois avant le meurtre de Cécile, une autre petite fille de huit ans a été agressée dans son ascenseur. Laissée pour morte, la petite a été retrouvée ligotée et sans connaissance. Elle a été violée selon le même mode opératoire que pour Cécile. L'agresseur avait le visage marqué…

Un an plus tard, en octobre 1987, la brigade des mœurs de Paris est saisie pour une autre affaire de viol, dans le 14ᵉ arrondissement. Cette fois, il s'agit d'une adolescente, et le scénario diffère : l'homme se présente à sa victime comme étant un policier, puis il l'attache à un radiateur avant de la violer sauvagement. Il lui laisse la vie sauve. La jeune fille le décrira comme un individu grand au visage plein de cicatrices…

De la même façon, une jeune femme de vingt-six ans se fait agresser dans le même quartier. Même signalement de l'agresseur. Encore le Grêlé.

La liste s'allonge, l'homme sévit dans tout Paris, et rien ne semble pouvoir l'arrêter.
Des tentatives de viol se succèdent. Un jeune garçon reconnaît l'agresseur grâce au portrait-robot, mais l'homme est introuvable dans un Paris quadrillé par la police.
En 1991, sa piste est retrouvée à Levallois-Perret, où une fillette de onze ans donne son signalement après avoir été violée par un individu à la peau du visage trouée…
Les viols continuent. Certains sont attribués au Grêlé sur le seul détail dermatologique…
En 1992, la justice impuissante clôture le dossier Cécile B.

Deux ans plus tard, l'homme qui nargue toutes les polices revient à la une des journaux. Une fillette de onze ans est enlevée vers 14 h 30 à Mitry-Mory (Seine-et-Marne) par un faux policier alors qu'elle se promène à vélo. Couchée de force sur la banquette arrière de sa voiture, menottée, cachée des regards par une chemise, l'enfant est transportée dans une ferme désaffectée… Mais la fillette est bavarde. Elle pose mille questions, interroge l'homme quand il veut lui apprendre à faire une fellation :
« Pourquoi tu me fais ça ? Je ne suis qu'une petite fille… Tu as une femme ? »
Vers 17 h 30, le faux policier repart subitement, laissant la petite traumatisée mais sauve. Le signalement qu'elle donne à la police ne prête à aucune équivoque. L'individu avait l'air gentil, rassurant, il était grand, mince et avait le visage marqué de cicatrices, comme sur les portraits-robots… Plus tard, la fillette témoignera :
« C'est un mec qui avait l'air normal… J'ai eu beaucoup de chance d'être calme et de lui avoir parlé… Ça m'a sauvé la vie. »
C'est la première fois, à la connaissance des policiers, que l'homme commet un enlèvement.
Un « mec normal » qui laisse derrière lui un Kleenex…

Quand l'ADN parle…

Cette dernière agression a lieu en 1994. Depuis, plus de nouvelles de ce dangereux psychopathe. Est-il mort ? Parti à l'étranger ? Nul ne sait, mais on a du mal à imaginer que ses pulsions sadiques se seraient soudainement calmées. On ne connaît toujours rien de lui. Les multiples contrôles, interpellations et publications du portrait-robot sont restés vains. La précipitation avec laquelle il a quitté la dernière petite fille peut laisser penser qu'il ne vit pas seul, qu'il a une famille, une mère, une femme, peut-être des enfants...

Les années passent...
La police scientifique a une nouvelle arme : l'ADN. Il s'agit d'une véritable révolution qui permettra la constitution d'un fichier national informatisé des empreintes génétiques dès 1998.
En 1996, un juge d'instruction ordonne la réouverture du dossier de l'affaire Cécile B. Des indices conservés sous scellés sont exploitables. On a l'ADN du Grêlé ! Les espoirs renaissent, des comparaisons sont effectuées, et on peut désormais affirmer scientifiquement que le meurtrier de Cécile est le même homme qui a violé la fillette de huit ans en avril 1986, l'adolescente du 14e arrondissement retrouvée attachée à un radiateur, ainsi que la fillette volubile enlevée à Mitry-Mory, grâce au Kleenex abandonné. Le dangereux pédophile est alors recherché par toutes les polices de France.

Coup de théâtre !

Pendant des années, la police cherche un violeur d'enfants. Cependant, en 2001, grâce aux comparaisons des ADN prélevés sur des scènes de crime, on retrouve la signature du Grêlé dans un sadique double meurtre d'adultes commis dans le Marais en 1987. Sans l'ADN, jamais les enquêteurs n'auraient fait le rapprochement. Jean-Pierre B. regrette vivement le temps perdu, persuadé qu'il est que « la clé est dans ce dossier, pas ailleurs » :
« Si le lien entre ces différentes affaires avait été établi en 1987, on n'aurait pas travaillé si longtemps sur la seule piste du pédophile. »
Et il ajoute, amer :
« Ainsi, le frère de Cécile, biologiste, a donné aux policiers, dès le mois de mai 1986, toutes les informations permettant de recourir à l'analyse ADN, alors utilisée en Grande-Bretagne et en Belgique. Il a fallu attendre dix ans pour que la justice et la police se décident à recourir à cette méthode scientifique et quinze ans pour que des comparaisons ADN soient entreprises. Systématiquement, toute hypothèse évoquant l'intervention de plusieurs agresseurs a été écartée, au mépris de plusieurs éléments matériels. »

Chronologie

- **Avril 1986 : une fillette est agressée à Paris par un individu qui la laisse pour morte après l'avoir violée. L'homme a le visage marqué.**
- **5 mai : Cécile, onze ans, est retrouvée égorgée dans la cave de son immeuble parisien. Elle a été violée. Dans l'immeuble, des témoins ont remarqué un homme au visage grêlé.**
- **29 avril 1987 : double meurtre d'un sadique dans le quartier du Marais, à Paris. Une des victimes a été vue avec un individu au visage abîmé.**
- **Octobre : une adolescente est agressée et violée par un homme au visage « plein de trous ». Elle survivra.**
- **1991 : une fillette de onze ans est violée à Levallois-Perret par un homme à la peau trouée. Plusieurs agressions sont signalées, toujours commises par un homme au visage marqué.**
- **1992 : la justice clôture le dossier Cécile B.**
- **1994 : une fillette de onze ans est enlevée par un homme au visage grêlé à Mitry-Mory, en Seine-et-Marne. Elle ne sera pas tuée.**
- **1996 : réouverture du dossier de l'affaire Cécile B.**

29 avril 1987. Dans un appartement parisien, un homme est accueilli par la jeune fille au pair. Une voisine les a vus en grande discussion la veille ; elle témoignera que l'homme avait la peau du visage abîmée. Quelques heures plus tard, on retrouve Irmgard M. sauvagement assassinée. Son corps est pendu aux barreaux de lits superposés à la façon d'un crucifié. Elle a été étranglée. Dans la pièce à côté, Gilles P., son employeur, est allongé sur le ventre, les membres repliés derrière le dos et retenus par un tisonnier. Gilles P., trente-huit ans, est mécanicien chez Air France et occupe un poste de nuit. Il dormait certainement quand le tueur a été introduit. Les deux victimes ont le corps supplicié par des brûlures de cigarettes.

L'enquête ne donnera jamais aucun semblant d'explication à ce double meurtre, mais sur le journal intime de la jeune fille de vingt ans apparaît la liste de ses nombreux amants. Tous les noms sont vérifiés ; tous les alibis, contrôlés. Un seul manque à l'appel : Élie Lauringe

domicilié au numéro 13 de la rue Rubens dans le 13e arrondissement de Paris. L'espoir sera de courte durée. L'adresse est fictive, et Élie Lauringe n'existe pas. En face de son nom, Irmgard a écrit :
« Rapport sexuel nul... tant pis ! »
Élie Lauringe est-il le Grêlé ? « Élie Lauringe » ? Toutes les lettres de « grêlé » figurent dans ce patronyme. Hasard ?

La vérité ?

Un homme est toujours à la recherche de la vérité. Le papa de Cécile veut connaître l'assassin de sa fille et réclame la jonction du dossier concernant les enfants avec celui du double meurtre d'adultes. En 2009, il publiait sur Internet :
« L'étouffement du dossier [du double meurtre du Marais] constitue le dernier moyen d'empêcher la solution d'apparaître, après une longue dissimulation de mensonges. »
Il défend âprement la thèse selon laquelle l'homme qui a tué Irmgard et Gilles P. n'était pas seul...

Beaucoup d'interrogations, beaucoup de souffrance, mais une farouche persévérance pour retrouver cet homme au visage grêlé qui sévit peut-être toujours sous d'autres cieux.

Affaire André et Michèle Carty, Anglet, décembre 1986

Un coupable trop idéal

QUAND LES POLICIERS DE BAYONNE, appelés par le comptable du port d'Anglet, débarquent, le lundi 8 décembre 1986, dans l'appartement de fonction des époux Carty, immeuble du Brise-Lames, la scène du crime leur offre immédiatement un scénario classique. Les deux corps, découverts vers 9 heures par le comptable puis par l'un des gardiens du port, gisent dans la même pièce, baignant dans leur sang. Michèle Carty, née Martin, est allongée sur le ventre dans son lit, les draps tachés de sang. Un trou derrière l'oreille gauche montre qu'elle a été tuée à bout portant. Entre le lit et le mur de la chambre, repose son époux, le visage maculé de sang. Dans sa main droite, il tient encore l'arme, un Smith & Wesson, qui lui a servi à se suicider. Car les policiers sont convaincus qu'ils ont sous les yeux une dispute de ménage qui a mal tourné. D'autant plus que les premières investigations montrent qu'il n'y a eu ni effraction ni violence. André Carty, le directeur du port d'Anglet, âgé de cinquante-trois ans, aura tué son épouse, cinquante-sept ans, en plein sommeil avant de retourner l'arme contre lui. Une hypothèse confirmée par les soucis que connaissait le couple, au bord de la rupture conjugale, les époux faisant chambre à part. Une affaire somme toute banale que confirmera rapidement l'autopsie.

Du suicide présumé à l'assassinat

C'est compter sans le médecin légiste, qui vient dès le lendemain, dans son rapport, infirmer le scénario. André Carty n'a pas été atteint par une seule balle, mais par quatre impacts, dont un au poignet droit. Celui-là même dont la main tient l'arme. La thèse du suicide ne tient plus. Il s'agit bien d'un assassinat qui s'est déroulé, selon l'autopsie, entre 23 heures et minuit dans la nuit du samedi 6 au dimanche 7 décembre.

Dans un premier temps, les enquêteurs reconstituent l'emploi du temps du couple durant les heures précédant le double crime. Les

Carty ont soupé chez des amis dans les Landes. Rien n'a semblé anormal ce soir-là dans leur attitude. André Carty a juste souhaité ne pas trop s'attarder, arguant d'une fatigue bien légitime en cette fin de semaine. Le couple quitte ses amis vers 22 h 15 pour regagner son appartement. Plus personne ne le reverra vivant !

Un indice intrigue tout d'abord les policiers. Qui a déposé ce bouquet de fleurs devant la porte des Carty ? Le crime connu, la réponse ne tarde pas à venir. Il s'agit d'un ami du couple, invité le dimanche à midi, qui, trouvant porte close, a déposé vers 11 heures les fleurs sur le paillasson avant de quitter l'immeuble.

L'affaire prend une tournure inattendue quand, vingt-quatre heures après la découverte des deux corps, alors que l'appartement est sous scellés, les policiers qui retournent sur les lieux pour procéder aux relevés de nouveaux indices constatent que du ciment a été répandu sur les traces de sang, les rendant inexploitables, et que les pompiers ont jeté à la décharge, sur ordre de la police locale, le drap et le matelas tachés de sang. Incroyable manque de rigueur qui ne fera qu'accentuer mystère et rumeurs en tout genre.
Pour les policiers, l'enquête repart donc à zéro. Désormais, il leur reste à interroger le voisinage et les amis du couple. Car ils ont une intime conviction : l'assassin connaissait bien les Carty. Pour preuve, leur chien n'a pas aboyé cette nuit-là. Alors, quand les éléments à charge s'accumulent, quand les certitudes remplacent les premiers doutes, quand les expertises effacent les dernières interrogations, le coupable n'est pas loin.

Le coupable idéal

Un constat bien amer pour Jean-Pierre P. Car des éléments à charge, les policiers en ont rassemblés plus qu'il n'en faut sur son compte ! Ancien légionnaire en Indochine puis en Algérie, « Marco » collectionne les armes et sait s'en servir, comme il l'avoue naïvement au lendemain de la découverte des corps :

« Si c'était moi qui l'avais tué, je ne m'y serais pas repris à cinq fois. »
Le genre d'individus pour qui une arme est le meilleur moyen de persuasion face à d'éventuels récalcitrants. Tel ce pêcheur qui a jeté son bouchon dans une zone interdite du port d'Anglet dont Jean-Pierre P. a la surveillance. Intervention du gardien… le ton qui monte entre les deux hommes. Ni une ni deux, il s'en va chercher son fusil et menace celui qui ne veut rien entendre. Il faudra toute la dissuasion de ses collègues pour éviter l'irréparable. Plus tard, Jean-Pierre P. affirmera :
« Je voulais seulement l'effrayer. »

L'enquête de proximité montre également que les rapports étaient pour le moins tendus entre lui et André Carty, son directeur. Il s'en était d'ailleurs confié à un employé de la mairie de Bayonne dans les semaines précédant le drame :
« Il m'a avoué que M. Carty le tyrannisait, qu'il se conduisait avec lui comme un esclavagiste et qu'il en avait fait son “boy”, ajoutant que Carty était à flinguer. »
Des propos que Jean-Pierre P. réfute avoir tenu :
« Des collègues ont fourni des témoignages visant à me faire plonger… Quinze jours après mon incarcération, deux vacataires comme moi ont été titularisés. J'ai su bien après qu'ils m'avaient enfoncé. »
Quant à l'alibi, Jean-Pierre P. n'en possède pas. Il a passé la soirée chez lui, à regarder un film sur lequel il apporte des éléments précis. « Peu convaincants », affirment les policiers, persuadés de tenir le coupable idéal.

Des faits suffisants, certes, pour avoir des soupçons, mais largement insuffisants, toutefois, pour apporter des preuves absolues de sa culpabilité. Décision est donc prise d'aller perquisitionner son appartement. Un jean lavé récemment porte des traces brunâtres. Du sang ? Jean-Pierre P. ne nie pas :
« Je me suis taillé le matin du crime en me rasant. J'ai essuyé mes mains sur mon pantalon. »
Une explication qui n'enthousiasme pas vraiment les policiers. Pourtant, si tout porte à croire à sa culpabilité, aucune preuve formelle n'est parvenue sur le bureau du procureur, qui décide de le relâcher en attendant les résultats de l'expertise, confiée au laboratoire bordelais CARME (Centre d'application et de recherche en microscopie électronique).

Des expertises contradictoires

Les résultats parviennent le 11 mars 1987. Coup de théâtre ! Les policiers ont vu juste. Le sang retrouvé sur le jean est du même groupe que celui de Michèle Carty et différent de celui de Jean-Pierre P. Mieux encore, un cheveu a été prélevé, et des traces de particules métalliques sont relevées, résidus de tir par arme à feu. Enfin des preuves ! Le 16 mars 1987, « Marco » est arrêté à son domicile et transféré au siège de la police de Bayonne, où il ne lui reste plus qu'à passer aux aveux. Comment, d'ailleurs, pourrait-il nier l'évidence ? Ce qui était en passe de devenir une énigme se transformait en affaire classée avec, pour mobiles, la rancœur et la vengeance.
Sauf que Jean-Pierre P. n'avoue rien, clame son innocence, conteste avoir voulu se venger de son patron. Reconnaît bien quelques différends avec ce dernier, qui lui maintenait toutefois sa confiance en le reconduisant chaque année dans sa fonction. Pas de quoi, donc, faire de lui un meurtrier en puissance et un tueur idéal du fait de son passé militaire. D'autant plus qu'il apporte de nouvelles explications à la présence des taches de sang et des résidus de tir. C'est en montant une antenne TV avec un ami que ce dernier s'est blessé. « Marco » aurait reçu du sang sur ses mains, qu'il aurait ensuite essuyées sur son jean. L'ami confirmera ses dires aux policiers, affirmant que son groupe sanguin correspond à celui de Mme Carty. Et quoi de plus normal que de retrouver des résidus de tir sur ses vêtements, lui qui nettoie méticuleusement ses armes et s'en sert parfois pour faire des cartons sur les rats. Mais face aux expertises, ses explications n'ont guère de poids. Jean-Pierre P. est inculpé d'assassinat et incarcéré.

En dépit de ses protestations et des lettres qu'il écrit en nombre pour faire part de son innocence et informer médias et politiques de sa situation, le gardien du port reste emprisonné neuf longs mois à la maison d'arrêt de Bayonne. Ses avocats, cependant, s'activent et demandent une contre-expertise afin de démontrer que les résidus de tir ne proviennent pas de l'arme du crime.

En juillet 1987, le laboratoire de la police scientifique de Toulouse est appelé à réaliser de nouvelles analyses. Et le verdict tombe, quatre mois plus tard ! Un verdict en tout et pour tout contradictoire à la première expertise. Pour le labo, les taches brunâtres ne sont pas du sang. Pas plus qu'il n'existe de particules métalliques sur le jean passé au microscope à balayage électronique et à la spectrométrie :

Chronologie

- 8 décembre 1986 : découverte, dans leur appartement, des corps des époux Carty.

- 16 mars 1987 : arrestation de Jean-Pierre P., le gardien du port d'Anglet, après les résultats de l'expertise.

- Novembre : une contre-expertise contredit les premiers résultats.

- 12 décembre : Jean-Pierre P. est relâché, mais reste mis en examen.

- 9 juillet 1991 : non-lieu prononcé dans l'affaire des époux Carty.

« Ils n'ont pas permis, indique le rapport, de mettre en évidence des particules et que la composition soit compatible avec des résidus de tir. » Ajoutant plus loin : « Les recherches sont demeurées négatives concernant la présence de poudre. » Même sort réservé au cheveu récupéré, différent dans la couleur et la taille de la chevelure de Michèle Carty.

Justice et enquêteurs doivent se résoudre à accepter le constat : les preuves s'effondraient les unes après les autres. Et si le rapport n'innocente pas complètement Jean-Pierre P., tout au moins ne fait-il plus de lui le coupable idéal. Trop idéal ? D'autant plus qu'une troisième expertise, menée en 1991, offrira le même résultat.

Des rumeurs jamais prouvées

Entre-temps, le 12 décembre 1987, le gardien a été relâché, tout en restant mis en examen. Un second combat débute : être reconnu comme innocent. Un non-lieu intervient le 9 juillet 1991, confirmé en appel. Les dix ans de prescription se sont depuis longtemps écoulés. Aujourd'hui, l'affaire des époux Carty demeure une véritable énigme, avec son lot d'interrogations sur le mobile du crime et sur le ou les assassins. Plusieurs pistes ont été évoquées, avant de se refermer, faute de preuves, d'éléments et de témoignages prépondérants.
Lequel des deux époux visait-on ? Michèle Carty, dont la place de secrétaire générale du maire Henry G. l'exposait à traiter des dossiers peut-être sensibles, pouvant la mettre en danger ? Un sentiment d'insécurité qu'elle ressent quand elle confie à un conseiller d'opposition :

« Si je disais le dixième de ce que je sais, je me ferai estourbir en rentrant chez moi... »
D'où l'idée d'acheter une arme pour se protéger, surtout après plusieurs coups de fil et courriers anonymes. Cette arme qui devait servir à les assassiner. Une piste qui n'alla guère plus loin que les suppositions, le maire de Bayonne rejetant toute malversation. André Carty, alors ? Par son poste de directeur du port, avait-il éventé un trafic d'armes ou de drogue ? Était-il impliqué lui-même dans une affaire de contrebande ? Devenu gênant, il aurait été éliminé, son épouse étant une victime collatérale. L'homme, du reste, selon des témoignages, était devenu inquiet.
Il y eut aussi les rumeurs et les lettres anonymes, comme celle impliquant le parrain de la Côte basque dans une affaire de faux dollars. Mais là encore, rien !

À soixante-quinze ans, bien que disculpé du double crime, Jean-Pierre P. continue son combat. Il veut savoir pourquoi il a été inculpé ; pourquoi l'enquête a été bâclée ; pourquoi il a encore, plus de vingt-cinq ans après le début de l'affaire, du mal à avoir accès à son dossier, avec l'espoir que la vérité éclatera un jour. "Parce que cette histoire a détruit ma vie !"

Affaire Henri J., Huos, 12 juillet 1988
Cour d'assises de la Haute-Garonne, 8-15 juin 1995

Le mystère de l'horrible tragédie d'Huos

LA VIE DE CE PETIT VILLAGE RECULÉ des Comminges a basculé dans l'horreur le 12 juillet 1988, laissant une famille anéantie et des cicatrices dans le cœur des habitants qui, plus de vingt ans après, n'ont rien oublié. Sept ans de procédure, sept ans pendant lesquels les haines, les rancœurs et les jalousies ont divisé ce village sans histoire en deux clans ennemis, chacun étant persuadé que son intime conviction est la bonne.

Scènes d'horreur !

L'intime conviction des jurés, ce 15 juin 1995, a permis, elle, l'acquittement d'Henri J., l'homme qui a découvert l'horrible tragédie le matin du 13 juillet 1988 en revenant de son travail de nuit à Saint-Gaudens, où il est employé à la Cellulose d'Aquitaine.

Sa femme, Fabienne, n'est pas dans le lit conjugal. Il imagine qu'elle a dû dormir chez ses parents, qui habitent tout près, au numéro 6 de la rue de la Grotte. Chez les S. vivent sa belle-sœur Joëlle et son beau-frère Fernand R., avec leur fille de huit ans, Sabrina. Les parents S. sont partis en vacances à Argelès-sur-Mer avec leur troisième fille, Myriam, et la petite Sabrina. Henri se dit que Fabienne a dû passer la soirée avec sa sœur et rester dormir dans la chambre qui leur est réservée. La maison des S. est fermée, mais à travers les volets Henri aperçoit sa femme étendue sur le sol, gisant dans une mare de sang. Comme un fou, il force une porte, soulève Fabienne et l'amène sur le gazon. Il sent bien son corps déjà froid, mais il tente quand même un bouche-à-bouche improbable. En état de choc, il essaye d'insuffler de la vie à ce cadavre ensanglanté. Ce geste désespéré lui sera plus tard reproché.

Comme un forcené, il secoue le portail du voisin, garagiste de son état, lequel appelle à son tour les secours et la gendarmerie. Second reproche : pourquoi Henri J. n'a-t-il pas appelé les pompiers directement de la maison de ses beaux-parents ?

Quand les pompiers arrivent sur les lieux, ils découvrent un véritable carnage. D'abord, sur la pelouse, au milieu des massifs de fleurs, la si jolie Fabienne, vingt et un ans, vêtue d'un jean et d'un chemisier clair. De loin, on pourrait la croire endormie. Mais la jeune femme est à moitié décapitée, atteinte d'un coup de fusil à la hanche et de plusieurs coups de hache.
La découverte macabre continue. Joëlle, vingt-huit ans, est couchée dans le salon, joliment habillée d'une légère robe d'été. Elle baigne dans son sang. Femme fragile, femme-fleur, elle a été massacrée à coups de hache et de sabre. L'agresseur s'est acharné sur elle à coups de crosse de fusil. Il n'a même pas pris la précaution de la cacher. Elle repose, brisée, tout près du corps. La hache ensanglantée a été abandonnée sur un meuble.

L'horreur est encore présente. Le sang est partout. Dans le cellier, Fernand R., le mari de Joëlle, gît, la tête éclatée par un coup de fusil tiré à bout portant. Les yeux hagards sur un visage déchiqueté, le poignet gauche posé sur le canon du fusil, cet homme de trente-trois ans s'est visiblement donné la mort.

Tétanisés, pompiers et gendarmes investissent la maison confortable qui, en d'autres circonstances, aurait présenté l'aspect d'une demeure chaleureuse et conviviale.
Dans la cuisine, deux tasses de café encore pleines témoignent de l'habitude des deux sœurs de se retrouver tous les après-midi pour papoter et se confier leurs secrets de femmes. Normalement, leur maman et Myriam, leur plus jeune sœur, participent à ce rituel. Les quatre femmes sont en effet très unies et, selon le témoignage de la mère, « ne forment qu'un ».

Des hypothèses sans preuves

Crime de sauvage ? De déséquilibré ? À Huos, c'est l'incompréhension totale. Personne ne connaît d'ennemis à cette famille calme, sans histoire, respectée et estimée de tout le village.

Les premières constatations semblent privilégier le drame familial : Fernand aurait assassiné sa femme et sa belle-sœur pour des raisons encore inconnues, puis il aurait retourné l'arme contre lui.

Personne n'a rien vu, personne n'a rien entendu. Un voisin qui a discuté avec Fernand le 12 vers 19 heures affirme n'avoir rien remarqué d'anormal dans son comportement, alors que les médecins légistes certifient que les deux jeunes femmes ont été tuées vers 17 heures. Employé municipal à Huos, Fernand était connu pour sa jovialité, son extrême gentillesse et son sérieux dans le travail. Le couple qu'il formait avec Joëlle était harmonieux, et Sabrina, leur petite fille de huit ans, est adorable. La petite famille habitait depuis plusieurs années chez les parents de Joëlle en attendant la fin de la construction de sa maison. Les S. aimaient beaucoup Fernand, et tout se passait pour le mieux. Alors pourquoi ?

Joëlle souffrait depuis plusieurs années d'une maladie du sang assez proche de la leucémie contre laquelle elle se battait courageusement. Mais est-ce là un mobile qui peut pousser un mari aimant à un tel massacre ?

Les convictions qui prévalent pendant les six premiers mois de l'enquête semblent encore plus fragiles. Comment cet homme aurait-il pu se tirer une balle dans la tête et poser son fusil à côté de lui ? Pourquoi avoir attendu plusieurs heures pour se suicider, sa mort étant intervenue vers 20 heures ? En outre, plusieurs témoins l'ont vu travailler dans le village à l'heure supposée du crime. On sait que derrière sa bonhomie Fernand cachait une certaine fragilité. En effet, deux ans avant le drame, il avait tenté de se suicider. Mais de là à l'imaginer capable de tant de sauvagerie…

Devant tant d'incertitudes, les enquêteurs envisagent donc une autre hypothèse, faisant du second mari, Henri J., le suspect numéro un. Une version sans aucune preuve, fondée sur la seule « partialité » de certains gendarmes et la conviction du juge d'instruction.

Grâce aux confidences des proches, on apprend que le couple J. était loin d'être idyllique. Mariée depuis moins de deux ans, Fabienne reprochait à son époux de trop s'investir dans son club de football. La jeune femme était romantique et nourrissait ses rêves de livres où les

histoires d'amour sont passionnelles et finissent toujours bien. Très jeune, elle s'était amourachée d'un oncle de Fernand, de vingt ans son aîné, émigré aux États-Unis. Elle lui écrivait encore des lettres pleines d'espoir auxquelles, le plus souvent, il ne répondait pas. Juste une relation d'amitié, précisera l'« oncle d'Amérique » au procès ; un enfantillage, selon Myriam, la plus jeune des sœurs. Henri aurait-il eu vent de cette relation épistolaire, ce 12 juillet ? Mais alors, pourquoi aurait-il tué Joëlle et Fernand ?
Passé au peigne fin, son emploi du temps laisse apparaître des zones d'ombre. Lui assure qu'il dormait au moment du meurtre des deux jeunes femmes, mais son alibi est invérifiable. Toutefois, vers 20 heures, il prenait l'apéritif avec un copain du football. Il ne pouvait donc pas tuer Fernand et déguiser ce meurtre en suicide. Autant de questions qui resteront sans réponse.

Les deux hypothèses présentent les mêmes incertitudes, le même manque de preuves, le même flou sur le mobile. Les deux gendres n'étaient pas très enthousiastes à l'idée de rejoindre leurs beaux-parents à Argelès, comme le désiraient Joëlle et Fabienne. Mais peut-on voir dans ce futile désaccord un mobile suffisant ?

Les familles des victimes accusent avec force Henri J., désormais considéré comme le méchant dans cette triste affaire. Inculpé une première fois en mars 1989, il ne fera qu'un mois de prison. En novembre 1990, nouvelle incarcération. Il faudra deux grèves de la faim sévères pour que la chambre d'accusation accepte de le libérer. Mais les parties civiles ne renoncent pas. Henri J. est traduit devant la cour d'assises alors que toute l'accusation ne repose que sur des présomptions.

Une famille anéantie

Le procès qui s'ouvre le 8 juin 1995 attire une foule considérable. Sept ans après le drame, les opinions sont toujours partagées. L'enquête, longue et laborieuse, n'a fourni aucun indice pouvant soutenir l'un ou l'autre scénario. Un policier avoue à la barre les hésitations et les maladresses du début de l'enquête :
« Mes collègues locaux ont été anesthésiés par le fait qu'ils croyaient fermement à l'hypothèse du double meurtre suivi du suicide. Quelques mois plus tard, nous sommes tous arrivés à la conclusion que le suicide n'était pas possible. »

Un autre évoque avec gravité une enquête «orientée» à l'encontre d'Henri J.
«J'ai demandé à être dessaisi de l'enquête...»
L'expert en balistique de la police scientifique de Toulouse assure, quant à lui, que le suicide est tout à fait envisageable. Pour étayer ses propos, il montre à l'auditoire concentré comment fonctionne le fusil retrouvé près de Fernand R. Cependant, d'autres experts émettent un avis contraire, invoquant le recul de l'arme, avant d'être à leur tour contredits par d'autres éminents spécialistes développant des arguments opposés.
Décidément, rien n'est clair dans cette triste affaire.

Le père des deux jeunes femmes se présente à la barre. C'est un homme solide que l'on devine démoli par le drame. Il ne cache pas son inimitié pour le mari de Fabienne. Le montrant du doigt, dans un geste accusateur, il confie à la Cour :
«Ce n'était pas le gendre que j'avais souhaité. Il s'occupait de sa jument, du foot et de ses maîtresses. Sitôt marié, il a installé ma fille dans un taudis dont n'aurait jamais voulu son cheval ! La porte de cette grange tenait avec un couteau et des ficelles. La cour était jonchée de rats crevés. Je me suis dit : "Un jour, ça va mal finir !" Fernand, par contre (*sic*), était super ! Avec ma fille, ils ont vécu quatre ans chez nous pendant qu'ils construisaient leur maison. Il faisait partie de la famille.»
Retenant un sanglot dans la voix, il ajoute en s'adressant aux jurés :
«Regardez ces armes. Le jour où j'ai découvert le drame, il y avait du sang partout ; les SS n'auraient pas fait mieux !»
Il évoque Joëlle, «petite coiffeuse mignonne comme tout». À l'évidence, cet homme est anéanti par le malheur, tout comme sa femme, qui vient déposer à son tour. Elle n'est plus que l'ombre d'elle-même, amaigrie, le visage émacié. Elle révèle l'immense amour qu'elle portait à ses filles et la grande complicité qui les unissait. On sent bien que sa vie n'a désormais de sens que grâce à sa dernière, Myriam, et à la petite Sabrina, devenue orpheline un jour d'été au moment où, dans l'insouciance de ses huit ans, elle jouait sur la plage.

Une petite femme ployée par le chagrin vient ensuite parler avec émotion de son fils. Dans un français approximatif teinté d'accent portugais, elle assure que son garçon s'entendait bien avec sa belle-famille.

« Fernand n'avait rien à se reprocher, il adorait sa femme. Ils ont eu cette petite fille jolie et brave… »
Dans la salle des Assises, on attend un signe de désespoir du principal accusé, qui reste froid. On voudrait qu'il craque, mais l'homme tient le coup. C'est à peine s'il a détourné le regard pendant la projection de la vidéo retraçant l'arrivée des gendarmes sur les lieux du drame. La vue des corps ensanglantés des trois victimes ne lui arrache aucun sanglot. Serrant son grand mouchoir dans la main, il évite autant que faire se peut de regarder l'horrible scène. D'aucuns verront dans cette attitude la preuve que l'homme est dénué de toute sensibilité et qu'il est donc capable d'avoir massacré sa famille. Un raccourci un peu osé, son comportement révélant peut-être une infinie lassitude après sept longues années d'instruction.

Les faiblesses de l'accusation

L'avocat général est convaincu de la culpabilité de l'accusé. Il requiert donc la réclusion criminelle à perpétuité pour cet homme qui, au moment du drame, avait « la tête du parfait criminel ». Henri J. portait à cette époque une barbe noire touffue et des cheveux certainement trop longs au goût de l'homme de loi !
Maîtres Monique Hanoun et Alain Furbury, avocats de la partie civile, n'ont de cesse de marteler tout au long de leurs interventions : « Henri J. est coupable, Henri J. est coupable », insistant sur sa froideur qui fait de lui un meurtrier idéal.
Catherine Mouniélou, avocate de la défense, va s'évertuer, dans une courte plaidoirie, à donner une image plus humaine de son client, dévoué à la vie du village et aimant sa famille. Elle dénonce les faiblesses de l'accusation sur le plan psychologique, avant de passer le relais au jeune et talentueux avocat Me Laurent de Caunes, du barreau de Toulouse, dont la péroraison est attendue avec impatience. Pendant presque trois heures, ce dernier va s'appliquer avec une grande rigueur à démontrer le flou de ce dossier, qui ne repose que sur les convictions des uns ou des autres. Il s'adresse d'abord aux jurés : « Après sept jours d'audience, on va vous demander de juger une affaire qui n'est pas élucidée. On fait de vous des juges, mais aussi des détectives. On vous propose un marché extravagant ; on vous dit : "Prenez le risque de l'erreur judiciaire." On vous demande votre intime conviction, mais que fait-on de votre conscience ? On vous demande de vous dispenser de raisonner. Moi, je vous dis simplement : regardez ce que contient ce dossier et réfléchissez. »

Chronologie

- **13 juillet 1986 : découverte par Henri J., le mari d'une des victimes, d'un triple meurtre dans la maison familiale.**
- **Mars 1989 : inculpation d'Henri J. Il restera un mois en prison.**
- **Novembre 1990 : nouvelle inculpation d'Henri J. Retour en prison du 29 novembre 1990 au 19 février 1991.**
- **8 juin 1995 : ouverture du procès d'Henri J. devant les Assises de la Haute-Garonne.**
- **14 juin : Henri J. est acquitté.**
- **2003 : suite à de nouvelles plaintes et de nouvelles expertises, et en l'absence d'éléments nouveaux, la justice clôt le dossier.**

Puis, point par point, détail après détail, il démonte l'accusation, raillant au passage l'avocat général à propos du « délit de faciès » :
« Cette théorie du tueur né a eu son heure de gloire dans l'Allemagne des années 1930, et un peu plus tard en Italie... »
Quant au reproche fait à Henri J. sur son prétendu alibi foireux, il ironise :
« La sieste est par définition un fait obscur, silencieux et solitaire. Ce n'est pas un alibi d'un assassin. Henri J. aurait pu trouver mieux ! »
Avec beaucoup de tact, l'avocat apporte quelques retouches au portrait angélique que l'on a brossé de Fernand R. tout au long du procès. On apprend alors que l'homme était un ancien para, qu'il aimait les armes, que ses colères soudaines étaient redoutables, qu'il supportait mal l'autorité de son beau-père et, enfin, que la maladie de Joëlle avait fragilisé leur couple tant de fois cité en exemple.
« Joëlle a reçu seize coups de hache et de sabre, c'est elle qui était visée, pas Fabienne, qui a tenté de s'interposer. »
Après une plaidoirie bien ficelée et précise, Me de Caunes conclut de façon pathétique :
« La souffrance de mon client est exceptionnelle. On lui a tué sa femme, on l'a accusé d'en être l'assassin ; on lui a dit ensuite que sa femme ne l'aimait pas ; on lui a contesté son deuil, on l'a chassé de son village ; on l'a coupé de sa famille ; il ne faut pas rajouter du drame au drame. Vous acquitterez Henri J. non pas au bénéfice du doute, mais avec la certitude de son innocence. »

Avant la délibération, la parole est donnée à l'accusé :
« Je n'ai qu'une chose à dire, je le jure, je suis complètement innocent, complètement étranger à tout ça. »

Deux heures plus tard, Henri J. est un homme libre. À l'annonce du verdict, des applaudissements fusent, ponctués également de cris de douleur et de colère. Interrogé « à chaud » par les journalistes, Henri J. déclare :
« On m'avait prévenu. Comparaître devant les Assises est un moment pénible, mais je n'ai jamais eu vraiment peur. J'étais confiant. Je n'étais pas venu au procès pour dire une récitation, simplement avec ma mémoire... La vie continue, même si je ne pourrai jamais tirer un trait sur ce qui s'est passé. »

Des plaies encore ouvertes

À Huos, l'acquittement est loin d'avoir calmé les passions. Les haines sont toujours aussi vivaces ; les plaies, loin d'être cicatrisées. Le père des deux jeunes femmes, bouleversé, a prévenu les journalistes :
« La messe a été dite, mais l'affaire n'est pas finie. Tout ce que j'ai à vous dire c'est qu'il y aura des suites dans quelque temps. »
Une nouvelle plainte est déposée par les familles des victimes. Une nouvelle instruction commence avec son lot d'expertises et de contre-expertises. Des tests ADN sont effectués sur de nombreux échantillons : on ne trouve aucune empreinte génétique d'Henri. En revanche, le sang de Fernand est présent sur le corps des deux jeunes femmes.

Le jour de son acquittement, Henri J. déclarait :
« L'énigme d'Huos n'existe que pour ceux qui voudront encore l'alimenter. »
Vision optimiste d'un homme libéré. Mais nombreux sont ceux qui ne veulent pas oublier ; nombreux sont ceux qui nourrissent encore, au nom de leur intime conviction, des sentiments de haine ou d'injustice. Seules Joëlle et Fabienne savent.

Affaire Anne-Sophie Vandamme et Gilles Naudet,
forêt de Fontainebleau, 31 octobre 1988

L'appel de la forêt

MENAÇANTE, MYSTÉRIEUSE, PROTECTRICE OU ENCHANTERESSE, la forêt reflète ce que l'homme porte en lui de bon et de mauvais, inconsciemment ou non. « Qui dira le sentiment, écrit Chateaubriand, qu'on éprouve en entrant dans ces forêts aussi vieilles que le monde, et qui seules donnent une idée de la création, telle qu'elle sortit des mains de Dieu. »

À ce titre, celle de Fontainebleau passe pour l'une des plus remarquables de France, avec ses vingt-cinq mille hectares situés en Seine-et-Marne. Vaste massif boisé qui inspira tant d'artistes du XIXe siècle par ses couleurs, son relief accidenté, sa flore et sa faune, et qui continue à attirer, bon an mal an, près de treize millions de visiteurs. Des randonneurs, en premier lieu, qui goûtent aux trois cent soixante-cinq kilomètres de chemins balisés, aux curiosités de la nature – tel le célèbre bloc du Bilboquet, dans les sables du Cul-du-Chien, sur le massif des Trois-Pignons – et à l'air pur de ce poumon vert situé à quelques encablures de la mégapole parisienne. Des chasseurs, aussi, qui traquent le gros gibier – sangliers et chevreuils – et des braconniers, même si le mot est tabou dans la région, que l'on peut surprendre, une fois la nuit tombée, l'œil aux aguets et dont l'immensité du massif forestier est un gage d'impunité. Et puis ne parle-t-on pas, à mots couverts, de groupes paramilitaires ou terroristes qui viendraient s'entraîner aux armes ? De messes noires qui se dérouleraient les jours de pleine lune ? Mesrine en personne se serait fait ici la main à la carabine avant d'entreprendre son périple meurtrier. Rumeurs... légendes... La forêt de Fontainebleau entretient le mystère et renferme des secrets enfouis au plus profond de ses fourrés.

Une recherche inédite en France

31 octobre 1988. L'été indien finit de s'écouler en ce jour férié, veille de la Toussaint. Une douceur incitative s'est glissée dans l'air, repoussant les premiers frimas à la porte de novembre. La nature exubérante conserve encore son manteau fauve, précédant la mise à nu des arbres au cœur de l'hiver.

Pour Gilles Naudet et Anne-Sophie Vandamme, le repas de midi avalé, il n'est que temps d'aller se ressourcer et de prendre un bol d'air. Dundee, leur berger des Pyrénées de neuf mois, les accompagnera sur les chemins balisés. Juste le temps de prendre un petit sac à dos, et la Peugeot 304 blanche quitte Bois-le-Roi pour une petite balade dans le massif des Trois-Pignons, traversé par le GR 11, que l'un et l'autre connaissent bien.

Un couple que la vie a réuni deux ans plus tôt à l'occasion d'un stage d'équitation. Gilles est guichetier dans une agence du Crédit mutuel de Créteil ; Anne-Sophie travaille comme assistante sociale à l'office HLM du Val-d'Oise et des Yvelines. Ils ont tous les deux vingt-cinq ans, ils s'aiment, vivent ensemble et goûtent à la nature, aux grands espaces et à l'essentiel de la vie. Prévoyant, Gilles n'a pas manqué d'avertir ses parents qu'ils ne rentreraient pas tard, attendus qu'ils sont pour souper chez des amis. Vingt minutes de trajet, et le véhicule se gare en bordure de la départementale 129, au lieu dit « bois de la Feuillardière ». Pressé de se dégourdir les pattes, Dundee s'élance sur le chemin, truffe au vent. Main dans la main, les amoureux le suivent, le rappelant quand il sort de leur champ de vision. En ce jour d'ouverture de la chasse aux gros gibiers, mieux vaut ne pas s'écarter du balisage. Certains chasseurs ont parfois la gâchette facile, surtout envers les chiens errants. Quelques coups de feu ont déjà retenti dans le lointain. La prudence est de mise. Gilles siffle son chien, qui a sans doute flairé une piste... Anne-Sophie l'appelle... Un silence, puis... La forêt vient d'ensevelir un terrible secret.

Le rimmel de la nuit a déjà barbouillé le ciel limpide, et le jeune couple n'est pas encore rentré. Les parents de Gilles s'inquiètent. Ce n'est pas dans les habitudes de leur fils de ne pas avertir en cas de changement de programme. L'heure avançant, n'y tenant plus, le père s'alarme de l'absence des deux jeunes gens auprès des hôpitaux, afin de savoir si rien ne leur est arrivé. Personne ne les a vus, et aucun accident n'est signalé dans la zone.

Le lendemain matin, la sœur de Gilles Naudet se rend sur les lieux pour en avoir le cœur net. Elle possède le double des clés de la voiture, garée à l'endroit habituel, et ne relève aucun indice à l'intérieur, si ce n'est que Gilles et Anne-Sophie ont laissé leurs papiers. Se sont-ils perdus ? Ont-ils eu un accident qui les empêche de retourner à leur véhicule ? Il n'est que temps d'avertir la gendarmerie de leur disparition. L'angoisse commence à gagner le clan familial, conscient qu'un drame a pu se dérouler. Car, réellement, personne ne croit à une fuite

Anne-Sophie Vandamme a disparu, avec son fiancé, le 31 octobre 1988 dans la forêt de Fontainebleau.

volontaire pour ce couple qui peut être qualifié d'idéal.

Le 2 novembre, deux cents gendarmes, dirigés par le lieutenant-colonel Bernard, sont mobilisés pour fouiller les lieux. En vain ! Aucun signe susceptible de mettre les enquêteurs sur un début de piste n'est trouvé.

Le 4 novembre, les gendarmes décident d'employer les grands moyens. Une battue inédite en France. Six cents gendarmes se déploient pour fouiller trente kilomètres carrés de forêts souvent accidentés, secondés par un hélicoptère qui survole à basse altitude le secteur pour repérer un indice dans les endroits les plus escarpés. Le bilan, à la fin de la journée, est terrible : rien ! Comme si Gilles Naudet, sa compagne et leur chien s'étaient volatilisés sans rien laisser derrière eux que leur véhicule.

Pour les gendarmes, il est temps d'ouvrir toutes les pistes possibles et de les refermer les unes après les autres pour aboutir à la bonne. Disparition volontaire ? Accident ? Crime ? La première, on l'a vue, n'est guère crédible. L'accident ne peut être écarté d'emblée. Pourtant, tous les lieux dangereux ont été examinés méticuleusement. Bien sûr, une erreur humaine est toujours possible, mais dans ce cas précis deux corps humains ont disparu, ajoutés à celui de l'animal. Beaucoup trop, sans doute, pour ne pas être découverts ! Reste la piste criminelle. Celle que les familles repoussent en dernier pour ne pas croire au drame ! Celle que les gendarmes, chaque jour qui passe, prennent de plus en plus au sérieux. Mais qui ? Et pourquoi ?

Des pistes qui ne mènent à rien

Une extraordinaire enquête débute. Rien n'est laissé au hasard. Pas même la plus invraisemblable piste. Ainsi apprend-on que le

Gilles Naudet et sa compagne ont-ils été abattus par des chasseurs le jour de l'ouverture de la chasse ?

fils du président égyptien Hosni Moubarak possède une résidence à Bois-le-Roi. Or, pour étrange que ce soit, lui et Gilles Naudet possèdent une certaine ressemblance. Se pourrait-il que Gilles ait été victime d'une méprise ? On sait le président Moubarak contesté dans son pays, notamment par les frères musulmans qui revendiquent un islam dur. Mais à cette période, renseignements pris, le fils Moubarak est bel et bien en Égypte. Un groupe terroriste n'aurait donc pu se tromper à ce point. Parallèlement, un mercenaire, ancien membre des milices du général Aoun au Liban, est suspecté, tout comme un chauffeur portugais condamné par le tribunal de Melun pour meurtre sur trois auto-stoppeurs. Adeptes de messes noires, randonneurs ou ramasseurs de champignons, le constat est similaire : personne n'a rien vu ni rien entendu.
Reste la piste locale, beaucoup plus crédible ! Il n'échappe pas aux gendarmes que le jour de la disparition du couple correspond à l'ouverture de la chasse aux gros gibiers. Une cinquantaine de chasseurs se trouvent alors sur le site du Coquibus. Gilles et Anne-Sophie auraient-ils été victimes d'une balle perdue ? Peut-être ! L'ensemble des chasseurs susceptibles d'être en poste est interrogé. Loi du silence ou absence de renseignements ? Là encore, les enquêteurs font chou blanc. Un témoignage passe cependant inaperçu. Celui de Christian Gazzola, agent-chef de l'Office national des forêts (ONF). Il raconte que, le même jour, une balle a transpercé la porte de sa voiture. Bizarrement, l'agent demandera sa mutation pour le Sud au beau milieu de l'enquête. Lors du procès, un collègue affirmera à la barre que Gazzola lui avait demandé en décembre 1988 de nettoyer une maison forestière, *La Vendée*, située non loin du lieu de la disparition. Encore plus troublant, selon Me Marc-Antoine Lévy, « il lui aurait dit

de trouver les clés de la cave où il avait peur qu'on trouve les corps des disparus ». Mais son dossier restera vide. L'homme s'est suicidé en 1994... pour dépression, selon la version officielle.
Des chasseurs aux braconniers, le pas est vite franchi. Mais là encore, c'est l'omerta. Et ce n'est pas la mise en place d'un dispositif de surveillance nocturne qui apportera des éléments nouveaux. Du reste, il serait étonnant de trouver des braconniers, en plein jour, le jour même de l'ouverture de la chasse.
Les jours et les semaines passent... qui apportent plus de questions que de réponses chez les Naudet et les Vandamme. Comme si la forêt s'était refermée sur elle-même pour que rien ne bruisse de ses secrets. Si le temps n'est pas le meilleur allié des gendarmes, ces derniers restent persuadés que, un jour ou l'autre, la forêt rendra les corps. Alors, l'enquête pourra véritablement commencer et des pistes s'ouvrir.

Les corps réapparaissent !

Après-midi du lundi 9 janvier 1989. Forêt des Trois-Pignons. Lors d'une battue, quatre chasseurs et un garde forestier repèrent un sanglier. Blessé, l'animal réussit à s'enfuir à travers bruyères et genêts qui recouvrent le plateau de la Mare-aux-Joncs, entre la Roche-aux-Voleurs et la Gorge-aux-Loups. Bien décidés à récupérer leur butin, les nemrods retournent le lendemain sur les lieux. Il est midi et quart. Le teckel à poil dur du garde forestier s'élance, la truffe au ras du sol, et tente de flairer la piste du sanglier, dans un endroit peu fréquenté par les promeneurs. Les heures s'écoulent quand, tout à coup, le chien s'arrête devant un tas de fougères et de bruyères mêlées.

Une basket dépasse des feuillages. Le garde forestier ne peut réprimer un juron. Les cadavres que six cents gendarmes mobilisés n'avaient pu découvrir leur tombent dessus par le plus grand des hasards.

Aussitôt, les chasseurs avertissent les autorités, car en ce mois d'hiver la nuit tombe vite. De fait, les gendarmes installent rapidement un périmètre de sécurité et reportent au lendemain matin les

investigations scientifiques, le moindre indice devenant essentiel dans une enquête qui est au point mort.
Sous les fougères et les bruyères, que les gendarmes retirent méticuleusement, apparaissent les corps empilés de Gilles Naudet, reposant sur le sol, d'Anne-Sophie Vandamme et, par-dessus, de leur chien Dundee. Les vêtements de Gilles sont remontés ; ceux de sa compagne, descendus, mais l'enquête établira qu'elle n'a pas subi de viol. L'autopsie montre que l'homme a été tué de trois balles dans la tête et d'une dans la nuque ; Anne-Sophie, de deux balles dans la tête et d'une dans la nuque, comme si les deux jeunes gens avaient subi le coup de grâce. Leur chien a été touché à l'épaule et au cou. Sur le terrain, les gendarmes ramassent des douilles de 22 long rifle de la marque Unique, modèle « X51 bis ». De légères traces de peinture verte sont relevées sur un rocher, ainsi que des empreintes de pneumatiques appartenant à un petit modèle de 4 x 4, un véhicule largement utilisé par les chasseurs dans cette région.
Le tas de bruyères et de fougères intrigue les gendarmes par sa fraîcheur. Tout comme les médecins légistes, qui estiment qu'un séjour en plein air aussi long est incompatible avec l'état de décomposition des corps. Pour les experts, les branches auraient été coupées depuis moins de huit jours. Serait-il possible que les corps aient été déplacés dernièrement ou que les meurtriers viennent entretenir régulièrement le tas afin de ne laisser aucune trace apparente ? S'ajoute à toutes ces interrogations la disparition du sac à dos du couple, qui ne sera jamais retrouvé.
Des planques sont organisées. En vain ! Les assassins ne se montreront pas.
Précision importante : l'autopsie met en avant la présence de deux tireurs. Un extraordinaire travail de recherche est lancé par les gendarmes. Treize mille armes du type des balles retrouvées sont répertoriées et mises en fiche avec le nom de leurs propriétaires. Cent soixante armuriers sont interrogés. Durant les mois et les années qui suivent la découverte des « fiancés de Fontainebleau », rien n'est laissé au hasard par la section de recherches de Paris, dirigée par l'adjudant Dominique Boulanger. Et un scénario, peu à peu, se dessine dans l'esprit des gendarmes. Dundee aurait été confondu avec un gibier par des chasseurs ou des braconniers en poste. Une altercation aurait suivi entre Gilles Naudet et les tireurs. Le ton serait monté. Les chasseurs auraient perdu leur sang-froid avant d'abattre les deux jeunes gens.

Coup de théâtre !

Il manque pourtant aux enquêteurs l'indice majeur qui leur permettrait de confondre les coupables et de les arrêter. Dix ans passent quand l'enquête rebondit à la faveur d'un coup de théâtre. Enfin, les gendarmes tiennent un homme. Ils ne vont plus le lâcher.

Cédric M., vingt-sept ans, est étudiant en criminologie à Montpellier. Mais à l'époque des faits, il habite dans le département de l'Essonne et passe auprès de ses camarades ainsi que du voisinage comme le « Rambo » du coin, amateur fou d'armes qu'il achète, collectionne et utilise pour chasser et braconner au besoin. Considéré comme solitaire et taciturne, il connaît la forêt par cœur. Un coupable idéal pour les enquêteurs, surtout quand ils retrouvent chez lui, au moment de son interpellation, le 11 février 1999, une carabine du même type que celle du crime. Pour la presse et les familles des victimes, la fin du mystère semble proche.

Interrogé, Cédric affirme dès les premières questions n'être pour rien dans cette affaire, avant de lâcher qu'il était bel et bien sur place avec un « tiers ». Puis, après trente-huit heures de garde à vue, il passe à table, livrant successivement trois versions des faits :

« Un jour, j'étais avec Marcel. On était sur le plateau. J'ai tiré deux cartouches avec ma 22. Je me rappelle avoir tiré sur une ombre. Je pense qu'il s'agissait d'une personne. »

Puis il précise :

« Nous (Marcel, Cédric et son père) étions tous les trois en poste dans la ravine du plateau du Coquibus. Nous avons entendu du bruit dans les feuillages. Marcel nous a dit de tirer. À ce moment-là, mon père et moi avons fait feu. Moi, j'ai tiré à quatre reprises. Mon père a tiré deux ou trois fois. Nous nous sommes aperçus qu'il s'agissait d'un homme. »

Puis, sur l'insistance des enquêteurs, il revient sur ses deux premières versions :

"Je suis enfin décidé à vous raconter vraiment comment s'est passée cette scène de crime. J'ai volontairement menti. Pour résumer, mon père a dû tirer à deux ou trois reprises sur elle, et quant à moi, j'ai tiré également sur elle une fois ou deux."

Il explique aussi aux policiers qu'il a trafiqué l'arme pour empêcher qu'on puisse l'identifier :
« J'ai modifié le percuteur. J'ai tout simplement passé un coup de lime. J'ai passé différents papiers de toile émeri dans la chambre avec des grains différents. Et j'ai passé un morceau de poliron de diamètre 5,5 dans le canon. »
Pour Cédric, il est clair que le double crime est le résultat d'un accident malheureux. Il charge aussi son père, Jean-Bernard M., pilote de ligne habitant le Pas-de-Calais, et le père de son ancienne petite amie, Marcel B. avant de s'affirmer seul coupable. Les deux hommes, interpellés puis incarcérés, seront finalement libérés au mois d'avril, tout en restant en examen.
Second coup de théâtre : transféré à Évry, Cédric M. se rétracte devant la juge Méry-Dujardin, affirmant que les policiers lui ont extorqué les aveux sous la contrainte. Un retournement que ne manque pas d'exploiter Me Henri Leclerc, l'avocat du père de Cédric :
« Une nouvelle fois, nous sommes confrontés aux incertitudes dues aux conditions dans lesquelles des aveux ont été obtenus en garde à vue. »

Le coup de grâce !

Incarcéré à la prison de Fresnes, Cédric M. continuera à nier toute participation au double crime tout au long de son instruction, avant d'être renvoyé devant la cour d'assises de l'Essonne. Son procès débute le 19 novembre 2001. Il durera dix jours, durant lesquels le doute s'incrustera petit à petit dans l'esprit des jurés. Par le témoignage, d'abord, de l'ex-petite amie de Cédric, qui lui fournit un alibi en béton, affirmant qu'elle l'a déposé au car de 13 h 44 à Montargis. Par l'attitude, ensuite, des gendarmes qui ont interrogé Cédric, lesquels, mis sur la sellette par les avocats de la défense, perdent leurs moyens. Par les incertitudes, enfin, qui planent sur la seule participation de Cédric au double crime, comme le martèle Me Fabrice Pauper :
« Les expertises balistiques prouvent qu'il y avait deux armes. Cédric n'aurait pu porter les trois corps, les armes, les déplacer et les ramener seul. »

Le rapport d'expertise psychiatrique apporte un élément favorable aux parties civiles :
« Cédric a un comportement rebelle, il semble avoir développé des motivations inquiétantes pour les premiers mois d'études en sciences

Chronologie

- 31 octobre 1988 : Gilles Naudet et Anne-Sophie Vandamme disparaissent au cours d'une randonnée en forêt de Fontainebleau.

- 4 novembre : six cents gendarmes fouillent trente kilomètres carrés de forêt. En vain !

- 9 janvier 1989 : les corps des deux jeunes gens sont découverts dans la forêt des Trois-Pignons.

- 11 février 1999 : interpellation de Cédric M. à Montpellier.

- 19 novembre 2001 : procès aux Assises de l'Essonne de Cédric M., qui est acquitté.

criminelles, où il avait l'objectif de mettre à profit ses connaissances sur les armes... On peut souligner des troubles du comportement depuis la petite enfance. La progression des troubles (dont l'impulsivité et la violence) interroge sur l'existence éventuelle d'une pathologie d'ordre psychiatrique. »
Trop peu, cependant, pour convaincre les jurés de la culpabilité de l'accusé. Suffisante, toutefois, pour l'avocate générale, laquelle montre dans son réquisitoire sa détermination en demandant trente ans de réclusion. Les jurés ne la suivront pas. Après quatre heures trente de délibération, ils acquittent Cédric M., considérant que le manque de preuves très sérieuses doit jouer en faveur de l'accusé.
Pour les familles Naudet et Vandamme, c'est le coup de grâce ! Après dix longues années d'attente, elles avaient cru enfin accéder à la vérité. Le procès devait leur permettre de savoir pourquoi et comment Gilles et Anne-Sophie avaient été tués. Tout recommence à zéro. Une décision insupportable à leurs yeux, comme une double peine qu'on leur impose.

Plus de dix ans se sont écoulés depuis l'acquittement de Cédric M. Et rien, absolument rien n'a permis aux enquêteurs, qui n'ont jamais lâché l'affaire, d'ouvrir une nouvelle piste. Et pourtant ! Treize années d'enquête, mille sept cents témoins interrogés, quatre mille procès-verbaux rédigés et deux cent mille heures d'audition font de cette histoire l'une des plus grandes enquêtes criminelles du XXe siècle par les moyens mis en œuvre.

Aujourd'hui, les familles des victimes ne peuvent accepter qu'il y ait prescription. Un espoir subsiste toujours. Un indice ou une révélation permettrait de relancer l'affaire. Les "fiancés de Fontainebleau" pourraient alors reposer en paix !

Affaire Thierry Slot, Fontenay-sous-Bois, 14 octobre 1992

Victime du devoir

« Qui meurt pour son pays vit éternellement. »

Robert Garnier (1544-1590)

LE MÉTIER DE POLICIER EST DANGEREUX. Les séries télévisées nous abreuvent d'images de poursuites, de guet-apens et de traquenards où le héros policier risque chaque fois sa vie. Pourtant, les statistiques nous démontrent que le taux de décès imputables au service de police, en dehors des suicides ou des accidents de la route, n'est pas très différent de la moyenne du secteur privé et bien inférieur aux taux des accidents mortels chez les travailleurs du bâtiment.

Il fallait quand même rendre honneur au courage de ces fonctionnaires qui, pour un salaire modeste, n'hésitent pas à affronter le danger.

Ce fut fait pour la première fois le 10 mars 1804 : en tentant d'arrêter la calèche dans laquelle se trouve Cadoudal, chef des révolutionnaires chouans qui avait dans l'idée d'occire Napoléon, l'inspecteur de police Étienne Buffet est tué d'une balle dans la tête ; si Cadoudal sera arrêté et guillotiné le 25 juin de la même année, Buffet sera le premier policier officiellement mort en service, « victime du devoir ».

Le 24 octobre 1992, le Premier ministre Pierre Bérégovoy cite à l'ordre de la nation Thierry Slot, en évoquant « un jeune policier dynamique, courageux d'une haute conscience professionnelle et d'un dévouement exemplaire... victime du devoir dans l'accomplissement de la mission qui lui avait été confiée ».

« Victime du devoir » est une distinction honorifique française attribuée par décret du président de la République paru au *Journal officiel* à un membre de la fonction publique ou assimilé ayant trouvé la mort dans l'exercice ou à l'occasion de l'exercice de ses fonctions.

Un simple contrôle de routine

Thierry Slot n'a pas choisi de mourir en héros. C'est un gars du Nord de trente et un ans, papa d'une petite fille de quelques mois, sportif dans l'âme, et il n'est certainement pas franchement heureux d'être de patrouille ce 14 octobre 1992, alors que la France est scotchée devant le petit écran pour suivre France-Autriche en match de qualification pour la Coupe du monde de football. La France va gagner, et Thierry va mourir.

Tout va aller très vite. Il est presque 21 heures. En compagnie de Thierry, son coéquipier, il patrouille avec la Peugeot 309 de service rue Danton, à Fontenay-sous-Bois, en limite de Montreuil. La zone est pavillonnaire. Tout est calme, comme un soir de grand match. Un individu sur le trottoir attire l'attention des deux policiers. Il paraît fébrile. Ils le dépassent, font quelques mètres en marche arrière et n'ont même pas le temps de sortir de la voiture pour contrôler ses papiers. En position de tir, embusqué derrière une camionnette, l'homme vide son chargeur sur les deux policiers, ne leur laissant aucune chance de riposte. La simple mission de surveillance vire au drame. Le tueur s'enfuit. Le lieutenant Slot meurt à l'hôpital peu après. Son collègue grièvement blessé survivra.

L'homme à la casquette

Le tueur menace alors de son arme une infirmière, qu'il arrache de sa voiture pour continuer à prendre la fuite. Le véhicule sera retrouvé à Alfortville.

Un artisan qui se trouve au mauvais endroit au mauvais moment refuse de lui abandonner son fourgon. Il reçoit une balle dans le ventre, et le fuyard file sur Villeneuve-Triage, où il se débarrasse du camion Citroën sans doute trop reconnaissable. On l'aperçoit près de la voie ferrée, et sa trace s'évanouit dans la nature.

On ne sait rien de lui, sauf qu'il portait un sac et une casquette au moment où les policiers l'ont repéré. Peu d'éléments pour démarrer une enquête.

Un travail de fourmi

Devant la foule réunie pour les obsèques de Thierry Slot, Paul Quilès, alors ministre de l'Intérieur, dénonce « l'incroyable lâcheté et la cruauté de l'acte, dont [la police n'aura] de cesse d'en arrêter l'auteur ». Commence très vite un travail d'enquête où rien ne sera laissé au hasard. Tuer un policier est une chose grave. Chacun dans la « maison » en fait une affaire personnelle, d'autant plus que le « Ch'ti » était un gars sympa, très apprécié de ses collègues.

Chronologie

- **14 octobre 1992 : Thierry Slot, jeune policier de trente et un ans, est abattu au cours d'une patrouille de service.**
- **24 octobre : Pierre Bérégovoy cite Thierry Slot à l'ordre de la nation.**
- **2008 : de nouvelles expertises sont ordonnées, mais elles ne permettront pas d'identifier le tueur.**

Les soupçons se dirigent naturellement sur les évadés de la prison de Clairvaux. Le 11 septembre, neuf détenus avaient décidé de se faire la belle. L'affaire avait mal tourné, et un surveillant ainsi qu'un détenu avaient trouvé la mort. Une autre évasion rocambolesque, à la prison de Bois-d'Arcy, quelques jours avant le drame de Fontenay, attire aussi les suspicions. Un hélicoptère dont le pilote avait été pris en otage a survolé l'établissement pénitentiaire et enlevé trois détenus, dont « le Gros », célèbre caïd de la banlieue sud. Ces pistes se révèlent stériles. Continuant leur véritable travail de fourmi, les enquêteurs procèdent à des dizaines de vérifications et ne négligent aucun renseignement. Ils vont jusqu'à appréhender un acteur célèbre « balancé » par un indic. L'homme aurait été surpris avec un kilo de cocaïne dans son sac. Affolé, il aurait tiré… Placé en garde à vue au quai des Orfèvres, l'histrion est relâché et mis hors de cause en raison de l'absence de preuves.

En 2008, seize ans après le meurtre, de nouvelles expertises sont ordonnées. On compte sur les progrès de la science pour identifier l'homme à la casquette.

L'expertise de la dernière chance

Les scellés sont de nouveau expertisés. Les douilles retrouvées sur les lieux du drame sont analysées avec de nouvelles techniques pour essayer de trouver un ADN ou un signe balistique qui pourrait permettre d'identifier le meurtrier.

Quand les conclusions tombent, l'espoir de la famille et des amis de la victime de connaître un jour le nom du tueur s'éteint dans la plus grande tristesse. Aucune empreinte génétique n'est relevée, et aucune arme répertoriée ne coïncide avec les douilles du silencieux utilisé ce soir du 14 octobre 1992 où deux policiers patrouillaient dans la ville recroquevillée devant les écrans de télévision.
Cette affaire est une des plus vieilles énigmes criminelles du Val-de-Marne.

Affaire Fabrice A., Jausiers, 1994
Cour d'assises des Alpes-de-Haute-Provence, 2-5 mai 2000

Faites entrer l'innocent

LE PALAIS DE JUSTICE DE DIGNE-LES-BAINS devra-t-il toujours rester dans la mémoire des hommes comme celui des grands procès à l'instruction un peu hasardeuse ? Ce serait aller un peu vite dans les clichés faciles, tant la chose jugée déchaîne souvent des passions décuplées, ici ou ailleurs, si peu que « dame Justice » piétine. Relayés par les médias, ces manquements sont offerts en pâture au peuple dans un grand déballage spectaculaire dénonçant les dysfonctionnements.

Il y a eu l'affaire Gaston Dominici. Le patriarche a été reconnu coupable le 28 novembre 1954, et pourtant bien des zones d'ombre subsistent que la pléiade de livres édités sur le sujet ne saura jamais dissiper.

Et puis l'affaire Richard Roman est venue exciter la *vox populi*. L'homme, accusé d'avoir tué la petite Céline âgée de sept ans, est finalement déclaré innocent le 17 décembre 1992, après plusieurs années de détention.

Deux ans après éclate l'affaire Fabrice A.

Un drôle de berger

De Jausiers, bien des villageois sont partis vers le Mexique ou la proche Italie, d'où ils sont revenus cousus d'or ou encore plus pauvres, mais toujours auréolés du prestige de celui qui a osé et qui est retourné au pays pour y mourir au pied du Cuguret ou de la Pointe Fine.

Mais voilà, Fabrice A. n'est pas d'ici. Il est arrivé d'on ne sait trop où avec sa belle gueule d'aventurier et ses idées bizarres d'inventeur. On murmure qu'il a gagné plusieurs fois des prix au concours Lépine, un truc de Parisien, et ici on n'aime pas trop les Parisiens. Quand il expose son idée de génie d'équiper les brebis d'une sorte de collier GPS qui permettrait de les surveiller depuis son écran d'ordinateur, on n'est pas franchement enthousiaste dans la vallée de

La bergerie où Jean-Émile R. fut retrouvé mort. Le décor somptueux de la vallée de l'Ubaye explique le coup de cœur de Fabrice A., berger atypique venu d'on ne sait où, pour ce coin de Haute-Provence.

l'Ubaye, aux traditions solidement ancrées. Berger, c'est un métier d'homme, pas d'intello ! Pourtant, Fabrice le baroudeur, subjugué par la beauté sauvage du pays, a décidé de poser son sac à dos dans ce coin de Haute-Provence ; d'y devenir berger, malgré son diplôme d'ingénieur ; de vivre dans une caravane, lui qui est né dans la bonne bourgeoisie ; de se poser enfin après avoir voyagé en Patagonie, franchi les sommets himalayens et vécu mille vies d'aventure. Le voilà dans la ferme des R., ami avec Jean-Émile, le patron, et apprécié de Jocelyne, sa femme.

L'accident

Des coups redoublent sur la porte de la caravane. Fabrice sort encore engourdi de sommeil. « T'as pas vu Jean-Émile ? » Jocelyne est là, inquiète. Il est 4 heures du matin en ce mois d'octobre 1994, et elle vient de s'apercevoir que son mari n'est pas dans son lit. « Non, c'est pas normal, je l'ai quitté hier, je viens avec toi dans la bergerie. » Les deux s'approchent, à peine rassurés par le tracteur tous phares allumés qui ronronne. C'est quand même bizarre à cette heure-là.

Soudain, Fabrice heurte un corps allongé par terre sur une poutre. Jean-Émile est là, face contre terre, déjà raide. Jocelyne lui saisit le poignet : aucune pulsation, aucun signe de vie.

Fabrice ne comprend pas. Jusqu'à 17 heures, il a aidé son patron à refaire la charpente de la bergerie en compagnie d'un voisin. Les poutres pleines de sève étaient glissantes, c'est Fabrice l'alpiniste qui est monté sur le toit. Jean-Émile voulait avancer le travail avant la nuit, il est resté...

Naturellement, Fabrice et Jocelyne se rendent chez Robert, le père de cette dernière. Ensemble, ils préviennent les pompiers, qui arrivent avec le médecin pour les premières constatations d'usage. Il s'agit d'un tragique accident, mais pour satisfaire aux règlements, le corps est transféré à Digne pour l'autopsie. Simple routine...

Stupeurs et tremblements dans la vallée

Comme la nouvelle de la mort de Jean-Émile R., les résultats de l'autopsie se propagent de village en village, puis de ferme en ferme, habillant sournoisement le deuil de supputations et de rumeurs sournoises.

La bergerie des R. n'a-t-elle pas brûlé dans des conditions mystérieuses il y a seulement quelques mois ? Jean-Émile avait alors assisté impuissant à la destruction de son cheptel, un troupeau de plus de six cents brebis. Le découragement avait guetté le couple d'éleveurs jusqu'à l'envie de reconstruire, de refaire le toit pour abriter les bêtes avant l'hiver. Incendie criminel ? On ne l'a jamais su, mais les voisins se souviennent et se disent que, quand même, c'est un peu trop de hasard pour la même famille.

Car l'autopsie ne valide pas complètement la thèse de l'accident. Le médecin légiste fait état d'incohérences. Si la chute a pu provoquer des fractures à l'épaule et aux côtes, elle n'explique pas les nombreux enfoncements du crâne, très certainement dus à des coups portés avec un objet contondant. La mort de Jean-Émile prend alors une tout autre dimension.
Vingt-quatre heures après le drame, un nouveau coup de théâtre éclate. Auguste, un voisin des R., se présente à la gendarmerie, très excité, pour proférer de bien graves accusations. Le voilà qui jette sa casquette à terre, virevolte sur lui-même et annonce :
« Putain de putain, je vais vous le donner, le nom de l'assassin : c'est Fabrice A. ! »
Et pour donner de la force à sa déclaration, il en fait une autre, d'une logique implacable, qui va orienter lourdement le cours de l'enquête : Jocelyne et Fabrice font l'amour ensemble dans la montagne...

"On ne va pas laisser une femme
de trente-cinq ans monter les brebis
avec un gaillard de trente-cinq ans !
C'est pas normal ! Faut faire attention...
Si vous ne voulez pas que le loup mange
les moutons, il faut les mettre
ni dans la bergerie, ni dans la montagne."

C'est une évidence ! Les gendarmes sont donc face à un drame passionnel, schéma classique du triangle maudit : mari, femme, amant. Tout est tellement simple. Et l'enquête se focalise sur le passé du berger.

Serial killer

Ce passé de baroudeur atypique révèle d'autres coïncidences qui renforcent l'image du berger assassin. Les enquêteurs apprennent que, quatre ans auparavant, Fabrice a été témoin d'un autre drame qui s'est déroulé dans les hauteurs de l'Himalaya. Jeff, son copain, a été enseveli par une avalanche de pierres. Fabrice, ne pouvant le dégager, a abandonné le corps et est retourné en France pour avertir la famille. Il était donc le seul témoin. Et s'il avait menti ? Que s'est-il vraiment passé ? Sa version est invérifiable.

Revient aussi dans la mémoire locale l'accident dont a été victime son ancien patron dans cette même vallée. Au cours de la transhumance de l'été 1992, une brebis s'est approchée dangereusement de l'Ubaye. L'éleveur a essayé de la sauver malgré elle, mais il est tombé dans la rivière et s'est noyé. Là encore, Fabrice était le seul témoin... Peut-être l'a-t-il poussé un peu ? Invérifiable.
Un faisceau de présomptions accuse le berger. Tout le monde parle, dans ce pays de taiseux. Les commentaires accablent l'homme sans qu'aucune preuve tangible vienne étayer les certitudes des uns et des autres.

Une traque s'organise pour « pincer » les amants. Ce sera chose faite le 14 novembre à Gap. Le couple est surpris, enlacé, en train d'échanger un baiser. La preuve est là, le mobile est trouvé, Jocelyne et Fabrice endossent alors le rôle des « amants diaboliques ».
On apprend aussi que Jean-Émile a contracté une assurance confortable au bénéfice de son épouse et de ses deux fillettes. Voilà qui renforce les convictions !

Garde à vue, mises en examen et libérations : « C'est le bordel ! »

Faisceau de présomptions, coïncidences, supputations, mais toujours aucune preuve matérielle. Le juge d'instruction Bonnet, persuadé de la culpabilité de Fabrice A. ainsi que de la complicité de Jocelyne R. et du père de celle-ci, Robert D., ordonne l'arrestation des trois et leur placement en garde à vue.
Robert n'appréciait pas trop son gendre, qui buvait beaucoup trop et était souvent violent avec sa fille. Il savait que Jocelyne n'était pas toujours heureuse avec cet homme qui, de plus, était criblé de dettes. Les enquêteurs voient là un mobile suffisant pour protéger l'amant de sa fille. D'autant plus qu'il a été surpris deux jours après le drame en compagnie de Fabrice devant la bergerie, autour des outils de la victime. Peut-être pour cacher l'arme du crime... Toujours des peut-être, mais l'interrogatoire se fait insistant, et Robert craque :
« J'ai tué mon gendre. »
Tout est soigneusement vérifié, mais le scénario ne colle pas avec les détails donnés par l'homme. Il est innocenté. Décidément, seul Fabrice a pu faire le coup. Quand on demandera plus tard à Robert le pourquoi de ses aveux, il confiera que les gendarmes lui avaient annoncé que Fabrice l'avait accusé et qu'il voulait le sauver pour

le bonheur de sa fille. Curieuses méthodes d'interrogatoire, si elles sont avérées.
Le juge doit relâcher ses trois suspects, mais Jocelyne, complètement terrorisée par les menaces proférées de lui enlever ses enfants si elle n'avouait pas que Fabrice était coupable, gardera toujours un goût amer de ses quarante-huit heures de garde à vue.
Toujours pas de coupable. Alors le juge décide de mettre les trois en examen. Les voilà en haut de la ville, dans l'ancien château des évêques devenu prison, édifice dignois pittoresque. Cette épreuve qui va durer soixante jours va être très difficile à vivre, surtout le premier mois, où les visites sont interdites et où Jocelyne se languit terriblement de ses filles.
Aucun fait nouveau au bout des deux mois. Gilbert Collard, avocat de la famille R., confie :
« Tout le monde est libéré, c'est le désordre judiciaire, c'est le bordel ! »

Insolence et provocation

Fabrice, une fois libre, est furieux de l'acharnement du juge Bonnet. Il ne cesse alors de l'humilier, allant jusqu'à corriger à l'encre rouge ses fautes dans les courriers reçus et à annoter une lettre de l'infamant « bonnet d'âne », référence faite au nom du juge. Ces provocations ne font pas l'affaire de la défense, mais le berger n'en a cure. Il est déchaîné… Sa superbe ne va pas durer…
Nouveau témoignage à charge, émanant d'un codétenu de la prison de Digne. L'homme assure voir reçu les confidences de Fabrice. Ce dernier se serait débarrassé de son patron à cause du caractère violent de celui-ci et, surtout, pour vivre avec Jocelyne. Passage immédiat par la case prison ! Les cris d'innocence de Fabrice A. et ses grèves de la faim n'y feront rien, pas plus que la lettre anonyme désignant un autre coupable qu'il envoie pour relancer les recherches. L'analyse graphologique reconnaîtra son écriture, ajoutant encore aux difficultés de la défense. La demande de pourvoi est rejetée par la Cour de cassation de Paris le 12 mai 1999 pour les motifs suivants :
« […] Qu'il apparaissait clairement que Fabrice A. désirait vivre avec Jocelyne et reprendre ainsi l'exploitation R. ; qu'en effet, au début du mois d'octobre 1994, il avait écrit à son ancienne amie, Mme Y., qu'il avait l'intention de vendre sa maison dans le Jura et de s'installer à Jausiers ; qu'enfin, l'attitude de Fabrice A. tout au long de l'enquête était pour le moins suspecte ; qu'il contactait tout d'abord différents témoins pour les persuader de confirmer ses déclarations, tentait

auprès des gendarmes d'accréditer la thèse d'un accident, puis d'un suicide, d'un règlement de comptes, pour finir par accuser Robert D. d'avoir assassiné Jean-Émile ; que l'existence d'un mobile, la "découverte du corps", les nombreux mensonges tant de Fabrice A. que de Jocelyne R., les trous dans son emploi du temps et les examens médicaux qui concluent à l'existence de violences permettent de considérer qu'il existe des charges sérieuses contre Fabrice A. du chef de meurtre avec préméditation ;
« [...] Attendu que l'arrêt relève notamment que, quelques jours avant la mort de Jean-Émile R., Fabrice A. aurait écrit à une amie qu'il allait s'installer à Jausiers et que, par la suite, il aurait confié à un codétenu qu'il avait décidé de se débarrasser de la victime en raison du caractère violent de celle-ci et parce qu'il était son rival ;
« Que la chambre d'accusation en a déduit souverainement, sans insuffisance ni contradiction, qu'il existait des charges suffisantes de meurtre avec la circonstance aggravante de préméditation et qu'il ne peut lui être fait grief d'avoir exposé partie des faits au mode conditionnel dès lors que, si elle doit examiner les charges, elle ne peut prononcer sur la culpabilité ;
« D'où il suit que le moyen ne peut être admis ;
« Et attendu que la chambre d'accusation était compétente, qu'il en est de même de la cour d'assises devant laquelle l'accusé a été renvoyé, que la procédure est régulière et que les faits, objet de l'accusation, sont qualifiés crime par la loi. »

Le procès

Le 2 mai 2000, la salle d'audience du palais de Justice de Digne-les-Bains est pleine à craquer. Tous les habitants de la vallée de l'Ubaye sont présents pour assister à la condamnation de l'étranger. Tous contre lui ? Pas si sûr. Fabrice a son clan : Jocelyne et son père croient toujours fermement à son innocence. L'avocat général réclame vingt ans de détention, jusqu'à ce troisième jour où tout bascule...
Les deux témoins principaux, sur lesquels s'appuie toute l'accusation, se « dégonflent », impressionnés peut-être par la solennité du lieu ou tout simplement titillés par leur conscience. Le premier accusateur, Auguste, qui, on s'en souvient, avait ironisé sur la présence de Jocelyne et de son gaillard dans la montagne, se rétracte avec aplomb :
« Pourquoi je l'aurais accusé ? Il faut le voir pour accuser quelqu'un, et je n'ai vu personne... »

Le tribunal de Digne détient-il "le record de France des affaires rocambolesques et des instructions ratées", comme l'a affirmé Fabrice A. à sa sortie de prison ?

Quant au second, le codétenu, il avoue à la barre avoir passé un marché avec le juge : la liberté contre la fausse accusation. Le magistrat se défend d'avoir participé à cette honteuse magouille, mais il n'est plus entendu. Fabrice A. est serein. Le dernier jour du procès, il fanfaronne presque devant les journalistes :
« Les carottes sont cuites. »
À la fin des plaidoiries, il prend la parole, dénonçant l'acharnement du juge d'instruction et se posant en victime de la machine judiciaire. Il répète que Jean-Émile était son ami.

Chronologie

- Octobre 1994 : Jean-Émile R. est retrouvé mort dans sa bergerie. Accident ? Deux jours plus tard, un témoin accuse Fabrice A., le berger de la ferme, d'être l'amant de l'épouse de M. R. et l'assassin de ce dernier.

- 14 novembre : Jocelyne R. et Fabrice A. sont retrouvés à Gap.

- 12 mai 1999 : la demande de pourvoi est rejetée par la Cour de cassation de Paris.

- 2 mai 2000 : ouverture du procès de Fabrice A. à Digne-les-Bains.

- 5 mai : Fabrice A. est acquitté.

Il est 20 h 30. Les jurés se retirent pour délibérer. S'ensuit une chose incroyable pour qui a déjà suivi un procès en cour d'assises : Fabrice, relâchant toute pression, s'endort tranquillement pendant les délibérations, du sommeil des innocents, et les gendarmes devront le réveiller pour qu'il puisse entendre le verdict.
L'accusé est déclaré non coupable, il est acquitté.

Un goût d'inachevé

L'affaire Fabrice A. est terminée. Reste cette impression de gâchis. Fabrice a fait mille cinquante-quatre jours de prison « pour rien », pour 24 000 euros d'indemnisation, et le coupable court toujours.
« Il y a eu l'affaire Dominici, déclare l'ancien berger, et l'affaire Richard Roman, et puis la mienne. À mon avis, Digne doit détenir le record de France des affaires rocambolesques et des instructions ratées. »

L'ancien château des évêques de Digne, devenu prison, a accueilli Fabrice A. pendant mille cinquante-quatre jours, "pour rien"...

Affaire Bernard Borrel, Djibouti, 19 octobre 1995

Seule contre tout

APRÈS LES JUGES RENAUD À LYON ET MICHEL À MARSEILLE, Bernard Borrel est le troisième magistrat assassiné depuis la Libération. Triste record pour la Ve République ! Triste bilan pour notre démocratie qui, excepté pour l'affaire du juge Michel, s'est cachée derrière la raison d'État pour occulter une vérité qui ne fait aujourd'hui plus de doute, mais que la justice se refuse à reconnaître. Une vérité que les familles des victimes ont bâtie pas à pas, longtemps seules contre tout, pour qu'elle éclate enfin, dans un long cri de souffrance et de soulagement mêlés. Le cas du juge Borrel est à plus d'un titre symptomatique d'une justice trop dépendante du pouvoir, qui plus est quand la victime et son épouse font partie du sérail. Pour Élisabeth Borrel, nombre d'idéaux se sont envolés au fil des jours durant lesquels elle a tenté de soulever des montagnes pour démontrer que le suicide de son mari, thèse développée par les autorités françaises et djiboutiennes, n'est que le maquillage d'un assassinat prémédité.
Djibouti ! Vingt-trois mille kilomètres carrés de terres ô combien convoitées, face au Yémen et au détroit de Bab-el-Mandeb, zone de transit entre l'océan Indien et la mer Méditerranée. Un territoire placé sous souveraineté française dès 1885, avant de prendre le nom de Côte française des Somalis en 1888, puis celui de Territoire français des Afars et des Issas en 1967. Si Djibouti accède à l'indépendance en 1977, la présence française, tant militaire qu'économique, reste depuis importante. Elle est toutefois concurrencée aujourd'hui par les Américains, encouragés par un gouvernement djiboutien largement corrompu qui joue de l'importance stratégique de son territoire pour s'assurer de substantiels revenus.

Djibouti : un terrain miné par la corruption

La famille Borrel débarque à Djibouti en avril 1994. Un changement de vie radical, après avoir exercé à Privas (Ardèche) et à Lisieux (Calvados) de 1988 à 1994. Bernard Borrel et son épouse, Élisabeth, elle-même magistrat, ont une haute considération de leur fonction. Aussi, quel beau challenge que d'apporter les valeurs de la justice française à un pays qui en manque cruellement !

Détaché auprès du ministre djiboutien de la Justice, le juge Borrel est chargé de l'accompagner dans la réforme des codes pénal et civil, d'organiser la formation des magistrats djiboutiens et de rénover la prison de Gabode. Un travail de coopération classique, mais qui, à Djibouti, se transforme vite en un combat face à la corruption qui gangrène tous les échelons de l'administration et qui se heurte aux intérêts privés de ceux qui ont avantage à ce que rien ne bouge, Djibouti étant une plaque tournante de trafics en tout genre. Pendant dix-huit mois, le juge français travaille en terrain miné et prend conscience de la réalité d'une situation qu'il a du mal à accepter, aux antipodes de sa fonction :

« C'est la corruption appliquée à un État de droit, confie-t-il à son épouse. On a fait semblant de rendre la justice, on a assuré le fonctionnement clanique, et tout le monde est content... et les avocats aussi... tous des Français qui ont fait fortune ici ! »

Bernard Borrel a-t-il, dans le cadre de sa fonction, touché à des sujets sensibles ? Sans aucun doute. Il allait le payer de sa vie, loin de la France !

Le juge s'est immolé par le feu !

Le 18 octobre 1995, Bernard Borrel quitte son domicile en fin de soirée pour se rendre à une réunion du Rotary local. Rien dans son attitude ne laisse présager un drame. Tout juste a-t-il prononcé la veille une phrase énigmatique, à l'attention de son épouse :

« Il faudrait que je te parle, mais je ne peux pas... »

À minuit, Élisabeth s'inquiète. Bernard n'est pas rentré. Djibouti est une ville pleine de dangers, particulièrement la nuit. L'alerte est donnée, mais en dépit des recherches le juge reste introuvable.

Au petit matin, l'angoisse d'Élisabeth Borrel monte d'un cran quand, fouillant la sacoche de son époux, elle en retire une enveloppe et la somme de 50 000 francs djiboutiens qu'il lui demande de restituer à la banque, expliquant qu'il s'agit d'un découvert consenti et non dépensé. Dans un second courrier, il souhaite qu'elle vende sa collection de médailles militaires. Étrange ! Ces demandes ultimes

signifient-elles que Bernard Borrel a l'intention de disparaître ou de mettre fin à ses jours ? La réponse parvient dans la matinée du 19 octobre par la voix du consul de France Philippe Guérin :
« Votre mari est mort, il s'est immolé par le feu au Goubet. »
Élisabeth Borrel reste désemparée. Comment Bernard a-t-il pu abandonner sa famille ? Et pour quelle raison s'est-il suicidé ? Car, pour l'instant, la version des autorités françaises et djiboutiennes ne fait aucun doute. À quatre-vingts kilomètres de la capitale, face à la mer, dans un endroit désertique, Bernard Borrel s'est aspergé d'essence avant de dégringoler la pente hérissée de rochers, au milieu desquels il a trouvé la mort. Aussi, quand Jean-Claude Sapkas, conseiller juridique français auprès de la présidence djiboutienne, débarque dans l'après-midi chez les Borrel, Élisabeth est à peine intriguée par sa demande de retrouver un document qui pourrait être compromettant pour le capitaine Auffret, officier de gendarmerie et chef de la prévôté à Djibouti. Un document qui restera introuvable, mais qui démontre l'inquiétude des autorités françaises.
Effondrés, Élisabeth Borrel et ses deux enfants quittent le territoire djiboutien le 23 octobre, laissant la justice locale accomplir son travail, dans l'attente du transfert du corps de Bernard en France, lequel est rapatrié le 4 novembre.

Des expertises contredites

Les premières interrogations sur les raisons et les circonstances de la mort de Bernard Borrel surgissent une fois le deuil accompli. Le juge n'était pas homme à fuir ses responsabilités, et encore moins sa famille. Dès lors, pourquoi se serait-il suicidé ? Plus étrange encore, son choix de s'immoler par le feu, alors qu'il lui aurait été facile de se tuer avec une arme. De ces premières questions surgissent les premiers doutes. Et si les autorités cachaient quelque chose à la famille Borrel ?
Le 27 novembre, Élisabeth Borrel dépose une requête auprès du procureur de la République de Toulouse pour l'ouverture d'une information judiciaire. Une juge d'instruction, Myriam Viargues, est nommée. La première d'une série de cinq magistrats qui couvriront ce qui deviendra « l'affaire du juge Borrel ».
Des informations parcellaires arrivent au fil des semaines. Mises bout à bout, elles ne font qu'infirmer la thèse officielle et dévoiler une vérité pas toujours bonne à dire, de la part des autorités tant djiboutiennes que françaises.

Le juge Bernard Borrel avec son épouse et l'un de ses deux fils. Un magistrat intègre dans une république de Djibouti gangrenée par la corruption.

Les résultats de l'autopsie parviennent en février 1997, un an et demi après le décès. Deux pages recto verso qui accréditent la mort par le feu, tout en précisant que « l'écoulement du liquide incendiaire est incompatible avec une auto-aspersion ». Ce qui autorise à penser que Bernard Borrel ne s'est pas immolé seul et qu'une tierce personne l'accompagnait.
Deux mois plus tard, Élisabeth Borrel se constitue partie civile et porte plainte pour assassinat, suite notamment à un article paru dans *Le Figaro* du 7 avril où la journaliste Alexandrine Bouilhet analyse tous les manquements d'une enquête bâclée.
Deux avocats, Me Laurent de Caunes et Me Olivier Morice, également défenseur de Fabienne Boulin-Burgeat, sont chargés de faire éclater une vérité bien embarrassante. Un premier point d'appui consiste à démontrer le manque de fiabilité des examens médicaux réalisés juste après le décès et du rapport médico-légal des docteurs

Alengrin et Telmon. La réponse est fournie par le professeur Lazarini, dont l'avis est sans concession : Bernard Borrel n'est pas mort par asphyxie. « L'absence totale de produits de carbonisation dans les voies aériennes supérieures, écrit-il, permet de rejeter la notion d'une carbonisation vitale, c'est-à-dire s'étant produite du vivant du sujet. On peut donc estimer que ledit sujet n'a pas respiré dans le foyer de combustion. »

Si le suicide par immolation n'est plus crédible, seule demeure la thèse de l'assassinat. Une thèse que les magistrats successifs en charge de l'affaire refuseront de reconnaître jusqu'en octobre 2003. Comme la juge Marie-Paule Moracchini, qui affirme après s'être rendue à Djibouti :

« Il suffit de se rendre sur les lieux pour s'apercevoir que le suicide est incontestable. »

Avant de démontrer un nouveau déroulement du suicide : le juge ne se serait pas immolé par le feu en haut des falaises, mais dans la descente à travers les rochers avant de s'effondrer. Une version qui ne tient pas si l'on considère la difficulté du relief à cet endroit, qui plus est en pleine nuit.

À la même époque, un rapport d'enquête de la brigade criminelle de Paris tente d'accréditer la thèse du suicide en affirmant que le juge Borrel était pédophile. Une explication qui ne repose sur aucune preuve, mais qui permet de jeter l'opprobre sur un homme et sa famille. Classique tentative de déstabilisation de l'opinion publique, également utilisée dans les affaires Renaud et Boulin.

Le mur du silence se lézarde

Quatre longues années sont passées, durant lesquelles Élisabeth Borrel n'a jamais cessé de combattre pour que la justice reconnaisse l'assassinat de son mari, en dépit des épreuves de la vie qui ne l'ont pas ménagée. Le mur du silence qui a enveloppé l'affaire dès le début se fissure fin 1999 grâce à un témoignage inattendu mais crucial pour l'avancée de l'enquête. Il provient d'un ancien lieutenant de la garde présidentielle réfugié en Belgique, Mohamed Aloumekhani, lequel, avec courage, décide de raconter ce qu'il a entendu, alors qu'il était de service, le jour de la découverte du corps de Bernard Borrel :

« Je ne connaissais pas le juge, je savais simplement qu'il était l'un des coopérants français. Il était un peu moins de 14 heures, et je me trouve dans les jardins du palais en compagnie d'Ismaël Omar Guelleh, qui est à l'époque chef de cabinet du président Gouled Aptidon. Ma fonction est d'assurer sa sécurité dans l'enceinte du palais, et je le suis de très près... C'est à ce moment-là que je vois arriver dans une allée du jardin deux voitures, des 4 x 4. Cinq personnes en sortent. Je les connais toutes... Il y a le chef des services secrets, Hassan Saïd, le chef de corps de la gendarmerie, le colonel Mahdi... Un Français était avec eux... Et ce qui m'a surpris aussi, c'est la présence de deux types, condamnés pour terrorisme, et qui auraient dû être en prison. Le premier se nomme Adouani, et il est le responsable de l'attentat à la bombe dans le bar *L'Historil*, en 1987... L'autre, c'est Awalleh Guelleh, arrêté après l'attentat du café de Paris en 1990. Les cinq hommes ont approché vers nous... C'est Awalleh Guelleh qui est venu tout près d'Ismaël Omar Guelleh, et il a parlé en langue somalie : "Le juge fouineur est mort, et il n'y a plus de traces." Ismaël Omar Guelleh a demandé si toutes les traces avaient été effacées, les autres l'ont rassuré, et ils ne sont pas restés très longtemps. »

Le témoignage d'Aloumekhani sera relayé plus tard par un autre officier réfugié, Ali Iftin, commandant de la garde présidentielle.

La justice confirme la thèse de l'assassinat

De quoi donner un nouveau souffle à Élisabeth Borrel afin de poursuivre ce qui est devenu le but de sa vie. Début janvier 2000, *Le Figaro* et TF1 évoquent de nouvelles avancées dans l'affaire Borrel, suscitant de multiples réactions des autres médias. Enfin, la loi du silence se dilue, et les informations remontent à la surface. Pourtant, la justice continue de faire la sourde oreille. Croit-elle encore au suicide ? Ou l'incite-t-on à ne pas mettre son nez dans une histoire qui sent désormais le soufre ? Quoi qu'il en soit, les deux juges Moracchini et Le Loire, accompagnés de la directrice de l'institut médico-légal, Mme Lecomte, se rendent à Djibouti en mars 2000, sans Élisabeth Borrel et ses deux avocats, pour une reconstitution depuis longtemps demandée. Ils en reviennent avec la même certitude que le juge s'est suicidé. Élisabeth parlera alors d'une abracadabrante reconstitution à partir d'un film tourné sur place, évoquant de multiples erreurs et une impossibilité que son époux ait pu dévaler ce chaos de rochers, à-pics, en pleine nuit, jusqu'au lieu de son martyre.

Une nouvelle expertise est donc demandée. Le 21 juin 2000, la décision tombe : les juges sont dessaisis de l'affaire, et une reconstitution en présence des parties civiles est prévue. Un nouveau magistrat est nommé : Jean-Baptiste Parlos. Pas complètement convaincu par la thèse de l'assassinat, il tente de faire avancer le dossier d'instruction,

Chronologie

- **1990 :** **attentat au café de Paris à Djibouti. Un mort et dix blessés.**
- **Avril 1994 :** **arrivée de la famille Borrel à Djibouti.**
- **19 octobre 1995 :** **le juge Bernard Borrel est retrouvé mort au Goubet. Selon une première conclusion, il se serait immolé par le feu.**
- **23 octobre :** **Élisabeth Borrel et ses deux enfants quittent le territoire djiboutien.**
- **4 novembre :** **le corps de Bernard Borrel est rapatrié en France.**
- **27 novembre :** **dépôt d'une requête par Élisabeth Borrel pour l'ouverture d'une information judiciaire.**
- **Avril 1997 :** **Élisabeth Borrel se constitue partie civile et porte plainte pour assassinat.**
- **Fin 1999 :** **témoignage de Mohamed Aloumekhani, lieutenant de la garde présidentielle de Djibouti, qui évoque la thèse de l'assassinat du juge Borrel par le gouvernement djiboutien.**
- **Mars 2000 :** **première reconstitution à Djibouti.**
- **27 février 2002 :** **seconde reconstitution, en présence d'Élisabeth Borrel et de ses avocats.**
- **2007 :** **le président djiboutien Omar Guelleh, de passage en France, n'est pas inquiété par la justice.**

interrogeant les militaires et les coopérants français de Djibouti présents au moment de l'affaire. Les uns et les autres semblent alors frappés d'amnésie ou se mélangent dans leurs témoignages. La « grande muette » porte toujours bien son nom quand il s'agit de préserver un secret d'État.

La seconde reconstitution se déroule le 27 février 2002. Élisabeth Borrel revient pour la première fois à Djibouti, sept ans après la mort de son mari, redoutant ce retour, mais avec le sentiment que la reconstitution sera un élément majeur pour l'avancée de l'enquête. Pour l'épouse du juge, elle ne laisse planer aucun doute :

« Pas de raison au suicide, pas de preuve scientifique, écrit-elle, un déroulé invraisemblable, une enquête policière dans un sens, toutes les pièces du puzzle s'imbriquent ; rien ne tient, et tout a été fait pour ne pas voir la réalité en face. »

En France, une nouvelle autopsie est décidée. Les rapports des légistes ne sont connus qu'en octobre 2003. Entre-temps, le juge Parlos a quitté son poste, l'instruction étant désormais entre les mains de la juge Sophie Clément. Le rapport est, cette fois, on ne peut plus clair : il confirme l'assassinat et évoque deux carburants retrouvés sur le corps du juge, un enfoncement du crâne, ainsi qu'une fracture du cubitus gauche *peri mortem*. Des éléments qui infirment la thèse du suicide.

L'État français nie l'évidence

Face aux médias qui s'emparent de cette nouvelle version, le pouvoir djiboutien joue le discrédit et allume des contre-feux. Deux responsables djiboutiens, qui ont tenté de suborner Aloumekhani et Iftin, sont condamnés par le tribunal de Versailles à dix-huit et douze mois de prison avec sursis, avant d'être relaxés en 2009. Quant à l'État français, pris dans les filets d'une diplomatie de complaisance et soucieux de conserver sa prédominance sur ce bout de territoire, il continue à nier l'évidence, freinant toute entreprise visant à faire la lumière sur l'affaire. Le président Guelleh, de passage en France pour le sommet franco-africain en 2007, refuse de répondre à la convocation adressée par la juge Sophie Clément. Plus encore, en demandant que le dossier d'instruction lui soit confié, le pouvoir djiboutien tente une diversion pour s'emparer de l'enquête et faire la démonstration du suicide à son profit. Une demande refusée par la juge.

Mais depuis longtemps, Élisabeth Borrel a compris que son combat est fait de petites victoires arrachées de haute lutte. Si la reconnaissance du crime est établie, les suspects ne sont pas inquiétés, en dépit de mandats internationaux délivrés à leur encontre. Hamouda Adouani vit des jours tranquilles en Tunisie, son pays d'origine, tandis que son probable complice, Awalleh Guelleh, s'est évaporé dans la nature. Restent les raisons pour lesquelles le juge a été exécuté. En savait-il trop sur l'attentat du café de Paris de Djibouti – en 1990, il coûta la vie à un enfant et blessa dix personnes –, dans lequel les plus hautes autorités djiboutiennes semblent impliquées ? Avait-il découvert un vaste trafic dans un pays qui n'en est guère avare ? La vérité dort sans doute dans les documents classés secret défense. Documents que l'État français ne déclasse qu'au compte-goutte. Dix-sept ans après l'assassinat de son mari, Élisabeth Borrel croit encore à la justice, parce qu'elle est la seule à pouvoir faire éclater la vérité !

Perpignan, 1995-1998

Le dépeceur inconnu de la gare de Perpignan

EXISTE-T-IL PIRE AFFAIRE QUI NE SOIT PAS ÉLUCIDÉE ? Pour les enquêteurs qui savent qu'aucun crime n'est parfait… Pour les familles qui ne peuvent mettre un nom et un visage sur l'assassin ; qui se demanderont toujours le pourquoi et le comment ; qui ne pourront jamais faire le deuil en l'absence d'un corps disparu… Pour les médias qui, sans conclusion, distillent du mystère… Parce que nous avons aussi horreur du vide, les affaires qui secouent la ville de Perpignan depuis plus de quinze années, plus connues sous le titre des « disparues de la gare de Perpignan », comportent tous les ingrédients d'un polar inachevé. Sauf que, dans ce cas précis, les victimes sont bien réelles ; les familles, dans la douleur ; et les enquêteurs, enferrés dans des questions restées sans réponse.

Le cauchemar qui secoue la cité catalane depuis plus d'une décennie est fait d'ombres qui entrent et qui sortent, apparaissent puis se diluent au fil de l'histoire. Des ombres qui finissent par occulter la lumière de la vérité. Des corps qui disparaissent avant de ressurgir. Des suspects parmi d'autres que l'on finit par relâcher. Des zones d'ombre que la justice ne réussit pas à éclairer en dépit de seize années d'enquêtes, de plus de cinq cents auditions et de cent vingt gardes à vue. Rien n'a été laissé au hasard pour retrouver le ou les tueurs, pour délivrer les familles d'une attente insupportable, pour que l'affaire des « disparues de la gare de Perpignan » ne reste pas une énigme.

Les victimes

Tatiana Andujar. Dix-sept ans. L'insouciance de la jeunesse. Un week-end à Toulouse, puis le retour en train pour cette lycéenne qui habite Llupia, à une dizaine de kilomètres de Perpignan. Nous

La gare, lieu de départ des affaires des disparues de Perpignan.

sommes le 24 septembre 1995, il est 19 h 30. L'ombre de la nuit ensevelit sa silhouette.

Plus personne ne la reverra… vivante ou morte, car son corps ne sera pas retrouvé. Seuls quelques témoignages retracent un parcours qui se termine devant la gare. Des proches, d'abord, à qui Tatiana a confié sa volonté de faire de l'auto-stop devant le café Figuères. Des voyageurs, ensuite, qui affirment l'avoir croisée dans le train. Des témoins, enfin, qui la reconnaissent téléphonant dans une cabine puis montant dans une voiture blanche. Fugue… meurtre… aucune hypothèse n'est privilégiée. Nul ne songe encore à un tueur en série…

Mokhtaria Chaïb. Dix-neuf ans. Étudiante elle aussi. Une jolie brune qui, depuis la gare, doit gagner la cité universitaire. Nous sommes le 20 décembre 1997. Deux années après la disparition de Tatiana. Et une similitude qui n'échappe pas aux enquêteurs quand son corps

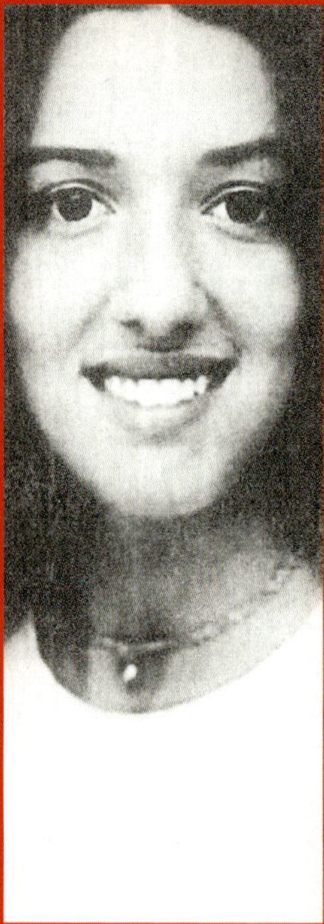

Le corps de Tatiana Andujar n'a jamais été retrouvé. Cette étudiante est la première sur la liste des disparues de la gare de Perpignan.

Mokhtaria Chaïb, deuxième victime du dépeceur de Perpignan, fut agressée entre la gare et la cité universitaire.

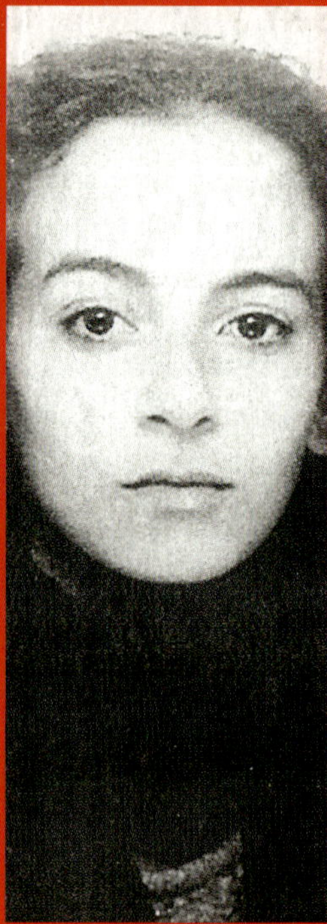

est retrouvé le lendemain, avenue Nungesser-et-Coli, en bordure d'un terrain vague, dans le prolongement du parcours qu'aurait emprunté Tatiana Andujar. Outre les multiples plaies à l'arme blanche, les horribles mutilations qu'a subies Mokhtaria – découpage et prélèvement des seins, découpage des parties sexuelles – sont d'une telle précision chirurgicale qu'elles laissent penser aux enquêteurs qu'il pourrait s'agir d'un membre du corps médical. Un bien mince indice, mais sur lequel la police s'appuie pour commencer son enquête.

Marie-Hélène Gonzalez. Vingt-deux ans. Brune comme Tatiana et Mokhtaria. Comme elles, elle prend le train. Depuis la gare d'Argelès où une amie la dépose jusqu'à Perpignan où, de là, elle doit rejoindre Toulouges, près de Llupia, où habitait Tatiana. Nous sommes le 16 juin 1998. Elle n'arrivera jamais chez elle.
L'inquiétante présence du « tueur de la gare de Perpignan » prend corps. Surtout que, dix jours plus tard, un ferrailleur découvre le corps de Marie-Hélène dans un terrain vague, en contrebas d'un pont enjambant l'A 9, à quelques dizaines de mètres du péage. Un corps nu, frappé de plusieurs coups de couteau et horriblement mutilé...

comme Mokhtaria. À deux différences près : aucune trace de sang n'est retrouvée sur place, démontrant que Marie-Hélène a été assassinée dans un lieu encore inconnu ; surtout, l'amputation des parties sexuelles, l'éviscération, la décapitation et le découpage des poignets ont été effectués avec grossièreté. Tête et poignets qui ne seront retrouvés que le 30 décembre 1998, dans un fossé, entre Banyuls-dels-Aspres et Saint-Jean-Lasseille. Un ou plusieurs tueurs... L'enquête fluctue entre ces deux hypothèses, sans jamais obtenir une véritable réponse.

Fatima Idrahou. Vingt-trois ans. Étudiante. Même genre de jeune femme que les trois premières. Nous sommes le 9 février 2001. Fatima n'arrivera jamais au domicile de ses parents, en périphérie de Perpignan. Le dépeceur fou a-t-il encore frappé ?
Pourtant, la justice ne reste pas sans rien faire...

Le corps affreusement mutilé de Marie-Hélène Gonzalez fut découvert dans un terrain vague, en contrebas d'un pont enjambant l'A 9, à quelques dizaines de mètres du péage.

Fatima Idrahou. À l'inverse de celui ou ceux des autres victimes, son meurtrier fut arrêté, jugé et condamné à trente ans de réclusion.

Les suspects

Andréas Palomino-Barrios, le coupable idéal libéré.

Sans découverte du corps, sans véritables indices, l'enquête sur la disparition de Tatiana Andujar n'amène guère d'information sur le mode opératoire du tueur.

Celui observé sur Mokhtaria ouvre la piste d'un expert en chirurgie. Et, bien vite, le 22 janvier 1999, un homme est arrêté. Il s'appelle Andréas Palomino-Barrios. D'origine péruvienne, il habite non loin du lieu où le corps de Mokhtaria a été découvert. Mais surtout, il se dit chirurgien ayant exercé dans plusieurs établissements hospitaliers du Languedoc-Roussillon.

Un chirurgien sans diplôme qui passe vite pour un escroc... et, plus encore, pour un suspect en puissance : aucun alibi le soir du meurtre ; un mélange de fausses versions ; son passe-montagne retrouvé près du lieu où le corps a été découvert ; auxquels s'ajoute un fourgon nettoyé le lendemain du crime. De quoi envoyer Palomino-Barrios en prison pour "enlèvement, meurtre avec actes de tortures et de barbarie".

Le pseudo-chirurgien, qui n'a rien avoué, clame toujours son innocence quand, six mois plus tard, l'assassinat de Marie-Hélène vient jouer en sa faveur. Considérant ce nouveau meurtre, l'insuffisance des preuves de sa culpabilité et la piste d'un tueur unique pour les deux, voire les trois affaires, les autorités judiciaires décident de libérer Palomino-Barrios le 5 octobre 1998, avec une interdiction de territoire. Une décision que l'avocat des familles des deux dernières victimes, Me Étienne Nicolau, reproche en ces termes :

« Étrange réaction de la justice, qui considère que, ne pouvant être coupable de ce deuxième meurtre, Andréas Palomino-Barrios est nécessairement innocent du premier. »

Mis en examen, le pseudo-chirurgien saisira la Cour européenne des droits de l'homme. Il sera assassiné en Espagne en juin 2012, emportant peut-être un lourd secret dans sa tombe.

Esteban Reig, un suspect *post mortem* !

« Il y a lieu d'effectuer tout rapprochement utile avec des crimes similaires (assassinat avec découpage et ablation des parties sexuelles de la victime) non élucidées à ce jour et portant sur des personnes des deux sexes. »

Tel est le message émanant d'Interpol, diffusé le 14 août 2000, qui aboutit sur le bureau de la police perpignanaise, près de deux ans après la libération de Palomino-Barrios et sans que les enquêtes aient évolué d'un pouce. De quoi susciter une certaine effervescence parmi les policiers, qui vont contacter leurs collègues de Lyon, où un homme accusé de meurtre est détenu depuis le 25 mai 2000. Mais qui est cet homme ? Il s'appelle Esteban Reig. Il est âgé de quarante-cinq ans. Le jour de son arrestation, il est en train d'essuyer les traces de son crime quand il est surpris dans l'appartement d'un ami, Jean-Marie Guest, qui l'héberge. Le malheureux a été découpé ; et son sexe, amputé… d'une manière chirurgicale. Comme pour Mokhtaria. Sur les raisons de son acte, Esteban Reig déclare :

« Il a voulu mettre sa main sur ma cuisse. Je l'ai repoussé, il s'est rapproché une autre fois, et là, j'ai commencé à cogner. Il est tombé par terre, il ne respirait plus, j'ai eu l'impression qu'il était mort, et je me suis dit qu'il fallait que je me débarrasse du corps pour qu'on ne l'identifie pas. »

Alors il a découpé les mains et décapité la tête, puis les a séparés dans des sacs plastiques, qu'il a vidés dans un conteneur poubelle.

Se pourrait-il alors que la serviette éponge brodée des lettres E. R. et retrouvée près du corps de Marie-Hélène Gonzalez puisse avoir un lien avec cet Esteban Reig dont le passé troublant leur pose bien des interrogations et révèle une possible implication dans les meurtres de Perpignan ?

Né en 1955 à Sueca, au sud de Valence, Esteban passe une partie de son enfance à Port-Saint-Louis-du-Rhône, où son père est employé comme régisseur dans une propriété agricole. Retour en Espagne à l'âge de onze ans. En 1974, il se marie avec Maria, dont il aura quatre enfants. L'épouse ne tarde pas à subir les violences de son mari :

« Lorsque je refusais un acte sexuel, il devenait de plus en plus violent. Il en est arrivé à me dire qu'il me tuerait avec son couteau, qu'il m'éventrerait et me découperait en morceaux », avoue-t-elle aux policiers qui l'interrogent.

Esteban Reig subit à cette époque l'emprise de la drogue et de l'alcool. Et pour se ravitailler et trafiquer, il part s'approvisionner au Maroc, à Tanger, où il se fait arrêter en 1974. Jugé, il est condamné à trois ans de prison, après avoir subi la torture. C'est du moins la confidence qu'il fait en 2001 au psychiatre chargé de l'examiner et qui est mentionnée dans son expertise :

« Attaché à une corde et trempé dans une fosse d'excréments, de l'électricité appliquée sur les testicules, frappé à l'aide de câbles électriques par les services de police marocains afin de lui faire avouer le nom de ses complices. »

Retour en Espagne, dans son foyer. Pas pour longtemps. Pour vols, il écope en 1978 de douze ans de prison, puis de quatre ans en 1994. Maria obtient alors de la justice que son époux ne puisse plus l'approcher, tant elle redoute ses accès de violence. Esteban Reig décide alors de mettre de la distance avec son passé. En novembre 1997, il débarque à… Perpignan. Un mois avant le meurtre de Mokhtaria, mais deux ans après la disparition de Tatiana. Sans domicile fixe, il est accueilli au foyer d'hébergement du Tremplin, tenu par le père Jean-Louis Bricout, à quelques pas de… la gare de Perpignan. Il fréquente aussi le café Figuères, là où Tatiana faisait du stop le soir de sa disparition, et vit de petits boulots, trouvés ici ou là dans la région, notamment chez un garagiste, à Argelès, près du camping que fréquente… Marie-Hélène Gonzalez.

L'été 1998 s'épuise. Marie-Hélène Gonzalez a été assassinée le 16 juin. Esteban Reig, lui, décide de quitter Perpignan pour la région lyonnaise. Nouvelle vie… nouveau foyer d'insertion, début 1999. L'homme ne passe pas inaperçu. « Plus il s'avançait dans le séjour, plus il nous paraissait malade. Il avait un regard très noir, perturbé », se rappelle le directeur du foyer La Spirale. « Son comportement était étrange.

Il fixait les filles avec ses grands yeux noirs », se souvient un patron de bar où Reig avait ses habitudes. Un détour par la Suisse, d'où il se fait expulser pour conduite en état d'ivresse, et retour à Lyon. Le 25 mai 2000, Esteban Reig est arrêté pour le meurtre de Jean-Marie Guest. L'homme est en proie à un dérangement mental puissant qui provoque chez lui une violence incontrôlable. À diverses reprises, il se confie lors des interrogatoires ou auprès du docteur Nedelec, expert psychiatre.
Le 25 juin, en garde à vue, il affirme n'avoir rien à voir dans ce meurtre :
« Je ne pourrais pas tuer un clochard. Un milliardaire, oui, mais un pauvre clochard, ça, jamais ! »
Quatre jours plus tard, il écrit au psychiatre le déroulement du meurtre :
« J'ai fumé, ensuite j'ai pensé que je devais le faire disparaître, il fallait que je supprime ses empreintes et son visage, pour qu'on ne le reconnaisse pas. Je suis retourné vers le corps, j'ai pris un sac poubelle, je n'ai pas regardé la victime, et j'ai coupé. Cela a été difficile et ça a duré environ vingt minutes. Je n'ai pas vu comment j'avais découpé la tête, si c'était droit par rapport au corps ou pas [...]. Ensuite, j'ai découpé le bras, comme quand on découpe un poulet [...]. Quand j'ai fini, j'ai retourné le corps, à ce moment-là je me suis dit qu'il fallait que je lui coupe le sexe. Je me suis dis en moi-même : “Tu n'es pas un homme, tu ne mérites pas d'avoir ça, plus jamais personne il ne trompera.” [...] J'avais la haine, c'est pour ça que je suis arrivé à lui couper moi-même les parties sexuelles. »

Le 14 novembre 2000, aux policiers perpignanais venus l'interroger, il déclare, ainsi que le rapporte le quotidien *Midi Libre* :
« Au Tremplin, j'ai entendu parler de cela, mais je n'en sais pas plus... Je suis quelqu'un de gentil, j'aime tout le monde, mais parfois je ferais n'importe quoi. Il s'agit d'un autre Esteban. Je peux être violent quand je suis saoul ou sous médicaments. »
Y compris avec les femmes ?
« Non, j'aime trop les femmes », explique-t-il, avant d'ajouter aussitôt :
« La seule à qui j'aurais pu faire du mal et même la tuer, c'est mon ex-femme, j'aurais même fait un massacre. »
Alors, poursuivent les policiers, serait-il capable de faire du mal ?
« Oui, répond Esteban Reig, car j'ai le diable qui est en moi. Il s'est emparé de moi. »

Chronologie

- 24 septembre 1995 : disparition de Tatiana Andujar. Son corps ne sera jamais retrouvé.

- 21 décembre 1997 : découverte du corps de Mokhtaria Chaïb au lendemain de sa disparition.

- 22 janvier 1998 : arrestation d'Andréas Palomino-Barrios. Il sera libéré en août 1998.

- 26 juin : Marie-Hélène Gonzalez est retrouvée morte, dix jours après avoir disparu à proximité de la gare de Perpignan.

- 25 mai 2000 : arrestation d'Esteban Reig, qui nie toute participation aux disparitions de Perpignan.

- 9 février 2001 : Fatima Idrahou est assassinée après avoir été enlevée. Arrestation de Marc Delpech.

- Septembre 2002 : suicide d'Esteban Reig en prison.

- Été 2010 : nouvelles analyses génétiques à partir de traces d'ADN masculin.

Plus tard, un codétenu révélera une confidence de Reig :
« J'ai tué une femme, et je l'ai découpée et placée dans des sacs plastique… Je préfère les brunes, cheveux longs, assez typées, pas trop grandes, réservées. J'ai quand même eu tous types de femmes, mais je préfère les filles du Sud. »
Et de conclure :
« Un jour, j'ai pris une femme en stop, je l'ai gardée quelques jours, et quand j'en ai eu marre, je l'ai tuée. »
Quel crédit accorder à de telles déclarations ? Nul ne le saura jamais ! « Le Ninja », comme il se faisait surnommer, a emporté son secret dans la tombe, en se pendant dans sa cellule de la prison de Villefranche-sur-Saône, en septembre 2002, après avoir été condamné par la cour d'assises du Rhône à la réclusion criminelle à perpétuité. Quelques jours plus tôt, il écrivait à son avocate, Me Cipriani :
« Bonjour *Metreujemeuré bien vus vuar […] jeu tien plu la misereu vien […]* avant *deu ferr une Catastrof bisu.* »
Les années suivantes, d'autres suspects seront interrogés. En vain ! Même Marc Delpech, assassin de Fatima Idrahou le 20 février 2001, sera soupçonné.

La tramontane balayera-t-elle les interrogations ?

Alors qui ? Qui a pu tuer aussi sauvagement Mokhtaria Chaïb, Marie-Hélène Gonzalez et, sans doute, Tatiana Andujar ? Telle est encore la question douloureuse qu'enquêteurs, avocats et familles des victimes se posent depuis plus d'une décennie. Un tueur en série ? Plusieurs assassins ? Si Palomino-Barrios n'a pu tuer Marie-Hélène Gonzalez, il peut être celui qui a assassiné Mokhtaria. Qu'en est-il de Marc Delpech, condamné pour le meurtre de Fatima, mais qui n'a rien avoué sur les affaires précédentes ? Reste Esteban Reig... Tout semble l'accuser : sa présence à Perpignan au moment des meurtres de Mokhtaria et de Marie-Hélène, puis son départ précipité juste après ; la serviette éponge brodée à ses initiales ; sa technique de mutilation des corps, bien qu'il existe des différences entre les deux jeunes femmes.

Au début de l'été 2010, de nouvelles analyses génétiques ont été exigées à partir de traces d'ADN masculin retrouvées sur les scènes du crime afin de les comparer au fichier des empreintes génétiques et à celles d'Esteban Reig. La science apportera-t-elle la solution ? C'est ce que les familles espèrent depuis tant de temps. En 2006, s'exprimant devant la presse, la mère de Tatiana lançait un cri :

« Si quelqu'un sait quelque chose, je l'en supplie, qu'il parle. La vérité, quelle qu'elle soit, je veux l'entendre. De disparues, nos filles sont devenues des oubliées. Oubliées de la justice, oubliées des enquêteurs. Les juges d'instruction passent, se relayent, et nous, nous sommes là, et nous ne baisserons jamais les bras. »

Maître Nicolau, lui, reste prudent à propos d'Esteban Reig :

« On sait depuis longtemps que c'est l'assassin potentiel, mais ça n'est qu'un parmi d'autres... »

Et d'ajouter :

« La famille de Mokhtaria est repartie en Algérie il y a un an, celle de Tatiana ne se sent pas concernée, puisque son corps n'a pas été retrouvé. Pour ce qui est de Fatima, un homme est déjà en prison. Les proches de Marie-Hélène, eux, sont catastrophés. Ils ont le sentiment que ça n'avance pas. Ils sont découragés. »

L'espoir est pourtant toujours là qu'un jour le vent change et balaye toutes les interrogations. Même si Esteban Reig et Andréas Palomino-Barrios ont emporté leur secret dans leur tombe.

Affaire François Picard et Pol Creton,
Brest, 13 octobre 1996

Double meurtre sans mobile apparent

TREIZE OCTOBRE 1996. Un dimanche ordinaire pour François Picard. Un dimanche en famille pour ce pharmacien chimiste en chef à la préfecture militaire de Brest, âgé de cinquante-deux ans et sans histoire. Un aller-retour rapide pour amener sa fille à la patinoire, avant de s'arrêter à la boulangerie de quartier. Dans la boutique, François Picard croise un ami, comme lui membre de l'Union sportive de l'arsenal maritime (USAM). L'un et l'autre pratiquent le tir depuis de nombreuses années au stand situé sur le terrain militaire de la Villeneuve, près du bois de Keroual, à Guilers. Or, ce dimanche matin, le collègue de François Picard est chargé de l'ouverture du club.

« Je suis en retard, François, déclare celui-ci. Les gars vont attendre.

– Tu veux que je te remplace ? » lui propose François.

L'homme accepte. Ni l'un ni l'autre ne se doutent que leur destin vient de changer de route.

Une exécution méthodique

Pol Creton est âgé de trente-deux ans. Il exerce comme technicien supérieur de la mer à Océanopolis, chargé des mammifères marins. Un passionné qui participe à des missions d'études à l'étranger et qui, depuis trois semaines, s'est inscrit à l'USAM. François Picard l'a pris sous sa coupe pour lui enseigner les techniques du tir.

Ce dimanche matin, les deux hommes arrivent les premiers au stand de la Villeneuve pour s'entraîner. L'entrée du club est située dans les douves à l'arrière d'un vieux fort. Le lieu est assez isolé. D'un côté, le bois de Keroual ; de l'autre, le parc des expositions de Penfeld. Pour y accéder, il faut emprunter un chemin entre une haie de sapins et les fortifications. À cette heure-ci, des joggeurs arpentent le bois,

Pol Creton exerçait comme technicien supérieur de la mer à Océanopolis, chargé des mammifères marins.

mais qui se douterait qu'un drame se trame dans l'ombre, à quelques mètres d'eux ?
Chacun transporte son matériel dans une mallette. Pour François Picard, un revolver 22 long rifle et un 357 Magnum ; pour Pol Creton, un revolver 22 long rifle. Le colonel pharmacien introduit la clé dans la serrure. Il n'aura pas le temps de faire un tour… Six coups de feu claquent dans ce petit matin tranquille !
Il est 9 h 15 quand un membre du club de tir se présente à son tour. Il pousse un cri d'effroi quand il aperçoit les corps des deux hommes

allongés sur le sol, devant la porte du stand, baignant dans une mare de sang. Pol Creton ne respire plus. À son côté, François Picard agonise. Il décédera quelques minutes plus tard sans avoir pu fournir de renseignements.

Les deux hommes semblent être tombés dans un véritable guet-apens, durant lequel ils n'ont pu esquisser le moindre geste de défense. Deux balles dans le thorax, une dans la nuque pour chacun, tirées d'une carabine 22 long rifle de marque Marlin. Une exécution méthodique qui pose bien des questions sur le mobile de ce double meurtre.

Des témoignages peu précis

Les gendarmes de la section de recherches de Rennes – au sein de laquelle travaille le gendarme Jean-François Abgrall, qui recueillera quelques années plus tard les aveux du tueur en série Francis Heaulme – sont chargés de l'enquête. Sur le terrain, les enquêteurs réunissent les premiers indices et témoignages. Les armes et les portefeuilles des victimes ont disparu. L'une des armes sera retrouvée à proximité. Quant aux portefeuilles, ils seront découverts quatre jours plus tard dans une poubelle près de la gare de Landerneau, à vingt kilomètres de Brest. Bizarrement, le ou les assassins ont conservé ces papiers durant tout ce laps de temps, sachant que cette poubelle est vidée chaque jour.

Les gendarmes observent aussi que le grillage qui entoure le site du stand de tir a été cisaillé sur deux mètres, permettant à un ou plusieurs individus de se glisser avant de rejoindre le parking.
Les témoignages recueillis restent assez peu précis. Certains évoquent deux individus aperçus au moment des faits, s'enfuyant à bord d'un véhicule bleu, peut-être de marque Talbot Horizon. L'un porte les cheveux longs. S'agit-il d'un homme ou d'une femme ? D'autres indices – des fougères souillées d'excréments humains et un mégot de cigarette – seront relevés qui ne donneront rien, l'analyse ADN n'étant pas encore exploitée.

Un vol d'armes qui aurait mal tourné ?

Les enquêteurs se penchent alors sur la personnalité et le passé des deux victimes. Si rien de troublant n'apparaît dans la vie de Pol Creton, la position professionnelle de François Picard peut susciter certaines interrogations. Chef du service de surveillance radiobiologique, chargé d'étudier d'éventuels taux de radioactivité, n'était-il pas détenteur de secrets pour lesquels on l'aurait éliminé, comme le fait remarquer le quotidien *Ouest-France* en avril 1997 :

« Il était devenu un spécialiste de la chimie nucléaire et de la radioprotection. Brest, nucléaire : certains ont imaginé que ce scientifique détenait, peut-être, des secrets sur les sous-marins de l'île Longue, sur une pollution radioactive de la rade... ? »

La veille du drame, le même journal a publié un article sur le mécontentement de pêcheurs protestant contre la perte en mer d'un missile tiré par le sous-marin nucléaire *Le Triomphant* :

« [...] C'est la seconde fois que ça arrive. Il y avait eu un premier missile détruit en vol au large de Penmarch, de nuit, on avait vu la lueur. Cette fois, on n'a rien vu, mais il est tombé à un mille. On en a ras le bol. Ça a failli nous tomber dessus !... »

Une piste, pourtant, que les gendarmes ne vont que partiellement exploiter, s'appuyant sur des contradictions et convaincus qu'il s'agit de l'œuvre de petits malfrats. En effet, seul le hasard a fait que François Picard s'est trouvé là de bonne heure... Pourquoi le ou les tueurs auraient agi en présence de Pol Creton ? Reste alors à savoir pourquoi le bureau du pharmacien à la préfecture maritime a été entièrement déménagé deux jours après sa mort. Une simple précaution de l'armée ? Peut-être, si l'on considère que la « grande muette » n'aime pas que la justice vienne fouiller dans ses affaires. Pour la famille Creton, cette piste n'a pas suffisamment été exploitée, ce qui leur laisse croire qu'on leur cache quelque chose.

Petit à petit, la conviction des gendarmes penche donc vers un simple vol d'armes qui aurait mal tourné. Pol Creton et François Picard se seraient alors trouvés au mauvais endroit au mauvais moment... Le ou les individus en voulaient-ils à leurs armes, ou voulaient-ils simplement cambrioler le stand de tir ?

La piste locale est alors privilégiée. « Ce sont des "petits" qui ont fait ça, estiment les gendarmes. Mais il faut être taré pour tuer deux personnes pour leur piquer deux revolvers 22 long rifle qu'on peut se procurer facilement... »

Chronologie

- **13 octobre 1996 : François Picard et Pol Creton sont tués de six coups de feu près du stand de tir de Brest.**
- **Janvier 2001 : la gendarmerie est dessaisie du dossier au profit de la police judiciaire.**
- **9 novembre 2006 : demande de non-lieu.**
- **Octobre 2007 : douze personnes sont interpellées dans la région brestoise. Sans succès !**

Des pistes qui ne mènent à rien

Durant les mois et les années qui suivent le double meurtre, le milieu des toxicomanes et celui des gens du voyage – leurs caravanes stationnaient à proximité du stand de tir – vont être examinés par la vingtaine d'enquêteurs chargés du dossier. Surveillances, filatures et mises sur écoute ne donneront rien. Des centaines de voitures ressemblant à celle décrite par les témoins seront vérifiées. Là encore, rien ! Sans parler de quelques témoignages qui laisseront penser à un moment que les enquêteurs frôlent la vérité… sans jamais la détenir complètement !

Quatre années plus tard, le mystère du double meurtre de Brest demeure entier. Rien n'est venu corroborer l'hypothèse d'un guet-apens de la part de dealers en quête d'armes, utilisées comme moyen de protection lors de leurs transactions.

L'enquête piétine d'autant plus que les multiples changements de juge d'instruction chargé de l'affaire – quatre au total – et le dessaisissement de la gendarmerie au profit de la police judiciaire en janvier 2001 ne contribuent pas à lever le brouillard qui l'entoure désormais. Ce qui fera dire aux parents des victimes qu'il n'existe pas de volonté affirmée de faire aboutir l'enquête. Une déclaration contredite par le lieutenant-colonel de gendarmerie Pujol :

« Une enquête est fonction d'un nombre de paramètres, d'indices. Nous avons travaillé dessus depuis le départ, nous avons mis du personnel en nombre quand il le fallait. Il y a toujours eu quelqu'un sur le dossier On a eu des hypothèses de travail. À l'époque, à partir des constatations et de la personnalité des gens, des choses paraissent plus importantes que d'autres, mais ce n'est pas parce qu'on a des idées qu'on arrive à conclure. Ce n'est pas une enquête facile, c'est tout. »

Malgré une demande de non-lieu déposée le 9 novembre 2006, soit dix ans après le double meurtre, l'enquête se poursuit. Pour les parents de Pol Creton, il ne peut en être autrement, comme ils le déclarent au *Télégramme* en novembre 2008 :

« Pour nous, il n'y a plus de temps. Nous voulons savoir pourquoi notre fils est mort. Trop de questions restent en suspens. Si elles sont examinées, alors nous conviendrons que tout a été essayé. Mais si le dossier était refermé maintenant, ce serait la dernière mort de notre fils. Nous considérerions qu'il y a une faillite de la justice et une volonté de mettre fin à cette affaire, pour une raison que nous ignorons… »

Quelques mois plus tôt, les deux familles avaient été informées par le juge d'instruction et le procureur que des « séquences partielles d'ADN étaient à leur disposition qui permettront de faire des comparaisons avec un ou des suspects ». De même, le fichier des armes pourrait permettre de retrouver la trace des pistolets et du revolver dérobés.

Des mois vont encore s'écouler entre espoir soudain et déception. Fin octobre 2007, douze personnes sont même interpellées dans la région brestoise. Sans succès ! Toutes seront relâchées en fin de journée, sans poursuites judiciaires.

Il reste désormais aux familles Creton et Picard à attendre qu'un rebondissement vienne supplanter l'horreur du vide et puisse répondre à toutes les questions que les uns et les autres se posent depuis déjà plus de quinze années ! Au-delà de l'attente, c'est le silence qui s'instaure jour après jour autour de cette affaire qui fait mal ! Un silence insupportable contre lequel les parents de Pol Creton se battent. "Même si, avec la mort de leur fils, on leur a tué leur avenir !"

Affaire Jacqueline Carrère-Ponthieux, Nogent-sur-Oise,
nuit du 21 au 22 septembre 1997
Cour d'assises de l'Oise, décembre 2003
Cour d'assises de l'Oise, 1er décembre 2005
Cour d'assises de la Somme, 25 juin 2008
Cour d'assises d'appel de la Somme, 23-26 mars 2010

Quatre procès pour un acquittement

De multiples expertises contradictoires, quatre procès, une accusée seule face à son destin et à la justice : l'affaire de la mort de Gérard Ponthieux, gérant du bar-tabac-PMU *Le Sulky* à Nogent-sur-Oise, le 22 septembre 1997, ressemble par bien des points aux procès de Marie Besnard, un demi-siècle plus tôt. Avec, à la barre, une femme qui ne laisse personne indifférent : Jacqueline Carrère-Ponthieux, sur la personnalité et la culpabilité ou l'innocence de laquelle l'opinion se divise. Une femme prise dans un tourbillon judiciaire, avec ses certitudes, ses coups de théâtre et ses revirements. Une femme rattrapée par un passé qui est loin d'être blanc, mais qui ne peut servir de preuve formelle à sa culpabilité, comme le rappellera son avocat, Me de la Rue :
« Attention. Cette femme doit être jugée sur les faits. On ne doit pas tomber dans le procès de la mauvaise réputation. »

Une femme mi-ange mi-démon que la justice finira par innocenter après treize longues années de poursuite. Une femme solitaire aussi, depuis sa naissance jusqu'au procès de 2010, où elle arrive et repart seule du palais de Justice. Seule avec son passé et avec sa conscience !

Jacqueline Carrère-Ponthieux,
une femme mi-ange mi-démon
que la justice finira par innocenter
après treize années de poursuite.

Une enquête bâclée

Le dimanche 21 septembre 1997, la ville de Nogent-sur-Oise vit au rythme d'une course cycliste qui attire les passionnés de la « petite reine ». Un de ces dimanches où les commerces restés ouverts réalisent le chiffre de la semaine. Une bonne affaire pour le bar-tabac-PMU *Le Sulky* et son patron, Gérard Ponthieux : le bistrot et la terrasse ne désemplissent pas de toute la journée. À la manœuvre, aux côtés de Gérard, son épouse, Jacqueline, et un employé, Gilbert. Julien, le dernier fils de Jacqueline, a invité deux copains qui passeront la nuit chez lui. À 19 heures, quand les lampions de la fête se sont éteints, le couple Ponthieux pousse un soupir de soulagement. La journée a été rude, rythmée par les incessantes tournées à servir. Une vraie course contre la montre. Le rideau tombé, Gérard et Jacqueline montent dans leur appartement, situé au premier étage, au-dessus du bar. Tandis que son épouse prépare un plat de jambon-coquillettes pour toute la famille, Gérard, épuisé, s'écroule sur le divan, un verre de whisky bien tassé entre les mains. Bientôt suivi d'un second, histoire d'oublier la fatigue.

L'épisode de *Derrick* terminé, le couple va se coucher. Il est environ 22 heures. Un calme profond envahit la place de la République. Qui pourrait se douter qu'un drame va bientôt se jouer ?

Vers 2 h 40, Jacqueline Carrère-Ponthieux, réveillée par les aboiements de sa chienne, Maia, qui dort avec le couple, distingue une ombre près du lit. Effrayée, elle secoue son mari. « L'argent, vite ! » ordonne l'inconnu, dont le visage est dissimulé par une capuche et qui menace désormais Gérard Ponthieux d'un objet contondant posé sur sa gorge. Affolée, Jacqueline se lève, contourne le malfaiteur, ouvre le tiroir de la table de nuit et tend à l'agresseur la recette de la journée. « La boîte du PMU ! » exige le braqueur. Jacqueline s'exécute et descend dans l'arrière-réserve, laissant son mari en otage. Par mégarde, elle déclenche la sirène d'alarme, qui retentit dans toute la maison, avant de l'éteindre en refaisant le code. Elle remonte l'escalier quand elle distingue la silhouette de l'inconnu en train de fuir par les toits. Jacqueline se précipite dans la chambre.

Elle pousse un cri d'effroi en voyant son époux allongé en travers du lit, le visage ensanglanté. "Gérard est en train de mourir !" hurle-t-elle.

Alertés par la sirène et les cris de Jacqueline, Gilbert, l'employé, Julien, âgé de treize ans, et deux de ses camarades dévalent l'escalier et se précipitent dans la chambre où Jacqueline continue à hurler de douleur. À cet instant, Gilbert constate que le malheureux Gérard possède encore un souffle de vie. « Les secours, vite ! » crie-t-il.

Huit minutes plus tard, les pompiers pénètrent dans *Le Sulky*. Des spasmes secouent encore la victime, mais il est trop tard. Douze coups d'une arme qui pourrait être un tournevis ou un ciseau à bois, mais qui ne sera jamais retrouvée, ont eu raison, à quarante-neuf ans, de la vie de Gérard Ponthieux.

Les policiers de Creil arrivent sur les lieux quelques minutes plus tard, sous la direction du commissaire principal Nicolas Jolibois. Ils entendent le déroulement des faits racontés par Jacqueline et procèdent aux premières constatations avec un consternant laisser-aller, comme le racontera au procès d'Amiens l'officier chargé de perquisitionner :

« Je n'ai pas du tout fait avancer l'enquête… Je ne suis pratiquement pas rentré dans la chambre… Je n'ai pas ouvert les placards… Je n'avais rien à faire dans cette histoire… »

Sidérant, alors que les premiers indices relevés sont souvent primordiaux !

Plusieurs questions taraudent cependant l'esprit des policiers : pourquoi le couple n'a pas réagi face à un homme qui n'est armé que d'un objet contondant ? Pourquoi Jacqueline n'a-t-elle pas appelé au secours quand elle est descendue au bar chercher la recette ? Pourquoi l'inconnu s'est-il enfui avant de récupérer la seconde partie de la recette, qui s'élevait tout de même à 7 600 euros environ ? A-t-il eu peur de la sirène qui s'est déclenchée ? Probablement !

À partir de ce moment, les enquêteurs s'enferment dans l'idée que l'épouse de la victime a imaginé un scénario. Pour eux, soit Jacqueline Carrère-Ponthieux a assassiné son mari, soit elle a commandité le crime, ce qui expliquerait pourquoi ses vêtements n'ont pas été tachés par le sang giclant du visage poignardé. Deux éléments majeurs viennent les conforter dans leurs certitudes : l'examen toxicologique du corps de Gérard Ponthieux et le passé de l'épouse, au poids écrasant.

Dans le sang et les urines de la victime ont été décelées, grâce à cinq expertises de l'éminent toxicologue Gilbert Pépin, des traces d'acide gamma-hydroxybutyrate, le fameux GHB, un psychotrope dépresseur plus connu sous le nom de « drogue de viol ». Détourné de son usage médical, le GHB est une drogue incolore et inodore qui joue comme un puissant anesthésiant, notamment quand il est mélangé à de l'alcool. Pour les policiers, la présence de cette drogue confirme leurs soupçons. Jacqueline a confectionné le repas du soir ; son époux a bu deux whiskys ; elle est la dernière à l'avoir vu vivant... Elle l'aura drogué avant que l'assassin vienne accomplir son forfait, le tout maquillé en cambriolage.

Un passé tumultueux

Second élément, et pas le moindre, le passé de Jacqueline, loin d'être un long fleuve tranquille. Une enfance particulièrement dure, avec une mère qui décède alors qu'elle n'est âgée que de seize mois, un père qui ne l'a pas reconnue à la naissance et un beau-père qui l'élève, la viole et la prostitue alors qu'elle n'est qu'une adolescente fragile.
« Je n'ai pas eu d'enfance. Je peux difficilement vous parler de quelque chose qui n'existe pas, déclare-t-elle au président de la cour d'assises de la Somme. Mon père adoptif qui me viole et qui me dit : “Ça ne risque rien, puisque tu n'es pas ma vraie fille.” C'est comme ça que je l'ai appris... Il me faisait coucher avec des hommes pour avoir de l'argent. Ils devaient avoir cinquante ans, et moi j'avais quatorze ans. »
Viennent ensuite le foyer, une scolarité en dents de scie, puis un boulot de serveuse. À Agen (Lot-et-Garonne), Jacqueline rencontre Robert, un maçon, qui l'épouse en décembre 1969. Elle lui donne deux filles, Nathalie et Christine, et trouve enfin un équilibre familial, qu'elle gâche malheureusement en volant deux formules de chèques à ses beaux-parents. Robert, excédé, obtient le divorce et la garde de ses deux filles.
De nouveau seule, Jacqueline quitte la région en 1973 pour monter à Paris. Elle ne reverra ses filles qu'au moment du procès, quand celles-ci témoigneront par visioconférence, avec des mots très durs, sur l'abandon d'une mère avec laquelle elles avaient pourtant tenté de renouer.
« Elle m'a répondu, déclarera Christine, qu'il n'y avait pas de place pour nous dans sa vie. Elle a pris contact avec moi, ajoutera-t-elle, quand elle était emprisonnée. Pour me réclamer de l'argent. D'abord 50 000 francs. Puis 70 000 francs. »
Devenue serveuse, Jacqueline rencontre Adel en 1975 et se retrouve enceinte d'un petit garçon, dont elle perd vite la trace suite à une nouvelle séparation. C'est le temps des galères. Jacqueline dort avec Adel dans une voiture, faute d'argent.

Gérard Ponthieux, gérant du bar-tabac-PMU *Le Sulky* à Nogent-sur-Oise, a été retrouvé mort le 22 septembre 1997.

Vient la rencontre avec Jean-François, qu'elle épouse en 1976. Si un garçon – Julien – naît de cette union en 1984, les époux vivent leur vie sentimentale chacun de leur côté. Le mari dira à la barre :
« C'est vrai qu'elle aimait l'argent, elle en dépensait beaucoup. Mais elle ne s'est jamais montrée violente. »
Deux ans plus tard, Jacqueline fait la connaissance d'un libraire du 17e arrondissement de Paris, Gérard Ponthieux. Le premier homme sur lequel elle peut vraiment s'appuyer. Pourtant, leur relation est loin d'être stable. Séparations, retours en grâce et pardons rythment leur vie sentimentale. Il faut dire que la personnalité de Jacqueline est parfois étonnante. Ainsi, en 1988, elle quitte Gérard, emportant télévision, magnétoscope et 30 000 euros, avec lesquels elle achète un café, avant de revenir vers lui quand l'affaire tourne mal et de lui demander pardon. Brave, Gérard accepte chaque fois ses écarts de conduite. Ils se marient même en 1991 et passent six années de stabilité derrière le comptoir du Sulky. Jusqu'à ce jour de septembre 1997 où leur vie bascule dans l'horreur !

Coups de théâtre et acquittement

Deux mois se sont passés depuis le drame du *Sulky*. Le 24 novembre 1997, sans que les médias en soient avertis, Jacqueline

Carrère-Ponthieux se retrouve en garde à vue sur commission rogatoire du juge d'instruction de Senlis, avant d'être mise, après trente heures de détention provisoire, en examen puis incarcérée. Elle demeurera huit cent six jours en prison, sa remise en liberté n'intervenant que le 11 février 2000.

Trois ans s'écoulent encore avant l'ouverture de son procès, en décembre 2003. Le premier d'une série de quatre durant lesquels les coups de théâtre et les rebondissements se succèdent, dégonflant une à une les thèses de l'accusation.

Le premier procès explose à la fin de l'audience du second jour, quand, vers 16 heures, le toxicologue et pharmacologue Gilbert Pépin, celui-là même qui a pratiqué les expertises sur le corps de la victime, lance un pavé dans la mare en affirmant tout haut qu'il « n'est plus possible d'affirmer scientifiquement que la victime a été droguée avant de recevoir les coups mortels ». De quoi jeter un froid dans l'accusation, redonner le sourire à l'accusée ainsi qu'à ses avocats et laisser pantoise la présidente de la Cour, Cécile Simon, qui déclare : « Eh bien là, on ne peut que rester coi. »

Pourquoi un tel revirement de la part de l'éminent spécialiste qu'est Gilbert Pépin ? Tout simplement à cause des progrès de la science, qui ont démontré, depuis 2001, la possibilité de création naturelle du GHB dans le corps après la mort.

Des progrès confirmés en 2003, quand des scientifiques révèlent qu'il existe non pas un mais deux GHB : celui qui peut être absorbée et celui – endogène –, une molécule, qui se crée physiologiquement après la mort, dans des proportions infimes et jamais au-delà de cinquante milligrammes. Or, dans le cas de Gérard Ponthieux, seulement huit milligrammes ont été décelés. Pour un coup de tonnerre, c'est un coup de tonnerre ! De quoi stopper le procès pour demander un complément d'information. Et redonner espoir à une accusée qui s'est, à plusieurs reprises, effondrée en larmes.

En 2005, la cour d'assises de Beauvais accueille le deuxième procès de Jacqueline Carrère-Ponthieux. Un nouveau coup de théâtre ébranle la salle des pas perdus quand, cette fois, l'accusation vient porter

un coup sévère à Jacqueline. Un trio d'experts – neuropsychiatre, légiste et gastro-entérologue –, s'appuyant sur les analyses du bol alimentaire, affirme à la barre que la mort de Gérard Ponthieux est intervenue bien en amont de la découverte du corps ensanglanté, vers 23 h 30, la digestion du plat de jambon-coquillettes faisant foi. Jacqueline aurait donc tout manigancé ! Redevenue la coupable idéale, elle est condamnée à quinze ans de réclusion, avant de faire appel.
Troisième procès en juin 2008. Onze années se sont écoulées depuis le crime du Sulky. Pour les défenseurs de Jacqueline Carrère-Ponthieux, Mes de la Rue et Berton, il s'agit de démontrer que les experts se trompent sur l'heure du décès. Pour y parvenir, ils demandent à un pompier, présent sur les lieux du drame, de venir témoigner. Nouveau coup de théâtre, le sauveteur affirme que Gérard Ponthieux n'était pas encore mort au moment de l'arrivée des secours :
« À notre arrivée au *Sulky*, à 2 h 48, Gérard Ponthieux agonisait encore. Je suis persuadé que les faits venaient de se produire. »
Encore vivante à 2 h 40, la victime ne pouvait être morte à 23 h 30. L'espoir revient dans le camp de l'accusée, et le procès, une fois de plus, fait « pschitt ».

C'est à Amiens, devant la cour d'assises d'appel de la Somme, le 23 mars 2010, que Jacqueline Carrère-Ponthieux voit enfin le bout du chemin qui doit l'innocenter :
« Le seul crime que j'ai commis, c'est d'avoir abandonné mes enfants, avoue-t-elle. Mon mari, je l'aimais. Il a pardonné mes escapades. Il a pardonné mes incartades… »
Cette fois, pas de rebondissements, mais des déclarations de policiers qui laissent pantois magistrats, jurés et public, tant il apparaît que l'enquête a été bâclée aussi bien lors des perquisitions que sur les indices retrouvés. Pourquoi n'a-t-on pas analysé la chemise ensanglantée retrouvée non loin du *Sulky*, dans un buisson, le lendemain du drame ? Pourquoi n'a-t-on pas poussé plus loin l'enquête sur une voiture volée dans la nuit du 21 au 22 septembre à Nogent-sur-Oise ? Pourquoi les témoignages de deux personnes ayant vu un homme s'enfuir, le visage masqué par une capuche, n'ont-ils pas été plus approfondis ? Pourquoi le mégot photographié dans la cuisine n'apparaît-il plus ensuite sur un autre cliché ? Pourquoi l'objet découvert au pied du lit, sorte de tube en fer effilé qui pourrait être l'arme du crime, n'a-t-il pas été saisi ? Autant de questions restées sans réponse. Tous les arguments de l'accusation tombent les uns après les autres

Chronologie

- 21 au 22 septembre 1997 : Gérard Ponthieux est assassiné dans son lit, au milieu de la nuit.

- 24 novembre : Jacqueline Carrère-Ponthieux, son épouse, est placée en garde à vue.

- 11 février 2000 : Jacqueline Carrère-Ponthieux est remise en liberté.

- Décembre 2003 : premier procès renvoyé pour complément d'information.

- 1er décembre 2005 : deuxième procès à Beauvais. Jacqueline Carrère-Ponthieux est condamnée à quinze ans de réclusion.

- Juin 2008 : bataille d'experts au troisième procès, devant les Assises de la Somme.

- 26 mars 2010 : la cour d'assises d'appel de la Somme innocente Jacqueline Carrère-Ponthieux.

face à cette incroyable négligence des enquêteurs. D'autant plus que les experts finissent par se mettre tous d'accord. Gilbert Pépin réitère les propos qu'il a prononcés lors du deuxième procès, suivi par son confrère, Yves Jacomet :
« Il n'y avait pas besoin de douze ans pour aboutir à ces conclusions. Cette piste du GHB aurait dû être écartée dès le début de cette affaire pour suivre d'autres pistes. On n'a jamais fait la preuve de la présence de GHB, car ce produit n'existait pas ! »
Plus tard, le médecin légiste Walter Vohrauer revient sur l'hypothèse de la mort survenue au plus tard à minuit et demi :
« Je dois concéder que notre travail sur le bol alimentaire reste aléatoire et qu'il vaut mieux privilégier notre étude sur l'alcoolémie, qui situe une mort vers 2 heures. »

L'acquittement devient possible. Il interviendra après quatre jours de procès et un peu moins d'une heure de délibération. L'avocat général Jean-Philippe Rivaud, dans un réquisitoire long de deux heures, s'appuie d'abord sur le passé de l'accusée pour confirmer sa culpabilité, avant de reconnaître *in fine* :

« Je ne sais pas de quoi Mme Carrère-Ponthieux est coupable, l'honneur de la justice et l'honnêteté me commandent de l'admettre. Je veux requérir l'acquittement. Elle n'a été mise en cause que par l'effet d'un raisonnement. »

Jacqueline, au moment du verdict, demande, incrédule :
"C'est fini ?"
Avant de déclarer à la sortie du palais de Justice :
"Je vais pouvoir enfin vivre une vie de bonheur."
Gérard, lui, est mort. Et sa mort demeure une énigme...

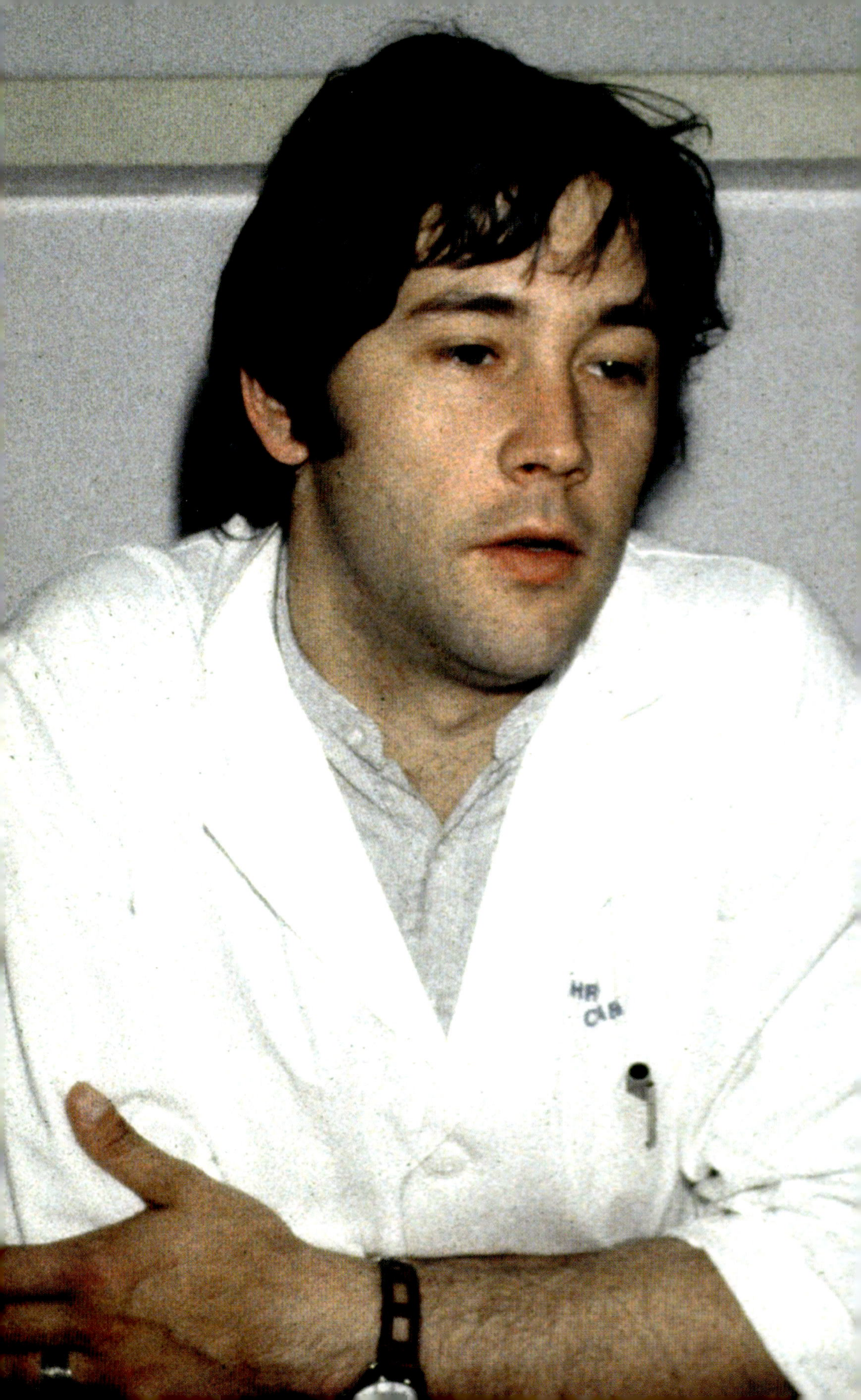

Affaire Godard, Tilly-sur-Seulles, septembre 1999

L'étrange jeu de piste du docteur Godard

QUAND ? COMMENT ? POURQUOI ? Trois questions qui taraudent l'esprit de tous ceux – proches, enquêteurs ou curieux – qui ont suivi de près ou de loin la surmédiatisée affaire Godard. Quand débute-t-elle ? Comment se finit-elle ? Et pourquoi ? Pourquoi une telle tragédie ? Où se cache la vérité dans les entrelacs de tous les scénarios envisagés ? Car à chacun correspondent des interrogations et des zones d'ombre… C'est à cet étrange jeu de piste que ce chapitre vous invite, de surprise en étonnement, pour la conclusion la plus tragique qui soit : la mort de quatre personnes, dont deux enfants, jamais élucidée à ce jour.

Yves Godard : coupable et victime ?

Énigmatique, le docteur Yves Godard ? Oui et non. N'oublions pas que nous sommes en Normandie… Non, parce que le docteur baba cool n'a jamais véritablement caché ses idées en faveur des médecines douces, sa propension à l'ésotérisme et son appartenance au Comité de défense des commerçants et artisans (CDCA), dont il fut le trésorier régional de 1993 à 1997 et avec lequel il refusa de payer les cotisations sociales obligatoires. Oui, parce qu'en grattant la mousse de sa vie, on découvre des tiroirs qui ne s'ouvrent qu'à moitié et d'autres qui restent fermés, sans doute à jamais.
En réalité, un homme complexe, apparemment sans problème, certes contestataire d'un ordre établi – ne fait-il pas partie de cette génération qui a eu vingt ans dans les années 1970 ? –, mais dont tout le monde loue les qualités humaines et professionnelles.

Le docteur Godard en 1994, au centre hospitalier universitaire de Caen.

Pourtant, son parcours se remplit de zones d'ombre au fur et à mesure des recherches. C'est d'ailleurs cette face énigmatique du personnage qui troublera tant les gendarmes, les juges d'instruction et les journalistes tout au long du déroulement de l'affaire. Une affaire où il joue – avouons que ce n'est guère courant – le double rôle du coupable et de la victime, soupçonné d'avoir tué son épouse, Marie-France, dans des conditions encore mal déterminées, avant d'être victime à son tour d'un assassinat qui emportera aussi ses deux enfants, Camille et Marius, pour des raisons encore obscures. Le tout sur fond de disparition maquillée en naufrage. Finalement, trois affaires en une, dont deux, la première et la dernière, n'étaient pas prévues dans le plan échafaudé par le docteur Godard pour changer de vie, loin de la France. Pour accomplir un rêve et s'éloigner des soucis qui l'étreignaient.

Un être ambivalent

Mais commençons par le début, car l'enfance et l'adolescence dessinent souvent les contours d'une personnalité. Yves Godard naît dans une famille relativement aisée, composée de son père, chef du service pédopsychiatrie de l'hôpital Saint-Jean-de-Dieu, de sa mère, Yvette, et de ses deux sœurs, Corinne et Sylvie. Les trois enfants grandissent dans la maison de Saint-Briac-sur-Mer, sur la Côte d'Émeraude, presque les pieds dans l'eau. Garçon intelligent mais bohème, Yves Godard est un passionné de planche à voile puis de voilier, dont il maîtrise parfaitement les manœuvres, avant de connaître tous les coins et les recoins de cette magnifique partie de la côte bretonne, notamment l'archipel des Ébihens où son histoire tragique nous conduira plus tard.

Quand on a dix-huit ans et que l'on est déjà considéré comme un navigateur confirmé qui ne craint pas de traverser la Manche en solitaire, on fait des rêves de découvertes et de conquêtes. Pourtant, le jeune Yves se destine à une autre passion dans laquelle il excelle. En effet, il maîtrise aussi bien un avion qu'un voilier. Il veut même en faire son métier et passe, à cette fin, des tests d'aptitude. Mais soudainement, sans évoquer de raison, il abandonne toute ambition à ce sujet et s'inscrit à la faculté de médecine de Caen. Sept années d'études pendant lesquelles il découvre la médecine orientale, encore peu connue en France et à laquelle il consacre sa thèse. Ce qui lui vaut six mois de suspension de la part du conseil de l'ordre des médecins, qui n'apprécie pas la publicité faite dans la presse par Yves Godard à cette médecine encore considérée comme parallèle.

Au cours de ses années d'études, le carabin fait la connaissance, au centre hospitalier universitaire de Caen, d'une infirmière, Régine T., mère d'un jeune garçon, qu'il épouse sans avertir sa famille. De ce couple, heureux et passionné par la mer, naîtront deux garçons.

Une dizaine d'années plus tard, Yves Godard ne se reconnaît plus dans cette vie familiale. Il veut sa liberté et la reprend en 1991 en divorçant. L'homme a aussi changé. Le garçon discret se donne désormais des airs de séducteur. Un charme auquel succombe, à la fin des années 1990, Marie-France. Tous les deux s'installent dans le château de Fresney-le-Puceux, bientôt rejoints par deux autres couples pour mener une vie de bohème où sophrologie, magnétisme et ésotérisme meublent les conversations dans une atmosphère « *peace and love* ». Durant cette période, l'homéopathe est également initié à la société secrète des Rose-Croix et découvre le théâtre.

Une personnalité complexe, le docteur Godard ? Pas tant que cela au premier abord. Juste un peu marginal, éloigné du sérail du corps médical. Vivant son existence tel qu'il l'entend. Sauf que ce côté artiste se dilue dans un portrait plus rigide quand Yves Godard se fait le défenseur, comme trésorier régional, du Comité de défense des commerçants et artisans (CDCA), dont les interventions souvent musclées semblent à l'opposé de son caractère baba cool. Une ambivalence de plus pour le docteur Godard, dont la vie entourée de zones d'ombre suscitera tant de questions chez les enquêteurs et parmi les trois juges chargés de l'affaire.

Godard, un homme instable ? Peut-être, si l'on considère son changement d'orientation scolaire, son premier divorce et sa future disparition, qui ressemble à un changement volontaire – certainement préparé – de vie. À l'image de son père qui, à la retraite, décide subitement de quitter son épouse, l'abandonnant en Espagne pour partir avec une femme qu'il a recueillie quelques années plus tôt.

Au fil des années, l'appel du grand large et un certain goût du risque qui ont baigné sa jeunesse entraînent son regard et son esprit vers des horizons incertains, mêlés sans doute à des problèmes financiers qui se sont accumulés les derniers temps, quand, fidèle à ses convictions, il refuse de régler ses charges et ses impôts. Trop, c'est trop ! Le docteur Godard est fatigué. Peut-être est-il en danger ? Changer d'existence ? Faire tout passer par-dessus le bastingage de sa vie ? Méthodique, le médecin prépare son départ, ou celui de sa famille. Nul ne saura jamais. Car un drame vient frapper à la porte des Godard le soir du 31 août 1999. L'après-midi, Yves Godard l'a passé en compagnie de ses deux enfants dans un parc. Marie-France, de son côté, s'est rendue chez son psychothérapeute, après avoir fait ses courses au supermarché Cora de Caen. Retour en fin de soirée. Un coup de téléphone de sa fille, vers 20 heures, montre qu'elle est toujours en vie. Mieux encore : rien ne semble l'inquiéter. Pourtant, plus personne ne reverra Marie-France. Quand, le 8 septembre, les gendarmes perquisitionneront la maison des Godard, à Juvigny, soit une semaine après le drame, ils découvriront des taches de sang disséminées un peu partout et grossièrement effacées.

Que s'est-il donc passé ? Deux hypothèses : une dispute a-t-elle éclatée qui s'est mal terminée ? Le docteur a-t-il prémédité sa disparition ? Qu'a-t-il fait du corps de son épouse quand, le lendemain matin, il quitte la maison avec ses deux enfants, demandant à une voisine de s'occuper du chat pour le week-end ?

Dès lors, un véritable jeu de piste débute, jalonné de mystères et de découvertes qui mèneront les enquêteurs de port en port. À de multiples reprises, ils approcheront de près le fuyard, sans jamais pouvoir l'arrêter.

Un véritable jeu de piste

Au premier jour de sa disparition – 1er septembre 1999 –, le docteur Godard rejoint Saint-Malo, où il a loué un voilier, ce que confirmera le propriétaire. Le lendemain, un contrôle douanier maritime, du côté d'Erquy, permet de repérer le médecin, qui navigue au moteur

et cherche un mouillage. Rien de particulier à bord, si ce n'est le sentiment étrange et diffus que la situation n'est pas normale.
Le 3 septembre, inquiète de ne pas avoir de nouvelles de sa mère, Fanny, la fille de Marie-France issue d'une première union, se rend chez les Godard. La maison est vide. Certains éléments pourraient lui faire penser à un départ précipité, mais il est dans les habitudes du couple d'être assez désordonné. Seule interrogation : sa mère n'est jamais partie en week-end sans l'avertir. Pourtant, rien n'incite la jeune fille à avertir les autorités. Le même jour, le voilier mouille dans l'anse de Bréhec le temps de débarquer au port, d'acheter deux gaufres pour les gamins et de regagner le bateau. La marchande n'hésitera pas une seconde quand les gendarmes lui montreront les photos des enfants et de leur père.
Un voilier qui ne cesse de bouger et que trois retraités, à travers leurs jumelles, aperçoivent le 4 septembre à la pointe du Minard. Ils ont retenu son nom : *Le Nick*.
Le lendemain, nouvel indice retrouvé en mer par un marin pêcheur : le canot d'appoint du voilier, dérivant à soixante-cinq kilomètres des côtes, sans personne à bord, par mer calme.
Le bureau de location du bateau ayant été localisé à Saint-Malo, les enquêteurs de la section de recherches de Rennes découvrent vite le Combi Volkswagen stationné sur un parking situé à proximité. Des traces de sang sont relevées. Nul doute qu'il ne s'agit plus d'une simple escapade dominicale. Un premier scénario est dressé : Yves Godard aura tué sa femme, Marie-France, avant de prendre la fuite avec ses deux enfants sur un voilier loué pour l'occasion. Une recherche pour homicide volontaire est lancée par Interpol.
Les jours passent. Le 16 septembre, des plaisanciers découvrent une brassière de survie rouge appartenant au *Nick* non plus du côté de Roscoff et du canot retrouvé, mais au nord-est de Guernesey.
Une semaine plus tard, le jeu de piste révèle un nouvel indice. Près du petit port de Bridport, sur la côte anglaise, une vieille dame découvre un canot rouge échoué. Informées, les autorités britanniques s'en ouvrent aux policiers français. Le canot appartient bien au *Nick*. Le voilier a donc traversé la Manche, et le docteur Godard est toujours en vie.
Les enquêteurs s'interrogent désormais sur les causes qui ont bien pu amener le docteur Godard à vouloir disparaître, à tuer son épouse et à semer des indices en mer pour faire croire à sa fin ainsi qu'à celle de ses enfants.

Le 2 octobre, un indice bien plus troublant vient susciter de plus grandes interrogations. Ce jour-là, un gendarme de la commune de Falaise découvre dans le courrier une enveloppe contenant un carré de papier dont l'écriture manuscrite et anonyme est on ne peut plus explicite :

« Le [docteur] Yves Godard est bien vivant
il vit en mer d'Irlande
sur *Isle of Man*
le prendre au sérieux. »

Que peut-on tirer d'une telle information ? Pour les gendarmes, il s'agit avant tout de vérifier. Une mauvaise blague ? Une fausse piste ? Rien ne doit être laissé au hasard. Le 12 octobre 1999, direction donc l'île de Man pour les trois gendarmes chargés de vérifier cette information. Leur surprise est grande quand plusieurs témoins révèlent la présence du docteur et de ses deux enfants. Mieux encore, certains évoquent la présence d'une mystérieuse femme blonde parlant français à leurs côtés. Mais les gendarmes arrivent trop tard !

Le 20 octobre, le mystérieux indicateur anonyme se manifeste une nouvelle fois auprès de la gendarmerie de Falaise. Même écriture sur une petite carte bristol :

« Le docteur Godard Yves
est dans la région
des îles Hébrides
plus précisément Lewis
Sauvez Marius et Camille. »

Un courrier comme un appel au secours de la part, selon un graphologue, d'une interlocutrice âgée d'une soixantaine d'années qui semble bien renseignée sur le parcours du fuyard. Une femme qui, malgré l'ADN, ne sera jamais identifiée.

Que faire, dès lors, si ce n'est de se rendre au plus vite vers cette île de Lewis où, encore une fois, la présence du docteur et de ses deux enfants se révèle exacte. L'étau se resserre même, puisque les gendarmes sont persuadés que les fuyards se trouvent encore dans les parages. Mais un problème d'ordre juridique les oblige à rester consignés dans leur chambre d'hôtel, avant de devoir regagner le continent. Et le docteur Godard court toujours… ou, plutôt, navigue toujours sur des eaux de plus en plus troubles. Le 27 octobre est le dernier jour où le docteur Godard sera vu vivant.

De mystérieuses cartes retrouvées sur la plage

L'année 2000 confirmera ce que tout le monde redoutait : la découverte de preuves concernant la mort d'au moins un des enfants. Le 5 juin 2000, le crâne de Camille est remonté par des pêcheurs au large de la baie de Saint-Brieuc. Cinq mois plus tôt, un sac de sport contenant des affaires de la famille avait été découvert au large de l'île de Batz. Le docteur Godard, après son périple dans les îles britanniques, serait-il revenu vers les côtes françaises ? Ou bien sont-ce les agresseurs de la famille qui se seraient débarrassés des corps ? Le médecin est-il réellement mort ? Autant de questions que se pose le nouveau juge, M. Laurent, nommé en septembre 2000. Bien décidé à reprendre l'affaire à zéro, il ouvre la piste de la secte IVI avant de la refermer.

L'enquête est au point mort quand un ou une inconnue se charge de la faire rebondir en déposant sur la plage des Ébihens, la préférée du médecin, six cartes lui appartenant, du 11 février 2001 au 14 décembre 2008. Des cartes en parfait état, ce qui prouve qu'elles n'ont pas longtemps séjourné dans l'eau. Qui s'amuse à brouiller les pistes ? Godard est-il toujours vivant ? La réponse viendra en février 2007, lorsqu'un tibia et un fémur sont remontés par des pêcheurs près de la fosse des Casquets, au milieu de la Manche. L'analyse ADN est formelle : il s'agit bien de deux os du docteur Godard.

Plus de dix années ont passé depuis la disparition de Marie-France, de son époux ainsi que de leurs deux enfants. Le bilan est terrible : deux corps qui n'ont jamais été découverts, des restes du médecin et de Camille qui ont été repêchés. Et une interrogation : pourquoi ?

Une affaire liée au CDCA ?

Acculé par le fisc, Yves Godard a-t-il voulu tout simplement changer de vie ? Avec sa femme ? Ou seulement avec ses deux enfants ? Impliqué dans de sombres affaires du CDCA, n'a-t-il pas préféré s'enfuir plutôt que d'être victime de représailles ? Comptant sur les fonds déposés dans diverses îles considérées comme des paradis fiscaux, n'a-t-il pas été rattrapé par son passé et exécuté avec sa famille ? Et qui est cette étrange complice qui se charge, par petits indices, de déposer des preuves de présence du docteur Godard ? Toutes ces interrogations ne font peut-être qu'une.

Chronologie

- 1er septembre 1999 : disparition du docteur Yves Godard et de ses deux enfants. Nul ne sait ce qu'il est advenu de son épouse.
- 5 septembre : un marin pêcheur découvre le canot d'appoint du *Nick*, dérivant à soixante-cinq kilomètres des côtes.
- 8 septembre : perquisition de la maison des Godard par les gendarmes. Des traces de sang sont retrouvées.
- 16 septembre : une brassière de survie du *Nick* est retrouvée au nord-est de Guernesey.
- 23 septembre : le canot rouge du *Nick* est récupéré près du port anglais de Bridport.
- 2 octobre : une lettre anonyme parvient à la gendarmerie de Falaise.
- 12 octobre : le docteur Godard est repéré sur l'île de Man.
- 20 octobre : seconde lettre anonyme.
- 5 juin 2000 : découverte du crâne de Camille au large de Saint-Brieuc.
- 11 février 2001 au 14 décembre 2008 : six cartes du docteur Godard découvertes sur la plage des Ébihens sèment le trouble chez les enquêteurs.
- Février 2007 : le tibia et un fémur appartenant au docteur Godard sont découverts dans la Manche.
- 2009 : refus du procureur de classer l'affaire Godard.
- Septembre 2012 : une ordonnance de non-lieu est rendue.

Fatigué par toutes ces années de lutte au sein du CDCA, conscient des malversations de cette organisation et acculé par le fisc, qui lui réclame le paiement de ses retards de cotisations, Yves Godard décide de prendre le large et organise son départ. Son épouse est-elle comprise dans ce plan ? Les relations à l'intérieur du couple ne sont pas au beau fixe. Quoi qu'il en soit, le docteur et ses deux enfants quittent Saint-Malo sur un voilier de location. Ils sont aperçus d'abord en bordure des côtes – attendent-ils une complice ? La mystérieuse femme blonde ? –, puis ils franchissent la Manche. Direction les îles britanniques et les paradis fiscaux, où le docteur Godard possède plusieurs comptes. Son but ? Récupérer ses fonds et disparaître à jamais avec ses enfants pour une nouvelle vie. Retrouvés par des

tueurs commandités – par qui ? Pourquoi ? –, Yves Godard et ses deux enfants sont exécutés et balancés à la mer, chargée d'ensevelir les corps.
En dépit des années passées et de la mort certaine du médecin, le procureur n'a pas voulu, en 2009, classer l'affaire. Finalement, en septembre 2012, une ordonnance de non-lieu a été rendue, « faute de charge ».

Homme controversé, Yves Godard a écrit l'une des affaires criminelles les plus énigmatiques du XXe siècle, dans laquelle nul ne sait encore qui fut vraiment victime ou coupable.

La maison de la famille Godard à Tilly-sur-Seulles.
Quelle terrible scène se déroula ici avant
la disparition de ses habitants ?

Affaire Jean-Paul G., Saint-Priest-en-Jarez,
30 novembre 1999
Cour d'assises de la Loire, 19 juin 2008
Cour d'assises d'appel du Rhône, 25 juin 2009

Du curare sans ordonnance

« LE BONHEUR, C'EST COMME UN ARC-EN-CIEL, il faut du soleil et de la pluie pour en voir toutes les couleurs. Pour moi, la pluie s'est arrêtée ce jeudi soir à 21 heures... »

Ce 25 juin 2009, Jean-Paul G. savoure le verdict de la cour d'assises d'appel du Rhône. Depuis presque dix ans, il attendait ce jugement qui le délivre enfin de la terrible accusation de double parricide.

Un terrible huis clos

On ne saura sans doute jamais ce qui s'est passé le 30 novembre 1999 dans la maison bourgeoise des époux G. Un couple vieillissant dans la haine, comme tant d'autres, qui entretient, tout en sauvant les convenances, une hostilité implacable sur fond de jalousie et de désamour. Geneviève découvre que son mari la trompe à cinquante-sept ans, l'âge où la femme vit mal les injures infligées par le temps qui passe. Pendant les trente années qui vont suivre, elle le lui reproche quotidiennement. Une cohabitation où les sentiments exacerbés s'affrontent. Les époux font chambre à part, mais aucun ne quitte le nid, tout en s'évertuant à rendre la vie de l'autre impossible. On pense au film de Granier-Deferre *Le Chat*, dans lequel Jean Gabin et Simone Signoret se livrent une guerre impitoyable. Les amies de Geneviève l'ont souvent entendue déclarer :

« Je vais le tuer ! Je vais le tuer ! »

Toutes soulignent l'atmosphère pesante qui régnait chez les G., l'épouse n'hésitant pas à commenter les sorties de son mari par un cinglant :

« Il va voir la *putaille* ! »

Car André, malgré ses soixante-quinze ans, entretient toujours une relation avec une prostituée... La situation est explosive.

Le soir du 30 novembre s'annonce identique aux autres. La veille, le fils des époux G., Jean-Paul, cardiologue, leur a fait une prise de sang, les trouvant fatigués. Le 30 novembre, jour de la Saint-André, tous les deux s'installent sur les fauteuils du salon près de la cheminée. On ne saura rien de cette soirée, mais c'est là qu'on les retrouvera, morts.

Intoxication au curare

Jean-Paul confirme avoir trouvé ses parents fatigués, à moins qu'ils ne se soient intoxiqués avec des champignons. Les policiers sont prêts à croire à une mort naturelle, mais quelques détails les inquiètent. Dans la cuisine, le bouton de la bonbonne de gaz est ouvert. Heureusement, la bonbonne étant vide, aucune odeur suspecte n'est constatée. Le fer à repasser est branché, un rideau a commencé à brûler, et surtout une toute petite trace de piqûre est découverte sur le bras de Geneviève. Le juge demande une expertise toxicologique, dont les conclusions vont ébranler la vie du fils de famille, Jean-Paul. Monsieur et Mme G. ont été empoisonnés par piqûre avec du Tracrium, une forme de curare utilisé lors des anesthésies dans les blocs opératoires. Jean-Paul est chirurgien. Il suffit de peu de temps aux enquêteurs pour s'apercevoir qu'il a des problèmes de trésorerie. L'évidence s'impose : c'est le fils qui a fait le coup !

Jean-Paul G. est placé en garde à vue. Il nie farouchement être l'auteur de ce double meurtre. La thèse de l'empoisonnement par les champignons n'étant plus d'actualité, il évoque la possibilité d'un double suicide, sachant que sa mère était infirmière et connaissait parfaitement le Tracrium.

Des proches témoignent de la volonté des époux G. de ne pas supporter la dégénérescence physique liée à leur âge. Geneviève avait confié à son médecin qu'elle n'arrivait pas « à surmonter [ses] handicaps physiques et moraux ». Son médecin, qui la soignait pour une fracture lombaire douloureuse, déclare :

« Je n'ai pas été surpris d'apprendre son décès, Geneviève ne m'a jamais dit qu'elle voulait se suicider. Par contre (*sic*), elle disait qu'elle ne supporterait pas la déchéance physique. En cela, son mari

partageait les mêmes idées, puisqu'il avait confié à un ami, en constatant que sa santé ne lui permettait plus de jouer au golf, qu'il voulait rester maître de son destin, qu'il n'accepterait pas la déchéance. »
Double suicide, donc ?
Une autre hypothèse est avancée par le fils soupçonné de double parricide. Sa mère ne supportait plus les incartades de son père, éternel coureur. Dépressive, à bout de forces, elle aurait pu administrer une piqûre mortelle à son époux volage et se piquer par la suite pour échapper à une fin de vie qui lui paraissait insupportable.
Ce second scénario paraît d'autant plus plausible à Jean-Paul que, avec sa sœur, il a retrouvé une cassette enregistrée par leur mère dans laquelle elle déverse sa hargne sur leur père.

Mais alors, qu'est-il advenu de la seringue ? Comment la vieille dame a-t-elle pu s'administrer un poison violent qui entraîne une paralysie avant la fin de l'injection et la mort dans les secondes qui suivent tout en faisant disparaître la seringue ?

Accusé d'empoisonnement sur ascendants légitimes, Jean-Paul G. est jugé devant la cour d'assises de la Loire en juin 2008.

Deux procès, deux verdicts

Vingt-cinq années de réclusion sont requises par l'avocate générale. Pour cette dernière, la culpabilité du fils ne fait aucun doute : « Monsieur G. ne savait pas que la bouteille de gaz était vide. Si cela n'avait pas été le cas, on aurait conclu à une intoxication au gaz, et il ne serait pas dans le box des accusés aujourd'hui. »
La mise en scène était « parfaite ». La représentante du ministère public ajoute « qu'il n'est pas de crime plus odieux que de donner la mort à ceux qui vous ont donné la vie, surtout lorsqu'on est médecin ».
L'accusation insiste sur le fait que le docteur G., chirurgien cardiovasculaire, était dans une situation financière « désastreuse », dont seul l'héritage de ses parents pouvait le sortir. Les expertises confortent la thèse du double assassinat, le produit injecté, dérivé du curare, n'ayant pas pu laisser le temps à Mme G. de détruire la seringue et l'ampoule, puis de revenir s'asseoir sur le fauteuil pour y mourir.

Jean-Paul se défend mal. Il apparaît arrogant, et son attitude produit une très mauvaise impression sur les jurés. Malgré les talents de défenseur de Me Saint-Pierre, lequel plaide l'acquittement, le verdict qui tombe le 19 juin est conforme à la réquisition de l'avocate générale : vingt-cinq années de réclusion.

Deux siècles plus tôt, le parricide aurait été conduit sur l'échafaud en chemise, avec un voile noir sur la tête. Il aurait eu le poing droit tranché d'un coup de hache, et sa tête aurait roulé dans le panier de son placé derrière le lourd couteau de la guillotine... Barbarie d'un autre temps !

Juin 2009, second procès en appel devant la cour d'assises du Rhône. La donne a changé. Un scientifique canadien affirme que Geneviève a pu avoir quelques secondes devant elle pour détruire l'ampoule et la seringue. Justement, une photo prise lors de la découverte des corps dévoile la présence de cendres dans la cheminée. Ces résidus de feu n'ont jamais été analysés. On peut dès lors imaginer que, après avoir tué son mari et s'être injecté le produit mortel, la vieille dame a détruit les « armes du crime ». Un scénario un peu alambiqué, mais le doute permet d'ébranler quelques certitudes sur les bancs des jurés. L'avocate générale reste quant à elle sur ses positions :
« Je n'ai pas l'ombre d'un doute sur la culpabilité de Jean-Paul G... Nous avions un Jean-Paul G. arrogant qui, en notable jugé dans sa ville de Saint-Étienne, profitait des suspensions d'audience pour serrer des mains, parmi un public acquis à sa cause, et qui n'avait pas un mot de compassion pour ses parents... Aujourd'hui, nous avons un Jean-Paul G. larmoyant. Mais le fond du dossier reste le même. »
Elle conclut son réquisitoire par une vibrante reconstitution de la scène du crime :
« Donner la mort à ceux qui vous ont tout donné, ceux qui vous ont donné la vie, ceux qui vous ont donné des conditions exceptionnelles pour faire de brillantes études [...]. Les mots me manquent pour décrire ce crime. Pendant dix minutes, ils se sont vus mourir, et ils savaient que c'était leur fils qui avait fait ça. »

Chronologie

- **30 novembre 1999 : Geneviève et André G., un couple de retraités, sont retrouvés morts dans leur salon.**
- **Printemps 2001 : leur fils, Jean-Paul, est placé sous contrôle judiciaire.**
- **19 juin 2008 : Jean-Paul G. est condamné à vingt-cinq ans de réclusion criminelle par la cour d'assises de la Loire.**
- **25 juin 2009 : Jean-Paul G. est déclaré innocent par la cour d'assises d'appel du Rhône.**

Pourtant, au cours du procès, Jean-Paul G. a continué à clamer son innocence :
« J'aimais mes parents. Pourquoi voulez-vous que je les ai tués ? Si j'avais eu besoin d'argent, je n'aurais eu qu'à demander à papa ou maman. Pourquoi me reprochez-vous une telle monstruosité ? »
Un accusé différent à ce second procès. « Il s'était fabriqué une défense, une carapace. Sans ce système de défense, il s'effondrait », a commenté son avocat. Jean-Paul G. explique sa suffisance passée :
« Mon innocence me paraissait tellement évidente à la lumière du dossier que j'ai pu paraître arrogant... J'ai surpassé la pudeur des sentiments personnels et mis en avant le fils qui souffre depuis dix ans. »

Telle est la vie...

L'accusé est pâle et nerveux quand les jurés entrent dans le prétoire après cinq longues heures de délibération. Il raconte ce moment exceptionnel :
« Quand la Cour est revenue pour énoncer son verdict, j'ai serré très fort la barre du box. Ma vie allait se jouer en quelques secondes. Quand j'ai entendu "non" à la question sur ma culpabilité, je me suis mis à pleurer. Il y a eu une clameur d'applaudissements dans la salle [...]. Heureusement que la loi a instauré en 2000 un appel aux Assises. »
Les sanglots libérateurs annoncent la fin d'un cauchemar. Jean-Paul G. est libre, libre de reprendre son métier, libre de s'occuper de

sa famille et de son jardin, libre de penser que ses parents ont choisi d'un commun accord de mettre fin à leurs jours... Le médecin aime les maximes :
« Tomber sept fois et se relever huit fois, telle est la vie. »
Le suicide des personnes âgées en France est un véritable problème de société, qui se déroule dans l'indifférence générale. C'est pourtant dans cette tranche de la population que le taux de suicide est le plus important. L'âge d'or qu'on voudrait celui de la sérénité est trop souvent celui de l'abandon et de la dépression.

Reste le mystère de la mort de Geneviève
et André G., qui se sont connus
et aimés sous le soleil de Dakar,
qui se sont détestés jusqu'à ce triste
soir de novembre 1999 où ils sont partis
ensemble pour leur dernier voyage,
sans qu'on sache jamais si c'était
vraiment leur choix.

Affaire Jacques Viguier, Toulouse, 27 février 2000
Cour d'assises de la Haute-Garonne, 20-30 avril 2009
Cour d'assises d'appel du Tarn, 2-20 mars 2010

Un crime à corps perdu

CLÉMENCE ÉTAIT SA « MERVEILLE » ; les jumeaux, un « don du Seigneur » après la perte de Romain, survenue au huitième mois de grossesse. Tous les trois sont là, étroitement enlacés, Clémence au milieu de ses deux frères, Guillaume et Nicolas, sous la pluie fine et glaciale de ce début de printemps 2009. Leur présence devant la cour d'assises de la Haute-Garonne serait une étrangeté, presque une incohérence, si la foule présente ne savait le drame que vivent ces jeunes gens depuis neuf ans.

« Le charme discret de la bourgeoisie »

Déjà onze ans de mariage. Jacques Viguier est professeur de droit à l'université, réputé et apprécié autant de ses étudiants que de ses collègues. Sa femme, Suzanne, dite « Suzy », enseigne la danse. Tous les deux sont passionnés par leur métier. Pour qui ne le connaît pas, ce couple est parfait : lui l'intellectuel, elle l'artiste, trois enfants et un joli pavillon, rue des Corbières à Toulouse. « Ils ont tout pour être heureux », pourrait-on dire… Sauf que la vie n'est pas si simple et que derrière la façade lisse se cachent beaucoup de faux-semblants pour sauver les apparences, beaucoup de mensonges qui ne dupent ni l'un ni l'autre et de fausse entente pour protéger les enfants. Les disputes succèdent aux disputes depuis ce jour de 1995 où Suzanne trouve une lettre sans équivoque adressée à son mari. Schéma classique de l'homme infidèle qui plaît un peu trop à ses étudiantes et de l'épouse

Jacques Viguier, brillant professeur de droit accusé d'avoir fait disparaître sa femme, apparaît lors de ses deux procès apathique et absent.

blessée qui décide alors de faire chambre à part. On ne divorce pas, on s'accommode ! Le désamour s'installe sans que ce soit vraiment de la haine, les enfants vont grandir, après on verra.
Suzy a trente-huit ans. Elle est jolie, enjouée, et sa vie de « maman » ne lui suffit plus. Jacques, séducteur invétéré, multiplie les conquêtes, pendant que sa femme s'échappe de plus en plus souvent du cocon familial devenu trop étroit. Le soir, elle enfile une robe noire et se plonge pour quelques heures dans un milieu bien différent, celui des joueurs de tarot. Elle y rencontre en 1998 Olivier Durandet, qui devient son ami... qui devient son amant. Olivier le gentil, qui amuse les enfants, qui les promène le week-end, qui les gâte, alors que Jacques est le papa attentif aux devoirs, pas rigolo du tout. Olivier s'invite à la table familiale, partage les dimanches, mais Jacques ne sait rien, Jacques ne voit rien. D'ailleurs, comment l'éminent et séduisant professeur de droit pourrait-il imaginer que ce vendeur de moquettes pataud ait pu toucher le cœur de Suzanne ? Olivier est un ami de Suzy qui est sympa avec les gosses, c'est tout ! « Pas acceptable narcissiquement », expliquera un expert.
Pourtant, Suzy veut divorcer. Jacques est hostile au projet qui va faire éclater la cellule familiale. Les enfants sont encore trop jeunes. Clémence a onze ans ; les garçons, sept ans. Il faut encore sauvegarder les apparences, encore faire semblant. La jeune femme ne cède pas. Une première rencontre est programmée avec son avocat pour le lundi 28 févier 2000. Elle ne sera pas au rendez-vous.

Un si long dimanche...

Dimanche 27 février, 4 h 30 du matin. Olivier raccompagne Suzy après un tournoi de tarot et un bout de nuit à s'aimer. Ils se quittent après un dernier baiser, juste le temps de se promettre de s'appeler dans la journée. Jacques, dans un demi-sommeil, entend des pas dans l'escalier. Suzy revient.
Quand il se lève, il aperçoit une silhouette dans son clic-clac. Il sait qu'elle n'émergera qu'en début d'après-midi. Les enfants sont prêts lorsque leur grand-père vient les chercher. Leur père les rejoindra pour le repas dominical. Avant, il va courir un peu. Après, ils iront voir un film. Ce dimanche s'annonce bien ordinaire. Suzy ne répond pas à ses appels quand il veut lui proposer de les accompagner au cinéma. Elle doit dormir ou est déjà sortie. Toujours pas de Suzy quand Jacques, Clémence, Guillaume et Nicolas reviennent à la maison. Un tour rapide dans une pizzeria, et il est l'heure de coucher

les enfants. Il n'y aura pas de bisou de maman ce soir, il n'y en aura plus jamais.
Vers 20 h 45, le téléphone sonne. Très anxieux de n'avoir pu joindre Suzy, Olivier a consacré l'après-midi à remuer ciel et terre pour la trouver. En vain ! Jacques n'est pas si tracassé, mais il s'étonne quand même de ce coup de fil.
« Mais enfin, confiera-t-il plus tard, comprenez ma surprise : lorsque Olivier Durandet me téléphone, il me demande des nouvelles de mon épouse, alors que, depuis un an et demi, c'est avec elle qu'il passe tous ses week-ends à jouer aux cartes. Et puis, son attitude m'inquiète devant une absence qui n'est *a priori* pour moi pas un sujet d'étonnement. Vous savez, Suzy et moi sommes alors dans une situation de divorce de fait, et des fugues, elle en a déjà faites ; alors, n'étant généralement pas au courant de tous ses faits et gestes, pourquoi m'inquiéter ! »

Une disparition mystérieuse

Deux jours passent sans que Jacques soit vraiment angoissé par la soudaine absence de sa femme, même si elle ne répond toujours pas à ses appels téléphoniques. Ce sont les vacances de février, les enfants sont à Orgeix, en Ariège, avec leurs grands-parents, loin de ce qui commence à ressembler à une absence inquiétante.
Olivier Durandet a un mauvais pressentiment. Ce n'est pas dans les habitudes de Suzy de ne pas donner des nouvelles. Dès le lundi matin, il est allé « inspecter » la maison des Viguier en présence du mari. Il a constaté que les lentilles de contact de sa maîtresse n'étaient pas dans le boîtier où elle les rangeait quand elle dormait et que sa voiture n'avait pas bougé depuis la veille. Autant l'époux était calme, autant l'amant était nerveux. Olivier a exhorté Jacques à signaler la disparition de Suzy.
Ce n'est que le mercredi 1er mars, dans la matinée, que Jacques Viguier se rend au commissariat toulousain de l'Ormeau. L'inspectrice qui le reçoit est surprise par son détachement et sa froideur, contrairement à l'attitude Olivier Durandet, qui se présente spontanément dans l'après-midi. L'homme a les yeux rouges d'avoir mal dormi, d'avoir trop pleuré. Dans sa tristesse, il s'est forgé une sombre certitude qu'il livre à la police : Jacques Viguier a fait disparaître son épouse…
Dès lors une inexorable machine policière va conduire Jacques Viguier à être de nouveau entendu le 8 mars par la Sûreté urbaine, avant que le dossier soit transféré à la police judiciaire, où le professeur de droit deviendra deux jours plus tard le suspect numéro un.

Tant et tant d'indices...

Le comportement de Viguier n'est pas de nature à engendrer la sympathie ou, tout au moins, la compassion des policiers. Sa femme disparaît le 27 février, mais il ne signale cette disparition que le 1er mars, et ce sans la moindre émotion. Il part pour des raisons professionnelles en stage à Strasbourg. Jamais il n'appellera à son domicile pour savoir si Suzy est revenue. Il ne téléphone pas non plus à ses enfants, gardés par sa mère. Il ment à la commissaire qui s'en étonne, affirmant qu'il n'avait pas de portable alors qu'il venait d'en acquérir un. À son retour, il passe d'abord chez sa maîtresse avant de retrouver son foyer. Pas vraiment l'attitude d'un homme qui vient de « perdre » sa femme.

Le 10 mars, lors des constatations effectuées à son domicile par les techniciens de l'identité judiciaire du service régional de police judiciaire, Jacques Viguier se montre étrangement nerveux.

« Lorsque nous entrons au domicile, expliquera le commandant de la police judiciaire, nous découvrons tout d'abord sur un placard un short gris avec une trace rougeâtre ainsi que, un peu plus loin, une trace de même couleur sur un pilier. Puis, après avoir travaillé dans plusieurs pièces sans rien découvrir, nous nous rendons dans la chambre de Suzy où, en ouvrant le clic-clac, nous nous apercevons de l'absence du matelas, tout en nous étonnant de l'attitude de Jacques Viguier. Il fallait le voir sortir de la maison, après avoir quitté précipitamment la chambre de son épouse, notera le commissaire. Il était méconnaissable, livide. Il aurait fallu un caméscope pour que vous compreniez... Et pendant que nos constatations continuaient, il n'arrivait pas à rester en place. Je n'ai jamais vu personne agir comme ça. Et lorsque je lui ai demandé où était le matelas, il m'a répondu qu'étant de mauvaise qualité, il l'avait jeté pour faire plaisir à sa femme. »

Jacques se justifiera au moment du procès :

« Pourquoi ai-je été si troublé ? Mais parce qu'en jetant ce matelas, je me suis rendu compte que j'avais fait une bêtise et que je devenais suspect... Vous savez, quand on fait une perquisition chez vous... Pourquoi ai-je jeté ce matelas ? Mais parce qu'il me renvoyait à une situation conjugale et à une séparation de fait difficile à vivre ; et puis, il me rebutait aussi de savoir que ma fille puisse dormir sur un support où sa mère a pu avoir des relations avec un autre homme que moi. Les voilà, les raisons... »

L'étrange disparition de Suzanne Viguier le 27 février 2000 à Toulouse reste encore un mystère après dix années d'enquête.

Ce matelas reste encore une énigme plus de dix ans après les faits. Il paraît surprenant qu'un homme qui ignore totalement où se trouve sa femme depuis une dizaine de jours ait comme priorité, la veille de la perquisition, de se débarrasser du matelas du canapé sur lequel elle passait ses nuits. Il semble étrange aussi que la benne dans laquelle il l'a déposé à la déchetterie ait pris feu. Enfin, il est difficilement compréhensible que Jacques Viguier reconnaisse formellement le matelas extirpé de la benne par les policiers en vue d'expertise, alors qu'il ne s'adapte pas du tout sur le clic-clac de Suzy et ne ressemble pas du tout à l'original !

Des énigmes, il n'en manque pas dans cette affaire :

– Le jogging du dimanche matin se révèle tout à fait exceptionnel. Il n'est pas dans les habitudes du mari, qui préfère la chasse ou la natation, d'aller courir. Personne ne l'a aperçu sur le parcours indiqué, aucun témoin ne l'a croisé.

– Les clés de la maison n'en finissent pas d'entretenir la polémique. L'accusation prétendra qu'il n'y a que cinq jeux de clés ; la défense en comptera six. Le détail est d'importance puisque, lorsque Suzy a disparu, la maison était fermée à clé et, lorsque Jacques est revenu de son footing, la maison était toujours close. Le trousseau de clés de la disparue a été retrouvé avec ses lunettes dans son sac, à l'intérieur de la maison. Le sac de Suzy sera au centre des débats. Alors qu'une information judiciaire est ouverte, Jacques Viguier le découvre au fond d'une armoire. Il ne juge pas utile d'avertir les policiers, lesquels le retrouvent le lendemain lors de la perquisition.

S'ajoutent à ces énigmes les traces de sang que Séverine, la baby-sitter, a trouvées le lendemain de la disparition dans la baignoire anormalement sale, « comme s'il y avait de l'eau et du sang mélangés qui n'étaient pas tout à fait partis ».

De plus, les enquêteurs découvrent dans la maison, sur les baskets de Jacques et sur le sommier du clic-clac diverses taches que le professeur explique de la manière suivante : « Ah ! oui, je me souviens qu'un jour mon épouse a voulu faire l'amour un peu violemment sur les lattes… » Du sang encore sur une bassine et sur un chiffon trouvé dans le coffre de la voiture.

Les enquêteurs s'étonnent aussi que les habits de Suzy n'aient pas disparu et que seul son pyjama manque à l'inventaire.
Aucune preuve tangible, mais un faisceau d'indices qui conduit les policiers à placer Jacques Viguier en garde à vue dans les locaux du service régional de police judiciaire pour quarante heures, pendant lesquelles il clamera son innocence.

L'émérite professeur de droit est mis en examen en mai 2000 et écroué à la maison d'arrêt de Toulouse. Neuf mois plus tard, la cour d'appel de la Haute-Garonne ordonne sa remise en liberté, le maintien en détention n'apparaissant plus indispensable « au regard des nécessités de l'instruction ».

« J'ai été désigné comme le coupable idéal, explique alors Jacques Viguier aux journalistes de *La Dépêche*. Il s'agit d'une première étape de la reconnaissance de mon innocence… Deux soucis m'animent aujourd'hui : exiger que la vérité se fasse jour et que l'interrogation dramatique provoquée par la mère de mes enfants soit enfin élucidée ; retrouver mes trois enfants et les protéger contre toute nouvelle meurtrissure. »

Et pendant ce temps, l'amant...

Olivier Durandet est sur tous les fronts. Il passe ses journées dans les locaux de la police judiciaire. Il contre-enquête, fouille, interroge, laissant penser qu'il oriente les recherches. Sans lui, la police aurait sans doute ouvert dès le début une simple recherche dans l'intérêt des familles (RIF), comme il en existe des milliers en France chaque année. Sa bonhomie, sa rondeur et son visage poupin contrastent avec le physique séduisant mais glacial du mari, qu'on devine au premier regard d'une intelligence acérée. Olivier est un « brave homme » et attire la confiance. En quelques jours, il est devenu une aide précieuse pour l'enquête. Sa « crédibilité » confortera les policiers et le magistrat instructeur dans leur intime conviction : le méchant, c'est le mari ! Le « gentil amant » assiste même à la garde à vue de Jacques Viguier depuis une pièce contiguë.

Au cours du procès, une hallucinante conversation téléphonique enregistrée entre l'amant et le commissaire est laissée à l'appréciation des jurés. Elle illustre clairement l'importance démesurée qu'a prise Olivier Durandet dans le déroulement de l'enquête :
« Il ne me serait pas possible de me rendre seul rue des Corbières, sans Viguier ? demande Durandet au commissaire.
– Attention, ça s'appelle une violation de domicile », plaisante ledit commissaire, avant d'ajouter, sur le même ton badin : « Mais, enfin... pas vu, pas pris. »
Lors du procès en appel en 2010, ce « pas vu, pas pris » va jeter le discrédit sur l'attitude de la police.

Deux procès, un même verdict

Ils sont là, les trois enfants de Suzy et Jacques, serrés les uns contre les autres. Neuf années ont passé, neuf années pendant lesquelles ils ont appris à vivre sans leur maman, tout en espérant, chaque soir et chaque matin, son retour. Neuf années pendant lesquelles on leur a imposé deux versions aussi insoutenables l'une que l'autre : ou leur mère les a abandonnés de son plein gré pour vivre une autre vie ailleurs, ou leur père est un assassin. Comment choisir ?

Suzy n'était pas la maman parfaite. Souvent, Clémence pleurait le soir quand elle partait jouer aux cartes. Son père alors la consolait : « Calme-toi, elle va revenir... elle va revenir... » Mais Suzy était à sa façon très proche de ses trois petits. C'était une maman aimante,

attentionnée. Ceux qui l'ont connue ne peuvent pas imaginer qu'elle soit partie sans leur envoyer un petit signe au cours de ces longues années, une carte pour leur anniversaire ou pour Noël...
Jacques Viguier confiait quelques jours avant son passage en cour d'assises :
« Je ne comprends pas comment on en arrive là, au procès. J'ai longtemps pensé qu'il y aurait un non-lieu. Il n'y a rien dans le dossier. Pas de mobile, nous vivions depuis longtemps côte à côte dans la même maison. Pas de preuve proprement dite. C'est impossible que je sois condamné sur aussi peu de choses. Si on essaye d'être objectif, je devrais être acquitté. »

Sa confiance va être mise à rude épreuve pendant les dix jours du procès, qui s'ouvre le 20 avril 2009. Quinze à vingt ans de réclusion sont requis par l'avocat général.
« Je pense que c'est toi ! Quand je pense que tu te fais accuser de meurtre et que tu ne réagis même pas, c'est affligeant ! » lance Olivier Durandet à un Jacques Viguier imperturbable dans son costume sombre et sa chemise bleue au col négligemment ouvert, assis sur le banc des accusés. La réponse est cinglante :
« Tu tiens des propos insoutenables, je savais que tu étais un individu médiocre, mais je ne savais pas que tu étais sournois et menteur ! »
Les enfants du couple soutiennent indéfectiblement leur père. La jeune Clémence est bouleversante quand, d'une voix à peine audible, elle s'étonne qu'une troisième piste n'ait pas été explorée par la police.
La mère de Suzy défend elle aussi son gendre bec et ongles. L'étalage assez indécent des griefs qu'elle cultive encore à l'encontre de sa propre fille disparue depuis neuf ans met mal à l'aise l'auditoire.
Une famille déchirée, car les deux sœurs de Suzy, défendues par Me Spizner, sont convaincues de la culpabilité de leur beau-frère et attendent la vérité pour rétablir la mémoire de la disparue, « qui a été injustement salie dans cette histoire ».
Des pour, des contre, unis dans un même espoir : savoir ce qui s'est passé. Espérance déçue au fil des réflexions féroces que s'échangent les avocats.

Des larmes et des embrassades accueillent l'annonce de l'acquittement, le 30 avril. Des inquiétudes et des attentes surgissent quand, le 4 mai, le procureur général de la cour d'appel de la Haute-Garonne interjette appel du verdict.

Le nouveau procès s'ouvre le 20 mars de l'année suivante à Albi. Rien n'a vraiment changé. Les enfants, devenus adultes, entourent tendrement leur père et le protègent, tant il apparaît fatigué, voire absent. « On se dit souvent entre nous qu'on se défendrait mieux que lui ! » regrette Clémence, ajoutant : « S'il était aussi mauvais que le disent ses accusateurs, on ne serait pas là avec mes frères à aller aussi bien. »
Nicolas s'adresse ouvertement aux policiers :
« Si la même énergie qui a été employée par les enquêteurs à faire de lui un coupable avait été déployée pour retrouver ma mère, on n'en serait pas là aujourd'hui ! »
Des mots qui émeuvent, des attitudes qui bouleversent. À chaque occasion, les trois enfants se câlinent. À chaque suspension de séance, ils embrassent leur père, le supplient de mieux se défendre. « On le booste, confie Nicolas, mais rien n'y fait ! »
La complicité de ces enfants meurtris avec leur père est attendrissante, et quand on voit Nicolas s'asseoir affectueusement sur ses genoux ou Guillaume prendre place sur le banc de la défense à ses côtés, on imagine mal que cet homme-là risque une quinzaine d'années de prison. Clémence, Guillaume et Nicolas sont les meilleurs atouts des avocats de la défense. Pour ce second procès, Jacques Viguier a choisi l'imposant Me Dupond-Moretti, surnommé « Acquittator » par la profession, et Me Lévi.
On retiendra de ce procès devant les Assises du Tarn les sanglots de la baby-sitter qui, bousculée par Me Dupond-Moretti, le ténor de Lille, avoue être allée avec Olivier Durandet dans la maison des Viguier le lendemain de la disparition de Suzy. Cet aveu fait l'effet d'une bombe dans le prétoire, surtout quand la jeune fille ajoute que Durandet lui avait interdit d'en avertir la police. Dix ans qu'elle ment par omission. Dix ans que l'amant joue les victimes, alors qu'on le découvre dissimulateur, voire manipulateur habile, comme l'accusera d'une voix tonitruante l'avocat lillois :
« Vous avez manipulé toute la police toulousaine. Moi, je ne le serai pas ! »
Et on reparle dans les joutes oratoires du mystère du sac. Et si Olivier l'avait caché, puis remis à sa place ? Il aurait pu aussi dissimuler des indices. Ses protestations n'y changeront rien. L'amant, suspecté de subordination de témoin, est placé en garde à vue. Pendant plusieurs heures, il expliquera à la barre son comportement, souvent en contradiction avec ses premières déclarations, mais sans jamais se démonter. Avec des trémolos dans la voix, il s'adresse au président :

Chronologie

- 27 février 2000 : disparition de Suzanne Viguier.

- 1er mars : Jacques Viguier, son mari, signale officiellement sa disparition aux services de police.

- 1er mars : dans l'après-midi, l'amant de Suzanne, Olivier Durandet, se présente spontanément au commissariat.

- 8 mars : Jacques Viguier est entendu par la Sûreté urbaine, qui transfère le dossier à la police judiciaire.

- 10 mai : le mari est placé en garde à vue.

- 11 mai : le juge décide d'une mesure de détention provisoire à l'encontre de Jacques Viguier.

- 15 février 2001 : Jacques Viguier est remis en liberté après neuf mois de détention.

- 20 avril 2009 : ouverture du procès devant les Assises de la Haute-Garonne.

- 30 avril : Jacques Viguier est acquitté.

- 4 mai : le procureur général de la cour d'appel de la Haute-Garonne interjette appel du verdict.

- 2 mars 2010 : ouverture du procès en appel devant la cour d'assises du Tarn.

- 20 mars : Jacques Viguier est acquitté. Suzanne Viguier n'est jamais réapparue à son domicile, et son corps n'a pas été retrouvé à ce jour.

« Je sais qu'aujourd'hui est le dernier jour de ma vie où je peux faire quelque chose pour elle. »
« Elle », Suzy, qui est au cœur de toutes les pensées, au centre des débats, « elle » dont on ne sait toujours pas ce qu'elle est devenue… On retiendra aussi de ce procès en appel les phrases percutantes de Me Dupond-Moretti, qui explique pourquoi son travail d'avocat est cette fois-ci particulièrement difficile :
« Parce que je suis la dernière voix d'un homme qui a perdu la sienne. Parce que je dois me battre contre l'imagination, contre les suppositions auxquelles le réquisitoire de l'avocat général vous a invités. En réalité, ce dossier est devenu un concours Lépine de l'hypothèse… »

Au bénéfice du doute

En moins d'une heure, ce ténor du barreau au physique de bûcheron essaye de convaincre les jurés de l'absence de preuves, de l'omniprésence préjudiciable dans l'enquête policière d'Olivier Durandet et des doutes qui se sont installés depuis que le mensonge et les approximations de l'amant ont été mis au jour :

« Pourquoi ne pas envisager l'hypothèse de la disparition ? Le terrain du doute me convient… »

L'avocat promène intensément son regard sur chacun des douze jurés et termine :

« J'ai besoin de six hommes en colère, de douze, de quinze. Demain, le 21 mars, c'est la Sainte-Clémence. »

Cette dernière note sentimentale touche l'auditoire, tout comme la supplique de l'accusé, à qui le président a donné la parole avant la délibération :

« Je viens de vivre dix ans de chemin de croix. J'espère que les débats vous ont prouvé mon innocence. Faites que mon univers ne s'effondre pas. Je vous supplie de me rendre ma dignité d'homme pour les enfants et pour Suzy. »

L'histoire rocambolesque de cette femme qui disparaît de sa maison fermée à clé de l'intérieur, sans affaires personnelles, sans voiture et en laissant ses enfants chéris, est devenue depuis plus de dix ans l'« affaire Viguier ». Pas de corps, pas d'arme du crime, pas d'assassin, et pourtant il faudra six heures et demie de délibération pour que le doute triomphe de la suspicion.

« Ce n'est pas une victoire de la défense, c'est une victoire de la justice ! » conclut Me Dupond-Moretti, tandis que Jacques Viguier, sorti enfin de son apathie, serre ses enfants dans ses bras en demandant aux médias « qu'on [le] laisse en paix ».

Affaire Christian Poucet, Baillargues, 29 janvier 2001

Militantisme sous fond d'arnaque

À 9 H 30, UN HOMME ÉLÉGANT AUX TEMPES ARGENTÉES gare sa magnifique Corvette au pied d'un immeuble blanc, au bord de la nationale 113 à Baillargues. Quelques minutes plus tard, une BMW noire s'arrête à proximité. Deux individus encagoulés en sortent, grimpent au premier étage et font irruption dans le bureau où l'homme à la Corvette téléphone. Le temps de crier, et c'est fini pour lui. Il s'écroule, criblé de balles de gros calibre. Sa main crispée serre encore les clés de la voiture. Il est mort sur le coup. Au bout du fil, à quelques centaines de kilomètres de là, un autre s'étonne, s'inquiète et donne l'alerte.

Synopsis classique d'un film noir, sauf que l'homme assassiné en plein jour dans la banlieue de Montpellier n'est pas un acteur, même s'il a un physique de séducteur et un regard d'acier redoutable.

Naissance d'un leader syndical

Christian Poucet est président d'un très controversé syndicat, la Confédération de défense des commerçants et artisans européens (CDCAE). Son militantisme naît dans les années 1970, alors que son père subit un contrôle fiscal pour sa boutique de chaussures à La Grande-Motte. Le contrôle n'est pas méchant, mais, exaspéré par les soucis administratifs et, surtout, rongé par un cancer, le père décède. Le fils, qui vit cette mort comme une injustice, part en guerre contre tous les « empêcheurs de tourner en rond » qui empoisonnent la vie des honnêtes commerçants et artisans. Dès 1984, il devient responsable du Comité de défense des artisans et commerçants (CDAC) Hérault, petite structure héritière du poujadisme des années 1950. En 1985, il est élu secrétaire national du Comité de

Christian Poucet était un communicant hors pair qui galvanisait les foules à chaque meeting.

défense des commerçants et artisans (CDCA), né de la fusion du CDAC Hérault et du CDAC Bretagne. Les actions musclées se multiplient. Christian Poucet exhorte ses adhérents à ne plus payer les cotisations vieillesse, jugées excessives, et se bat contre la monopolisation de la Sécurité sociale, arguant du fait que sa position dominante est contraire aux règles de la libre concurrence posées par le traité européen. Il est aidé dans sa campagne par un ami avignonnais, Philippe Wargnier, assureur privé bien sûr, qui mourra de façon énigmatique quelques mois avant lui. Son avion bimoteur s'écrasera juste après le décollage. Bizarrement, le réservoir sera vide. Difficile de croire à une négligence pour qui connaît le souci du détail et la prudence de Wargnier.

Les déclarations énergiques du leader qui ose dire tout haut ce que beaucoup pensent tout bas galvanisent les foules. L'homme est un communicant hors pair. Il parle avec des mots simples. L'auditoire est électrisé par son charisme. Sa notoriété est à son apogée quand il crée la Confédération de défense des commerçants et artisans européens (CDCAE), dont il devient le président. Dans son organisation, rien n'est laissé au hasard, tout est contrôlé de façon pyramidale. Sa vision de la participation de chacun est pour le moins originale. Déjà, en 1995, invité à *Envoyé spécial*, l'émission phare de la deuxième chaîne, il s'explique :

« Je ne suis pas démocrate dans le sens de la démocratie d'aujourd'hui. Nous nous sommes aperçus que, dans tous les mouvements syndicaux où il y a vote à la base, il y a des infiltrations. Les idées d'origine pourraient être reprises par des gens qui désirent détruire notre mouvement. »

Questionné au cours de l'émission sur son train de vie qui fait grincer quelques dents, il reconnaît qu'il utilise plusieurs fois par semaine un avion loué par le CDCA et piloté par un ami :

« Je m'occupe du syndicat, mais aussi de plusieurs autres sociétés, il faut que je supervise tout. »

Du syndicalisme à l'escroquerie

Le président de la CDCAE est au centre d'une nébuleuse de sociétés internationales difficilement identifiables et situées dans divers paradis fiscaux. À sa mort, le juge d'instruction déclarera à la presse :

« J'ai actuellement sur mon bureau un dossier concernant les circuits de financement du CDCA qui fait plusieurs dizaines de tomes. Cette affaire est immensément complexe : pour la comprendre, il faut faire un vrai travail d'immersion. C'est le dossier le plus ancien de mon cabinet : ouvert en 1996, il est aujourd'hui en fin d'instruction. J'ai eu de très nombreux contacts avec Christian Poucet, qui était convoqué régulièrement dans mon cabinet. Il a été défendu par un avocat lui-même mis en examen pour complicité dans ce dossier. »

Poucet écope d'une première condamnation en 1994 : une harangue musclée à Périgueux lui vaut un an de prison avec sursis.

« Nous ne sommes pas des gens à nous laisser faire et, à chaque coup porté contre nous, nous riposterons. Nous irons jusqu'aux familles de ceux qui veulent nous agresser [...]. Je m'adresse particulièrement aux huissiers de justice [...], aux directeurs et aux présidents de caisses, aux députés de cette région, au préfet en personne qui a essayé de nous rouler. Qu'ils sachent que ce n'est pas aux immeubles que je vais m'en prendre mais à leur personne. »

En 1996, l'homme est inculpé sous les chefs « d'escroquerie, d'abus de confiance, de faux et usage de faux et d'infraction au code des assurances », et c'est au cours de l'instruction qu'il menace le juge : « Mes hommes lui feront la peau. »

Invité à *Envoyé spécial*, le leader syndical des artisans et petits commerçants reconnaît qu'il utilise fréquemment un avion loué par le CDCA.

Ces propos lui valent deux ans de prison ferme. Malgré l'interdiction du préfet, les militants manifestent dans les rues de Montpellier. Un millier de CRS essayent de canaliser ceux qui sont venus pour défendre leur chef.

Sans diplôme, avec sa seule expérience de petit commerçant, cet homme charismatique est devenu en quelques années un redoutable leader syndicaliste, le roi des paradis fiscaux, un spécialiste de la délocalisation d'entreprises, aidant ses adhérents désireux de s'établir à l'étranger à échapper "aux charges qui depuis vingt ans les asphyxient, aux régimes de retraite et d'assurance monopolistiques, au racket social".

Ces délocalisations sont managées via une officine, le Centre de délocalisation et de conseil international, avec l'aide de Jean-Michel Boucheron. Rencontré dans les couloirs de la Santé, cet ex-secrétaire d'État chargé des Collectivités locales et ex-maire d'Angoulême était inculpé pour abus de biens sociaux et ingérence... Que du beau monde !

Les brigades financières s'intéressent sérieusement à toutes ces boîtes aux lettres qui fleurissent à Madère ou à Dublin, et les policiers tremblent à chacune des manifestations que Poucet organise, des rassemblements imposants et souvent houleux.

Pourtant, après sa condamnation en 1996, des milliers de petits commerçants et artisans dont les cotisations se sont perdues dans des sociétés « offshore » à la gestion peu orthodoxe commencent à quitter le navire.

L'homme des médias

Homme d'affaires, mais aussi homme sulfureux, Poucet ne cache pas ses attachements avec l'extrême droite, roule dans des voitures de sport incroyables, joue et perd beaucoup d'argent dans les casinos de l'Hérault et d'ailleurs. C'est un tombeur, un flambeur, un passionné d'armes, de chiens, de tout ce que la vie offre dans le catalogue du

Christian Poucet dans les bureaux du CDCA à Montpellier.

luxe. Frondeur, il n'hésite pas à se présenter aux présidentielles de 1995. Il lui manquera quelque cent vingt signatures pour finaliser son projet.

Les chaînes de télévision le courtisent et l'invitent en *prime time*, mais ne lui font pas de cadeaux ! Il est l'invité de Philippe Bouvard à *L'Homme du jour* et sur le plateau de Votre cas nous intéresse. On le retrouve sur France 2 dans *Envoyé spécial* et *30 minutes magazine.* Cette émission est diffusée durant son incarcération, avec une rediffusion d'*Envoyé spécial.* Christian Poucet s'insurge alors contre le « mensonge médiatique » et s'explique en droit de réponse dans *Le Quotidien.* Invité par Christophe Dechavanne au magazine *Comme un lundi* sur TF1, il portera plainte en diffamation contre l'animateur vedette, dont il n'a pas du tout apprécié les propos aigres-doux :

« Nous étions dans un guet-apens... On ne m'a pas laissé parler... »

Le sujet polémique – « Les fonctionnaires sont-ils privilégiés ? » – a permis de mettre en scène une émission de « catch à l'américaine » dont le secrétaire du CDCA estime avoir fait les frais. Suite à cette émission, il est convié par Julien Courbet à *Sans aucun doute.*

Ses déclarations, loin d'être politiquement correctes, dérangent ou enthousiasment, mais garantissent une bonne audience dans ces années où la langue de bois est trop souvent la seule ayant droit de cité.

Toutefois, son côté clinquant lui attire des inimitiés au sein même du comité, d'autant plus que les caisses sont vides. Ses discours radicaux effraient les adhérents. Le syndicat est en perte de vitesse. Dès 1995, certains responsables partent en claquant la porte ; d'autres rêvent d'être calife à la place du calife. Pourtant, en janvier 1997, presque six mille manifestants lui témoignent leur soutien et exigent sa libération, alors qu'il est en prison depuis deux mois à peine. Il en sortira en décembre, en liberté conditionnelle, après une grève de la faim commencée en avril. Il est alors accusé de détournement de fonds par les dirigeants du CDCA national. La scission interne est inévitable. Mais la lutte continue, et, en 1998, il appelle encore au boycott des cotisations URSSAF.

Toujours sous les feux de la rampe, Christian Poucet est interrogé en 2000 sur l'affaire Godard[1], qui passionne la France. En septembre 1999, le docteur Yves Godard a disparu sur un voilier avec ses enfants. On le soupçonne d'avoir assassiné sa femme. Quel rapport avec Poucet ? Godard est un ancien adhérent du CDCA, et il aurait ouvert un compte à Madère. Le docteur ruiné par les combines de Poucet était-il devenu un témoin trop gênant ?

S'il faut en liquider un...

Toujours en 2000, son dernier discours à l'assemblée générale du Languedoc-Roussillon, réunie à Béziers au mois d'octobre, est une véritable déclaration de guerre :

« [...] On a beaucoup dit sur le CDCA. Ce que je remarque aujourd'hui, c'est que la violence ne fait qu'augmenter dans les actes quotidiens. Ce n'est que parce que les salariés ont déversé des produits toxiques dans des rivières qu'ils ont obtenu gain de cause. Ce n'est que parce que les routiers ont bloqué la France et pris le pays en otage qu'ils ont obtenu des menues concessions économiques. Ce n'est que parce qu'il y a eu des bombinettes et même l'assassinat d'un préfet que les Corses sont aujourd'hui reçus au plus haut niveau et négocient leur amnistie. Si c'est ça, la démocratie dans laquelle nous vivons, alors on est d'accord, on va en prendre le chemin. S'il faut, pour être reçu à Matignon, en liquider un, y a pas de problèmes. »

Quelques jours avant sa mort, Poucet n'hésite pas, épaulé par quelques adhérents, à séquestrer un député gardois pendant plusieurs heures pour obtenir un rendez-vous avec le secrétaire d'État chargé du

[1] *Voir le chapitre intitulé « L'étrange jeu de piste du docteur Godard ».*

Commerce et de l'Artisanat. L'élu sera relâché cinq heures plus tard, quand la date de l'audience est fixée par l'intermédiaire du préfet. Une quinzaine de jours plus tard, Poucet est abattu en plein jour. « C'est un contrat », affirme un policier dès le début de l'enquête. À La Grande-Motte, plus de deux mille fidèles venus de la France entière rendent un dernier hommage au leader syndicaliste. Cet homme, mort à quarante-cinq ans comme un martyr, ne laisse pas indifférent, adulé autant que détesté. Maître à penser pour les uns, corrompu pour les autres, il laisse derrière lui des centaines de travailleurs indépendants complètement désorientés et inquiets pour leur avenir.

Une piste « à la sauce madère »

Les jours et les mois passent. L'enquête piétine. Les enquêteurs ne savent plus quelle piste privilégier, tant la victime avait une vie tumultueuse : dettes de jeux, affaires louches, vie personnelle agitée ? Un enquêteur confie :

« Il avait une vie très secrète, une vie avec des tiroirs fermés à clé, y compris pour ses plus proches. Il y a des périodes blanches dans son emploi du temps, des jours où personne ne savait ce qu'il faisait. »

À Rio de Janeiro, en janvier 2002, de surprenantes révélations relancent l'affaire. Un jeune Brésilien de vingt-huit ans affirme à la police fédérale avoir été témoin d'une transaction entre son employeur, une femme d'affaires de Madère, et un de ses proches, qu'elle aurait chargé de liquider Christian Poucet, devenu trop encombrant. Le contrat aurait été confié à un truand toulonnais moyennant 150 000 dollars. En fait, Poucet rencontrait très souvent cette femme à Madère. Il était même associé avec elle dans certaines sociétés. Fin 2000, une de ces réunions aurait tourné à l'orage, et la patronne aurait alors commandité le meurtre. Le témoignage est repris dans le *Diario de Noticias* avec force détails. L'argent aurait transité par un compte anonyme luxembourgeois, les tueurs auraient jeté armes et cagoules dans le canal, et le témoin aurait été prié de repartir au Brésil se mettre au vert. Beaucoup de verbes au conditionnel. Pourtant, les enquêteurs prennent très au sérieux cette piste, pour laquelle seule l'authenticité des rapports entre Christian Poucet et cette mystérieuse femme d'affaires peut être vérifiée. Or, la dame nie farouchement toute implication dans le crime, tout en confirmant qu'elle a eu des « relations tumultueuses » avec l'homme d'affaires français. Et le jeune homme délateur n'a jamais été retrouvé par la police française.

Chronologie

- **11 novembre 1956 : naissance de Christian Poucet en Espagne.**
- **1984 : Poucet devient responsable du CDAC Hérault.**
- **1985 : il est élu secrétaire national du CDCA.**
- **1992 : il crée la CDCAE, dont il devient le président.**
- **1994 : il annonce lors d'une manifestation à Toulouse sa candidature à la présidence de la République française. Il lui manquera une centaine de signatures pour finaliser son projet.**
- **1996 : Poucet est inculpé pour escroquerie, abus de confiance, faux et infraction au code des assurances. Il écope de deux ans de prison ferme.**
- **15 décembre 1997 : il est libéré et quitte la prison de la Santé à Paris.**
- **2000 : Poucet est interrogé sur l'affaire Godard.**
- **29 janvier 2001 : Christian Poucet est abattu en plein jour dans son bureau de Baillargues, dans l'Hérault.**

« Je veux connaître les assassins de mon père ! »

Depuis la piste brésilienne, aucun élément nouveau n'est venu éclairer le service régional de police judiciaire de Montpellier. La mort de Christian Poucet reste mystérieuse, comme le fut une partie de la vie de cet homme propulsé au premier rang par la force de ses convictions et son extraordinaire charisme. Sa fille, Alexandra, se rappelle :

« Je n'avais que seize ans, et papa était très secret. Toutefois, quand il est sorti de prison, il était très en colère. Il avait trouvé des papiers qui montraient que des choses en interne n'allaient pas, et il allait demander des comptes, mais on l'a éliminé avant... »

Elle ajoute avec détermination :

« Je veux connaître les assassins de mon père ! »

Voilà une douzaine d'années que la jeune femme s'applique à perpétuer la mémoire de son père à travers l'association qui porte le nom du disparu et un site Internet (http://poucetchristian.sitego.fr/).

L'avion du CDCA.
Le train de vie de son leader
faisait grincer des dents.

Affaire Patrice Baud, Nemours, 13 mai 2003

L'impossible deuil

UNE JOURNÉE S'ACHÈVE, ordinaire pour le docteur Baud, incroyablement chargée pour l'individu lambda qui se pencherait sur l'emploi du temps de ce neurologue réputé de Nemours (Seine-et-Marne), lequel livre quotidiennement une véritable course contre le temps.

Comme d'habitude, le matin du mardi 13 mai 2003, Patrice Baud conduit ses cinq enfants à l'école : Aurélien, Morgane, Wladimir, Allisson et la petite Éléonore ne sauraient se passer de ce moment privilégié avec leur papa, qui ne reviendra à la maison que bien après l'heure du coucher.

Le médecin se rend ensuite à son cabinet, au numéro 16 de la rue Hédelin. Sa femme, Nathalie, lui fait une visite surprise avant de se rendre au lycée où elle enseigne le français. Juste un petit bisou, comme ça, pour rien, pour tout, pour l'amour partagé. Ensuite viennent les consultations au centre hospitalier, où Patrice a bâti avec quelques précieux collègues l'unité de traitement de la douleur (UTD). Retour au cabinet. Les patients ont pris l'habitude d'attendre longuement leur tour, parfois dans leur voiture, jusqu'à tard le soir. Il faut bien répondre aux courriels professionnels, étudier des résultats d'analyses, déchiffrer des IRM, téléphoner à quelques collègues et finir de remplir la déclaration professionnelle pour les services fiscaux. Ce mardi, Patrice Baud éteint l'ordinateur à 23 h 20. Nathalie l'attend pour dîner, comme chaque soir. C'est leur moment à eux, une oasis de quiétude qui aide le médecin à affronter une vie entière consacrée à faire reculer la souffrance et à repousser l'impitoyable faucheuse.

À 23 h 30, Patrice Baud sort de l'immeuble. Il donne un dernier tour de clé à la porte. Deux coups de feu claquent dans la nuit. Il s'effondre.

Premiers témoignages

Cinq minutes avant le drame, un garçon qui sortait de chez sa fiancée a aperçu un homme « qui dégageait une grande violence » et regardait intensément la seule fenêtre éclairée de l'immeuble, celle du bureau du docteur.

Plus haut dans la rue, une femme et son fils ont entendu les déflagrations. Ils se précipitent à la fenêtre et voient le tireur qui s'en va, tranquille, un fusil sous le bras. Un autre témoin s'approche de la victime étendue au sol et recueille les mots qu'elle murmure :

« Veste marron… Je l'ai déjà vu… »

Les pompiers arrivent dans le quart d'heure suivant. « Qui a tiré ? » demande-t-on à Patrice. Il ne répond pas, s'inquiète de sa famille, donne des précisions sur sa douleur. Arrivé à l'hôpital, il livre lucidement son diagnostic :

« Je vais mourir, sinon je serai tétraplégique. »

À 1 h 50, c'est fini. Patrice Baud, brillant neurologue de quarante-six ans, est mort d'une hémorragie interne provoquée par le premier coup de feu, qui l'a atteint sous l'aisselle gauche. Nathalie arrive trop tard et, paniquée par la violence de la situation, repart très vite retrouver ses enfants laissés seuls à la maison, située à Grez-sur-Loing. Accablée, elle attendra le petit matin avec sa fille aînée pour annoncer la terrible nouvelle aux quatre autres.

Un petit crapaud…

L'enquête se révèle facile. L'homme au fusil n'est pas un professionnel. Il ne s'agit pas d'« un petit crapaud avec une cagoule qui tire une rafale de 20 et s'enfuit sur un scooter », déclare un enquêteur. Rien n'a été volé. Patrice Baud été tué avec un fusil de chasse de calibre 12 par un homme déterminé qu'il connaissait. « Je l'ai déjà vu… » a-t-il murmuré. Donc il s'agit d'un proche. C'est dans l'entourage du neurologue qu'on trouvera l'assassin. Déjà, les témoins ont décrit un homme trapu, de type européen, entre quarante et cinquante ans, environ un mètre soixante-dix, à la corpulence forte et au visage carré. Les cheveux sont bruns, disent certains ; blancs, affirme un autre. Toutefois, il faudra attendre un an pour qu'un portrait-robot soit publié dans la presse. Un an pendant lequel on exploite les pistes classiques.

Et si l'image du mari amoureux et du père aimant était artificielle ? Et si l'élégant Patrice avait une double vie ? Un mari jaloux ou un amant abandonné aurait pu lui en vouloir au point de le supprimer.

Ses messages personnels, le disque dur de son ordinateur et la mémoire de son téléphone portable sont épluchés consciencieusement. Les policiers en ont vu d'autres, des « maris parfaits », et les témoignages des proches de Patrice expliquant son manque de disponibilité dans un emploi du temps très serré, ajoutés aux affirmations de sa femme, laquelle venait fréquemment à l'improviste au cabinet sans jamais le trouver inquiet ou embarrassé, ne les détournent pas de la piste du crime passionnel. Toutefois, les enquêteurs doivent se rendre à l'évidence : Patrice Baud n'avait pas de double vie. Chou blanc ! Le médecin se rendait régulièrement à l'hôpital de Montargis. Deux jours par semaine, il travaillait à la fondation Rothschild, à Paris. Tout est contrôlé, minuté. En vain ! Il y a bien quelques courriels un peu ambigus envoyés par une infirmière, mais cette piste est très vite abandonnée. Il n'y a pas de faille dans la vie sentimentale de la victime.

Peut-être s'agit-il d'un crime de démence ? Les patients fragiles psychologiquement peuvent nourrir de la haine envers leur soignant. Patrice Baud aurait pu commettre une faute qu'on ne lui aurait pas pardonnée. Et son "je l'ai déjà vu" peut laisser entendre que le tueur l'avait consulté. Trois mille cinq cents malades sont répertoriés. Autant chercher une aiguille dans une botte de foin !

Des spécialistes épluchent alors les comptes de Baud. Aucune anomalie n'est décelée. Nathalie se rappelle les relations conflictuelles que son mari entretenait avec l'entrepreneur peu pressé chargé des travaux de réparation de la maison familiale après la tempête de 1999 : « Le chantier était sans cesse en retard. Mon mari avait arrêté de payer. Puis il y a eu des négociations pour régler la facture. » En 2006, le maçon se suicide, sans qu'on puisse établir une relation quelconque avec l'assassinat de Patrice Baud.
On fouille aussi dans la vie professionnelle du neurologue. Une possible fusion de l'hôpital de Nemours avec celui de Fontainebleau

a créé quelques tensions entre les médecins, mais personne ne peut imaginer que l'un d'eux ait pu éliminer le docteur Baud.
Le temps passe. En 2006, un nouveau capitaine est nommé chef de groupe au service régional de police judiciaire de Versailles. Il trouve le dossier Baud « qui meurt doucement sous la pile ». Il a quarante ans et une envie farouche de résoudre cette énigme qui n'a que trop duré. L'affaire est relancée.

On repart à zéro

Patrice Baud, neurologue âgé de quarante-six ans, était reconnu internationalement pour sa rigueur, sa ténacité et son brio. On le décrit comme un individu distingué, souriant, et un pianiste virtuose. Marié, amoureux de sa femme et père de cinq enfants. Une famille sans histoire qui passait ses vacances en Irlande pour se ressourcer en pleine nature. Cet homme-là, promis à un grand avenir, a donc été assassiné en pleine rue une nuit du mois de mai, le joli mois de mai 2003 qui a brisé la vie de toute une famille.
Le capitaine veut réussir là où ses prédécesseurs ont échoué :
« Beaucoup de pistes ont été ouvertes, mais aucune n'a été fermée. On a travaillé sans fil conducteur… Dans ces dossiers, il y a un problème de motivation et sans doute aussi une petite dose d'affectif. »
Dès le mois de juin, il organise un sondage de la Loing par des pompiers plongeurs, espérant retrouver l'arme du crime. Premier échec.
Le policier s'intéresse également à ce patient qui s'était énervé dans la salle d'attente de l'hôpital le matin du crime et qui s'était rendu au cabinet de la rue Hédelin l'après-midi. Agité, virulent, il avait quitté le cabinet avant d'être introduit dans le bureau du médecin. Son nom ne figurant pas dans la liste des rendez-vous, on ne retrouvera jamais sa trace. Pourtant, sa silhouette était assez proche de celle du portrait-robot. Finalement, la piste du patient agressif est abandonnée.
Fin 2006, un courrier anonyme arrive sur le bureau du capitaine : « Affaire du docteur Baud, commanditaire connu du service UTD de Nemours. Insupportable. » Cette lettre voulant orienter les recherches sur une rivalité professionnelle au sein de l'UTD n'est pas très crédible. Des analyses ADN sont réalisées. Elles ne donneront aucun résultat, et le « corbeau » ne se manifestera plus.
Le 20 octobre 2009, coup de théâtre ! Un Nemourien se présente au quai des Orfèvres, à Paris, et déclare, manifestement ivre :
« J'ai tué un médecin à Nemours ! »

Chronologie

- 13 mai 2003 : tard dans la soirée, Patrice Baud, neurologue réputé et père de cinq enfants, est assassiné en pleine rue alors qu'il quitte son cabinet.

- 20 octobre 2009 : un homme s'accuse du meurtre. Il s'agit d'une fausse piste.

L'espoir de tenir enfin le coupable renaît. L'homme était soigné en psychiatrie à l'hôpital au moment des faits. L'analyse de son téléphone portable atteste sa présence dans la rue Hédelin le soir du crime. Trop facile, pourtant, ces aveux six ans après. En fait, l'homme était convoqué au tribunal le même jour pour un délit mineur et, ne voulant pas se présenter alors qu'il se savait éméché, il est allé s'accuser d'un crime bien plus grave pour gagner du temps. De plus, il ne ressemble pas du tout au portrait dressé par les premiers témoins. Il est donc rapidement mis hors de cause. Encore une piste qui mène à une impasse. Et pendant tout ce temps, Nathalie Baud cherche…

« Je l'ai vu, je l'ai vu… »

Nathalie ne supporte plus que l'enquête piétine. Elle vit dans la peur d'un classement de l'affaire et décide de relire tout le dossier d'instruction. Le travail est colossal, mais elle est persuadée que le coupable se cache quelque part dans ces sept mille pages, ces mille sept cents procès-verbaux d'audition. L'homme au fusil est tapi là entre deux lignes, et elle est bien décidée à l'extirper de son anonymat. Pendant des jours et des jours, elle relit inlassablement les pièces de procédure, persuadée qu'il suffirait d'un déclic ou d'une image arrachée au plus profond de ses souvenirs pour relancer l'enquête. Interrogée par *Le Parisien*, elle explique :

« Je me suis souvenue d'un fait étrange survenu fin avril 2003, quelques jours avant l'assassinat. J'étais à une brocante avec mon mari à Grez-sur-Loing. Soudain, Patrice a pâli. Il venait d'apercevoir un de ses patients, normalement invalide à quatre-vingts pour cent, qui déambulait sans béquilles à quelques mètres de nous, tout sourire. Il avait décidé de le convoquer à l'unité de traitement de la douleur, qu'il dirigeait au centre hospitalier de Nemours, le 15 mai, afin de tirer au clair cette situation. Cet homme avait donc de bonnes raisons pour en vouloir à Patrice. Cela aurait mis en péril les 730 euros d'indemnités qu'il touchait tous les mois au titre de sa soi-disant (*sic*) invalidité. Pire, si sa combine était découverte, la Sécurité sociale lui aurait demandé de rembourser les sommes versées depuis des années. »

Une enquête est menée. La police écarte l'affabulateur de la liste des suspects. La déception est immense. Alors, Nathalie continue, fouillant tous les recoins de sa mémoire avec l'espérance folle d'un autre déclic, car l'assassin n'est pas loin, son mari l'a désigné :

« Veste marron… Je l'ai déjà vu… »

En Seine-et-Marne, l'affaire Patrice Baud a rejoint celle des "fiancés de Fontainebleau" dans la triste série des crimes mystérieux. Une vingtaine de kilomètres et quinze années séparent ces deux dramatiques faits divers, et les familles des victimes espèrent toujours pouvoir faire un jour leur deuil...

Affaire Géraldine Giraud et Katia Lherbier,
Villeneuve-sur-Yonne, 1er novembre 2004

Tragique destin pour un coup de foudre

DEPUIS DEUX JOURS, les policiers, aidés par une cinquantaine de gendarmes, fouillent les moindres recoins de la propriété où habite Jean-Pierre Treiber à Villeneuve-sur-Yonne. Le 9 décembre 2004, vers 17 heures, la macabre découverte d'un premier corps dénudé, suivi d'un second, sous des pierres dans un puisard met tragiquement fin aux recherches.

Une si belle histoire d'amour

En visite chez Marie-Christine, sa tante, Géraldine aperçoit Katia à travers les carreaux de la fenêtre. Leurs regards se croisent, s'accrochent, chacune s'imprégnant de l'image de l'autre, et ne se quitteront plus, unis jusqu'à l'insoutenable, la dramatique rencontre avec leur implacable destin. Géraldine a appris que cette jeune femme était locataire chez Marie-Christine, et, depuis, elle attend avec impatience les présentations. Ce sera chose faite le 14 octobre 2004. Géraldine la séductrice est sous le charme de Katia, un brin garçon manqué. Toutes deux sont insolemment belles, séduisantes, pareillement délurées et gourmandes de la vie.
On les rencontre à Sens, où elles provoquent un mini-scandale au restaurant *Le Sénon*, avant de se faire gentiment raccompagner à la porte. Elles sont amoureuses comme jamais, s'embrassent à pleine bouche, se bécotent et rient comme deux gamines éméchées sous

Katia Lherbier était une jeune femme à la gaieté communicative, passionnée par son emploi d'éducatrice dans une association d'aide aux immigrés.

le regard hostile des clients « honnêtes ». Les voilà à Paris. Elles ne se séparent plus et se promettent de passer quelques jours tranquilles fin octobre dans la propriété des parents de Géraldine située à La Postolle, dans l'Yonne.

Impertinente jusqu'à l'excès, Géraldine Gassler – son nom de scène –, trente-six ans, est spécialisée dans les doublages de films, qui lui permettent de vivre confortablement. C'est une enfant de la balle, fille unique des comédiens Roland Giraud et Maaike Jansen. Katia Lherbier, trente-deux ans, est une marrante. Sa gaieté est communicative, et son emploi d'éducatrice dans une association d'aide aux immigrés la passionne, malgré la précarité de celui-ci. Chacune est subjuguée par l'autre. Elles vivent intensément leur coup de foudre, chaque minute passée ensemble est savourée avec délice.

Perdues de vue

Le 31 octobre 2004, comme chaque dimanche soir, Géraldine téléphone à son père, juste pour lui dire que tout va bien à La Postolle, juste pour échanger avec lui quelques consignes d'intendance avant le retour, prévu pour le lendemain, jour de la Toussaint. Le même jour, Katia appelle son confident et ami, Michel. Elle veut partager avec lui son bonheur d'avoir enfin rencontré son autre elle, son amour, son tout.

Il est 20 heures, le 1er novembre, quand Géraldine et Katia décident de rentrer. Après avoir fermé les volets de la maison familiale, elles montent en voiture, direction Paris. Quelques minutes après le départ, le téléphone portable de Géraldine sonne. C'est Frédérique, une amie. La liaison est mauvaise ; la conversation, inaudible. Cet échange dérisoire sera le dernier. Plus personne ne verra ou n'entendra les deux jeunes femmes.

Le lendemain de la Toussaint, Katia ne se présente pas à son travail. Cette absence non signalée ne lui ressemble pas. Le fait qu'elle ne réponde pas à son téléphone portable non plus.

Toutes les éventualités sont envisagées : fugue amoureuse ? Accident de la route ? Enlèvement ? Ces pistes sont rapidement abandonnées : aucune des deux jeunes femmes n'a le caractère à disparaître sans prévenir ses amis et sa famille, aucun accident n'a été signalé par les gendarmes, et aucune rançon n'est demandée à Roland Giraud, l'un des acteurs français les plus populaires. Les étangs et les rivières sont méticuleusement sondés. En vain !

L'inquiétude laisse place à la peur dans l'entourage des deux amantes. Pourtant, un espoir renaît quand on apprend que, à 21 h 52 le 1er novembre, la carte bleue de Géraldine a été utilisée pour un retrait au distributeur du Crédit mutuel de Villeneuve-sur-Yonne…

« Ma fille est morte »…

La vidéo enregistrée par la caméra de surveillance de l'agence bancaire est visionnée. L'image est très floue, il n'est pas possible d'identifier la personne qui effectue un retrait au distributeur à 21 h 52. Il s'agit certainement d'une femme. Peut-être Géraldine ?
L'attente est une épreuve cruelle, épuisante nerveusement pour les familles. Une petite étincelle d'espoir naît chaque matin, pour s'éteindre douloureusement chaque soir.

Les cartes bancaires des deux jeunes femmes continuent à être utilisées dans la région, pour des retraits de petites sommes. Le 17 novembre, la carte de Géraldine sert au paiement de diverses courses dans un supermarché de Seine-et-Marne : sont achetés des couches pour bébé, quelques vêtements, de la nourriture, un peu d'alcool…
Difficile, avec si peu d'éléments, de se faire une idée du client. Sauf que la caissière, dotée d'une bonne mémoire visuelle, se rappelle un homme plutôt grand, d'une quarantaine d'années, au crâne dégarni, et le reconnaît sur la bande de la caméra de surveillance. L'individu est inconnu des services de police.

Prémonition ? Sombre pressentiment ? Quand Roland Giraud découvre le visage de cet homme qui se sert depuis plus de quinze jours de la carte bancaire de sa fille, il murmure aux policiers : "Ma fille est morte."

La traque

On ne sait rien alors de cet individu, que personne ne semble connaître. Le lendemain, nouveau retrait, cette fois dans une station-service. La bande de la caméra de surveillance révèle le même visage que celui vu la veille sur la bande du supermarché et, coup de chance, une partie de la plaque minéralogique d'une Peugeot 205 claire : « 77. » Le filet se resserre, les fichiers sont soigneusement épluchés. La 205 claire finit par dénoncer son propriétaire : Jean-Pierre Treiber. Il suffit alors d'une filature pour intercepter le suspect, le 23 novembre. L'homme est étonnamment calme. Il ne réagit pas quand on trouve dans son portefeuille les cartes bancaires de Katia et de Géraldine. « Je vous expliquerai pourquoi », assure-t-il. Mis en examen pour « enlèvements, séquestrations, vols et escroqueries », il affirme que les deux jeunes femmes lui ont confié les cartes et les codes de leur plein gré et que, lors du premier retrait, l'une d'elles l'accompagnait.

Grâce à la lucidité d'un journaliste d'investigation, on visionne de nouveau la première bande, celle du 1er novembre. Dans la nuit du 31 octobre au 1er novembre, la France avait dû retarder pendules et montres de soixante minutes. Or, l'horloge du système de surveillance n'avait été mise à jour qu'à la reprise du travail, le mardi. De ce fait, en regardant les images enregistrées aux alentours de 21 h 52, on ne pouvait voir la personne qui avait utilisé la carte de Géraldine ! En remontant la bande, on découvre Treiber devant le distributeur, et seul, contrairement à ce qu'il avait déclaré.

L'homme des bois

Mais qui est vraiment Jean-Pierre Treiber ? On parle d'un homme des bois, ouvrier agricole rustre, un brin sauvage. Son ex-femme, Marie-Pascale, fait un tout autre portrait de lui. Elle le décrit comme un individu intelligent, avec beaucoup de connaissances, mais particulièrement dur, un mec qui ne craque pas, un type dont personne n'a trouvé la faille qui donne au dernier des salauds une étincelle d'humanité. Treiber « a une incapacité à s'excuser, à demander pardon ». La suite donne raison à Marie-Pascale. Si Treiber est effectivement un taiseux, il est loin d'être une brute épaisse sans faculté de jugement. Sans être un modèle d'honnêteté, Jean-Pierre Treiber mène une vie tranquille jusqu'en 2003, date de l'éclatement de son couple. Il s'acoquine alors avec un voisin qui mène grand train. Cet homme, prénommé François, roule dans de grosses cylindrées, est toujours entouré de belles femmes, et chez lui le champagne coule à flots. Son casier judiciaire est bien chargé, mais Treiber n'est pas regardant et accepte vite de faire tourner le business quand François se retrouve derrière les barreaux.

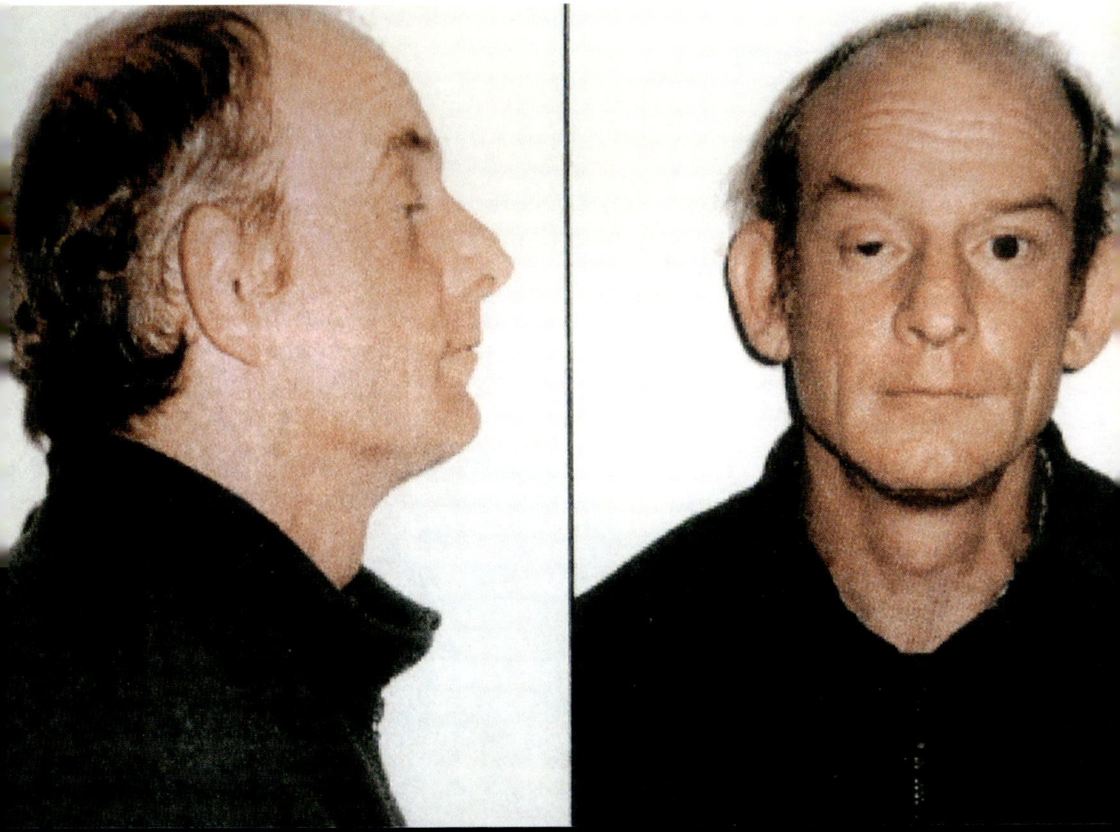

Quand Roland Giraud découvre le visage de Jean-Pierre Treiber enregistré par une caméra de surveillance, il murmure aux policiers : "Ma fille est morte."

Les enquêteurs, face aux cris d'innocence du suspect, s'attarderont sur les nouvelles fréquentations de celui-ci dans le banditisme. En vain, car Treiber nie tout !
L'enquête piétine jusqu'au 9 décembre, presque six semaines après la disparition des deux jeunes femmes.

Fin de l'espérance

Ce jour-là, la maison est fouillée de fond en comble pour la quatrième fois. La veille, les téléphones portables des filles ont été retrouvés. L'extérieur de l'habitation est également passé au peigne

fin, et c'est dans un puisard que les derniers espoirs de retrouver Géraldine et Katia vivantes s'éteignent. Il suffit à un gendarme de soulever quelques pierres pour apercevoir un bout de tissu orange, puis une forme humaine. Treiber assiste à la terrible scène sans afficher la moindre émotion. Il s'exclame, à la surprise des policiers : « Putain ! L'enculé, il les a tuées ! »
Il faudra deux longues heures pour libérer le second corps, coincé sous quatre cents kilos de pierres. Les jeunes femmes sont nues, et leur identité ne fait aucun doute.
Selon les premières constatations, les corps des deux amantes ne présentent pas de traces de coups, ni de strangulation. Les yeux et les bouches sont scotchés avec du ruban de déménageur. Dérisoire consolation pour les familles et les amis : les victimes n'ont subi aucune violence sexuelle.

Les analyses des viscères qui suivront permettront de conclure à un empoisonnement dû à l'inhalation d'un gaz très toxique, la chloropicrine, qui est interdite de vente en France depuis 1989 et qu'on utilisait auparavant pour faire sortir de leurs terriers les animaux nuisibles. Treiber est chasseur, Treiber était garde forestier, Treiber a loué un tracto-pelle deux jours après la disparition des jeunes femmes, et Treiber continue de nier.

Devenu le suspect numéro un, il est mis en examen pour assassinat le jour même de l'enterrement de Géraldine, le 20 décembre 2004.
Restent les questions concernant le mobile, la relation entre les victimes et cet homme, que tout semble séparer, ainsi qu'une éventuelle complicité, puisque, si du ruban adhésif comparable à celui qui a servi à bâillonner les victimes a bien été retrouvé chez Treiber, les traces ADN relevées ne sont pas les siennes

Coup de théâtre chez les Giraud

Les enquêteurs s'intéressent naturellement à Marie-Christine, la tante de Géraldine, chez qui logeait Katia. On se souvient que c'est à son domicile que les deux jeunes femmes se sont rencontrées la première fois, pour ne plus se quitter. La personnalité de la tante retient particulièrement l'attention de la police. Surnommée « la Cantatrice », cette belle femme à la chevelure flamboyante donne des cours de chant, mais dépend financièrement de son beau-frère, Roland Giraud, qui l'aide à payer le bail de son habitation. Les relations familiales ne sont pas simples, et cette dépendance pécuniaire rajoute au mauvais climat. Marie-Christine avoue avoir eu une liaison avec son célèbre beau-frère, relation forcée d'après elle, histoire d'amour fugitive selon l'acteur, qui ne décolère pas devant de telles accusations. Dans sa poubelle, on retrouve une lettre dans laquelle elle exprime son désaccord complet concernant le coup de foudre entre sa nièce et sa locataire. Dépit amoureux ? Jalousie ? Vengeance ? Sa maison est fouillée. Dans la cave, on retrouve sur de vieux chiffons des traces de chloroforme, et on sait que la chloropicrine, en s'altérant, laisse des traces identiques à celles du chloroforme. De là à penser que...
Le 1er mars 2005, Marie-Christine est placée en garde à vue. Elle sera relâchée après trente et une heures d'un interrogatoire éprouvant.
Un témoignage capital va remettre la tante de Géraldine sur le devant de la scène, à la fin du mois de novembre 2005. La gérante d'un bistrot de Fontainebleau affirme l'avoir vue dans son établissement en compagnie de Treiber et d'une autre femme, Patricia, une amie du fameux François que Jean-Pierre aurait généreusement aidée grâce aux cartes bancaires des disparues ! Les trois démentent formellement, mais les deux femmes sont placées en détention provisoire pour complicité d'assassinat. Les policiers se demandent si Treiber, qui n'a pu agir seul, aurait empoisonné les deux victimes dans la cave de Marie-Christine. « Ont-elles été attendues par Treiber et ses éventuels complices, puis emmenées dans la cave, un endroit confiné parfaitement adapté à l'utilisation de la chloropicrine ? » « C'est un truc de fou ! » s'étonne l'avocate des Giraud.
Les deux suspectes resteront en prison pendant trois mois. L'examen minutieux de leurs emplois du temps respectifs témoignant de l'impossibilité de ce rendez-vous à trois à Fontainebleau, elles seront relâchées le 27 février 2006. Toutefois, la mise en examen pour « complicité d'assassinat » est maintenue. Les deux femmes bénéficieront le 13 octobre 2008 d'un non-lieu, faute de preuves suffisantes.

Le volumineux rapport de synthèse des enquêteurs désignant Marie-Christine comme la « probable commanditaire d'une séquestration punition qui aurait dégénérée » est abandonné.

L'impensable évasion

Jean-Pierre Treiber comparaîtra donc seul devant les Assises au printemps 2010. Il est en détention depuis quatre ans à la maison d'arrêt d'Auxerre quand se produit l'impensable...
L'homme est futé. C'est un chasseur, et il sait que seule la ruse lui permettra de sortir de sa condition de gibier face à une justice qui ne lui fera pas de cadeau. Il a un plan d'enfer. Le 8 septembre 2009 au matin, il informe son codétenu d'un rendez-vous avec le juge d'instruction, afin que celui-ci ne s'étonne pas de son absence. Le voilà dans l'atelier pour les travaux du matin. Il sait que les cartons de fournitures scolaires sont expédiés de la prison vers les entreprises destinataires... Il se cache alors dans l'un d'eux. L'élévateur soulève le colis et le charge dans le camion.

C'est gagné ! Il suffira à Treiber de s'extirper de l'inconfortable emballage puis de déchirer la bâche du camion pour réussir sa rocambolesque évasion.

Ce n'est que vers 19 heures que son absence est signalée. Cette évasion fait l'effet d'une bombe. Les familles des victimes sont atterrées par l'incroyable nouvelle. Le plan Milan est déclenché : une centaine de gendarmes, aidés par des policiers en moto et un hélicoptère, vont sillonner la région pendant des jours et des jours. Le suspect est aperçu aux quatre coins du pays, et toutes les pistes sont consciencieusement vérifiées. Le présumé coupable du double meurtre de Katia et de Géraldine va narguer toutes les polices de France pendant dix semaines, jusqu'à son arrestation à Melun le 20 novembre. Réfugié dans l'appartement de la fille d'un ami, Treiber ridiculisait régulièrement les autorités au moyen de lettres envoyées aux médias. La fin de sa cavale est un soulagement pour tout le monde :
« Au mois d'avril [2010], comme il était prévu, la cour d'assises de l'Yonne examinera l'affaire », se réjouit Me Francis Szpiner, l'avocat des parents de Géraldine.
Il n'en sera rien...

La dernière échappée

Rien n'aura été épargné aux proches des deux ravissantes jeunes femmes assassinées en novembre 2004. Que de souffrances depuis leur disparition ! Que de rebondissements au sein même d'une famille déchirée ! Que de doutes, qui subsistent à l'approche du procès, sur la seule culpabilité de Treiber !

Un ancien codétenu révèle les confidences que lui aurait fait le présumé coupable. Ce témoignage est-il fiable ? Nul ne le sait. Treiber aurait assuré à son compagnon de cellule « bien connaître Marie-Christine » ! Un supplément d'information est alors ordonné par le président de la cour d'assises de l'Yonne. On a appris que les traces d'ADN relevées sur le ruban adhésif ayant servi à bâillonner les victimes appartiennent en fait à un policier, « qui aurait pollué par erreur cette pièce à conviction avant de la mettre sous scellés ».

"J'en ai marre d'être pris pour un assassin et privé de ceux qui me sont chers. J.-P. ", écrit le prisonnier dans sa cellule de Fleury-Mérogis. Ce sont ses derniers mots. Le 20 février 2010, deux mois avant son procès, les matons le retrouvent pendu. C'est fini...

Roland Giraud s'avoue « furieux et effondré » :

« Ça ne me rendra pas ma fille. On a tout eu jusqu'au bout, et même le pire, puisque je ne sais même pas s'il y aura un procès. Je ne sais pas ce qu'il va se passer. Je ne pense qu'à ma fille et à son amie, bien sûr, que je ne connaissais pas, mais je pense à elles, et puis je trouve que c'est beaucoup, quoi, ce qui arrive, c'est beaucoup... »

Oui, c'est beaucoup pour les familles... Maître Szpiner confirme qu'il n'y aura pas de procès :

« Treiber par ce suicide a avoué, il s'est infligé une peine définitive que notre code pénal a abolie. C'est une fin qui évidemment, pour la famille de Roland Giraud, est frustrante, elle ne la souhaitait pas. Elle souhaitait un procès, des explications. Il y aura une immense frustration, il n'y aura pas de procès, certaines zones d'ombre du dossier ne seront jamais éclaircies, et puis en même temps c'est la fin de l'affaire, même si c'est une fin brutale, inattendue. »

Chronologie

- **1er novembre 2004 : Géraldine Giraud et son amie, Katia Lherbier, disparaissent.**
- **23 novembre : un suspect, Jean-Pierre Treiber, est interpellé.**
- **25 novembre : Treiber est mis en examen pour enlèvements, séquestrations, vols et escroqueries.**
- **9 décembre : les corps des deux jeunes femmes sont découverts dans un puisard situé dans le jardin de la maison de Treiber.**
- **20 décembre : Treiber est mis en examen pour assassinat.**
- **1er mars 2005 : la tante de Géraldine, Marie-Christine, est placée en garde à vue. Elle sera relâchée faute de preuves.**
- **27 février 2006 : Marie-Christine et Patricia, une amie de Treiber, sont relâchées après trois mois de détention provisoire.**
- **13 octobre 2008 : un non-lieu est prononcé concernant la tante de Géraldine.**
- **8 septembre 2009 : Jean-Pierre Treiber s'évade de la maison d'arrêt d'Auxerre.**
- **20 novembre : la police reprend le fugitif à Melun.**
- **20 février 2010 : Jean-Pierre Treiber se pend dans sa cellule de la prison de Fleury-Mérogis sans avoir avoué les deux meurtres.**

Plusieurs ouvrages sont parus depuis, défendant des positions différentes. Dans *L'Affaire Treiber*, le commandant Cunault, qui a dirigé l'enquête, accuse Marie-Christine d'avoir organisé une « expédition punitive » qui aurait mal tournée, soudoyant Treiber, « un pervers, une ordure barbare », pour faire peur à Katia, dont elle aurait été amoureuse… Pour Christophe Gautier et Stéphane Munka, deux journalistes qui ont suivi les cinq années d'enquête, le meurtre des deux jeunes femmes est le douloureux épilogue d'« un braquage minable qui a mal tourné », Treiber ne connaissant ni Katia ni Géraldine, qui ont eu le tort d'être au mauvais endroit au mauvais moment : *L'Affaire Giraud, une histoire de femmes*, développe cette hypothèse dans laquelle la tante de Géraldine n'aurait joué aucun rôle.
À chacun de se forger une intime conviction, sans avoir jamais l'espoir de connaître un jour la vérité…

Les derniers espoirs de retrouver Géraldine
et Katia vivantes s'éteignirent dans ce puisard,
situé dans le jardin de la maison
de Jean-Pierre Treiber.

Table des matières

Avant-propos 7

À qui profite le crime ?
Affaire Jean-Marie Leclair, Paris, 23 octobre 1764
Affaire Gérard de Nerval, Paris, 26 janvier 1855
Affaire Émile Zola, Paris, 29 septembre 1902
Affaire Armand Robin, Paris, 30 mars 1961 8

Sans aucun scrupule
Affaire Charles de Choiseul-Praslin, Paris, 18 août 1847 20

Une si belle menteuse
Affaire Marguerite Steinheil, Paris, 31 mai 1908
Cour d'assises de la Seine, 3-14 novembre 1909 28

Le crime était parfait !
Affaire Laetitia Toureaux, Paris, 16 mai 1937 40

Le côté obscur de la Résistance
Affaire Émile Buffon, Joué-du-Plain, 16 juin 1944
Affaire François Van Aerden, Lougé-sur-Maire, 1er septembre 1944 45

Les défis du Masque rouge
Aveyron, 1946-1947 52

L'Espalionnais à feu et à sang
Aveyron, 1946-1951 64

Au hasard de l'arsenic
Affaire Marie Besnard, Loudun, 25 octobre 1947
Cour d'assises de la Vienne, 20-25 février 1952
Cour d'assises de la Gironde, 15 mars-1er avril 1954
Cour d'assises de la Gironde, 20 novembre-12 décembre 1961 82

Qui a tué la petite Dominique ?
Affaire Jean-Marie Deveaux, Lyon, 7 juillet 1961
Cour d'assises du Rhône, 4-7 février 1963
Cour d'assises de la Côte-d'Or, 14-27 septembre 1969 98

Seule compte la vérité !
Affaire Jean-Claude Saint-Aubin, Puget-sur-Argens, 5 juillet 1964 108

Le notaire et le petit juge
Affaire Brigitte Dewèvre, Bruay-en-Artois, 5 avril 1972 118

Disparus à jamais ?
Affaire Méchinaud, Boutiers, 25 décembre 1972 130

L'énigme de Pélissanne
Affaire John Basil Cartland, Pélissanne, 18 mars 1973 137

Le drame de la Fumade
Affaire Portal, Saint-Nauphary, 11 janvier 1975 150

Ils ont osé ! Le juge et les assassins
Affaire François Renaud, Lyon, 3 juillet 1975 160

Énigmes de la Ve République
Affaire Jean de Broglie, Paris, 24 décembre 1976
Affaire Henri Curiel, Paris, 4 mai 1978
Affaire Bernard Nut, Rigaud, 15 février 1983
Affaire Joseph Doucé, Rambouillet, 19 juillet 1990 168

Le meurtre impuni d'Isabelle Fisch
Affaire Isabelle Fisch, Staffelfelden, 19 novembre 1977 182

L'énigme du double meurtre de la nationale 86
Affaire Françoise G. et Arnaud B., Pouzilhac, 14 juillet 1979 190

Le grand silence
Affaire Robert Boulin, Rambouillet, 30 octobre 1979 197

Les crimes impunis du tueur fantôme
Est de la France, 1980-2002 204

Le tueur d'enfants rôde toujours
Isère, 1980-1996 211

Suicide ou meurtre ? Une étrange affaire d'État
Affaire René Lucet, Marseille, 4 mars 1982 219

Des doutes... à perpétuité,
ou les eaux silencieuses de la Vologne
Affaire Grégory Villemin, Lépanges-sur-Vologne, 16 octobre 1984 224

La chasse au "Grêlé"
Île-de-France, 1986-1994 232

Un coupable trop idéal
Affaire André et Michèle Carty, Anglet, décembre 1986 238

Le mystère de l'horrible tragédie d'Huos
Affaire Henri J., Huos, 12 juillet 1988
Cour d'assises de la Haute-Garonne, 8-15 juin 1995 244

L'appel de la forêt
Affaire Anne-Sophie Vandamme et Gilles Naudet, forêt de Fontainebleau,
31 octobre 1988 252

Victime du devoir
Affaire Thierry Slot, Fontenay-sous-Bois, 14 octobre 1992 262

"Faites entrer l'innocent"
Affaire Fabrice A., Jausiers, 1994
Cour d'assises des Alpes-de-Haute-Provence, 2-5 mai 2000 266

Seule contre tout
Affaire Bernard Borrel, Djibouti, 19 octobre 1995 276

Le dépeceur inconnu de la gare de Perpignan
Perpignan, 1995-1998 284

Double meurtre sans mobile apparent
Affaire François Picard et Pol Creton, Brest, 13 octobre 1996 294

Quatre procès pour un acquittement
Affaire Jacqueline Carrère-Ponthieux, Nogent-sur-Oise,
nuit du 21 au 22 septembre 1997
Cour d'assises de l'Oise, décembre 2003
Cour d'assises de l'Oise, 1er décembre 2005
Cour d'assises de la Somme, 25 juin 2008
Cour d'assises d'appel de la Somme, 23-26 mars 2010 300

L'étrange jeu de piste du docteur Godard
Affaire Godard, Tilly-sur-Seulles, septembre 1999 310

Du curare sans ordonnance
Affaire Jean-Paul G., Saint-Priest-en-Jarez, 30 novembre 1999
Cour d'assises de la Loire, 19 juin 2008
Cour d'assises d'appel du Rhône, 25 juin 2009 320

Un crime à corps perdu
Affaire Jacques Viguier, Toulouse, 27 février 2000
Cour d'assises de la Haute-Garonne, 20-30 avril 2009
Cour d'assises d'appel du Tarn, 2-20 mars 2010 326

Militantisme sous fond d'arnaque
Affaire Christian Poucet, Baillargues, 29 janvier 2001 338

L'impossible deuil
Affaire Patrice Baud, Nemours, 13 mai 2003 348

Tragique destin pour un coup de foudre
Affaire Géraldine Giraud et Katia Lherbier, Villeneuve-sur-Yonne,
1er novembre 2004 354

Bibliographie

Sans aucun scrupule

MARTIN-FUGIER, Anne, *Une nymphomane vertueuse : l'assassinat de la duchesse de Choiseul-Praslin*, Fayard, 2009

MAURICE-GARÇON, Pierre, *Le Meurtre de la duchesse de Choiseul-Praslin*, Mame, 1969

Le côté obscur de la Résistance

FOCCART, Jacques, *Foccart parle*, Fayard-Jeune Afrique, 1998

MINIAC, Jean-François, *Les Grandes Affaires Criminelles de l'Orne*, De Borée, 2008

PÉAN, Pierre, *L'Homme de l'ombre*, Fayard, 1990

ROBINE, Stéphane, *Quatre années de lutte clandestine : les résistants du bocage ornais*, Le Pays Bas-Normand, 2004

Les défis du Masque rouge

COSSON, Jean-Michel, *Accusés, levez-vous ! De Fualdès aux crimes de l'Espalionnais, les grandes affaires criminelles de l'Aveyron*, Subervie, 1997

L'Espalionnais à feu et à sang

ASTRUC, Paul, COSSON, Jean-Michel, et SAVIGNONI, Jean-Philippe, *Les Grandes Affaires Criminelles de l'Aveyron*, De Borée, 2006

Au hasard de l'arsenic

BÉNÉZECH, Michel, *A-t-on jugé Marie Besnard ? Le dossier de l'affaire*, L'Esprit du temps, 2001

DARBLADE-MAMOUNI, Sophie, *L'Affaire Marie Besnard*, De Vecchi, 2006

FAURE, Christian (réalisateur), GIAFFERI, Anne, RICHE, Daniel, et VINCENT, Olga (scénaristes), *Marie Besnard, l'empoisonneuse* (téléfilm en deux parties), avec Muriel Robin, TF1, 25 septembre et 2 octobre 2006

FAVREAU-COLOMBIER, Jacqueline, *Marie Besnard, la force de l'innocence*, Robert Laffont, 1985

FAVREAU-COLOMBIER, Jacqueline, *Marie Besnard, le procès du siècle*, Bibliothèque historique Privat, 1999

GONTHIER, Jean-Charles, *Les Grandes Affaires Criminelles de Gironde*, De Borée, 2006

HÉRICOTTE, René, *Marie Besnard ou la justice empoisonnée*, Éditions J. A., 1980

HUBERT, Yves-André (réalisateur), et POTTECHER, Frédéric (scénariste), *L'Affaire Marie Besnard* (téléfilm), avec Alice Sapritch, 1986

LABARRIÈRE, Dominique, et VINCENT, Olga, *Marie Besnard : l'énigme*, Michel Lafon, 2006

LEVEAU-FERNANDEZ, Madeleine, *Marie Besnard : l'honneur d'une femme*, Le Temps des cerises, 2006

Qui a tué la petite Dominique ?

BOYER (père), CLAVEL, Bernard, POTTECHER, Frédéric, et SARNE, Daniel, *L'Affaire Deveaux*, Éditions et publications premières, 1969

Le notaire et le petit juge

BRANDSTRÖM, Charlotte (réalisatrice), et ROME, Claude-Michel (scénariste), *L'Affaire Bruay-en-Artois* (téléfilm), avec Tchéky Karyo et Bernard Le Coq, TF1, 22 septembre 2008

CAUCHY, Pascal, *Il n'y a qu'un bourgeois pour avoir fait ça : l'affaire de Bruay-en-Artois*, Larousse, 2010

DUQUESNE, Jacques, *Le Cas Jean-Pierre : l'affaire de Bruay*, Stock, 1976

KER, Jean, *Le Fou de Bruay*, Privé, 2006

L'énigme de Pélissanne

INNOCENZI, Paul-Claude, *L'Énigme de Pélissanne*, Presses de la Cité, 1973

« Un été de faits divers », RTL, 2008

Le drame de la Fumade

TAVERNIER, René, *L'Affaire Portal*, Presses de la Cité, 1975

Ils ont osé ! Le juge et les assassins

BOISSET, Yves (réalisateur et scénariste), et VEILLOT, Claude (scénariste), *Le Juge Fayard dit « le Shériff »* (film), avec Patrick Dewaere, 1977

DEROGY, Jacques, *Enquête sur un juge assassiné : vie et mort du magistrat lyonnais François Renaud*, Robert Laffont, 1977

GROSSMANN, Agnès (réalisatrice), « L'assassinat du Shériff », *Faites entrer l'accusé* (émission de télévision), France 2, avril 2006 et mars 2008

LABRUNIE, Jean, *Le Shériff : autopsie de l'assassinat d'un juge*, Olivier Orban, 1975

RENAUD, Francis, *Justice pour le juge Renaud*, Éditions du Rocher, 2011

Énigmes de la Ve République

BACELON, Jacques, *L'Affaire de Broglie*, Jean Picollec, 1981

BÉAL, Jacques, *L'Affaire de Broglie*, Fleuve Noir, 1994

BIANCHINI, Roger-Louis, *Treize mystères de la Côte*, Fayard, 2005

DELOIRE, Christophe, *Cadavres sous influence : les morts mystérieuses de la Ve République*, J.-C. Lattès, 2003

DENIAU, Jean-Charles, et MELHAA, Khaled (réalisateurs), « Henri Curiel, un crime politique », *Spécial investigation* (émission de télévision), Canal+, 2008

FAROUX, Bernard (réalisateur), « La disparition du pasteur Doucé », *Faites entrer l'accusé* (émission de télévision), France 2, 27 février 2005

PERRAULT, Gilles, *Un homme à part*, Bernard Barrault, 1984

RIBEMONT, Patrick de, *Échec aux princes : l'affaire de Broglie*, Henri Berger, 1978

SIMONÉ, Guy, *Imbroglio comme de Broglie, un septennat meurtrier*, Dualpha, 2008

SIMONÉ, Guy, *L'Affaire de Broglie, un crime d'État*, Michel Lafon, 1999

VIOLET, Bernard, *Mort d'un pasteur, l'affaire Doucé*, Fayard, 1994

YNFANTE, Jesoes, *Un crime sous Giscard : l'affaire de Broglie, l'Opus Dei, Matesa*, Maspero, 1981

Le meurtre impuni d'Isabelle Fisch

FISCH, Rémy, et STOERKEL, Jean-Marie, *L'Affaire Isabelle Fisch*, Éditions du Rhin, 1991

LALLEMAND, Laurent, *Les Grandes Affaires Criminelles d'Alsace*, De Borée, 2005

Le grand silence

BOULIN-BURGEAT, Fabienne, *Le Dormeur du val*, Don Quichotte, 2011

CHRISTOPHE, Francis, *Boulin, le fantôme de la Vᵉ République : de Chirac à Sarkozy*, Owni, 2011

COLLOMBAT, Benoît, *Un homme à abattre : contre-enquête sur la mort de Robert Boulin*, Fayard, 2007

NICOLAS, Bernard, et DESPRATX, Michel (réalisateurs), « Boulin : le suicide était un crime », *Spécial investigation* (émission de télévision), Canal+, 15 janvier 2002

RAMBAUD, Patrick, *Mort d'un ministre*, Grasset, 1985

Suicide ou meurtre ? Une étrange affaire d'État

MONTALDO, Jean, *850 jours pour abattre René Lucet*, Albin Michel, 1982

Des doutes... à perpétuité, ou les eaux silencieuses de la Vologne

CORRAZI, Jacques, *Le Secret de la Vologne : l'affaire Grégory vue par la PJ*, Gérard Louis, 2003

LACOUR, Laurence, *Le Bûcher des innocents*, Les Arènes, 2006

LAROCHE, Marie-Ange, et GIOVANELLI, Pascal, *Les Larmes oubliées de la Vologne*, L'Archipel, 2009

PECK, Raoul (réalisateur et scénariste), et BONITZER, Pascal (scénariste), *L'Affaire Villemin* (mini-série en six épisodes), avec Armelle Deutsch, France 3, 28-30 octobre 2006

PROMPT, Paul, *L'Affaire Grégory : la justice a-t-elle dit son dernier mot ? Pour la première fois, l'avocat de Laroche parle*, Balland, 2007

ROBERT, Denis, *Au cœur de l'affaire Villemin : mémoires d'un rat*, Hugo doc, 2006

SESMAT, Étienne, *Les Deux Affaires Grégory*, Pocket, 2008

VILLEMIN, Jean-Marie et Christine, *Le Seize Octobre*, Plon, 1994

La chasse au "Grêlé"

« Sur la piste du Grêlé », *Non élucidé* (émission de télévision), France 2, 9 mai 2010

Un coupable trop idéal

« Affaire André Carty », *Grandes énigmes criminelles* (émission de télévision), M6, 7 août 2011

L'appel de la forêt

ENGLISH, Christian, et THIBAUD, Frédéric, *Affaires non classées*, First Éditions, 2003

GEFEN, Gérard, *L'Assassinat de Jean-Marie Leclair*, Belfond, 1990

« Les fiancés de Fontainebleau », *Grandes énigmes criminelles* (émission de télévision), M6, 22 août 2011

PORTE, Christian, *Qui a tué les fiancés de Fontainebleau ?*, France Europe Éditions, 2007

"Faites entrer l'innocent"

« La grange maudite : l'affaire Fabrice A. », *Accusé à tort* (émission de télévision), M6, 21 juillet 2010

Seule contre tout

BERNARD, Nicolas (réalisateur), *Juge Borrel : révélation sur un suicide impossible* (documentaire), 1989

BORREL, Élisabeth, et NICOLAS, Bernard, *Un juge assassiné*, Flammarion, 2006

GILLERY, Francis (réalisateur), *La Légende du juge Borrel* (documentaire), France 3, 2010

L'étrange jeu de piste du docteur Godard

LEMASSON, Éric, *L'Assassinat du docteur Godard : enquête*, Les Arènes, 2011

« L'affaire Godard », *Non élucidé* (émission de télévision), France 2, 8 janvier 2012

Un crime à corps perdu

CAUJOLLE, Patrick, *Les Nouveaux Mystères de Haute-Garonne*, De Borée, 2010

DURAND-SOUFFLAND, Stéphane, *Disparition d'une femme : l'affaire Viguier*, Éditions de l'Olivier, 2011

LABARRIÈRE, Dominique, *Contre-enquête : l'affaire Viguier*, La Table ronde, 2003

LABARRIÈRE, Dominique, *L'Affaire Jacques Viguier : l'engrenage infernal*, Alphée, 2010

VIGUIER, Jacques, *Innocent : dix ans de souffrances et de combat*, Plon, 2010

Militantisme sous fond d'arnaque

POUCET, Christian, *En pleine liberté : propositions pour la libre entreprise*, Éditions Causse, 1998

L'impossible deuil

« L'affaire Patrice Baud », *Non élucidé* (émission de télévision), France 2, 16 octobre 2011

Tragique destin pour un coup de foudre

CUNAULT, Michel, *L'Affaire Treiber : l'enquête du commandant de police*, Éditions du Rocher, 2011

GAUTIER, Christophe, et MUNKA, Stéphane, *L'Affaire Giraud, une histoire de femmes*, Flammarion, 2009

GLIMOIS, Nicolas (réalisateur), « Jean-Pierre Treiber, l'affaire Giraud-Lherbier », *Faites entrer l'accusé* (émission de télévision), France 2, 20 février 2011

TREIBER, Marie-Pascale, *Ma vérité*, L'Archipel, 2009

Crédit iconographique

Détective

71, 73, 76, 79, 81, 99, 100, 101, 102, 104, 105, 107, 121, 123, 124, 127, 129, 143, 145, 147, 150, 153, 155, 159.

AFP

168, 171, 225, 279.
STF/AFP : 161, 165 – Gérard Fouet/AFP : 173 – Michel Frison/AFP : 179
Marcel Binh/AFP : 201 – Pierre Ciot/AFP : 223 – Éric Feferberg/AFP : 231
Mehdi Fedouach/AFP : 310, 319 – Rémy Gabalda/AFP : 326 – COR/AFP : 331
Philippe Merle/AFP : 359 – Pierre Andrieu/AFP : 365.

Collection Philippe Zoummeroff
(www.collection-privee.org)

82, 86, 87, 89, 90, 93, 97, 119, 120.

L'Illustration

13, 15, 17, 29, 30, 32, 35, 39.

MAXPPP

130, 254, 255, 267, 295, 301, 305, 355.

Droits réservés

109, 111, 117, 286, 287.

Le Rouergue républicain

59, 60, 63, 68, 69.

Alexandra Poucet

339, 341, 343, 347.

Collection particulière

9, 21, 25, 27.

Jean-Michel Cosson

36, 53, 65, 66.

Jean-François Miniac

47, 48, 49.

Gisèle Vigouroux

273, 275.

Christian et Guy Van Aerden

51.

Association Aide aux parents d'enfants victimes (APEV)

213.

Clément Vigouroux

11.

Jean-Philippe Savignoni

285.

Marcelin

54.

Malgré nos recherches d'ayants droit, nous nous excusons en cas d'omission du crédit iconographique.

Remerciements

À Francis Renaud et Fabienne Boulin-Burgeat, qui nous ont apporté leur appréciation à propos des deux affaires concernant leurs pères respectifs ;

À Alain Boulay, président de l'association Aide aux parents d'enfants victimes (APEV), pour ses indications judicieuses concernant le chapitre intitulé « Le tueur d'enfants rôde toujours » ;

À Jean-François Miniac, pour sa contribution à la connaissance des affaires Buffon et Van Aerden ;

À Alexandra Poucet, pour sa gentillesse et sa coopération ;

À Sylvie Galinié, pour son aide aux recherches et ses encouragements.

Chez le même éditeur

Les Grandes Affaires Criminelles de l'AISNE – Bruno Dehaye

Les Nouvelles Affaires Criminelles de l'AISNE – Bruno Dehaye

Les Grandes Affaires Criminelles des ALPES-DE-HAUTE-PROVENCE
Marie-Noël Paschal

Les Grandes Affaires Criminelles des ALPES-MARITIMES
Arnaud Gobin

Les Grandes Affaires Criminelles d'ALSACE – Laurent Lallemand

Les Grandes Affaires Criminelles d'ARDÈCHE – Marie-Pascale Vincent

Les Grandes Affaires Criminelles des ARDENNES – Bruno Dehaye

Les Grandes Affaires Criminelles de l'AUBE – Alain Dommanget

Les Nouvelles Affaires Criminelles de l'AUBE – Alain Dommanget

Les Grandes Affaires Criminelles de l'AUDE – José Lagorce

Les Grandes Affaires Criminelles d'AUVERGNE
Jean-Michel Cosson et Jean-Philippe Savignoni

Les Grandes Affaires Criminelles de l'AVEYRON
Paul Astruc, Jean-Michel Cosson et Jean-Philippe Savignoni

Les Grandes Affaires Criminelles du BAS-RHIN – Suzanne Braun

Les Grandes Affaires Criminelles des BOUCHES-DU-RHÔNE
Charles Bottarelli

Les Nouvelles Affaires Criminelles des BOUCHES-DU-RHÔNE
Charles Bottarelli

Incroyables Affaires Criminelles des BOUCHES-DU-RHÔNE
Charles Bottarelli

Les Grandes Affaires Criminelles du BOURBONNAIS
Pierre-Marc Téty

Les Nouvelles Affaires Criminelles de l'ALLIER
Pierre-Marc Téty et Jean-Louis Deschamps

Les Grandes Affaires Criminelles de BRETAGNE
Christophe Belser, Lenaïc Gravis-Blériot et Danièle Vaudrey

Les Grandes Affaires Criminelles du CALVADOS
Lionel Acher et Brigitte Sesboüé

Les Nouvelles Affaires Criminelles du CALVADOS
Lionel Acher et Brigitte Sesboüé

Les Grandes Affaires Criminelles du CANTAL
Christian Estève et Jean-Pierre Serre

Les Nouvelles Affaires Criminelles du CANTAL
Christian Estève et Jean-Pierre Serre

Les Grandes Affaires Criminelles de CHARENTE
Jean-Charles Gonthier et Annie Ragnaud-Sabourin

Les Nouvelles Affaires Criminelles de CHARENTE
Jean-Charles Gonthier et Annie Ragnaud-Sabourin

Les Grandes Affaires Criminelles de CHARENTE-MARITIME
Emmanuel Peraud

Les Grandes Affaires Criminelles de CORRÈZE – Jean-Michel Valade

Les Grandes Affaires Criminelles de la CÔTE-D'OR
Marie-Françoise Barbot

Les Nouvelles Affaires Criminelles de la CÔTE-D'OR
Marie-Françoise Barbot

Incroyables Affaires Criminelles de la CÔTE-D'OR
Marie-Françoise Barbot

Les Grandes Affaires Criminelles des CÔTES-D'ARMOR
Danièle Vaudrey

Les Nouvelles Affaires Criminelles des CÔTES-D'ARMOR
Danièle Vaudrey

Les Grandes Affaires Criminelles de la CREUSE – Jean-Marie Chevrier

Les Nouvelles Affaires Criminelles de la CREUSE
Vincent Brousse et Philippe Grandcoing

Les Grandes Affaires Criminelles de DORDOGNE – Rudi Molleman

Les Grandes Affaires Criminelles du DOUBS
Jean-Michel Bessette et Lucie Jouvet

Les Grandes Affaires Criminelles de la DRÔME – Alain Balsan

Les Grandes Affaires Criminelles de l'ESSONNE
Sylvain Larue et Nathalie Michau

Les Grandes Affaires Criminelles de l'EURE – Roger Delaporte

Les Nouvelles Affaires Criminelles de l'EURE – Roger Delaporte

Les Grandes Affaires Criminelles d'EURE-ET-LOIR – Gérald Massé

Les Nouvelles Affaires Criminelles d'EURE-ET-LOIR – Gérald Massé

Les Grandes Affaires Criminelles du FINISTÈRE – Lenaïc Gravis-Blériot

Les Grandes Affaires Criminelles de FRANCHE-COMTÉ
Lucie Jouvet et Jean-Michel Bessette

Les Grandes Affaires Criminelles du GARD
Jean-Michel Cosson et Gisèle Vigouroux

Les Grandes Affaires Criminelles de GASCOGNE – Sylvain Larue

Les Grandes Affaires Criminelles du GERS – Sylvain Larue

Les Grandes Affaires Criminelles de GIRONDE – Jean-Charles Gonthier

Les Nouvelles Affaires Criminelles de GIRONDE – Jean-Charles Gonthier

Les Grandes Affaires Criminelles de HAUTE-GARONNE
Sylvain Larue et Gisèle Vigouroux

Les Grandes Affaires Criminelles de HAUTE-LOIRE
Jean-Christophe Belz et Christophe Bouyer

Les Grandes Affaires Criminelles de la HAUTE-MARNE
Alain Dommanget

Les Grandes Affaires Criminelles du HAUT-RHIN – Suzanne Braun

Les Grandes Affaires Criminelles de HAUTE-SAVOIE
Jean-Philippe Buord

Les Grandes Affaires Criminelles de HAUTE-VIENNE
Vincent Brousse et Philippe Grandcoing

Les Nouvelles Affaires Criminelles de HAUTE-VIENNE
Vincent Brousse et Philippe Grandcoing

Les Grandes Affaires Criminelles des HAUTS-DE-SEINE
Sylvain Larue

Les Grandes Affaires Criminelles de l'HÉRAULT – Gisèle Vigouroux

Les Grandes Affaires Criminelles d'ILLE-ET-VILAINE
Christophe Belser

Les Nouvelles Affaires Criminelles d'ILLE-ET-VILAINE
Christophe Belser

Les Grandes Affaires Criminelles de l'INDRE – Christine Méry-Barnabé

Les Grandes Affaires Criminelles de l'ISÈRE – Jean-Philippe Buord

Les Grandes Affaires Criminelles des LANDES
Vincent Brousse et Philippe Berthelot

Les Grandes Affaires Criminelles du LIMOUSIN
Vincent Brousse, Jean-Marie Chevrier, Philippe Grandcoing et Jean-Michel Valade

Les Grandes Affaires Criminelles du LOIR-ET-CHER – Pascal Nourrisson

Les Nouvelles Affaires Criminelles du LOIR-ET-CHER – Pascal Nourrisson

Incroyables Affaires Criminelles du LOIR-ET-CHER – Pascal Nourrisson

Les Grandes Affaires Criminelles de la LOIRE
Jean-François Vial et Jacques Rouzet

Les Grandes Affaires Criminelles de LOIRE-ATLANTIQUE
Christophe Belser et Dominique Bloyet

Les Grandes Affaires Criminelles du LOIRET – Pascal Nourrisson

Les Grandes Affaires Criminelles du LOT
Vincent Brousse et Philippe Grandcoing

Les Nouvelles Affaires Criminelles du LOT
Vincent Brousse et Philippe Grandcoing

Les Grandes Affaires Criminelles de LOZÈRE – Marie-Pascale Vincent

Les Grandes Affaires Criminelles du MAINE-ET-LOIRE
Christophe Belser

Les Grandes Affaires Criminelles de la MANCHE – Lenaïc Gravis-Blériot

Les Nouvelles Affaires Criminelles de la MANCHE – Jean-François Miniac

Les Grandes Affaires Criminelles de la MARNE – Bruno Dehaye

Les Nouvelles Affaires Criminelles de la MARNE – Bruno Dehaye

Les Grandes Affaires Criminelles de MAYENNE – Christophe Belser

Les Grandes Affaires Criminelles de MEURTHE-ET-MOSELLE
Frédérique Volot

Les Grandes Affaires Criminelles de la MEUSE – Alain Fisnot

Les Nouvelles Affaires Criminelles de la MEUSE – Alain Fisnot

Les Grandes Affaires Criminelles du MORBIHAN – Christophe Belser

Les Nouvelles Affaires Criminelles du MORBIHAN
Christophe Belser et Lenaïc Gravis-Blériot

Les Grandes Affaires Criminelles de MOSELLE
Emmanuelle de Rosa et Arnaud Vauthier

Les Grandes Affaires Criminelles du NIVERNAIS – Thierry Desseux

Les Nouvelles Affaires Criminelles du NIVERNAIS – Thierry Desseux

Les Grandes Affaires Criminelles du NORD – Bernard Schaeffer

Les Nouvelles Affaires Criminelles du NORD – Bernard Schaeffer

Les Grandes Affaires Criminelles de NORMANDIE
Lionel Acher, Roger Delaporte, Lenaïc Gravis-Blériot, Jean-François Miniac, Brigitte Sesboüé et Eddy Simon

Les Grandes Affaires Criminelles de l'ORNE – Jean-François Miniac

Les Nouvelles Affaires Criminelles de l'ORNE – Jean-François Miniac

Les Grandes Affaires Criminelles de PARIS – Sylvain Larue

Les Nouvelles Affaires Criminelles de PARIS – Sylvain Larue

Les Grandes Affaires Criminelles du PAS-DE-CALAIS
Bernard Schaeffer

Les Grandes Affaires Criminelles des PYRÉNÉES
Gisèle Vigouroux

Les Grandes Affaires Criminelles des PYRÉNÉES-ORIENTALES
Jean-Michel Cosson et Jean-Philippe Savignoni

Les Grandes Affaires Criminelles du RHÔNE – Albine Novarino-Pothier

Les Grandes Affaires Criminelles du ROANNAIS – Jacques Rouzet

Les Nouvelles Affaires Criminelles du ROANNAIS – Jacques Rouzet

Les Grandes Affaires Criminelles de SAÔNE-ET-LOIRE
Albine Novarino-Pothier

Les Nouvelles Affaires Criminelles de SAÔNE-ET-LOIRE
Albine Novarino-Pothier

Les Grandes Affaires Criminelles de la SARTHE – Alain Moro

Les Grandes Affaires Criminelles de SAVOIE – Anne-Marie Bossy

Les Grandes Affaires Criminelles des SAVOIES
Anne-Marie Bossy et Jean-Philippe Buord

Les Grandes Affaires Criminelles de SEINE-ET-MARNE
Sylvain Larue

Les Grandes Affaires Criminelles de SEINE-MARITIME
Eddy Simon

Les Grandes Affaires Criminelles de SEINE-SAINT-DENIS
Sylvain Larue

Les Grandes Affaires Criminelles de la SOMME – Magali Rigaut

Les Grandes Affaires Criminelles de SUISSE ROMANDE
Jacques Rouzet

Les Grandes Affaires Criminelles du TARN – Sylvain Larue

Les Grandes Affaires Criminelles du TARN-ET-GARONNE
Sylvain Larue et Gisèle Vigouroux

Les Grandes Affaires Criminelles de TOURAINE – Pascal Nourrisson

Les Nouvelles Affaires Criminelles de TOURAINE – Pascal Nourrisson

Les Grandes Affaires Criminelles du VAL-DE-MARNE
Sylvain Larue

Les Grandes Affaires Criminelles du VAL-D'OISE – Sylvain Larue

Les Grandes Affaires Criminelles du VAR – Charles Bottarelli

Les Nouvelles Affaires Criminelles du VAR – Charles Bottarelli

Les Grandes Affaires Criminelles du VAUCLUSE – Sylvain Larue

Les Grandes Affaires Criminelles de la VENDÉE – Christophe Belser

Les Grandes Affaires Criminelles des VOSGES – François Moulin

Les Grandes Affaires Criminelles de l'YONNE – Alain Dommanget

Les Grandes Affaires Criminelles des YVELINES – Nathalie Michau

Les Grandes Affaires Criminelles de FRANCE – Sylvain Larue

Les Nouvelles Affaires Criminelles de FRANCE – Sylvain Larue

Les Grandes Affaires Criminelles. CRIMES PASSIONNELS
Sylvain Larue

Les Grandes Affaires Criminelles POLITIQUES
Vincent Brousse et Philippe Grandcoing

Tueurs en série de FRANCE
Sylvain Larue

Femmes Criminelles de FRANCE
Serge Cosseron et Jean-Marc Loubier